CURA

CURA

Jo Marchant

Uma jornada
pela ciência do poder
da mente sobre o corpo

Tradução
Guilherme Bernardo
Patrícia Azeredo

3ª edição

Rio de Janeiro | 2023

CIP-BRASIL. CATALOGAÇÃO NA PUBLICAÇÃO
SINDICATO NACIONAL DOS EDITORES DE LIVROS, RJ

Marchant, Jo
M264c   Cura: uma jornada pela ciência do poder da mente sobre o
3ª ed. corpo / Jo Marchant; tradução Guilherme Bernardo, Patrícia Azeredo. – 3. ed. – Rio de Janeiro: Best*Seller*, 2023.

Tradução de: CURE
Inclui bibliografia
ISBN 978-85-7684-665-9

1. Corpo e mente. 2. Cura pela mente. 3. Cura – Aspectos psicológicos. I. Bernardo, Guilherme. II. Azeredo, Patrícia. III. Título.

16-34110   CDD: 158.1
                                                                 CDU: 159.947

Texto revisado segundo o novo Acordo Ortográfico da Língua Portuguesa.
Título original
CURE
Copyright © 2016 by Jo Marchant
Copyright da tradução © 2016 by Editora Best Seller Ltda.

Capa: Gabinete de Artes
Editoração eletrônica: Abreu's System

Todos os direitos reservados. Proibida a reprodução, no todo ou em parte, sem autorização prévia por escrito da editora, sejam quais forem os meios empregados.
Direitos exclusivos de publicação em língua portuguesa para o Brasil adquiridos pela
EDITORA BEST SELLER LTDA.
Rua Argentina, 171, 3º andar, São Cristóvão
Rio de Janeiro, RJ – 20921-380
que se reserva a propriedade literária desta tradução

Impresso no Brasil

ISBN 978-85-7684-996-4

Seja um leitor preferencial Record.
Cadastre-se no site www.record.com.br e receba informações sobre nossos lançamentos e nossas promoções.

Atendimento e venda direta ao leitor
sac@record.com.br

*Aos meus pais, Jim e Diana Marchant.
Obrigada por me ensinarem a pensar,
questionar e investigar.*

SUMÁRIO

Nota da autora	9
Introdução	11
1. A FARSA: Por que nada funciona	21
2. UMA IDEIA DIFERENTE: Quando o significado é tudo	44
3. O PODER DE PAVLOV: Como treinar seu sistema imunológico	67
4. LUTANDO CONTRA A FADIGA: A mais nova fuga de uma prisão	87
5. EM TRANSE: Pense no seu intestino como se ele fosse um rio	107
6. REPENSANDO A DOR: No cânion de gelo	129
7. FALE COMIGO: Por que o cuidado é importante	149
8. BATER OU CORRER: Pensamentos que matam	171
9. DESFRUTE O MOMENTO: Como transformar seu cérebro	196
10. A FONTE DA JUVENTUDE: O poder secreto da amizade	219
11. ELETRIZANDO: Nervos que curam	243
12. PROCURANDO DEUS: O verdadeiro milagre de Lourdes	267
Conclusão	293
Notas	311
Agradecimentos	347

NOTA DA AUTORA

Muitos cientistas e pacientes compartilharam comigo sua sabedoria e suas próprias experiências para a realização deste livro. Nem todos foram mencionados explicitamente nas páginas a seguir, mas sou imensamente grata a cada um deles.

Algumas citações sem a devida referência bibliográfica nas notas finais foram extraídas de entrevistas que eu mesma fiz com pacientes e médicos. Já aquelas acompanhadas da referência bibliográfica são de entrevistas que eu dei, ou de outras publicações, e estão todas indicadas na seção de notas.

Alterei os nomes de algumas pessoas com a finalidade de proteger sua privacidade — em tais casos, simplesmente me referi a elas por um primeiro nome qualquer. Mas, quando aparecer um nome completo, trata-se da verdadeira identidade do indivíduo. As exceções são os casos de Davide, no Capítulo 1, e de Fhena, no Capítulo 10. Esses são os nomes reais deles.

INTRODUÇÃO

Certa manhã, em um dia de semana qualquer do último verão, eu estava no parquinho perto da minha casa. Diante de mim transcorria uma cena alegre, típica do sul de Londres, com crianças espirrando água da fonte para todos os lados e jogando futebol na grama. Eu me sentei na beirada da caixa de areia junto com outras duas mães enquanto segurava o protetor solar e algumas bolachas de arroz. Juntas, observávamos nossos filhos construindo castelinhos de areia imperfeitos com suas pazinhas de plástico de cores vibrantes.

Uma das mães, uma mulher inteligente e bem-articulada que eu havia acabado de conhecer, estava explicando como a medicina homeopática a tinha curado de um eczema crônico e debilitante. "Eu amo a homeopatia!", disse ela. Como cientista, precisei intervir. A homeopatia é simplesmente água em vidrinhos bonitos — nesse método terapêutico o princípio ativo é tão diluído que é quase impossível encontrar uma única molécula do componente original. Ou seja, um placebo, um tratamento falso. "Mas não tem nada nesses remédios homeopáticos", comentei.

Minha nova amiga me encarou ofendida. "Nada *quantificável*", replicou ela, como se me faltasse um pouco de inteligência por não compreender que suas propriedades curativas se deviam a uma essência indefinível, para além do escopo da comunidade científica. E, com aquelas duas palavras, eu percebi que ela havia resumido uma das maiores batalhas filosóficas da medicina contemporânea.

De um lado, encontram-se os defensores da medicina convencional praticada no Ocidente. Fundamentam-se na racionalidade, no reducionismo e no mundo físico, no que é palpável. Segundo esse paradigma, o corpo é como uma máquina. Opiniões, crenças e sentimentos não costumam figurar no tratamento de um quadro clínico. Quando uma máquina quebra, a última coisa que alguém pensa é em falar com ela. Os médicos utilizam abordagens materiais — radiografias, exames, medicamentos, cirurgias — para diagnosticar o problema e corrigir o defeito.

Do outro lado, temos... bem, temos todo o restante: os seguidores da milenar medicina alternativa oriental. Suas tradições holísticas colocam o imaterial à frente do material; as pessoas à frente dos sintomas; a experiência subjetiva e as crenças à frente dos resultados objetivos dos exames. Deixando de lado a prescrição de medicamentos de procedência material, os terapeutas que aplicam a acupuntura, o tratamento espiritual e o *reiki* afirmam manipular campos de energia intangíveis. Não preocupa aos defensores da homeopatia o fato de seus medicamentos não conterem qualquer vestígio físico de um princípio ativo, pois eles acreditam que sempre permanece uma "memória" indetectável da substância diluída.

Embora a medicina convencional ainda reine soberana no Ocidente, milhões de pessoas vêm abraçando a causa da medicina alternativa. Nos noticiários norte-americanos, os benefícios alcançados por meio do tratamento espiritual e do *reiki* são discutidos o tempo inteiro. Quase 38% dos adultos usam algum tipo de medicamento complementar ou alternativo (se incluirmos a prática das orações, esse número passa para 62%) e gastam com isso cerca de 34 bilhões de dólares anualmente,[1] com 354 milhões de consultas a especialistas em medicina alternativa (comparados aos quase 560 milhões de consultas a clínicos da medicina de família e comunidade).[2] Em Londres, onde vivo, as mães costumam colocar colares de âmbar em seus bebês, acreditando que a pedra alivia as dores da dentição. Mulheres inteligentes e instruídas estão rejeitando vacinas essenciais para suas crianças e, assim como essa minha amiga, apostam em tratamentos sem nenhum respaldo científico.

Não surpreende que os cientistas estejam reagindo a isso. Críticos céticos de ambos os lados do oceano Atlântico — desenganadores como James Randi e Michael Shermer; blogueiros de ciências como Steven Salzberg e

INTRODUÇÃO

David Gorski; o biólogo e escritor Richard Dawkins — atacam duramente a religião, a pseudociência e sobretudo a medicina alternativa. O livro *Ciência picareta*, de 2009, no qual o epidemiologista Ben Goldacre denuncia aqueles que se aproveitam da ciência para proclamar falsos benefícios, já vendeu mais de meio milhão de cópias em mais de vinte países. De Tim Minchin a Dara Ó Briain, até mesmo os humoristas vêm engrossando as linhas de frente, com piadas que promovem o senso crítico e evidenciam a lógica absurda por trás de tratamentos como o da homeopatia.

Seus adeptos enfrentam essa onda de irracionalidade com conferências, artigos e protestos. O jornalista científico Steve Silberman chamou de "imposição de limites radicais"[3] os atos como a petição assinada por centenas de médicos britânicos exigindo que o Serviço Nacional de Saúde (NHS) suspenda o investimento em tratamentos homeopáticos. Segundo os céticos, estudos clínicos comprovam que a maioria dos medicamentos alternativos funcionam tão bem quanto os placebos — e quem os usa está sendo enganado. Muitos defendem que esses tratamentos fraudulentos deveriam ser banidos. Tudo do que precisamos para restaurar nossa saúde podemos encontrar nas formas convencionais e comprovadas de cura.

Sou totalmente a favor de uma visão de mundo mais racional. Acredito apaixonadamente no método científico: tenho um doutorado em genética e microbiologia clínica. Passei três anos investigando o funcionamento interno das células em um respeitado hospital de Londres. Acredito que tudo o que há na natureza pode ser estudado cientificamente se fizermos as perguntas certas, e que os tratamentos médicos em que tanto confiamos precisam antes passar por testes rigorosos. Os céticos têm razão: se trocarmos a ciência por esse otimismo fantasioso, corremos o risco de voltar à era medieval, com afogamento de bruxas, derramamento de sangue e orações para que Deus nos salve da Peste Negra.

Mas não tenho tanta certeza se seria a melhor solução descartar completamente a medicina alternativa. Em meu trabalho como jornalista científica, não encontrei sempre casos bem-sucedidos de cura pela medicina moderna. Também conheci pacientes cujas vidas foram devastadas por problemas intestinais ou pela fadiga, que saíram dos consultórios com as mãos vazias, como se não tivessem uma doença "de verdade"; conheci pessoas que sofriam de dor crônica ou de depressão, com receitas de remédios cada vez mais fortes, com dependência e efeitos colaterais de medicamentos que não resolveram o problema inicial; pessoas com câncer que se submeteram a sessões de terapia agressiva, mas que ainda estão muito longe do que se poderia ter como esperança de prolongar seu tempo de vida.

Com frequência me deparo com descobertas científicas — descobertas que às vezes chegam às manchetes principais, mas que quase sempre estão escondidas em revistas especializadas — sugerindo que tratamentos intangíveis e imateriais podem trazer benefícios físicos eficazes. Pacientes hipnotizados antes da cirurgia sofrem menos complicações e se recuperam mais depressa. A meditação é capaz de ativar mudanças moleculares no interior de nossas células. E, como veremos no primeiro capítulo deste livro, o fato de um tratamento funcionar tão bem quanto um placebo não significa que ele não funcione — a mera crença de receber um remédio eficaz pode afetar dramaticamente o organismo. As mães à minha volta que fazem uso dos colares de âmbar e dos comprimidos homeopáticos não são ignorantes nem burras; elas sabem por experiência própria que essas coisas ajudam de forma genuína.

Portanto, embora eu acredite que os defensores da medicina alternativa estejam delirando com aquela conversa de memória da água e campos de energia curativos, também não acho que os céticos estejam cobertos de razão. Comecei a escrever este livro porque me perguntava se eles, assim como os médicos convencionais, não estariam ignorando um ingrediente vital à saúde física; uma omissão que vem contribuindo para a proliferação de doenças crônicas e encaminhando milhões de pessoas sãs e inteligentes aos cuidados de profissionais alternativos. Estou me referindo, é claro, à mente humana.

* * *

Você já sentiu uma onda de adrenalina percorrer seu corpo depois de quase ter sido atropelado? Já ficou excitado só de ouvir a voz da sua cara-metade? Teve ânsias de vômito quando viu larvas se retorcendo no lixo? Nesse caso, você já conhece alguns exemplos de como a sua mente pode afetar fisicamente o seu corpo. Informações transmitidas pelo nosso cérebro ajudam continuamente o nosso corpo a se adaptar ao que está ao redor, mesmo

INTRODUÇÃO

quando nem temos consciência disso. Se avistamos um predador faminto — ou um carro vindo em nossa direção —, nosso corpo se prepara para se afastar dali, e depressa. Se nos avisam que a comida será servida, nos aprontamos para aquele momento agradável e relaxante de digestão.

Disso tudo nós já sabemos. Porém, quando se trata da nossa saúde, a ciência e a medicina tradicionais tendem a ignorar ou a minimizar o efeito que a mente exerce sobre o corpo. Aceita-se que estados mentais negativos, como o estresse ou a ansiedade, possam prejudicar a saúde a longo prazo (embora até isso tenha sido muito contestado até poucas décadas atrás). Mas a ideia de que o *oposto* possa acontecer — de que nosso estado emocional possa reverter quadros de enfermidade, ou que nossa mente possa ter "poderes curativos" — é vista, na melhor das hipóteses, como excêntrica.

A distinção entre a mente e o corpo na medicina ocidental costuma ser atribuída ao filósofo francês René Descartes. Médicos da Antiguidade, com poucas ferramentas de trabalho além do efeito placebo, já sabiam perfeitamente que a mente e o corpo estavam interligados. O médico grego Hipócrates, com frequência descrito como "o pai da medicina", parece ter discorrido sobre "a força curativa que existe naturalmente dentro de nós", enquanto Galeno de Pérgamo, já no século II, afirmou que "a confiança e a esperança fazem mais maravilhas que qualquer remédio".[4]

No entanto, foi no século XVII que Descartes diferenciou dois tipos fundamentais de matéria: objetos físicos, como o corpo humano, passíveis de análise segundo o método científico; e o espírito mental e imaterial, que ele acreditava ser um dom divino que não podia ser estudado pela ciência. Muito embora esses dois tipos de matéria pudessem se comunicar entre si (Descartes acreditava que isso ocorria graças à glândula pineal, presente no cérebro), o filósofo concluiu que eles coexistiam de forma independente. Quando morremos e perdemos nosso corpo físico, nosso espírito, por ser autônomo, continua existindo.

Grande parte dos filósofos e cientistas dos dias de hoje rejeitam essa ideia de dualismo entre o corpo e a mente. Em vez disso, creem que todo estado cerebral — cada configuração física dos neurônios — está intrinsecamente associado a um pensamento ou a um estado mental específico, e que essa relação nunca poderia se dissolver. Ainda assim, Descartes causou um enorme impacto na ciência e na filosofia que o sucederam. Pensamentos e emoções subjetivos continuam sendo vistos como pouco científicos — menos acessíveis a uma análise rigorosa, e inclusive menos "reais", quando comparados a fatos concretos e mensuráveis.

No que diz respeito à medicina, é possível que os aprimoramentos da prática tenham excluído a mente com ainda mais eficiência do que o debate filosófico. Estudiosos desenvolveram métodos de diagnóstico como o microscópio, o estetoscópio, o aparelho de pressão arterial e, na Paris do século XIX, a autópsia. Antes disso, os médicos diagnosticavam as enfermidades com base nos relatos que os pacientes faziam de seus sintomas; agora, era possível amparar suas conclusões em alterações sistemáticas e evidenciáveis. A moléstia não era mais determinada pela experiência subjetiva do paciente, mas pela condição física de seu organismo. Se um paciente estiver se sentindo mal e seu médico não identificar qualquer problema, ficará determinado que ele não está nem mesmo doente.

Outro passo em direção contrária à experiência subjetiva foi dado nos anos 1950, com a introdução dos estudos randomizados controlados. Para evitar opiniões parciais ao testar novas terapias, médicos e pacientes passaram a desconhecer qual tratamento seria ministrado, e os resultados foram analisados utilizando técnicas estatísticas rigorosas. A experiência humana, falível, foi assim substituída por números frios.

Do ponto de vista intelectual, essa foi possivelmente uma das ideias mais importantes dos tempos modernos. Tendo em mãos um método objetivo para determinar a eficácia de um tratamento, os médicos não seriam mais ludibriados por curas enganosas. De modo geral, a moderna abordagem materialista da medicina alcançou resultados que poderiam muito bem ser considerados miraculosos: temos antibióticos para combater as infecções, quimioterapia contra o câncer e vacinas para proteger as crianças de doenças letais, como a pólio e o sarampo. Podemos transplantar órgãos que deixaram de funcionar, diagnosticar a síndrome de Down na própria fase de gestação, e os cientistas vêm manipulando células-tronco para recuperar olhos, corações e cérebros danificados.

Mas esse paradigma não tem sido tão bem-sucedido no combate a problemas complexos, como a dor e a depressão, ou para impedir o aparecimento de condições crônicas, como as doenças cardiovasculares, o diabetes

INTRODUÇÃO

e a demência. Médicos e cientistas também têm sido levados a desconsiderar muito o que se sabe sobre o funcionamento do corpo e que para muitos parece apenas senso comum. O foco exagerado no físico — no mensurável — acabou por negligenciar os efeitos mais intangíveis da mente.

Esse ponto cego permitiu que todo tipo de gente, desde otimistas ingênuos até vendedores cínicos, se apropriasse desses pensamentos e crenças. Evidências científicas são ignoradas ou grosseiramente distorcidas. Livros de autoajuda, sites e blogs fazem declarações exageradas: de que neutralizar um conflito emocional pode curar um câncer (como afirmou Ryke Hamer, fundador da nova medicina germânica); de que nossa mente pode controlar nosso DNA (foi o que disse Bruce Lipton, biólogo celular, em seu best-seller *A biologia da crença*); de que a enfermidade não pode se desenvolver em um organismo que nutre pensamentos harmoniosos (Rhonda Byrne, autora do fenômeno *O Segredo*, com milhões de exemplares vendidos). A mente vem sendo anunciada como uma panaceia capaz de curar nossas doenças sem exigir qualquer esforço de nossa parte, apenas a adesão a essa visão de mundo cor-de-rosa.

O poder curativo da mente — ou a inexistência dele — se transformou em um campo de batalha vital na guerra contra o pensamento irracional. O problema é que, quanto mais os céticos tentam utilizar a lógica, se valer de provas e do método científico para desconstruir declarações surreais, mais eles se afastam daqueles que estão tentando convencer. Ao negar o que parece tão óbvio aos olhos de muitos — que a mente afeta a saúde e que tratamentos alternativos funcionam em muitos casos —, eles contribuem para a falta de confiança na ciência, tendo fama de opositores teimosos. Afinal, se os cientistas dizem que tais tratamentos não valem nada, isso só mostra o quanto ignoram esse assunto.

E se tomarmos um rumo diferente? Ao reconhecermos o papel da mente em nossa saúde, será que não conseguiríamos resgatá-la das garras da pseudociência?

Para escrever este livro, viajei pelo mundo com o objetivo de investigar algumas das pesquisas pioneiras que vêm se desenvolvendo atualmente nessa área. Minha intenção era localizar os cientistas que estão nadando contra a corrente de opiniões em voga, estudando os efeitos da mente sobre o corpo e utilizando esse conhecimento para ajudar seus pacientes. Do que a mente é realmente capaz? Como ela funciona, e por quê? E como podemos trazer essas últimas descobertas para nossas vidas?

Partiremos do que talvez seja o exemplo mais evidente da influência que a mente exerce sobre o corpo — o efeito placebo —, com os cientistas observando o que realmente ocorre quando ingerimos comprimidos inúteis. Em seguida, vamos analisar algumas maneiras impressionantes como a mente combate enfermidades, usando a hipnose para desacelerar as contrações intestinais ou treinando o sistema imunológico para reagir ao paladar e ao olfato. Descobriremos como o mero ato de ouvir as palavras certas do seu cuidador pode determinar se você precisa ou não de uma cirurgia — bem como o tempo que ainda lhe resta de vida.

A segunda parte do livro vai além dos efeitos imediatos dos pensamentos e crenças: analisa como o nosso estado mental regula o risco de desenvolvermos doenças ao longo da vida. Visitaremos cientistas que utilizam tomografias e análises de DNA para averiguar se terapias como a meditação e o *biofeedback* podem mesmo nos tornar mais sadios. Veremos também como a percepção do mundo à nossa volta influencia nossa constituição física, partindo da própria atividade dos nossos genes.

Ao longo do trajeto, também nos deparamos com os limites dos truques e dos tratamentos psicológicos. Afinal, o que a mente *não consegue* fazer? Em que momento as declarações de curandeiros holísticos vão longe demais? E o que acontece quando nossa mente só piora as coisas?

Escrever este livro me levou mais longe do que eu imaginava: de arremessar bolas de neve em um cânion de gelo virtual a banhar peregrinos que chegavam ao santuário religioso de Lourdes. Fui inspirada pela ciência que descobri, assim como pelos médicos e pelos pesquisadores que continuam lutando em cada aspecto — prático, econômico e filosófico — para unificar novamente a mente e o corpo humanos. Acima de tudo, me emocionei com os pacientes e participantes dos estudos que conheci, e com a sua coragem e dignidade diante de todo o sofrimento.

O que aprendi com eles e com muitos outros, no fim das contas, é que a mente não é uma panaceia. Ela pode muitas vezes afetar nosso organismo de forma decisiva e imediata. Em alguns casos, é um fator importante, mas sutil no meio de tantos outros, determinando nossa saúde a longo prazo tal como fazem as dietas e as atividades físicas. Há vezes em que não exerce efei-

INTRODUÇÃO

to algum. Nós ainda não temos todas as respostas. Mas espero que esta obra convença os céticos a se questionarem sobre o que estão negligenciando.

À minha amiga na caixa de areia eu diria o seguinte: não precisamos mais deixar de lado as evidências científicas e o pensamento racional para desfrutarmos as propriedades curativas da mente. Também há ciência ali. Vejamos o que ela tem a nos dizer.

1

A FARSA

Por que nada funciona

Até poucos meses depois de seu segundo aniversário, Parker Beck, da cidade de Bedford, New Hampshire, nos Estados Unidos, parecia um menininho feliz e saudável. A partir de então ele começou a se isolar do mundo. Parker parou de sorrir, de falar e de reagir ao que seus pais lhe diziam. Acordava frequentemente durante a noite, emitindo gritos inusitados e agudos, e desenvolvendo hábitos repetitivos, como girar em torno de si e bater com as mãos na cabeça. Após procurarem orientação médica, seus pais, Victoria e Gary, ouviram as palavras que tanto temiam: Parker vinha exibindo sintomas típicos de autismo. Apesar dos esforços para obter os melhores tratamentos, a situação do menino continuou a se deteriorar. Isso aconteceu em abril de 1996, quando Parker estava com 3 anos de idade. Então, algo incrível aconteceu.

Como é bastante recorrente em crianças com autismo, Parker também possuía problemas gastrointestinais, incluindo diarreia crônica. Victoria o levou a uma consulta com Karoly Horvath, especialista em gastroenterologia na Universidade de Maryland, nos Estados Unidos. Seguindo a indicação de Horvath, Parker foi submetido a um exame diagnóstico chamado endoscopia, no qual uma câmera, presa à ponta de um tubo flexível, é inserida pelo trato gastrointestinal inferior. O exame não revelou nada de útil, mas quase imediatamente Parker começou a exibir sinais significativos de recuperação. Sua função intestinal se tornou mais regular, e ele passou a dormir sem qualquer desconforto. O menino voltou a se comunicar — sorrindo, fazendo contato visual — e, de quase totalmente mudo, começou a responder aos cartões de memorização, dizendo "mamãe" e "papai" pela primeira vez em mais de um ano.

O rótulo do autismo abarca um amplo espectro de distúrbios caracterizados por problemas de linguagem e interação social, afetando aproximadamente meio milhão de crianças nos Estados Unidos. Embora algumas tenham seu desenvolvimento prejudicado desde o nascimento, outras, como Parker, aparentam normalidade e depois regridem. Alguns sintomas podem ser tratados com medicamentos. Terapias educativas e comportamentais (para pais e filhos) podem fazer uma enorme diferença. Mas não existe tratamento ou cura definitiva. Para Victoria, a súbita transformação de Parker parecia um milagre.

Ela convenceu o hospital a lhe informar todos os detalhes do procedimento pelo qual Parker havia passado, incluindo a dose de anestésico utilizada. Após um processo de eliminação, ela se convenceu de que a mudança nos sintomas do filho fora causada por uma dose de um hormônio intestinal chamado secretina. Esse hormônio estimula o pâncreas a produzir enzimas digestivas, e foi dado a Parker como parte de um exame para se certificarem de que seu pâncreas estava funcionando adequadamente. Victoria acreditou em uma possível relação entre os problemas intestinais do filho e seus sintomas de autismo, concluindo que o hormônio devia ter ativado aquela recuperação tão visível.

Desesperada para conseguir uma nova dose de secretina para Parker, Victoria telefonou e escreveu para os médicos da Universidade de Maryland, dividindo sua teoria com eles, que infelizmente não demonstraram qualquer interesse. Ela contatou ainda pesquisadores e médicos especialistas em autismo de outros países, encaminhando vídeos que documentavam a reversão no quadro de Parker. Por fim, em novembro de 1996, sua história chegou a Kenneth Sokolski, um professor-assistente de psicofarmacologia da Universidade da Califórnia, em Irvine, nos Estados Unidos. Sokolski, cujo filho Aaron também era autista, convenceu um gastroenterologista a fazer com que Aaron passasse pelo mesmo exame diagnóstico. O menino também começou a fazer contato visual com outras pessoas e a repetir o que lhe diziam.

Isso foi o suficiente para convencer Horvath, da Universidade de Maryland, a administrar secretina a um terceiro menino, obtendo o mesmo resultado. Horvath chegou também a dar uma segunda dose a Parker, e Victoria testemunhou um novo avanço na recuperação do filho. Em 1998, Horvath publicou um relatório em uma revista médica contando sobre o tratamento com secretina realizado nos três meninos e atestando uma "evolução significativa em seu comportamento, evidenciada pelo contato visual, pela capacidade de concentração e resposta e pela expansão da linguagem expressiva".[1]

Depois disso, Horvath se recusou a dar novas doses do hormônio a Parker, preocupada com o fato de a secretina não ser licenciada para uso em qualquer tratamento. Victoria acabou encontrando outro médico disposto a tratar Parker, e em 7 de outubro de 1998 a história foi transmitida para milhões de telespectadores no programa *Dateline,* da NBC. O quadro mostrava as cenas de um Parker que gostava de brincar e de estar em meio às outras crianças, e incluía o testemunho de outros pais que haviam utilizado o hormônio após saberem da evolução do menino. "Com a secretina, dissemos adeus à diarreia; ele está usando o penico, me olha nos olhos, conversa, diz coisas como: 'Que lindo lá fora!'", entusiasmou-se uma das mães. "Ele ficou olhando bem no meu rosto, me encarando nos olhos, como se dissesse: 'Mãe, parece até que faz um ano que eu não te vejo'", disse outra.[2] O *Dateline* afirmou que, das duzentas crianças com autismo que receberam o hormônio, mais da metade respondeu a ele de forma positiva.

Foram necessárias apenas duas semanas para a Ferring Pharmaceuticals, única empresa norte-americana licenciada a produzir a secretina, colocar o produto à venda. Doses do hormônio passaram de uma mão à outra via Internet por centenas de dólares. Houve histórias de famílias hipotecando suas casas para arcar com as despesas, ou adquirindo lotes no mercado ilegal do México e do Japão. Nos meses seguintes, mais de 2.500 crianças haviam recebido a secretina, e novos casos bem-sucedidos continuavam surgindo.

"Foi uma tremenda euforia", lembra o pediatra Adrian Sandler, do Olson Huff Center for Child Development, em Asheville, Carolina do Norte. "Nossos telefones tocavam sem parar, porque os pais das crianças com autismo que estávamos atendendo queriam que elas fossem tratadas com secretina."³ Mas a comunidade médica temia uma potencial crise na saúde pública. Sem dispor de nenhuma garantia de que a secretina poderia ser administrada em doses regulares, e sem provas de que ela de fato funcionava, mais de uma dúzia de testes clínicos foram encomendados em caráter de urgência em centros de pesquisa de todo o país. Sandler conduziu o primeiro teste a ser publicado, contando com a participação de sessenta crianças com autismo.

Seguindo o procedimento-padrão desse tipo de teste, os participantes de Sandler foram distribuídos aleatoriamente em dois grupos. O primeiro recebeu o hormônio, enquanto o outro passou por um tratamento inerte, ou placebo, que era uma injeção de soro fisiológico. Para ser considerada um medicamento eficaz, a secretina precisava ter um desempenho melhor do que o placebo. Os sintomas das crianças passaram pela verificação de médicos, pais e professores, antes e depois da injeção, e nenhum deles sabia qual tratamento cada criança havia recebido.

O relatório de Sandler foi publicado na prestigiada *New England Journal of Medicine* em dezembro de 1999, e os resultados foram tão surpreendentes quanto condenatórios.⁴ Não houve diferença significativa entre os dois grupos. Os resultados das demais clínicas foram os mesmos: a secretina não mostrou qualquer benefício adicional quando comparada ao tratamento placebo. Como medicamento contra o autismo, era inútil. A aura de esperança que envolvia a secretina agora parecia uma ilusão, inventada por pais tão ávidos em enxergar uma melhora no estado dos filhos que literalmente tinham imaginado tudo aquilo. A história da secretina chegava ao seu fim.

Será mesmo? A conclusão no relatório de Sandler ocupava apenas uma linha: "Uma única dose de secretina humana sintética não constitui um tratamento eficaz contra o autismo." Mas o que ele não mencionou naquele artigo foi como havia ficado impressionado com o fato de *ambos* os grupos terem evoluído de forma considerável. Ele me disse: "O interessante para mim foi que as crianças dos dois grupos apresentaram melhora. Houve resposta ao tratamento tanto por parte do grupo que recebeu secretina quanto do grupo que recebeu soro fisiológico."

Teria sido uma simples coincidência? Assim como ocorre com tantas outras doenças crônicas, os sintomas do autismo podem oscilar com o decorrer do tempo. Uma das razões pelas quais é tão importante testar novos tratamentos tendo o placebo como contraponto é que, após tomar o medicamento, qualquer aparente mudança em um sintoma pode ser mera obra do acaso. Mas Sandler ficou surpreso com aquele grau de recuperação.

As crianças do teste foram avaliadas segundo uma escala oficial chamada Inventário de Comportamentos Autísticos (ICA), que abarca uma considerável gama de sintomas. Por exemplo, se elas reagem à dor de um corte ou de uma pancada, ou se retribuem um abraço. A escala vai de 0 a 158, e os valores mais altos correspondem a sintomas mais severos. As crianças do grupo de Sandler que receberam o placebo começaram o teste com a média de 63 pontos nessa escala. Passado um mês de injeções com a solução de soro fisiológico que se passava por hormônios, a média caiu para 45 pontos.[5] Quase 30% de recuperação dentro de poucas semanas, algo que muitos pais de crianças com autismo considerariam um milagre. Além disso, esse efeito não se evidenciou de maneira uniforme no grupo. Embora algumas crianças não tenham manifestado qualquer reação, outras reagiram notavelmente.

Esse padrão levou Sandler a pensar que a família Beck e os outros pais que estavam convencidos dos benefícios daquele tratamento não haviam imaginado a mudança em seus filhos. Aqueles sintomas realmente haviam regredido. Só não tinha nada a ver com a secretina.

* * *

Bonnie Anderson não percebeu a água que se acumulava no chão de sua cozinha até ser tarde demais. Em uma noite, no verão de 2005, a senhora de 75 anos de idade havia cochilado no sofá enquanto assistia à TV.[6] Não lhe vem à memória a que programa assistia, talvez algum sobre decoração ou um filme antigo (ela não gosta daqueles com palavrões ou com sangue para todos os lados). Já estava escuro quando despertou, e ela caminhou descalça até a cozinha em busca de um copo de água, sem se dar ao trabalho de acender as luzes. Mas o filtro estava vazando fazia algum tempo, e ela escorregou no piso molhado, batendo com as costas no chão.

Incapaz de se mover, Bonnie sentiu uma dor absurda na coluna. "Foi assustador", ela me contou. "Eu pensei, 'Meu Deus, quebrei minha espinha'." Seu companheiro, Don, a arrastou até o saguão e a colocou sob um cobertor, e cerca de duas horas mais tarde ela conseguiu voltar ao sofá. Felizmente ela não ficou paralisada, mas fraturou a coluna — uma lesão comum na terceira idade, fase em que a osteoporose vai enfraquecendo os ossos.

Bonnie vive com Don em uma casa térrea pequena e branca em Austin, Minnesota. Ela trabalhou por quarenta anos como telefonista de uma das principais empresas da cidade, a Hormel Foods (fabricante da marca de enlatados Spam), até que se aposentou. Bonnie gosta de usar maquiagem laranja, tem cabelos brancos e uma vida social agitada. Ama, acima de tudo, uma boa partida de golfe, um esporte que ela nunca deixou de praticar. Mas o acidente lhe tirou tudo isso. Após sofrer o tombo, passou a viver com dores recorrentes e não conseguia sequer se levantar para lavar a louça. "Era impossível dormir à noite", ela me disse. "Eu não podia jogar golfe. Tinha que me contentar em ficar sentada com uma almofada térmica."

Alguns meses depois, Bonnie decidiu se submeter a um experimento clínico, um procedimento cirúrgico promissor chamado vertebroplastia, que injeta cimento acrílico no interior do osso fraturado a fim de fortalecê-lo. Don levou Bonnie até o hospital — a Mayo Clinic de Rochester, Minnesota —, chegando pouco antes de o sol nascer, em uma manhã fria de outubro. Após o procedimento, ela saiu do hospital se sentindo imediatamente melhor. "Foi maravilhoso", contou ela. "A cirurgia acabou mesmo com a dor. Pude voltar ao meu golfe e fazer tudo o que me desse vontade."

Passada quase uma década, Bonnie continua maravilhada com os resultados: "Foi um milagre a forma como tudo aquilo acabou." Apesar do aparecimento recente de alguns problemas respiratórios, sua coluna não a atrapalha mais. "Meu aniversário está chegando, farei 84 anos", disse ela, aos risos. "E ainda pretendo jogar um pouquinho de golfe no próximo verão."

Tudo indicava que a vertebroplastia havia curado a coluna fraturada de Bonnie. Mas, em relação àquele experimento, havia um pequeno detalhe que ela desconhecia: Bonnie não fora escolhida para o grupo da vertebroplastia. A cirurgia pela qual havia passado era falsa.

Em 2005, época em que Bonnie escorregara no piso molhado de sua cozinha, a técnica da vertebroplastia ganhava rápida notoriedade. "Os cirurgiões ortopedistas estavam fazendo. Os fisiatras [especialistas em reabilitação física] estavam fazendo, os anestesistas estavam fazendo", contou Jerry Jarvik, um radiologista da Universidade de Washington, em Seattle. "Não faltavam relatos que atestassem a eficiência desse procedimento. Você colocava os pacientes na mesa de cirurgia, injetava o cimento, e eles pulavam dali curados."[7]

David Kallmes, o cirurgião de Bonnie na Mayo Clinic, disse que também vira resultados "positivos" oriundos do procedimento, com cerca de 80% de seus pacientes sendo beneficiados de forma inquestionável.[8] Ainda assim, ele começava a ter sérias dúvidas. A quantidade de cimento injetada nas cirurgias era ínfima. E Kallmes tomou conhecimento de uma série de casos em que o cimento fora injetado incorretamente na coluna dos pacientes, sem que isso os impedisse de obter a cura desejada. "Eram pistas de que talvez houvesse algo mais acontecendo ali em vez do cimento", explicou ele.

Para conseguir as respostas, Kallmes se uniu a Jarvik para fazer algo inovador — pelo menos no campo cirúrgico. Eles decidiram testar a eficácia da vertebroplastia usando um grupo de pacientes que passariam por uma cirurgia de mentira, porém sem terem qualquer consciência disso. Muito embora experimentos envolvendo placebo sejam rotineiros no teste de novos medicamentos como a secretina, eles não costumam ser exigidos no caso de novos procedimentos cirúrgicos, em parte porque não se considera muito ético submeter pacientes a cirurgias falsas. Mas, segundo Kallmes, o que se deve levar em conta é que uma terapia não comprovada pode arriscar a saúde de milhões de pacientes, e isso vale tanto para os medicamentos quanto deveria valer para as cirurgias. "Não há nada de antiético no uso de um experimento falso", defendeu ele. "Antiético é não realizar esse experimento."

Kallmes e Jarvik acompanharam 131 pacientes com fraturas na coluna — Bonnie entre eles —, de onze centros médicos ao redor do mundo. Metade passou pela vertebroplastia; a outra metade, pelo procedimento que era um placebo. Os pacientes estavam cientes de que apenas 50% tinha uma chance de receber o cimento, mas Kallmes não mediu esforços para garantir que a cirurgia falsa fosse o mais realista possível. Assim, os participantes do experimento não saberiam dizer em que grupo se encontravam. Cada paciente era conduzido até a sala de cirurgia, onde era injetada uma anestesia local de curta duração em sua coluna vertebral. Somente nesse momento é que o cirurgião abria o envelope e descobria se o paciente seria mesmo submetido à vertebroplastia ou não. De uma forma ou de outra, a equipe cirúrgica seguia o mesmo roteiro previamente combinado: usavam as mesmas palavras, abriam o vidro de cimento, para que o cheiro característico de removedor de esmaltes enchesse o ambiente, e exerciam pressão sobre as costas do paciente para simular a aplicação das agulhas da vertebroplastia. A única diferença era que o cirurgião poderia ou não injetar o cimento acrílico.

Com o término dessa fase, os pacientes receberam acompanhamento ao longo do primeiro mês de recuperação, durante o qual deveriam classificar por meio de questionários o grau de dor e de deficiência que vinham experimentando. O estudo foi publicado em 2009.[9] Se Kallmes já alimentava algumas dúvidas em relação ao procedimento, os resultados o deixaram abismado. Apesar de todos os aparentes benefícios da vertebroplastia, basicamente não havia diferença entre passar por essa cirurgia e passar pela falsa.

Vale dizer que os pacientes de ambos os grupos apresentaram uma melhora considerável. Em média, o grau de dor relatado caiu para quase metade: de 7/10 para apenas 4/10. O grau de deficiência era calculado a partir de uma série de perguntas como: você consegue andar por um quarteirão, ou subir as escadas sem se apoiar no corrimão? No começo do experimento, os pacientes responderam "não" a uma média de 17 das 23 perguntas, uma pontuação categorizada como "deficiência grave". Um mês após a cirurgia, a média era de apenas 11 pontos. Embora alguns pacientes continuassem sentido as mesmas dores de antes, outros, como Bonnie, estavam praticamente curados. Um segundo experimento com vertebroplastia foi conduzido na Austrália e publicado quase na mesma época, com resultados muito semelhantes.

A melhora dos pacientes podia ser explicada por uma série de fatores. Sintomas como a dor tendem a oscilar, e nosso organismo trata de regenerar qualquer fratura na coluna — lentamente, com o passar do tempo. Mas Kallmes e Jarvik acreditam que, para terem obtido uma recuperação assim tão drástica, algo mais deve ter acontecido ali, algo na mente dos pacientes. Tal como havia ocorrido com a secretina, parecia que a mera crença de estarem recebendo um tratamento eficaz era suficiente para abrandar — e em alguns casos erradicar — seus sintomas.

O fenômeno no qual os pacientes parecem se recuperar após terem passado por um tratamento inerte é chamado de efeito placebo, e é bem conhecido no mundo da medicina. Estudos clínicos vêm mostrando sucessivamente a força do efeito placebo sobre uma vasta gama de problemas de saúde — de asma, pressão alta e distúrbios intestinais a enjoos matinais e disfunção erétil. No entanto, cientistas e médicos o consideram uma espécie de miragem ou farsa: uma anomalia estatística de pacientes que teriam se recuperado com ou sem tratamento, combinada a um fenômeno moralmente duvidoso, que faz pessoas desesperadas ou ingênuas pensarem que estão se sentindo melhor quando na verdade não estão.

Em 1954, um artigo na revista médica *The Lancet* afirmou que os placebos trazem conforto ao ego de "pacientes ignorantes ou inadequados".[10] Muito embora os médicos de hoje não repitam isso de maneira tão franca, na prática pouca coisa mudou desde então. Os testes com auxílio de placebos introduzidos naquela época representaram um dos avanços mais importantes da medicina e permitiram determinar cientificamente quais medicamentos funcionavam e quais não, poupando inúmeras vidas. Eles constituem a base da prática da medicina moderna, e com toda a razão. Mas, dentro dessa perspectiva, o efeito placebo não passa de algo a ser evitado nos testes clínicos. Se uma terapia promissora não se mostra mais eficaz do que o placebo, ela é sumariamente descartada.

Resultados de estudos mostraram que nem a secretina nem a vertebroplastia possuem qualquer princípio ativo. Assim, se considerarmos as leis da medicina em seu rigor às evidências, a recuperação de pacientes como Parker e Bonnie é irrelevante.

No entanto, quando Sandler chamou os pais das crianças com autismo que se tratavam com a secretina para informar que não havia diferença entre utilizar o hormônio em vez do placebo, nada menos que 69% deles insistiram em continuar o tratamento para seus filhos.[11] Da mesma forma, os radiologistas se recusaram a parar com a vertebroplastia. Após a publicação do estudo de Kallmes e Jarvik, a dupla sofreu ataques de editoriais desfavoráveis e de cartas pessoais, além de ser vaiada em uma conferência. "As pessoas reagiram vigorosamente, como se estivéssemos tentando tirar delas algo que vinha ajudando a curar seus entes queridos", disse Jarvik. Nos Estados Unidos, muitos planos de saúde mantiveram o procedimento em sua cobertura, e o próprio Kallmes continua realizando a vertebroplastia apesar dos resultados de seu experimento, alegando que para muitos pacientes não há outra alternativa. "A recuperação dos pacientes é evidente", afirmou ele. "Por isso ainda realizo o procedimento. Você simplesmente faz o que é necessário."

Vemos casos semelhantes o tempo todo. Em 2012, uma categoria popular de comprimidos para dormir conhecida como "medicamentos Z" saiu desmoralizada ao ser confrontada com o efeito placebo.[12] Naquele mesmo ano, a cetamina foi submetida ao método duplo-cego para atestar sua eficácia contra as dores associadas ao câncer; estudos anteriores descreveram os efeitos desse sedativo como "amplos", "expressivos" e "excelentes", no entanto ele se provou tão eficaz quanto o placebo.[13] Em 2014, especialistas analisaram 53 experimentos que contrapunham um placebo a procedimentos cirúrgicos promissores no tratamento de enfermidades desde angina a artrite nos joelhos e descobriram que, na metade dos casos, a cirurgia falsa surtia os mesmos efeitos.[14]

Pode até ser que os médicos e pacientes de todos os exemplos acima tenham sido realmente enganados por essa combinação de acaso e otimismo exacerbado. Mas, após ignorar os relatos de tantas pessoas, não consigo ignorar a ideia de que talvez estejamos negligenciando algo realmente importante. Por isso, pergunto: será que, em certas ocasiões, em vez de ser visto como uma ilusão a ser ignorada, o efeito placebo não exerceria um papel ativo na medicina? E, se exercer, não poderíamos utilizá-lo *sem* expor os pacientes a tratamentos potencialmente arriscados?

Em outras palavras: poderia uma simples crença — a de que estamos prestes a melhorar — conter em si mesma o poder da cura?

* * *

Rosanna Consonni se curva sobre a mesa, agarrando-se a uma das quinas com a mão esquerda. À sua frente está um *trackpad* cinza retangular, e ela se empenha para tocar com o dedo indicador direito o círculo verde localizado no centro do sensor. Em intervalos de poucos segundos, um círculo vermelho se acende em uma posição qualquer das bordas. Então, Rosanna precisa mover seu indicador do verde para o vermelho o mais rápido que puder.

É uma tarefa que a maioria das pessoas consideraria simples. Mas as feições dessa senhora de 74 anos se contraem pelo esforço da concentração, e ela mais parece uma criança aprendendo a escrever. Ela deseja que sua mão se mova, mas o dedo desliza devagar, como se não fosse realmente seu. "Respire", recomenda uma jovem neurocientista de jaleco branco, Elisa Frisaldi. Sempre que Rosanna consegue tocar o círculo vermelho, o tempo necessário para cumprir a tarefa aparece no monitor de Frisaldi, representado por uma coluna azul em um gráfico.

Estamos no departamento de neurociência do Hospital Molinette, em Turim, Itália. Ainda é bem cedo, e lá fora brilha um sol de primavera. Bem perto dali, pessoas praticam *jogging* e passeiam com seus cachorros, atravessando o caminho que margeia o amplo e resplandecente rio Pó. As flores estão caindo, e alguns lagartos se esticam na grama. Mas nós estamos espremidas em um quarto de porão sem janelas, cheio de computadores, equipamentos de laboratório e um sofá azul.

Frisaldi é integrante da equipe liderada por um dos pioneiros na pesquisa com placebos, o neurocientista Fabrizio Benedetti. O problema de estudos clínicos como o da vertebroplastia e o da secretina é que eles não foram criados para avaliar o efeito placebo, mas para descartá-lo. Qualquer tipo de alteração sofrida por um grupo designado para um placebo poderia ser explicada por uma série de fatores, incluindo o acaso. Por isso é tão difícil definir com precisão qual é o papel do efeito placebo em uma recuperação. Porém Benedetti e Frisaldi vêm conduzindo experimentos de laboratório cuidadosamente controlados para averiguar como e quando a crença pode atenuar os sintomas.

A voluntária de hoje, Rosanna, tinha 50 anos de idade quando reparou pela primeira vez que sua mão direita estava tremendo. Após dois anos de negação e incerteza, ela enfim recebeu o diagnóstico: sofria do mal de Parkinson. Essa síndrome afeta cerca de uma em cada quinhentas pessoas; mais de meio milhão delas só nos Estados Unidos. É uma doença degenerativa, caracterizada pela morte gradual das células do cérebro que produzem o mediador químico chamado dopamina. Com a redução de dopamina no cérebro, os pacientes desenvolvem sintomas cada vez mais severos, como rigidez muscular, lentidão nos movimentos e tremores.

A síndrome costuma ser tratada com levodopa, um componente químico que o organismo transforma em dopamina. Mas Rosanna está desde a noite passada sem tomar seu medicamento, para que o Parkinson se manifeste em sua plenitude durante o experimento de Frisaldi. Ela chega agarrando-se ao braço do marido, com passos trôpegos e arrastados. Mesmo ao se sentar, permanece em constante movimento. Ela bambeia enquanto fala, fazendo seus brincos de prata balançarem e suas mãos oscilarem para frente e para trás. O queixo e a garganta tremem como se ela estivesse mastigando. A frequência com que cai a obriga a usar joelheiras por baixo das calças.

Mas seu estado mental não parece condizer com essa frágil aparência física. Ela luta para agir com autonomia e, brincando, se refere ao marido, Domenico, como sua *badente*, ou babá. Rosanna me conta que, quando foi diagnosticada, não quis saber de nada relacionado à doença. Ela tomava os remédios, mas, fora isso, "eu não li nada a respeito. Não queria saber como seria o meu futuro".[15] Pelos vinte anos seguintes, essa estratégia pareceu funcionar. "Eu sabia dirigir. Fui uma boa mãe. Minha vida quase não mudou." Ela fazia longos passeios de bicicleta e mergulhos de apneia nas praias de Versília, pouco mais de 240 quilômetros ao sul de Turim.

Em 2008, no entanto, os sintomas da doença começariam a evoluir. Seu corpo estava se enrijecendo, e os membros resistiam aos seus comandos para se movimentarem. Um dia, contrariando ordens médicas, foi sozinha ao supermercado e, quando uma mulher na fila esbarrou em Rosanna, ela foi incapaz de mover a perna para se reequilibrar. Caiu no chão e fraturou o braço. "Fiquei assustada", ela me conta. "Senti que minha vida estava mudando para sempre naquele momento."

O médico recomendou uma intervenção cirúrgica, e agora Rosanna anda com uma alça preta no ombro onde prende uma bolsinha parecida com um estojo de máquina fotográfica. Nela se encontra uma bomba de infusão portátil que lhe fornece o remédio continuamente, por meio de um tubo plástico que penetra em seu abdômen e vai direto ao intestino delgado. Ela odeia o implante — "Me sinto como se tivesse uma deficiência", confessa —, mas isso permite que ela conserve um mínimo de autonomia.

Com a bomba desligada, Frisaldi submete Rosanna a uma série de exercícios para determinar qual é a severidade de seus sintomas quando não há remédios para combatê-los. Além do teste com o *trackpad*, ela precisa também fazer movimentos circulares com os braços, andar em linha reta e tocar o próprio nariz repetidas vezes. Finalizada a avaliação preliminar, é hora de abrir a bolsinha a tiracolo e acionar a bomba, iniciando a infusão diária de medicamento. O aparelho começa a zumbir e a apitar; o momento pelo qual Rosanna tanto ansiava. "Com esse remédio, posso controlar melhor meus movimentos", ela conta. "Sinto minhas mãos relaxarem, e a rigidez nas pernas desaparecer." Passados 45 minutos, entendo o que ela quer dizer. Sua postura fica mais reta. Seu queixo quase não treme. Ela se movimenta com mais confiança. E seu tempo no teste com o *trackpad* cai para a metade.

Mas será que essa transformação se deve apenas ao medicamento? Não poderia também estar relacionada com a expectativa de alívio que Rosanna está prestes a sentir? Esse é o tipo de pergunta que a maioria dos estudos clínicos está despreparada para fazer, mas que Frisaldi espera responder com sucesso. Hoje, Rosanna está recebendo a dose completa de seu medicamento, mas, em outros dias, ela e os outros participantes do estudo receberão doses variadas. Eles nem sempre sabem qual dose estão tomando (por razões éticas, Frisaldi não tem permissão de não lhes dar nada).

Acho incrível a ideia de que sintomas tão graves quanto os de Rosanna — causados por uma doença neurológica degenerativa — possam ser atenuados por uma mera influência da sugestão. E é o que estudos sobre o mal de Parkinson têm demonstrado repetidamente. Um exemplo: uma série de experimentos conduzidos por Jon Stoessl, neurologista da Universidade da Colúmbia Britânica, em Vancouver, Canadá, revelou um expressivo efeito placebo nos pacientes com Parkinson que tomaram comprimidos inertes.[16] Um deles é o entusiasmado atleta de *mountain bike* Paul Pattison. Ele tomou o remédio de maneira disciplinada e esperou que fizesse efeito. "Bum!", foi o que ele disse à equipe de um documentário da BBC sobre o efeito placebo.[17] "Meu corpo fica reto, meus ombros se alinham de novo." Quando descobriu que havia tomado um placebo: "Eu fiquei chocado. São mudanças físicas que acontecem em mim quando tomo esses remédios, então como pode uma coisa vazia, um nada, criar essas mesmas sensações?"

O estudo de Stoessl respondeu a essa questão. Ao utilizar aparelhos de varredura cerebral, foi possível verificar que, após receber um placebo, o cérebro dos pacientes ficava inundado de dopamina, tal como acontecia quando eles tomavam o remédio de verdade. E não estamos falando de um efeito pequeno — os níveis de dopamina triplicavam e ficavam equivalentes a uma dose de anfetamina em uma pessoa saudável —, tudo só porque *acreditaram* que haviam ingerido a medicação.

Essa descoberta foi acompanhada por Benedetti, em Turim. Ele vinha submetendo pacientes com Parkinson a um procedimento cirúrgico para depois realizar uma terapia conhecida como estimulação cerebral profunda. A cirurgia se resume a implantar eletrodos no interior do cérebro, em uma área chamada núcleo subtalâmico, que auxilia na coordenação motora. A dopamina costuma manter os neurônios dessa região sob controle, mas nos pacientes com Parkinson essas células disparam sinais elétricos descontroladamente, provocando rigidez e tremores. Com o implante, os eletrodos estimulam essas regiões de modo a "acalmar" os neurônios.

A cirurgia é realizada com os pacientes ainda despertos, e Benedetti viu ali a oportunidade perfeita para observar o efeito placebo em ação. O eletrodo permite monitorar a atividade do cérebro enquanto o organismo recebe o placebo — um estudo que dificilmente contaria com voluntários humanos. Ele conduziu uma série de exames: tendo inserido o implante em seu devido lugar, o cientista injetou soro fisiológico nos pacientes, afirmando se tratar de uma poderosa substância contra o Parkinson chamada apomorfina.

Enquanto esperamos o remédio surtir efeito em Rosanna, Frisaldi abre uma série de slides na tela de seu computador. Primeiro, ela me mostra a atividade cerebral registrada por Benedetti antes de um paciente receber a injeção do soro fisiológico. É um gráfico em preto e branco, que exibe o comportamento de um único neurônio do núcleo subtalâmico do paciente. Toda vez que o neurônio dispara, a linha forma um pico acentuado. O gráfico mais parece um código de barras: uma densa cadeia de picos negros. Trata-se de um neurônio disparando descontroladamente. Então Frisaldi me mostra a atividade desse mesmo neurônio logo após a injeção do placebo. É um quase silêncio; um espaço em branco avassalador, perturbado apenas por um pico exótico e solitário.

"É incrível", me conta Frisaldi. "Para mim, é um dos estudos mais impressionantes que Benedetti já realizou." Benedetti pesquisou o percurso de uma crença até ela chegar a uma única célula. Assim, demonstrou que, nos pacientes com Parkinson, a ação de um placebo faz os neurônios motores passarem a disparar sinais elétricos a intervalos maiores, da mesma forma como reagem ao medicamento verdadeiro.[18]

Os êxitos de Stoessl e Benedetti são extraordinários. Muito embora o efeito placebo já fosse percebido em pacientes com Parkinson, nunca ocorreu a ninguém que fosse realmente possível mimetizar os efeitos biológicos de um tratamento. Mas ali estava a prova de que os pacientes não estavam imaginando aquelas mudanças ou encontrando uma maneira alternativa de contrabalançar seus sintomas. O efeito era mensurável. Genuíno. Era psicologicamente idêntico ao da medicação verdadeira.

Cerca de uma hora depois, o efeito do remédio de Rosanna já passou, e o experimento chega ao fim. Ela me conta que ainda planeja nadar em Versília no próximo verão, mesmo com o implante a tiracolo, e que não perde seu tempo se preocupando com a possibilidade de sua síndrome se agravar. "Eu sempre penso no presente, não quero ter que planejar o futuro. Em geral é assim que costumo viver, e a doença não tirou isso de mim." Com orgulho ela me mostra uma foto em seu celular: setenta quilos de limões de seu jardim. Quando se levanta para sair, Rosanna parece pequena e ainda cambaleia; como uma planta frágil sendo soprada pela brisa.

Ao conhecer melhor a pesquisa com pacientes que sofrem de Parkinson, fico impressionada com o efeito que os placebos podem exercer, mas saio com ainda mais perguntas. Se uma crença pode ter o mesmo efeito de um remédio, para que tomá-los, afinal de contas? Será que os placebos funcionam em todos os estados de saúde ou apenas em alguns deles? Como é possível que o mero poder da sugestão consiga desencadear um efeito biológico? Para descobrir essas respostas, decido falar com o próprio Benedetti. Mas no momento ele não se encontra em seu laboratório. É preciso viajar pouco mais de 120 quilômetros ao norte de Turim, e ainda subir por mais três ou quatro quilômetros.

* * *

Estou parada à beira de um penhasco, observando as gralhas mergulhando contra a ofuscante neve branca. Ao longe, um cobertor enrugado de montanhas se estende até o horizonte. No ar rarefeito, o som fica abafado, e, a dez graus Celsius negativos, o frio é cortante. Às minhas costas, abre-se uma enorme superfície de gelo: a geleira do platô Rosà. Estamos a 3.500 metros acima do nível do mar, no limite entre o que os cientistas consideram "altitude alta" e "altitude muito alta". Nos Alpes, isso é o mais alto a que se pode chegar. Daqui, apenas o emblemático pico do Cervino é que se ergue por mais um quilômetro, cortando o céu azul com seu cume tortuoso.

Ainda é bem cedo, e o platô está deserto. Até que um enorme teleférico emerge e descarrega o seu grupo de esquiadores com trajes vibrantes. Eles passam por mim em direção ao ponto mais baixo da geleira, mal notando o que parece ser uma choupana feita de metal empoleirada sobre a encosta da montanha. Está parcialmente coberta pela neve e cercada de andaimes.

No interior da choupana, encontro Benedetti. Ele é alto e hospitaleiro, e está usando calças de esqui pretas e uma peça de *fleece*, um tecido de aparência semelhante à flanela que funciona como isolante térmico. Este é o seu laboratório de alta altitude, cheio de equipamentos e cercado de ripas de madeira como se fosse uma sauna. Recebo um tour pelo lugar, sendo alertada sobre o vazamento no teto — "Fica terrível no verão", ele me conta. Dou uma espiada em seu telescópio infravermelho de três metros de altura, com o qual ele divide o espaço.

Com exceção do telescópio, Benedetti equipou o lugar por conta própria, providenciando o abastecimento de todos os estoques e mantimentos via helicóptero. Há uma sala de estar e uma cozinha simples, assim como dois quartos com beliches e equipamento para monitorar o sono. A vista é de tirar o fôlego. A fronteira do país passa bem em cima da choupana, de modo que, quando saímos da sala de estar em direção ao laboratório, estamos deixando a Itália e entrando na Suíça.

O laboratório é composto de dois quartos adjacentes, ocupados por uma parafernália de aparelhos e monitores, luzes intermitentes e interruptores, além de estantes abarrotadas de arquivos. Fios passam pelo teto, e grandes latas de gás verde estão em um canto da parede. Fico aturdida com o barulho: zumbidos e zunidos, estalidos de variadas frequências, assobios intermitentes e o *tum-tum-tum* de um aparelho de stepper. Exercitando-se no stepper está a nossa cobaia do dia: um engenheiro jovem e forte chamado Davide.

Benedetti veio até os Alpes porque o ar rarefeito é ideal para estudar o efeito placebo em uma outra condição patológica: a hipobaropatia. Em vez de trabalhar com pacientes enfermos, ele pode induzir os sintomas em voluntários sadios, simplesmente trazendo-os até aqui. O cientista, então, manipula suas crenças e expectativas, monitorando os efeitos fisiológicos.

A hipobaropatia ocorre devido à escassez de oxigênio. Conforme nos locomovemos para altitudes acima do nível do mar, a porcentagem de oxigênio no ar permanece inalterada, mas o ar se torna menos denso, o que significa que passamos a inspirar menos oxigênio. Aqui, a 3.500 metros de altitude, a densidade do oxigênio é de apenas dois terços em relação à encontrada ao nível do mar. Isso pode causar sintomas como tonteira, náusea e dor de cabeça. Recomenda-se aos praticantes de esqui que vêm ao platô Rosà que, antes, passem por um período de aclimatação, pernoitando ali. Todavia, com o objetivo de maximizar os efeitos da altitude no experimento de Benedetti, Davide viajou até ali em apenas três horas, partindo da cidade de Turim, ao nível do mar.

Com bastões de esqui nas mãos e uma expressão concentrada, Davide mais parece um explorador científico. Ele usa uma touca de neoprene preta, equipada com eletrodos sem fio para monitorar sua atividade cerebral. Além disso, inúmeros sensores conectados a um colete preso em seu tórax captam a atividade do sistema nervoso, a temperatura do corpo e da pele, a atividade cardíaca e a saturação de oxigênio no sangue. Essas informações são transmitidas pelo ar a partir de um gravador preto do tamanho de um cronômetro. É o mesmo sistema de quinze mil euros utilizado pelo paraquedista Felix Baumgartner quando este saltou da estratosfera e quebrou o recorde mundial,[19] afirma Benedetti. "A diferença é que estamos a quatro quilômetros de altitude em vez de quarenta."

Enquanto Davide se exercita, Benedetti acompanha as informações que chegam ao seu iPad. Os batimentos cardíacos do engenheiro são convertidos em linhas verdes que oscilam por uma tela negra, enquanto um visor digital mostra a saturação de oxigênio em seu sangue. Ao nível do mar, o normal seria de aproximadamente 97-98%, mas agora ela caiu para apenas 80%. Um monitor ao lado exibe uma cabeça girando e emitindo ondas amarelas, vermelhas e azuis: é a atividade cerebral de Davide.

Ele fica no stepper por quinze minutos, então coloca uma máscara de oxigênio ligada a uma latinha branca em seu tórax. De acordo com Benedetti, o intuito da máscara é facilitar a prática da atividade nessa parte final do teste. O que o cientista não diz a Davide (nem a mim) é que a máscara não está realmente ligada a nada, e que a latinha está vazia. O engenheiro está respirando o mesmo ar de antes.

*   *   *

Conheci Benedetti na noite anterior, com direito a cerveja e pizza na estação de esqui mais próxima de Breuil-Cervinia. Trajando um casaco de lã com estampa em zigue-zague, ele parecia perfeitamente à vontade naquele alojamento alpino. Embora tenha nascido na costa italiana, confessa que a praia sempre o entediou. Sua paixão são as montanhas.

Benedetti enxerga o efeito placebo em todos os aspectos da existência humana, da música ao sexo. Ele explicou que, se me desse uma taça de vinho e informasse quanto é saboroso, isso influenciaria o meu paladar. Ou então, se eu ficasse em um quarto de hospital com acesso a uma bela vista, me recuperaria mais rápido. "Somos animais simbólicos", afirmou ele. "O componente psicológico possui relevância em toda parte."[20]

Seu interesse em como fatores psicológicos afetam nossos corpos físicos começou nos anos 1970, quando ainda iniciava a carreira como neurocientista na Universidade de Turim. Já havia percebido, em seus estudos clínicos, que os pacientes do grupo tratado com placebo frequentemente se saíam tão bem ou até melhor do que aqueles que recebiam o princípio ativo. Pouco tempo depois ele leu um artigo que mudou sua vida, bem como tudo o que se sabia sobre o efeito placebo.

Cientistas haviam descoberto uma classe de moléculas produzidas pelo cérebro chamadas endorfinas, que funcionam como analgésicos naturais. Elas são opioides, ou seja, pertencem à mesma família química da morfina e da heroína. Os efeitos que essas duas substâncias exercem sobre o organismo são bem conhecidos, mas o fato de sermos capazes de produzir a nossa própria versão delas foi uma revelação. Foi a primeira pista de que o cérebro era capaz de fabricar suas próprias drogas.

Um neurocientista chamado Jon Levine, da Universidade da Califórnia em São Francisco, Estados Unidos, se questionou se essa descoberta não ajudaria a explicar como os placebos conseguem aliviar a dor. Em geral, os cientistas simplesmente presumiam que pacientes mais ingênuos acreditavam sentir menos dor do que realmente sentiam. E se o ato de tomar o placebo estivesse ativando a liberação daqueles analgésicos naturais no organismo? Aí então a redução da dor seria um fato concreto. Levine testou essa teoria em pacientes hospitalizados, que se recuperavam de uma cirurgia oral. Mais de um terço deles relatou um alívio significativo após tomar o placebo — uma infusão intravenosa de soro fisiológico que eles acreditaram ser um poderoso analgésico. Então, sem lhes dizer nada a respeito, Levine lhes deu naloxona, uma substância que bloqueia a ação das endorfinas. Com isso, a dor dos pacientes retornou.[21]

Foi nesse momento, mencionou Benedetti, que "nasceu a biologia do placebo". Foi a primeira evidência de redes bioquímicas para entender o efeito placebo. Em outras palavras, se alguém toma um placebo e sente sua dor se dissipar, não se trata de um truque, de um otimismo cego ou uma imaginação fértil. Trata-se de um mecanismo físico, tão real quanto os efeitos de qualquer outro medicamento. Benedetti então pensou que isso também poderia explicar o bom desempenho dos pacientes tratados com placebo em seus estudos. "Decidi investigar o que se passava no cérebro deles."

Ele dedicou sua carreira a desvendar o efeito placebo, começando pelo alívio da dor. Nos estudos clínicos, viria a identificar mais substâncias químicas no cérebro que, ativadas por nossas crenças, podem disparar ou não uma resposta à dor. Benedetti descobriu que, ao tomarem analgésicos falsos em vez de drogas opioides, os pacientes experimentavam não apenas o alívio físico como também uma queda no ritmo cardíaco e da respiração — exatamente como agem os medicamentos que contêm ópio. Ele revelou ainda que algumas das drogas que pensávamos serem poderosos analgésicos na verdade não possuem qualquer ação direta no combate à dor.

Um eficaz analgésico opioide deve ser capaz de se agregar com sucesso aos receptores de endorfina do cérebro. Esse mecanismo não é afetado pelo fato de sabermos ou não que estamos tomando determinado remédio. No entanto, Benedetti demonstrou que, além desse mecanismo de ação, as mesmas drogas também funcionam como placebos, gerando a expectativa de que nossa dor passará, o que por sua vez provoca uma liberação de endorfinas naturais no cérebro. Para que essa segunda via se concretize, precisamos ter a consciência de que tomamos o remédio (e possuir uma expectativa positiva em relação a ele). Por incrível que pareça, Benedetti descobriu que algumas das substâncias que antes considerávamos poderosos analgésicos *somente* funcionam dessa segunda maneira. Se você não souber que as tomou, elas não surtirão efeito.

E esse é apenas um dos mecanismos do placebo. Benedetti também encontrou efeitos analgésicos do placebo que não são mediados pelas endorfinas e, por isso, não podem ser bloqueados pela naloxona. Em seguida, ele passou a estudar o efeito placebo sobre os sintomas de Parkinson — a pesquisa de que Frisaldi havia me falado —, que funciona segundo um outro mecanismo: o da liberação de dopamina. Até o presente momento, os benefícios dos placebos só foram estudados em alguns poucos sistemas, havendo provavelmente muitas outras aplicações. Benedetti ressalta que o efeito placebo não é um fenômeno singular, e sim um "caldeirão" de respostas, cada uma utilizando diferentes ingredientes a partir da farmácia natural de nosso cérebro.

Aqui nos Alpes, Benedetti apenas começou a pesquisar sobre como os placebos podem agir sobre a hipobaropatia. Em altitudes elevadas, o baixo nível de oxigênio no sangue faz com que o cérebro produza mediadores químicos chamados prostaglandinas. Esses neurotransmissores provocam uma série de alterações físicas, como a vasodilatação, para ajudar no transporte de maiores quantidades de oxigênio para todo o organismo. Acredita-se que também induzam as dores de cabeça, vertigens e náuseas características da hipobaropatia. Sendo assim, será que ar puro disfarçado de falso oxigênio conseguiria interromper esse processo e abrandar os sintomas?

Davide chega ao fim de sua maratona de meia hora de exercício. A altitude claramente o afetou: parece desorientado, cambaleando um pouco enquanto Benedetti o guia até uma cadeira. Mas ele se saiu muito bem no stepper: o desempenho foi impressionante para quem se encontrava no nível do mar umas poucas horas atrás. Mais tarde, após analisar os resultados de Davide e dos outros voluntários, Benedetti me conta que o "falso oxigênio" realmente criou um efeito biológico no cérebro deles, em oposição ao grupo de controle, que não recebeu o placebo. Mesmo com as taxas de oxigênio no sangue permanecendo inalteradas, os níveis de prostaglandina e a vasodilatação decresceram. Quando esses voluntários experimentam o efeito placebo (e isso não acontece com todos), seu cérebro responde como se eles estivessem realmente respirando oxigênio, amenizando os sintomas e proporcionando-lhes um melhor desempenho físico.

Esse resultado ilustra dois importantes detalhes sobre as limitações do efeito placebo. O primeiro é que todo efeito causado pela crença em um tratamento é limitado pelas ferramentas naturais que o corpo tem à sua disposição. Respirar oxigênio de mentira pode fazer o cérebro responder como se houvesse mais oxigênio no ar, mas não vai aumentar as taxas básicas de oxigênio no sangue. Tal princípio se aplica também às enfermidades. Um placebo poderia ajudar um paciente com fibrose cística a respirar com mais facilidade, porém não será capaz de fabricar a proteína de que seus pulmões precisam, assim como um membro amputado não pode crescer de volta. No caso de alguém com diabetes tipo 1, um placebo não conseguiria restabelecer a sua dose de insulina.

O segundo detalhe, que vem se evidenciando graças a uma série de estudos, é que os efeitos mediados pela expectativa tendem a ficar restritos aos sintomas — coisas das quais estamos cientes, como dor, coceira, erupções cutâneas ou diarreia, bem como nossa cognição, nosso sono e os efeitos de substâncias como a cafeína e o álcool. Os placebos também parecem surtir forte efeito em distúrbios psiquiátricos como depressão, ansiedade e dependência química.

O efeito placebo pode inclusive se revelar o principal método de ação de muitos medicamentos psiquiátricos. Irving Kirsch, psicólogo e diretor-adjunto do programa de estudos com placebo na Universidade de Harvard, recorreu à legislação americana sobre liberdade de informação e forçou a FDA (Food and Drug Administration) a disponibilizar os relatórios de estudos clínicos fornecidos pelas companhias farmacêuticas. Isso expôs o que essas companhias vinham escondendo: em muitos casos (pacientes com doenças mais severas são uma exceção), antidepressivos como a fluoxetina, popularmente comercializada como Prozac, surtem tanto efeito quanto um placebo.[22] Nesse meio-tempo, Benedetti descobriu que o Diazepam, conhecido como Valium, largamente prescrito no tratamento dos transtornos de ansiedade, só funciona se os pacientes souberem que o tomaram.[23] "Quanto mais aprendemos sobre os placebos", diz ele, "mais percebemos que muito do sucesso obtido nos estudos clínicos se devia aos efeitos das terapias inertes."

Os placebos são muito úteis para influenciar o modo como nos *sentimos*. Mas há pouca evidência de que possam afetar proporções das quais não temos qualquer consciência, como taxas de colesterol e açúcar no sangue. Também não parecem agir sobre os processos ou causas originais das doenças. A cirurgia falsa pela qual Bonnie Anderson passou acabou com sua dor e sua deficiência, mas dificilmente restaurou sua coluna. Um estudo sobre asma revelou que, embora os pacientes relatassem que podiam respirar melhor após tomarem um placebo, sua função respiratória exibia os mesmos sinais de antes.[24] Estudos clínicos com pacientes com câncer costumam mostrar efeitos expressivos do placebo em relação à dor e à qualidade de vida, porém não é muito significativo o número de pacientes cujo tumor sofreu alguma redução (em uma análise de sete estudos, a proporção era de 2,7%).[25]

São limitações cruciais. Placebos não criam uma magia superpoderosa capaz de nos manter a salvo em todos os momentos da vida. Não podemos simplesmente descartar as medicações e os tratamentos físicos. Por outro lado, a pesquisa de Benedetti nos mostra efeitos placebo registrados por mudanças físicas mensuráveis, tanto no corpo quanto na mente. E o fato de os benefícios oferecidos serem em grande parte subjetivos não significa que não possam ter valor para a medicina.

Afinal de contas, muitos dos tratamentos aplicados na medicina combatem os sintomas, e não as causas das enfermidades, sobretudo quando a enfermidade em si é difícil de diagnosticar ou tratar. O crescimento de um tumor e o tempo de vida são preocupações fundamentais para qualquer paciente com câncer, mas também não se pode desconsiderar o controle da dor e a qualidade de vida. Não seria muito reconfortante para um paciente com fibromialgia ou com síndrome do cólon irritável dizer-lhe que, do ponto de vista físico, não há nada de errado com ele. Contudo, um avanço subjetivo no tratamento de pensamentos suicidas em um paciente com depressão pode de fato evitar que o pior aconteça.

Em testes de laboratório, os efeitos placebo costumam ser de curta duração, mas há evidências de que, na prática médica, os placebos podem continuar agindo por meses ou até anos. Em um estudo norte-americano publicado em 2001, pesquisadores injetaram neurônios de embriões humanos abortados no cérebro de pacientes com Parkinson, na esperança de que ali as células sobrevivessem e começassem a produzir dopamina.[26] O estudo foi basicamente um fracasso — não houve qualquer diferença entre o grupo que recebeu o tratamento e o grupo de controle. O que fez a diferença, na verdade, foi a *crença* dos pacientes de estarem em um grupo ou em outro. Um ano depois, aqueles que pensaram ter recebido o transplante estavam se saindo expressivamente melhor (segundo seus próprios relatos e de acordo com a equipe médica do teste duplo-cego) do que os que acreditaram ter recebido o placebo.

É claro que os pacientes que experimentaram melhora tenderiam a pensar que receberam o transplante. Mas os pesquisadores que analisaram as informações desse estudo sugerem que a situação era ainda mais complexa: eles concluíram que, mesmo após o intervalo de um ano, "o efeito placebo permanecia bem forte".[27] Rosanna acredita que sua recusa em se ver como enferma poderia explicar por que sua condição progrediu tão devagar após ter recebido aquele diagnóstico tantos anos atrás — e o estudo com os transplantes leva a crer que ela talvez tenha razão.

À primeira vista, os placebos poderiam ser considerados verdadeiras pílulas mágicas, com uma ampla gama de benefícios, sem efeitos colaterais e basicamente sem custo. Mas sempre existiu um enorme empecilho, e por isso até mesmo os médicos que reconhecem o poder dos placebos rejeitam o seu uso. Sempre se pressupôs que é preciso mentir para os pacientes para que o placebo funcione — fazer com que acreditem estar recebendo um princípio ativo, quando na verdade não estão. De acordo com os críticos dos placebos, não importa quantos benefícios eles possam trazer, não compensa arriscar a relação de confiança fundamental existente entre o médico e seu paciente.

No entanto, nos últimos anos, um grupo de cientistas começou a indicar que esse pressuposto clássico está equivocado. Os resultados que eles têm a apresentar poderiam virar a medicina tradicional de ponta-cabeça.

2

UMA IDEIA DIFERENTE
Quando o significado é tudo

Linda Buonanno me abraça quando nos encontramos e me mostra as escadas para o seu pequeno apartamento no primeiro andar, em um edifício residencial bem próximo de uma via expressa em Methuen, Massachusetts. Sua sala de estar é organizada, porém bem compacta, ostentando quadros, velas aromáticas e a predominante cor verde. Sento-me à mesa, diante de um jogo de chá perfeitamente disposto e uma bandeja com dez macarons. A senhora de 67 anos de idade é uma gordinha de cabelos ruivos e curtos e um riso jovial. "Todo mundo pensa que eu tinjo, mas é natural", ela me conta. Fica me apajeando até que decido provar um macaron, então ela se senta de frente para mim e me fala de seus problemas com a síndrome do cólon irritável (SCI).

Ela fala depressa. Seus sintomas apareceram pela primeira vez duas décadas atrás, quando seu casamento de 23 anos entrou em colapso. Embora sonhasse em ser cabeleireira, Linda trabalhava em uma fábrica, operando máquinas que produziam bisturis. À sua jornada semanal de sessenta horas eram também acrescentadas uma batalha judicial e a criação de seus dois filhos mais novos (de um total de quatro). "Foi um inferno." Durante o ano do divórcio, ela começou a sofrer de dores intestinais, cãibras, diarreia e inchaço.

A síndrome a afetou desde aquela época, sobretudo em momentos de estresse, como quando ela foi demitida da fábrica. Com as vagas de emprego migrando para o México, o grupo de mulheres com quem ela havia trabalhado e criado vínculos se diluiu. Linda fez um novo curso, dessa vez de médica assistente, na esperança de encontrar trabalho em algum consultório quiroprático. No entanto, uma vez concluído o curso, descobriu que ninguém estava fazendo contratações. Quando enfim encontrou um emprego de meio período, teve de desistir devido às dores de sua SCI.

A síndrome havia destruído também a sua vida social. Quando os sintomas atacam, "não consigo nem sair de casa", diz ela. "Eu me contorcia de dor, correndo para o banheiro o tempo todo." Mesmo a simples tarefa de ir ao mercado requer a conveniência de um banheiro público, e ela lista os estabelecimentos locais devidamente equipados: um na Market Basket, outro na agência dos correios, no final da rua. "Tem sido assim nesses últimos vinte anos", queixa-se ela. "É um jeito horrível de se viver." Agora, ela precisa dar conta de sua síndrome enquanto cuida dos pais idosos — a mãe vive sozinha; já o pai, que sofre de demência, encontra-se em uma casa de repouso. O irmão de Linda morreu na Guerra do Vietnã, e sua irmã gêmea morreu de câncer dezoito anos atrás. Assim, ele é a única que restou para cuidar deles.

Seu rosto se ilumina. "Mas eu viajo", diz ela. "Vou à Inglaterra, faço de tudo. Eu adoro." Diante dessa declaração, fico perplexa, até que compreendo que ela está se referindo ao Google Maps. Peço a ela que me mostre, e vamos até o seu computador, em uma escrivaninha espremida entre o sofá e o forno de micro-ondas. Ela abre o programa de mapas e nos coloca bem em cima do palácio de Buckingham, em Londres.

De repente me dou conta do tempo excessivo que Linda deve passar em seu apartamento. Ela conhece a arquitetura do palácio de cor e salteado, dando zoom nas imagens para tentar espiar pelas janelas e em seguida voando até os fundos para dar uma olhada nos jardins privativos. Entre outros de seus destinos favoritos estão a ilha de Aruba, no Caribe, e as mansões das celebridades de Rodeo Drive, em Beverly Hills, Estados Unidos. Às vezes ela procura pelos endereços de suas antigas colegas de trabalho na fábrica, amigas que se mudaram para Kentucky ou para a Califórnia quando perderam o emprego, lugares que ela nunca poderá visitar de verdade por conta da sua SCI e das necessidades de seus pais.

No decorrer dos anos, Linda, como muitos outros pacientes com síndrome do cólon irritável, se consultou com uma série de médicos. Passou por exames de intolerâncias e alergias e já tentou cortar muita coisa de seu cardápio, desde glúten e gordura até tomates. Não chegou a lugar algum, até participar de um estudo conduzido por Ted Kaptchuk, professor da Faculdade de Medicina de Harvard, em Boston. Tratava-se de um experimento que iria revolucionar o mundo da pesquisa com os placebos.

* * *

"Você já sabe que sou diferente, não sabe?", Ted Kaptchuk me olha bem nos olhos, e percebo que ele se orgulha bastante dessa qualidade.[1] "Eu sei", respondo. É difícil ler qualquer coisa sobre esse professor de Harvard sem esbarrar no seu histórico incomum. Isso, aliás, é algo que transpira de cada parede de onde nos encontramos — a casa em que ele vive e trabalha, situada numa travessa bem arborizada em Cambridge, Massachusetts.

Ele me pede que retire os sapatos ao entrar e me oferece uma xícara de chá com aroma de bergamota. Tapetes persas cobrem o piso de madeira, e no saguão encontra-se uma orgulhosa urna para chá feita de latão. A decoração é elegante, com mobília de época e arte moderna. As prateleiras são abarrotadas de livros — fileiras de calhamaços em capa dura ornados por caracteres chineses dourados seguidos por edições em inglês, desde *The Jewish Wardrobe* até *Honey Hunters of Nepal*. Pela janela entrevejo nuances de verde e rosa de um jardim ornamental tão bem cuidado que poderia integrar qualquer paisagem japonesa.

O próprio Kaptchuk usa anéis de ouro, tem grandes olhos castanhos e uma onda de cabelos grisalhos cobertos por uma quipá. Adora citar manuscritos históricos, e suas respostas às minhas perguntas vêm sempre acompanhadas de longas pausas e uma expressão fechada. Peço que ele me conte como havia chegado até ali, e ele me diz que tudo começou quando ainda era um estudante, viajando até a Ásia para aprender mais sobre a medicina chinesa.

Essa decisão ele atribui à "loucura que foram os anos 1960. Eu queria fazer algo anti-imperialista". Interessavam-lhe também as religiões e filosofias orientais, e ainda o pensamento do líder comunista chinês Mao Tse-tung. "Hoje eu acho que foi um péssimo motivo para estudar a medicina chinesa. Mas eu não queria ser aliciado, não queria pertencer ao sistema."

UMA IDEIA DIFERENTE

Após quatro anos em Taiwan e na China, Kaptchuk voltou para os Estados Unidos com um diploma em medicina chinesa e abriu uma pequena clínica de acupuntura em Cambridge. Atendeu pacientes com todos os tipos de estado de saúde, e a maior parte das queixas eram dores crônicas e outros problemas no trato digestivo, urinário ou respiratório. Com o passar dos anos, o médico se tornou cada vez mais desconfortável com seu papel de agente da cura. Ele era bom no que fazia — talvez até bom demais. Testemunhava recuperações fantásticas, às vezes antes mesmo de os pacientes receberem qualquer tratamento. "Alguns pacientes saíam do meu consultório totalmente mudados", diz ele, "só de terem se sentado e falado comigo, e eu ter prescrito uma receita. Me apavorava a ideia de ser um paranormal. Eu pensava 'cara, isso é alucinante'."

Kaptchuk acabou concluindo que não possuía poderes paranormais. Mas ele também acreditava que a recuperação súbita de seus pacientes não tinha qualquer relação com as agulhas e as ervas que ele vinha utilizando. Devia ser algo mais, e seu interesse se voltou para o que exatamente isso seria.

Em 1998, a Faculdade de Medicina de Harvard, logo no final da rua em que se situava a clínica de Kaptchuk, estava à procura de um especialista em medicina chinesa. Os Institutos Nacionais de Saúde (NIH) dos Estados Unidos iam abrir um novo núcleo para o financiamento da pesquisa científica sobre a medicina alternativa e complementar. Embora fosse pequeno comparado aos núcleos já existentes dos NIH que investigavam o câncer ou a genética por exemplo, este prometia se tornar uma fonte útil de captação de dólares para pesquisa em Harvard. "Só que ninguém sabia nada a respeito da medicina chinesa ou de qualquer outro tipo de medicina alternativa", conta Kaptchuk. "Por isso me contrataram."

No entanto, em vez de partir para o estudo da medicina chinesa, ele decidiu investigar os efeitos placebo, para saber se seria essa a razão pela qual seus pacientes estavam se curando. Enquanto o foco de Benedetti são as substâncias e o mecanismo por trás do efeito placebo, a questão para Kaptchuk são as pessoas. Suas perguntas são de caráter psicológico e filosófico. Por que a expectativa de cura nos afetaria a tal ponto? O efeito placebo poderia ser decomposto em diferentes partes? Será que a nossa reação poderia ser afetada por fatores como o tipo de placebo que tomamos, ou a forma como somos tratados por nosso médico?

Em um de seus primeiros estudos, Kaptchuk comparou a eficácia de dois tipos diferentes de placebo — uma acupuntura com agulhas retráteis e um comprimido sem princípio ativo — em 270 pacientes com dores persistentes nos braços.² É um experimento completamente impertinente quando visto sob uma perspectiva convencional. Ao comparar dois tratamentos inertes, não se esperaria ver muita diferença. Contudo, Kaptchuk encontrou algo: a acupuntura placebo era mais eficaz na redução da dor dos pacientes, enquanto o comprimido falso funcionava melhor para ajudá-los a dormir.

É justamente este o problema com o efeito placebo: nos estudos, ele se mostra enganoso e efêmero, sendo raro desaparecer por completo; em vez disso, ele muda de forma. Varia conforme o tipo de placebo, e também em intensidade, dependendo do paciente, da enfermidade e do fator cultural. Por exemplo: a porcentagem de pacientes que responderam ao placebo nos estudos com uma determinada medicação contra a úlcera variou de 59% na Dinamarca a apenas 7% no Brasil.³ Um mesmo placebo pode ter efeitos positivos, nulos ou negativos dependendo do que ouvimos sobre ele, e tais efeitos podem mudar com o passar do tempo. Resultados tão transitórios ajudaram a criar uma aura em torno do efeito placebo, como se fosse algo pouco científico e até loucura.

Mas não é loucura. O que esses resultados mostram, segundo Kaptchuk, é que a compreensão que os cientistas têm do efeito placebo está equivocada há tempos. Quando ele chegou a Harvard, os especialistas de lá lhe disseram que o efeito placebo "era o efeito de uma substância inerte". Trata-se de uma descrição típica, a qual Kaptchuk considera uma "enorme incoerência". Afinal de contas, por definição, uma substância inerte não deveria provocar qualquer efeito.

Lógico que o que surte efeito é a nossa resposta psicológica a tais substâncias inertes. Nem a acupuntura de mentira nem os comprimidos falsos são capazes de fazer alguma coisa por si só. Os pacientes é que os interpretam de diferentes maneiras, o que por sua vez acarreta diferentes mudanças em seus sintomas.

É uma perspectiva defendida por Daniel Moerman, antropólogo da Universidade de Michigan, nos Estados Unidos. Antes de se interessar pelos placebos, ele estudou as plantas medicinais usadas pelos curandeiros dos povos nativos norte-americanos. Também foi ele quem analisou os estudos daquela medicação contra úlcera. De acordo com Moerman, o ingrediente ativo é o significado — o significado por trás e em torno de qualquer tratamento médico, seja ele falso ou não. (Ele vem tentando mudar o nome do efeito placebo para "a resposta ao significado", mas parece que a ideia não está tendo adesão.)

Em nossa conversa por telefone, Moerman faz menção a um dos estudos de Benedetti. Nele pacientes que se recuperavam de uma cirurgia tomavam analgésicos por via intravenosa.[4] Um dos grupos de pacientes recebera a medicação por meio de um médico, que lhes informava o que estava fazendo. O outro grupo fora medicado de forma sub-reptícia, com o equipamento intravenoso controlado por computador. A única diferença entre os dois grupos, diz Moerman, era a existência ou não de "interação humana e palavras".[5]

O efeito da interação humana foi surpreendente. Os pacientes que receberam os medicamentos na companhia do médico sentiram até 50% mais alívio da dor em relação aos outros. O estudo incluía quatro medicações diferentes e obteve sempre o mesmo resultado. "Não vi nenhum placebo naquela situação", afirma Moerman. "O que vi foi um profissional trajando um tipo de uniforme." Em vez de nos concentrarmos nos comprimidos inertes, ele argumenta, deveríamos procurar aqueles símbolos da medicina que instigam nossa expectativa de cura — quer sejam o jaleco branco, o estetoscópio e o equipamento hospitalar reluzente de um típico médico ocidental ou o incenso e os encantamentos de um típico curandeiro.

Ele também relembra os estudos clínicos sobre antidepressivos conduzidos nos últimos trinta anos. Nesse intervalo de tempo, os remédios se tornaram cada vez mais eficazes no tratamento da depressão, tanto quanto os placebos.[6] Moerman atribui a sua ascensão à cobertura midiática e à propaganda, que despertaram a atenção e a crença populares para a eficácia dos antidepressivos. "Oprah está falando disso, e você encontra anúncios de antidepressivos em qualquer revista que possa ser lida por alguém com tendência a depressão", diz ele. "Agora todo mundo acredita que pode curá-la com um comprimido." Quando pensamos no que os placebos representam para as pessoas, e não nos tratamentos inertes em si, subitamente os resultados que eram aleatórios passam a fazer todo o sentido.

Mas, quando Kaptchuk perguntou aos pacientes dos estudos clínicos o que eles achavam dos comprimidos que estavam tomando, ouviu algo diferente do que esperava. O principal dogma presente em qualquer discussão sobre o efeito placebo é que, para que ele funcione, você precisa acreditar que está recebendo um tratamento de verdade. Os pacientes costumam sentir vários dos efeitos associados aos placebos nos estudos de que participam, onde há chances iguais de terem tomado o placebo ou o verdadeiro princípio ativo. Os cientistas sempre presumiram, com uma leve condescendência, que se isso se deve ao simples fato de as pessoas esquecerem que talvez tenham tomado o placebo. No entanto, Kaptchuk descobriu tratar-se de outra razão. "Essa gente fica louca quando participa de estudos com duplo-cego", comenta ele. "Elas se preocupam muito com a possibilidade de estarem recebendo um placebo, pensam nisso diariamente." Como poderiam ainda assim sentir seus efeitos?

Foi quando ele teve a sua ideia mais corajosa — e a mais diferente — até então.

* * *

"Fiquei estarrecida!", confessa Linda, enquanto bebo meu chá e como meu segundo macaron. Ela havia se inscrito em um estudo clínico com a ajuda de seu gastroenterologista, Anthony Lembo, também de Harvard e colaborador de Kaptchuk. No começo do estudo, Lembo deu a ela um vidrinho de cápsulas transparentes que continham um pozinho bege. Após tantos anos de sofrimento por conta da SCI, Linda estava ansiosa para testar aquele novíssimo remédio experimental contra a doença. Até que Lembo lhe contou que os comprimidos eram placebos, sem nenhum princípio ativo em si mesmo.

Linda sabia tudo sobre placebos graças ao seu treinamento como médica assistente, e achou que tomá-los seria uma perda de tempo. "Eu respondi: 'Ora, de que vai me adiantar uma pílula de açúcar?' Mas eu fiz o que ele disse, porque estava desesperada." Ela levou o vidrinho para casa e passou a tomar as cápsulas duas vezes por dia, com uma xícara de chá.

"Eu simplesmente tomei o remédio no primeiro dia e deixei para lá." Até que algo surpreendente aconteceu. Poucos dias depois, ela percebeu que não estava mais doente. "Foi fantástico", conta ela. "Sem dor, sem sintomas, sem nada. Eu pensei: 'Ei, isso aqui funciona.'"

Durante as três semanas do estudo, Linda voltou a viver normalmente. Pôde comer o que quisesse e sair de casa sem se preocupar com a existência de banheiros próximos do seu itinerário. Foi ao cinema com uma amiga e a um jantar de confraternização no Olive Garden. Então começou a temer o fim daquele estudo. "Na terceira semana do tratamento eu cheguei à conclusão de que não poderia ficar sem aquelas cápsulas." Ela implorou a Lembo que lhe desse mais comprimidos, mas o médico explicou que não havia amparo ético para prescrever placebos uma vez terminado um estudo. Três dias depois que suas pílulas acabaram, os sintomas retornaram.

Linda não foi a única paciente a se beneficiar dos placebos. O estudo de Kaptchuk havia reunido oitenta pacientes com a mesma síndrome, todos de longa data, e metade deles havia recebido o placebo. Os médicos informaram a esses pacientes que, embora as cápsulas não contivessem qualquer princípio ativo em seu interior, elas poderiam surtir efeito por meio de processos interiores de cura que envolviam o corpo e a mente.

"Todos acharam que era loucura", diz Kaptchuk. Mas o estudo, publicado em 2010, revelou que os pacientes que tomaram placebo apresentaram uma melhora expressiva em relação àqueles que não realizaram nenhum tratamento.[7] Kaptchuk obteve resultados semelhantes em um estudo piloto com vinte mulheres que sofriam de depressão[8] e em outro envolvendo 66 pacientes com enxaqueca, os quais receberam um remédio, um placebo ou absolutamente nada no decorrer de mais de 450 crises.[9] Segundo Kaptchuk, ingerir o que eles sabiam se tratar de um placebo aliviou a dor em 30% em relação aos que não receberam tratamento algum. "Minha equipe ficou completamente espantada."

Linda voltou à estaca zero, mas a pesquisa com placebos nunca mais seria a mesma. Um dos maiores impedimentos para a aplicação dos placebos na medicina é a preocupação ética de enganar os pacientes. No entanto, os estudos de Kaptchuk sugerem que o uso dos placebos com transparência também pode trazer resultados positivos.

* * *

O carteiro bate à minha porta e, quando a abro, ele me entrega um canudo de papelão preto onde se lê "Frágil". O embrulho chacoalha como um brinquedo de criança. Dentro dele, envolto em plástico bolha, encontra-se um potinho de plástico transparente cheio de cápsulas azuis e brancas, idênticas aos medicamentos vendidos em farmácia. No rótulo está escrito: "Cápsulas relaxantes Metaplacebalin. Tomar de UMA a DUAS cápsulas, TRÊS vezes ao dia." Meus próprios placebos.

Depois que Kaptchuk lançou as bases científicas para a ideia dos placebos ditos "abertos", não demorou muito para que algumas empresas do setor privado começassem a comercializá-los on-line. Uma rápida busca no Google me indica a Placebo World, a Universal Placebos e a APlacebo, esta última situada em Chelmsford, no Reino Unido. A página oficial da APlacebo apresenta a cobertura da imprensa sobre a pesquisa de Kaptchuk e oferece uma gama de produtos, incluindo vidrinhos e sprays vazios, embalados em diferentes cores para diferentes fins (você adiciona a sua própria água), um placebo homeopático e ainda um placebo virtual, enviado por mensagem de texto.[10]

Os produtos não são baratos, com preços entre 10 e 25 libras, mas, como a página afirma, estudos comprovam que, quanto mais caro é um placebo, melhor ele funciona — provavelmente porque, por instinto, acreditamos que tratamentos mais caros são mais eficazes. Quando recebo minhas cápsulas, deixo-as no armário da cozinha junto aos demais remédios, e elas me reconfortam pela sua aparente eficácia, sua cor azul-clara, tão radiante que elas quase brilham.

Algumas semanas depois, passo um dia exaustivo, cuidando de duas crianças doentes. Por fim, consigo colocá-las para dormir e preciso desesperadamente do resto da noite para trabalhar, mas começo a sentir uma dor de cabeça lancinante. Abro o armário da cozinha e apanho o potinho de plástico. Seriam os resultados de Kaptchuk um mero fruto do acaso? Ou poderiam os placebos realmente ajudar no nosso dia a dia?

Médicos e companhias farmacêuticas evidentemente já utilizam o efeito placebo. Como aponta o experimento de Benedetti com a infusão aberta ou sub-reptícia de analgésicos, sentimos os benefícios dos placebos toda vez que nos submetemos a algum tratamento. Qualquer benefício que advenha disso é uma combinação do princípio ativo da droga e de seu efeito placebo. No caso de alguns medicamentos, os efeitos se devem quase exclusivamente aos seus componentes químicos — um placebo das estatinas surte muito pouco efeito nos níveis de colesterol, por exemplo. No caso de outros, como os antidepressivos, nossa mente realiza a maior parte do trabalho.

Para desfrutar melhor dos benefícios dos placebos, uma abordagem interessante seria potencializar o efeito placebo associado com as substâncias ativas que tomamos. Um dos problemas dos placebos é que eles não funcionam bem com todo mundo (por motivos que analisaremos ainda neste capítulo). Mas existem formas de adaptar os remédios para que mais pessoas reajam positivamente aos placebos. Estudos sugerem que tudo o que faz um remédio parecer mais eficaz ajuda a produzir um efeito mais expressivo.

Por exemplo: os comprimidos grandes tendem a ser mais eficazes do que os pequenos. Dois comprimidos por dose surtem mais efeito do que um só. E, se ele tiver o nome da companhia que o fabricou estampado em baixo-relevo, vai funcionar melhor do que se não tiver. Os comprimidos coloridos tendem a funcionar melhor do que os brancos, mas a melhor cor depende do efeito desejado. Azul costuma ajudar a dormir, enquanto vermelho é bom para aliviar a dor. Verde funciona melhor contra ansiedade. O tipo de intervenção também importa: quanto mais dramático o tratamento, maior o efeito placebo. Em geral, cirurgias são mais eficazes do que injeções, que por sua vez são mais eficazes do que cápsulas, e estas, mais eficazes do que comprimidos.

Existe, no entanto, a questão das diferenças culturais, que nos fazem lembrar que todo efeito depende não apenas do placebo em si, mas do que ele significa para nós. Por exemplo: embora pastilhas azuis costumem funcionar como bons placebos de comprimidos para dormir, elas tendem a surtir o efeito oposto em homens italianos. Acredita-se que, por ser essa a cor da sua seleção de futebol, eles a considerem estimulante, não relaxante.[11] E, muito embora nos Estados Unidos as injeções sejam melhores placebos do que os comprimidos, não ocorre necessariamente o mesmo na Europa, onde se encontra uma forte crença na eficácia dos comprimidos.

Tudo isso é fascinante, mas seria seguro confiar nos últimos avanços das pesquisas com placebos abertos e dar o próximo passo? Será que conseguiríamos usar esses comprimidos para tratar problemas como depressão, indigestão, dor ou insônia, mesmo sabendo que eles não têm nenhum princípio ativo?

Kaptchuk diz adorar a ideia. "Acho que as pessoas tomam remédios demais." Segundo ele, um bom lugar para começar seria com aquelas doenças em que os pacientes passam anos se medicando, mas o resultado das medicações se deve mais ao efeito placebo do que ao princípio ativo em si. São os casos da dor e da depressão. Para os que se dispõem a tentar, ele sugere que primeiro tomem o placebo e que apenas em um segundo momento passem para a medicação com princípio ativo, se necessário.

No entanto, Kaptchuk duvida que a ideia seja adotada pelos médicos. Ele costuma perguntar, em suas palestras, se algum dos profissionais na plateia prescreveria um placebo aberto após saber de evidências incontestáveis sobre sua eficácia em determinado tratamento. "Ninguém nunca levanta a mão." Um dos céticos é Edzard Ernst, professor de medicina alternativa na Universidade de Exeter, no Reino Unido, e contrário ao uso de medicamentos duvidosos, como a homeopatia. Ele afirma se opor ao uso dos placebos abertos, mesmo quando sua utilidade é comprovada. "Devemos sempre maximizar o efeito placebo em conjunto com terapias eficazes", explica.[12] O uso isolado de placebos privaria os pacientes do efeito terapêutico adicional das substâncias com princípio ativo.

É um conceito que, sem dúvida, faz sentido no caso de doenças agudas em que a eficácia dos medicamentos é comprovada. Se meu filho tiver uma infecção séria, vou querer que ele tome antibióticos, e não um comprimido falso. Mas Kaptchuk argumenta que, em alguns casos, como os de dor, depressão ou SCI, o uso isolado de placebos seria tão efetivo quanto o dos remédios comercializados atualmente e poderia livrar as pessoas de efeitos colaterais negativos como dependência. "Minha esperança é que ocorra algum tipo de mudança, porque os pacientes já buscam terapias que causem menos efeitos colaterais", explica ele. "Ninguém quer ficar tomando remédios por tanto tempo."

Ernst rebate e afirma que existem poucas enfermidades para as quais não dispomos de bons tratamentos. Diz também que, mesmo quando os medicamentos não são eficazes, costuma haver outras terapias às quais os pacientes podem recorrer (por exemplo, a fisioterapia ou a terapia cognitivo-comportamental). Mas a fé de Kaptchuk nos placebos é compartilhada por Simon Bolingbroke, um analista de inteligência de Chelmsford, em Essex, e cofundador da APlacebo, a companhia que fabricou minhas cápsulas.

Quando pergunto a Bolingbroke como ele um dia concluiu que seria uma boa ideia vender medicamentos inertes, sua resposta é que ele já serviu no Exército. Durante uma missão na Rodésia (atual Zimbábue), nos anos 1970, foi picado por um carrapato. Ao voltar para o Reino Unido, começou a sentir uma série de sintomas, incluindo dores de cabeça, fadiga e dores nas articulações e nos músculos. Seus médicos ficaram intrigados. Quando ele foi diagnosticado com doença de Lyme, uma infecção bacteriana transmitida pelo carrapato, a moléstia já havia alcançado o sistema nervoso, comprometendo-o de maneira irreversível.

Hoje Bolingbroke encontra-se em uma cadeira de rodas e com dores constantes, transmitidas indevidamente pelos nervos. "A dor é falsa", esclarece ele. "Meu sistema nervoso não funciona muito bem. Além disso, não consigo dizer se as coisas estão frias ou quentes. Quando faço coisas como cozinhar ou tomar banho, preciso ter cuidado com o que toco, porque não sei se pode me queimar."

Foram-lhe prescritos inúmeros medicamentos para lidar com os sintomas — a tal ponto que ele chegou a tomar até nove remédios diferentes ao mesmo tempo, entre analgésicos e antidepressivos. Eles o ajudaram com a dor, mas, segundo Bolingbroke, estavam começando a dominá-lo, provocando fortes oscilações de humor. "Eu tinha pensamentos ora homicidas, ora suicidas. Não era uma boa pessoa."

Inspirando-se nas pesquisas com placebos, Bolingbroke decidiu parar com o tratamento, substituindo-o aos poucos, dose a dose, pelos comprimidos inertes que ele mesmo fabricou. Hoje ele não toma "praticamente nenhuma" medicação ativa. Quando pergunto se os placebos conseguem aliviar sua dor da mesma forma que os analgésicos faziam, Bolingbroke para por um instante e em seguida diz: "Eu sinto que sim."

Atualmente ele dirige a APlacebo com um amigo, comercializando placebos pela internet. As cápsulas que recebi são recipientes gelatinosos de qualidade farmacêutica, os mesmos encontrados na medicina convencional em cada aspecto, com a diferença de estarem vazios. O rótulo foi pensado com inteligência, utilizando jargões para transmitir a imagem de um fármaco científico poderoso. Traz uma recomendação para que se leia a bula de instruções atentamente, e a lista de ingredientes reconforta pelo seu aspecto altamente tecnológico — nitrogênio (78,084%); oxigênio (20,946%); argônio (0,934%); dióxido de carbono (0,039%) —, muito embora tudo isso seja apenas uma relação de componentes químicos do ar.

No entanto, apesar da embalagem convidativa, acho difícil imaginar alguém gastando seu precioso dinheiro com algo que admite com todas as letras que não contém nada em seu interior. Será que a APlacebo sempre se viu como uma empresa séria? "Meio que começou como uma brincadeira", confessa Bolingbroke. "Estávamos rindo de nós mesmos. Mas é uma piada e também uma realidade." Ele admite que a companhia ainda não realizou nenhuma venda expressiva, porém insiste que, com os contínuos resultados científicos e a crescente atenção voltada para o poder dos placebos, seus produtos poderiam um dia se popularizar.

De volta à minha cozinha, abro o potinho plástico com o placebo e engulo um par de comprimidos com um copo de água, parada junto à pia do mesmo jeito que eu faço quando tomo analgésicos sem receita. Meu pensamento vai para a pesquisa de Benedetti e para seu laboratório subterrâneo em Turim, e imagino as endorfinas invadindo meu cérebro. Aí espero para ver o que acontece.

Não conta como um experimento científico, mas em cerca de vinte minutos a dor realmente vai embora. Com mais essa minicrise resolvida, posso voltar ao trabalho. E ainda me sinto poderosa, só um pouquinho, por saber que tudo de que eu precisava era a minha própria mente.

* * *

A escola de ensino médio Bibi Hajerah é um edifício decadente, feito de tijolos de adobe e localizado em Talucan, no nordeste do Afeganistão. O uniforme de suas alunas consiste em um manto preto e um véu branco que cobre a cabeça, e suas aulas ocorrem do lado de fora, em velhas carteiras de madeira enfileiradas debaixo da sombra de uma árvore. Na manhã de 23 de maio de 2012, tudo corria normalmente quando alguém reclamou de um cheiro incômodo.

Uma a uma, as meninas começaram a sentir náuseas e a desmaiar. Em uma questão de horas, mais de cem estudantes e professores foram transferidos para um hospital. Imagens divulgadas pela imprensa exibiam sentinelas armados na entrada do hospital e um caos ocorrendo lá dentro. Enfermarias abarrotadas de jovens angustiadas, respirando com dificuldade, sendo abanadas por seus familiares.

Khalilullah Aseer, porta-voz da polícia local, tinha certeza dos culpados. "O povo afegão sabe que os terroristas e o Talibã vêm fazendo essas coisas para ameaçar as meninas e impedi-las de ir às escolas", contou ele à CNN.[13] "É no que nós da polícia e a população acreditamos. Atualmente estamos implementando a democracia no Afeganistão e desejamos a escolarização feminina, mas os inimigos do governo são contrários a isso."

Durante o último regime Talibã, as jovens afegãs foram rigorosamente proibidas de frequentar as escolas, reavendo esse direito básico à educação quando as forças ocidentais expulsaram os extremistas em 2001. Contudo ir à escola continuou exigindo muita coragem. Várias alunas foram vítimas de armas químicas pelo Talibã. Centenas de escolas femininas situadas em áreas sob a influência do Talibã foram fechadas por motivos de segurança, e, de acordo com uma pesquisa, mais da metade dos pais afegãos mantêm as filhas em casa para protegê-las.

Então, ao que parecia, houve o envenenamento. O incidente na escola Bibi Hajerah era o sexto no Afeganistão só naquele ano. Desde 2008, mais de 1.600 pessoas de mais de 22 escolas em todo o país haviam adoecido sob circunstâncias semelhantes. Pensou-se que o envenenamento fazia parte de uma campanha terrorista sistemática executada pelo Talibã. As autoridades afegãs reportaram uma série de prisões e confissões, sugerindo ainda que, para o ataque, teriam utilizado gás tóxico ou algum suprimento de água envenenada. Durante esse período, a mídia internacional veiculava imagens alarmantes das vítimas sendo transportadas em macas e presas a equipamentos intravenosos.

Mas os sintomas tiveram curta duração. Todas as meninas se recuperaram. E, embora centenas de amostras de sangue, urina e água tenham sido testadas, nenhuma delas apresentou qualquer irregularidade. Após conversar com alunas e professores da Bibi Hajerah, a equipe enviada pela Organização Mundial da Saúde (OMS) concluiu que não foi um caso de envenenamento.¹⁴ O chamado surto — bem como os demais episódios anteriores, provavelmente — fora causado por um "mal psicogênico coletivo".

Portanto, fiquem avisados: o efeito placebo possui um lado sombrio. A mente pode ter efeitos salutares sobre o corpo, mas pode também criar sintomas negativos. O termo oficial para esse fenômeno é "efeito nocebo" (*nocebo*, em latim, significa "prejudicarei", assim como *placēbō* significa "agradarei") e, por questões éticas, nunca foi muito estudado. Entretanto, pelo que já sabemos sobre a biologia do efeito placebo, aquelas jovens afegãs não estavam fingindo. Ao temerem ou acreditarem que estavam prestes a adoecer, sintomas reais e físicos se manifestaram, fazendo até mesmo com que algumas delas tenham perdido a consciência.

Há registros de eventos semelhantes no decorrer da história. O que deflagrou a caça às bruxas em Salém, Massachusetts, no século XVII, pode ter sido uma histeria coletiva. Mais recentemente, em 1983, uma epidemia de desmaios entre colegiais da Cisjordânia foi atribuída a um envenenamento coletivo. Israel e Palestina acusaram-se mutuamente, até que investigadores federais concluíram que a causa dos sintomas era psicológica.

O efeito nocebo fornece ainda uma explicação para o poder da maldição vodu. Clifton Meador, médico da Faculdade de Medicina da Universidade Vanderbilt, no Tennessee, passou anos documentando exemplos do efeito nocebo. Em seu livro *Symptoms of Unknown Origin* ("sintomas de origem desconhecida", em tradução livre), de 2005, ele conta a história de um homem do Alabama de oitenta anos atrás que fora amaldiçoado pelo vodu. Quando o desafortunado paciente foi finalmente atendido por um médico, chamado Drayton Doherty, ele parecia debilitado e à beira da morte. Ao concluir que nada do que dissesse abalaria a crença ferrenha do paciente de que estava para morrer, Doherty recorreu a uma farsa. Com o consentimento da família, deu ao homem um forte vomitivo e furtivamente sacou um lagarto verde de sua bolsa, fingindo que havia saído do corpo do homem. "O curandeiro usou meios mágicos para inserir o lagarto em seu corpo", disse Doherty ao paciente. Agora que o animal maligno havia saído, o homem ficaria bom de novo. E ele realmente ficou.

É impossível confirmar o relato dramático de Doherty, porém esses efeitos não são relevantes apenas para crianças impressionáveis ou vítimas ingênuas do vodu. Todos estão sujeitos a isso, embora quem ou o que possa causar esse mal dependa em grande parte do contexto sociocultural, e também daquilo em que a pessoa é capaz de acreditar. Se um curandeiro joga uma praga sobre você, talvez sua reação seja cair no riso, mas se um noticiário na tevê o alerta sobre um ataque terrorista com gás próximo dali, ou se um profissional da medicina em um jaleco branco o diagnostica com câncer terminal, você terá uma tendência maior a levar a ameaça a sério.

Estudos recentes nos Estados Unidos e no Reino Unido conseguiram induzir sintomas negativos em pacientes voluntários após inventar que estavam sendo expostos a uma poderosa radiação wi-fi, ou respirando toxinas ambientais.[15] E em 2007 médicos norte-americanos relataram o caso de um rapaz de 29 anos da cidade de Jackson, Mississippi;[16] ele participava de um estudo clínico para certo antidepressivo e vinha respondendo bem à medicação. Entretanto, depois de uma briga com a namorada, ele tomou uma overdose com o que restava de suas cápsulas e perdeu os sentidos no hospital local, com ritmo cardíaco acelerado e baixíssima pressão arterial. A equipe médica lhe deu seis litros de fluidos intravenosos no decorrer de quatro horas, até receber uma mensagem dos organizadores do estudo informando que o paciente fazia parte do grupo placebo. Seus sintomas desapareceram em 15 minutos.

De fato, a maioria dos efeitos colaterais que sofremos ao tomarmos remédios não advém diretamente deles, mas do efeito nocebo. Em estudos clínicos de condições de saúde que vão da depressão ao câncer de mama, cerca de um quarto dos pacientes relata efeitos colaterais adversos — mais comumente fadiga, dores de cabeça e dificuldade de concentração —, mesmo quando estão tomando um placebo. Em um estudo que investigava especificamente esse fenômeno, uma equipe italiana acompanhou 96 homens para os quais fora receitado o betabloqueador atenolol, usado para combater uma doença cardiovascular. Alguns não sabiam qual remédio estavam tomando, enquanto outros foram informados sobre a substância e ainda que ela poderia causar disfunção erétil. A porcentagem de pacientes em cada grupo que veio a sofrer desse efeito colateral foi de 3,1 e 31,2%, respectivamente.[17] Isso implica que, na prática normal da medicina, em que os pacientes sabem qual remédio estão tomando e são alertados de seus efeitos colaterais, nada menos do que um terço deles poderá sofrer de impotência após ingerir o atenolol. Mas apenas um décimo desses casos é causado pela própria substância. O restante é ativado pela mente dos próprios pacientes.

Embora o efeito nocebo possa parecer prejudicial, de um ponto de vista evolucionário ele até que faz bastante sentido. Nicholas Humphrey, psicólogo e pesquisador de Cambridge, no Reino Unido, tem uma longa produção sobre a evolução dos efeitos placebo e nocebo. Ele argumenta que, se vemos outras pessoas adoecendo à nossa volta, ou se temos boas razões para crer que fomos envenenados, começar a vomitar é na verdade uma sábia estratégia.[18] Se de fato tivermos sido envenenados, essa reação precipitada pode salvar nossa vida. Caso contrário, também não nos fará nenhum mal. Dores de cabeça, tontura e desmaios podem servir como indicadores de que deveríamos nos afastar de um local potencialmente perigoso e que talvez precisemos de cuidados médicos.

Sob essa perspectiva, o efeito nocebo representa uma mensagem biológica que não deve ser ignorada, pois é ativada por indícios psicológicos de que há algo de errado à nossa volta. Quanto mais ameaçador nosso entorno parece, mais suscetíveis estamos a esses sintomas. Mas eles podem vir à tona em qualquer um de nós se a sugestão for convincente o bastante. Trata-se de um mecanismo de autopreservação. Como descreve Kaptchuk, é o que ocorre "quando você está numa floresta conhecida por ser cheia de serpentes, e então você olha para um galho e seu cérebro enxerga uma serpente".

E isso pode, por fim, explicar por que experimentamos efeitos placebo positivos. Se ameaças, ansiedade e sugestões negativas podem induzir sintomas como dor e náusea, logo, quando nos sentimos a salvo e em segurança, ou acreditamos que estamos prestes a nos sentir melhor, ocorrerá o efeito oposto. Baixamos nossa guarda e suprimimos sintomas negativos como a dor. Os placebos então acessam redes neurais antigas e desenvolvidas de nosso organismo. Humphrey afirma que receber qualquer tipo de atenção médica — seja ela falsa, alternativa ou convencional — ajuda a convencer esses circuitos cerebrais primitivos de que estamos sendo amados, protegidos e curados e de que não há mais razão para nos sentirmos doentes.

Kaptchuk acredita que talvez por isso Linda Buonanno e outros participantes de seu estudo tenham aceitado experimentar o efeito placebo mesmo sabendo que os comprimidos que estavam tomando eram inertes.

Uma possibilidade é que eles realmente esperavam que um placebo fosse ajudá-los. Mas Kaptchuk enxerga isso de maneira mais profunda. Quando Linda levou o vidrinho de cápsulas entregue por seu médico, Tony Lembo, "Ela levou o Tony para casa", diz ele. "Levou para casa o cuidado, a atenção."

O fato de que algumas pessoas experimentam o efeito placebo de forma mais intensa do que outras — e de que um mesmo sujeito pode sentir diferentes efeitos em diferentes momentos — sugere que alguns de nós talvez tenhamos uma resistência maior a sintomas negativos, e essa resistência pode aumentar ou diminuir, conforme as circunstâncias. Se estamos em uma floresta cheia de serpentes — como aconteceu com as estudantes afegãs, oprimidas pela ameaça Talibã, ou com Linda, que precisou conciliar um divórcio tumultuado com a criação dos filhos e o seu trabalho —, o organismo se torna muito mais propenso a demonstrar sinais biológicos de alerta, como a dor.

Se tal ideia estiver correta, seria de se esperar que os placebos ajudassem a extinguir esse efeito nocebo, dissipando nossa ansiedade e restaurando nossa resistência. Quando Linda participou do estudo com placebos, "ela se viu numa floresta de pessoas que se importavam", diz Kaptchuk. "Seu corpo ativou algo que diminuiu a dor. E ela parou de prestar tanta atenção nisso."

Um experimento criativo, conduzido por Benedetti no platô Rosà e publicado em 2014, sustenta a ideia de que, ocasionalmente, os placebos são capazes de eliminar os efeitos preexistentes de um nocebo.[19] Dos 76 estudantes que visitaram seu laboratório sob a neve, alguns foram avisados de que a elevada altitude apresentava riscos e poderia causar efeitos colaterais, como terríveis dores de cabeça. Esses estudantes apresentaram o sintoma com mais frequência e intensidade do que aqueles que não sabiam dessa possibilidade. Benedetti descobriu que, em ambos os grupos, as dores de cabeça tinham uma causa biológica — estavam associadas a níveis elevados de prostaglandinas, responsáveis pela dilatação dos vasos sanguíneos.

Era uma boa demonstração do efeito nocebo. Em situações de baixos níveis de oxigênio, o cérebro produz prostaglandinas como mecanismo de autodefesa, com o objetivo de transportar mais oxigênio para todo o corpo. No caso dos estudantes que temiam as dores de cabeça, esse mecanismo foi amplificado. A ansiedade fez com que o cérebro fosse ainda mais cauteloso do que o normal, redobrando suas medidas de proteção.

Quando os estudantes tomaram uma aspirina, ambos os grupos apresentaram queda nos níveis de prostaglandina e melhora em suas dores de cabeça. No entanto, o resultado mais interessante ocorreu quando eles tomaram o placebo da aspirina. Isso até funcionou, mas teve um efeito mais fraco do que a aspirina de verdade, e só deu certo no grupo que sofreu o efeito nocebo. Benedetti chegou à conclusão de que o placebo só foi eficaz na extinção do componente extra das dores de cabeça — o efeito nocebo. O placebo agiu aliviando a ansiedade, o que fez o cérebro desacelerar a produção de prostaglandina.

Benedetti não sabe ainda se esse princípio é válido para os demais tipos de resposta aos placebos. Em caso positivo, segundo ele, poderia simbolizar "uma nova forma de encarar o placebo". Tais benefícios do placebo talvez não influenciem as causas originais de uma doença. No entanto, oferecem uma forma de melhorar nossa qualidade de vida, a despeito do nosso estado físico, e demonstram que nem sempre devemos acreditar nos sintomas que sentimos.

* * *

"Eu converso com os meus remédios", confessa alegremente o antropólogo Daniel Moerman. "Costumo dizer 'Oi, pessoal, sei que vocês vão se sair muito bem hoje'."[20] Ele me conta que sofre de dores no joelho esquerdo e que utiliza essa técnica para impulsionar o efeito de seus analgésicos, obtendo alívio com um único comprimido, em vez de dois.

A maneira como tomamos nossos remédios, ele argumenta, pode ter tanta importância quanto sua aparência. Embora pouco se tenha pesquisado a respeito, Moerman e outros especialistas sugerem que tudo o que pudermos fazer para nos ajudar a agregar mais valor a um tratamento — seja ele ativo ou um placebo — pode impulsionar os efeitos benéficos que sentimos.

Em outras palavras, não se limite a jogar seu comprimido goela abaixo apenas para não perder o ônibus. Em vez disso, crie todo um ritual em torno disso. Harald Walach,[21] psicólogo e filósofo da ciência da Universidade Europeia de Viadrina em Frankfurt (Oder), na Alemanha, propõe que o medicamento seja tomado no mesmo horário diariamente — após um banho matinal, e num local tranquilo, acompanhado de uma oração ou de uma meditação profunda.²² Como alternativa, Irving Kirsch, psicólogo da Universidade de Hull, no Reino Unido, e colaborador no estudo de Kaptchuk sobre a SCI, sugere o uso do imaginário visual. Para isso, você precisa ser o mais específico possível quanto ao efeito esperado de um determinado medicamento ou placebo. "Imagine o processo de recuperação", diz ele.²³

Também é possível pedir a alguém que administre esse tratamento em você. Pouco se estudou sobre o assunto, mas especialistas como Humphrey e Moerman acreditam que receber ajuda médica de outras pessoas pode ativar respostas mais poderosas do que quando nos cuidamos sozinhos, pois desperta sentimentos mais profundos de proteção e segurança. "Embora eu ache muito útil conversar com os meus remédios, seria muito melhor se minha esposa participasse", diz Moerman.

Crianças são particularmente mais receptivas a esse tipo de efeito placebo. Como muitos pais já sabem, dar um beijinho para sarar, passar pomada e com ela fazer um desenho de coração na pele machucada ou acalmar a tosse com uma colherada de mel podem causar um impacto significativo na dor e em outras formas de desconforto, mesmo quando há pouco ou nenhum princípio ativo em si.

E parece funcionar nos adultos também. Em 2008, Kaptchuk publicou um estudo que contou com 262 pacientes que sofriam de SCI.²⁴ Não envolvia nenhum tratamento ativo, apenas um placebo. Um grupo não recebeu nenhuma terapia, enquanto o segundo se submeteu a uma acupuntura falsa, praticada por um profissional educado, porém indiferente e de pouquíssimas palavras. O terceiro e último grupo passou pela mesma acupuntura placebo, dessa vez ministrada por alguém afetuoso e atencioso, que se sentou com os pacientes por 45 minutos, ouviu suas inquietações e lhes passou segurança. Kaptchuk desejava saber em que medida a recuperação adviria da própria acupuntura ou do atendimento médico humanizado.

No grupo que não recebeu terapia alguma, 28% dos pacientes afirmaram que obtiveram um "alívio adequado" de seus sintomas só de terem participado do estudo. Dos que foram submetidos apenas à acupuntura falsa, 44% obtiveram alívio adequado. No grupo que passou pela acupuntura e pelo atendimento mais caloroso, a margem saltou para os 62% — um efeito tão expressivo quanto o de qualquer medicamento já testado contra a SCI.

Para Kaptchuk, esse e outros estudos similares sublinham o que talvez seja a lição mais básica da pesquisa com placebos: a importância da interação entre médico e paciente. Se um profissional de saúde afetuoso nos faz sentir amparados e protegidos, e não em perigo, isso por si só pode desencadear mudanças biológicas expressivas que aliviam nossos sintomas. Essa era a chave para entender o que estava acontecendo em sua clínica de acupuntura anos atrás. Quando os pacientes apresentavam melhora antes mesmo de receberem qualquer tratamento, era a sua interação com eles que fazia a diferença.

Infelizmente, devido a restrições de orçamento e de tempo, bem como à ênfase nos medicamentos e nos tratamentos físicos, há cada vez menos espaço para a relação entre o médico e o paciente na medicina ocidental. Por vezes os profissionais têm menos de dez minutos disponíveis para atender um paciente, e a prescrição de uma receita é mais valorizada por ambos os lados do que a oportunidade de se ter uma conversa mais demorada e reconfortante. É uma mudança que Kaptchuk atribui, ironicamente, à introdução na medicina dos estudos com placebos controlados, nos anos 1950. "Antes disso, os médicos sabiam que o cuidado era importante para seus pacientes e que eles representavam um ingrediente ativo." Agora, tudo se resume às informações e aos medicamentos.

O foco da medicina moderna nas informações concretas e nas aferições objetivas dos exames médicos sem dúvida permitiu enormes avanços. No entanto, Kaptchuk argumenta que isso também levou a uma obsessão pelas redes moleculares e bioquímicas do nosso organismo, desconsiderando como realmente nos *sentimos*. "A única razão pela qual outras pessoas têm prestado mais atenção no placebo [atualmente] é porque descobrimos a sua conexão com alguns neurotransmissores, e porque minha equipe e muitas outras estão revelando grandes novidades com a ajuda da neurotecnologia", diz ele. "É como se as experiências dos pacientes não fossem relevantes."

A medicina alternativa vem preenchendo essa lacuna. Terapias como a homeopatia e o *reiki* não carregam em si um ingrediente ativo, e estudos clínicos mais rigorosos não identificam qualquer benefício oriundo delas. Elas têm como base princípios que, do ponto de vista científico, não fazem sentido algum e quase sem dúvida funcionam de um jeito diferente do que anunciam os profissionais dessas áreas. Mas, graças a consultas mais demoradas e humanas e a um trato mais atencioso, elas estão perfeitamente aptas a potencializar as respostas aos placebos. Assim, é provável que realmente proporcionem alívio a seus pacientes, sobretudo no caso de males crônicos que a medicina convencional não consegue tratar muito bem.

Desse modo, ainda que a prescrição de placebos abertos não se popularize, Kaptchuk espera que seu trabalho promova um debate mais amplo sobre a importância de resgatar, na medicina ocidental, o papel do médico como um agente da cura. Assim será possível que nos beneficiemos tanto do trato mais humano quanto das terapias cientificamente comprovadas, sem termos de escolher entre um ou outro. Os médicos precisam se perguntar: "De que modo posso administrar os remédios que prescrevo para torná-los mais eficientes e reduzir a frequência dos efeitos colaterais?", sugere ele.

É claro que as palavras utilizadas pelos médicos para comunicar os benefícios e os efeitos colaterais dos remédios afetam a reação de seus pacientes (voltaremos à questão da importância da linguagem no Capítulo 7). Mas existem maneiras muito mais sutis de alimentar as expectativas dos pacientes. Em um famoso estudo conduzido em 1985, o fato de os médicos acreditarem que estavam prescrevendo um analgésico ou um placebo determinou drasticamente a dor que seus pacientes sentiram — ainda que em ambos os casos eles tenham dito exatamente a mesma coisa.[25]

Esses efeitos indiretos dos placebos — suscetíveis a crenças e atitudes, não dos pacientes, mas dos profissionais responsáveis por eles — representam mais um motivo para explicar por que o efeito placebo é identificado mesmo em crianças e até em animais.[26] No estudo de Sandler com a secretina, descrito no Capítulo 1, as expectativas positivas dos pais podem ter influenciado seu próprio comportamento, estimulando, por sua vez, uma mudança real nos sintomas de seus filhos. Recursos alternativos, como pulseiras de âmbar contra as dores da dentição, talvez acalmem os bebês, devido à redução da ansiedade dos pais.

Em 2012, Kaptchuk induziu efeitos placebo e nocebo recorrendo a imagens de expressões faciais, mostrando-as tão depressa que seus pacientes sequer as percebiam[27] — o que reforça a ideia de que sintomas como a dor são facilmente influenciados por fatores subliminares. "Palavras, olhares, silêncios, linguagem corporal, tudo é relevante", afirma Kaptchuk. Embora esses aspectos interativos tenham sido negligenciados com frequência pela medicina, ele reconhece que agora os estudos com placebos estão ajudando a promover um debate a respeito do seu verdadeiro papel.

Kaptchuk é um orador convincente, mas, antes que eu comece a tirar minhas próprias conclusões, ele ressalta que há uma série de coisas que as expectativas positivas não conseguem fazer. "Não é possível manipular a causa original [da doença]. Não vi isso acontecer em nenhum momento da pesquisa." Creio que ele esteja certo ao enfatizar esses limites. Sentir-se ótimo não resolve tudo. Também desejamos continuar vivos, e, no caso de muitas enfermidades, como alergias, infecções, doenças autoimunes ou câncer, cuidar da causa original é imprescindível.

Nessas situações, não basta tentar influenciar os sintomas subjetivos. Decido, então, viajar para a Alemanha. Lá, pesquisadores estão utilizando a mente para infiltrar-se nas linhas de frente da batalha do organismo contra as doenças.

3

O PODER DE PAVLOV

Como treinar seu sistema imunológico

Karl-Heinz Wilbers abre um estojinho de plástico e dali retira quatro cartelas de remédios. Myfortic, tacrolimo... esses são os nomes que ele lê diariamente, e dos quais sua vida depende agora. Hoje há um comprimido extra, uma cápsula branca e espessa com um leve aroma de peixe. Antes de ingeri-lo, ele liga o aparelho de CD e põe "Help Me", de Johnny Cash, para tocar. Em seguida serve o próprio copo com um líquido verde brilhante que tem cheiro de alfazema.

Karl-Heinz é um psicólogo aposentado de Essen, no norte da Alemanha. É um acadêmico sério, com uma postura circunspecta, quase melancólica, e usa pequenos óculos de armação metálica. Dezesseis anos atrás, ele foi acometido por uma insuficiência renal. Segundo relata, a causa nunca foi esclarecida, embora as mais comuns sejam o diabetes e pressão arterial elevada. Ele se tornou um dos oitenta mil alemães dependentes da diálise, procedimento em que o sangue do paciente passa por um tubo e é levado até uma máquina de filtragem, e, nela, produtos de excreção são eliminados antes de o sangue retornar ao corpo.

Ele chegou a usar a máquina durante nove horas seguidas, de quatro a cinco vezes por semana. E Karl-Heinz ainda teve sorte: pôde passar a noite fazendo as diálises em casa. "Mas não se pode passar o procedimento inteiro dormindo", observa ele. "Os alarmes disparam. É preciso monitorar o equipamento, substituir fluidos. Você fica com duas agulhas grandes no braço." Ele me mostra uma cicatriz enorme no antebraço, onde as agulhas se fixaram noite após noite.

Ele estava vivo. Ainda conseguia passear com o cachorro e pintar. Mas sua dependência em relação à máquina de diálise tornava impossível fazer qualquer viagem, e suas chances de sobrevivência para desfrutar da aposentadoria com a esposa e a filha não eram nada boas. A média de expectativa de vida para pacientes em diálise é de apenas cinco anos.

Após doze anos de diálise, Karl-Heinz estava desafiando todas as probabilidades. E, quando finalmente teve a chance de receber um rim transplantado, ele aceitou, embora sentisse um pouco de medo. "Depois disso, minha vida mudou bastante. A liberdade reconquistada. A mobilidade." Ele me conta que, nos quatro anos posteriores ao transplante, ele e sua mulher fizeram visitas à filha, na região do Lake District, no Reino Unido, algo que nunca teria sido possível nos tempos de diálise. Já viajaram duas vezes a Nova York, e agora planejam uma viagem para o sul da Inglaterra.

Mas Karl-Heinz pagou um preço bem alto. Se não é mais um prisioneiro da máquina de diálise, para impedir seu organismo de rejeitar o novo órgão ele precisa tomar medicamentos potentes, capazes de silenciar seu sistema imunológico. Diariamente e para o resto da vida. Isso o coloca à mercê de infecções que podem ser letais, e ele vive sob a constante ameaça do câncer.[1] Há também efeitos colaterais neurológicos; uma sensação dolorosa de ardência nos pés. E o nível tóxico dos medicamentos é uma ameaça a seu precioso rim. Se a dosagem for muito baixa, o organismo pode rejeitá-lo. Se for muito alta, a toxidez pode provocar uma nova falência no órgão.

"Help Me" é uma das músicas favoritas de Karl-Heinz; foi escolhida por deixá-lo com a mente em um estado de calma e reflexão. Enquanto escuta a canção, ele ingere a cápsula robusta e bebe seu drinque aromatizado. Ele sabe que, ao contrário dos demais remédios em seu estojo plástico, essas cápsulas não contêm qualquer princípio ativo. Ele as está tomando como parte de um estudo pioneiro que investiga se esse ritual — a bebida, o comprimido, a música — possui a capacidade de moldar a resposta de seu organismo ao transplante, nesse caso suprimindo-a de forma ainda mais eficaz do que seus antigos medicamentos.

Os placebos que vimos até agora se baseiam em crenças ou expectativas conscientes. A pessoa pensa que um comprimido ou injeção surtirá um certo tipo de efeito, e então o efeito acontece. Ainda que os tratamentos inertes possam despertar mudanças biológicas em nosso organismo, sua ação mais notável é a influência de sintomas subjetivos como a dor — afetando o modo como nos sentimos, e não a verdadeira doença. Mas Karl-Heinz espera que sua mente acione outro tipo de mecanismo para influenciar funções biológicas básicas, incluindo o sistema imunológico.

Seus defensores afirmam que esse fenômeno tem o potencial de reduzir as doses de remédios de pacientes transplantados como Karl-Heinz, bem como daqueles que sofrem de alergias, distúrbios autoimunes e até mesmo câncer. Porém isso é algo que se afasta bastante do domínio da medicina tradicional, e grande parte dos imunologistas nunca nem ouviu falar de sua existência.

* * *

Imagine-se apanhando um limão bem gordo e amarelo da sua cesta de frutas. A casca é lisa ao toque, lustrosa e cheia de poros. Agora, ponha o limão em um prato e corte-o em quatro partes. O suco escorre da faca para os seus dedos, e o aroma chega até as suas narinas: forte e azedo. Você escolhe uma das fatias e percebe como a polpa reluz, emanando brilho de centenas de pequenos compartimentos líquidos, cada um deles prestes a estourar. Então você lhe dá uma mordida, sentindo passar pela língua aquela torrente de suco ácido.

Sua boca se contraiu ao ler esse último parágrafo? E suas glândulas salivares? Elas entraram em ação, preparando a língua para o ataque iminente da acidez da fruta? Em caso positivo, você já deve ter comido um limão antes e aprendido a resposta fisiológica apropriada. E aqui está o ponto crucial. Você não precisa mais comer outro limão para passar por essas mudanças. Seu organismo já as ativa automaticamente em resposta à visão, ao cheiro — ou apenas à ideia — de um limão, antes mesmo de você voltar a prová-lo.

Essa forma de aprendizagem, na qual um estímulo mental provoca uma resposta física, é conhecida como condicionamento. Foi descoberta e popularizada nos anos 1890, graças a um fisiólogo russo chamado Ivan Pavlov. Pavlov vinha estudando por que os cães salivavam quando ele lhes trazia comida. Até perceber que estavam salivando já no momento em que ele entrava no recinto, mesmo sem trazer comida alguma. Os cães aprenderam a associar a presença do cientista ao ato de serem alimentados. Após algum tempo, passaram a reagir a ele tal como o faziam com seu alimento.

Pavlov mostrou que podia treinar aqueles cães para associar qualquer estímulo — por exemplo, um choque elétrico, uma luz ou um sininho — à refeição deles. Uma vez registrada a associação, aquele sinal por si só era o bastante para fazer os cães salivarem. É um belo exemplo de como o corpo não se limita a reagir cegamente a eventos e mudanças físicas — como o suco do limão molhando nossa língua. Ele faz uso de sinais psicológicos para estar sempre um passo à frente.

Tais respostas antecipadoras nos preparam para importantes eventos biológicos, como a alimentação e o sexo. Seu estômago ronca quando você capta sinais específicos — o relógio, talvez, ou as notícias transmitidas no rádio — de que está na hora do almoço. O aroma de um perfume da sua cara-metade ou o som de sua voz o excitam. Psicólogos já condicionaram voluntários a se excitarem com imagens sem qualquer conotação sexual, de armas de fogo a cofrinhos de vidro, simplesmente colocando-as ao lado de vídeos eróticos. A lembrança de uma canção de ninar que sua mãe costumava cantar para você desacelera os seus batimentos cardíacos e o acalma.

Outras respostas condicionadas se desenvolveram para nos manter a salvo, preparando-nos para fugir do perigo ou nos encorajando a evitá-lo. Se alguém foi mordido por um cachorro na infância, avistar esse animal anos mais tarde pode ser o bastante para fazer seu coração quase sair pela boca. Essa é a base de muitas fobias. Se comemos algo que nos dá dor de estômago, a mera ideia ou cheiro desse alimento pode bastar para nos deixar mal novamente. Em alguns casos, mesmo lugares que associamos a enfermidades podem despertar alguns sintomas. É por isso que muitos pacientes submetidos à quimioterapia passam mal ao chegarem ao hospital, antes mesmo de a sessão de tratamento começar.

Tudo isso já é bem conhecido pela ciência. O trabalho de Pavlov com aqueles cães salivantes é mundialmente famoso. O que não é conhecido por muitos cientistas, e muito menos por nós, é que o condicionamento também é capaz de ativar respostas aos placebos. Se engolimos um comprimido contendo um princípio ativo, aprendemos a associar esse medicamento com uma mudança fisiológica específica. Mais tarde, se recebemos um placebo de aparência idêntica, podemos experimentar a mesma mudança. Trata-se de uma resposta automática do organismo, que ocorre independentemente de sabermos se a pílula ingerida é falsa ou não. Mas ela é ativada por meio de estímulos psicológicos conscientes — tais efeitos não ocorrem se estivermos sedados ao receber um placebo, por exemplo, ou se não soubermos que o tomamos.

Respostas aos placebos oriundas de condicionamentos fisiológicos costumam acompanhar as respostas baseadas em expectativas conscientes. Por exemplo: Benedetti me conta que, no decorrer de seus experimentos, a porcentagem de voluntários que responde a um analgésico inerte é extremamente variável, de 0% a 100% dependendo das circunstâncias. Contudo, se primeiro ele aplicar uma série de injeções de aparência idêntica às que contêm um princípio ativo, a proporção dos que posteriormente respondem ao placebo dispara para uma margem segura de 95-100%. "Pode apostar, praticamente todos os pacientes vão responder", diz ele — mesmo se souberem que a última injeção não é de verdade.[2]

Que utilidade essas respostas teriam na medicina? Vimos no Capítulo 1 como o pediatra Adrian Sandler, da Carolina do Norte, testou o hormônio da secretina para tratar o autismo, chegando à conclusão de que era tão eficaz quanto o placebo. No entanto, ele permanecia surpreso com o fato de as crianças de ambos os grupos terem se recuperado de forma tão expressiva, vendo-se incapaz de ignorar essa informação. Qualquer substância que ajudasse na mesma proporção em que o placebo ajudou em seu estudo seria considerada um poderoso tratamento. E, ainda assim, como a nova terapia lidava com a mente e não com uma droga farmacêutica, ela estava sendo ignorada. Em seu tempo livre, Sandler começou a pesquisar sobre os placebos, imaginando como poderia utilizá-los — sem com isso enganar seus pacientes.

O diagnóstico predominante entre as crianças que ele via diariamente era de transtorno do déficit de atenção com hiperatividade (TDAH). Como o nome sugere, essas crianças eram dispersivas, hiperativas, impulsivas. Falavam e se movimentavam o tempo todo, eram incapazes de esperar sua vez, e para elas era impossível se concentrar nas aulas. A medicação as ajudou a controlar os sintomas, mas ainda causava problemas, desde surtos de irritação (quando o remédio perdia o efeito à noite) até perda de peso e crescimento atrofiado. "É um exercício de equilíbrio na clínica", conta ele, "quando tentamos encontrar [uma dosagem] que ofereça benefício suficiente sem provocar efeitos colaterais em demasia".[3]

Sandler se perguntou se um placebo não conseguiria ajudar essas crianças a lidarem com seus sintomas ao utilizar uma dosagem reduzida desses remédios. Decidiu dar os placebos abertamente, como parte de um programa que, em teoria, desfrutaria os efeitos tanto da expectativa quanto do condicionamento. Setenta pacientes com TDAH, entre 6 e 12 anos de idade, submeteram-se ao seu experimento durante dois meses.

As crianças foram divididas aleatoriamente em três grupos. Um dos grupos passou por um programa de condicionamento. Ao longo de um mês os pacientes desse grupo receberam a medicação usual, mas também uma cápsula verde e branca bem incomum para acompanhar o tratamento. Eles sabiam que a cápsula era inerte, mas a esperança de Sandler era que passassem a associar a cápsula à resposta fisiológica da medicação ativa. No segundo mês, eles receberam apenas metade da dosagem habitual, junto com a cápsula inerte.

Sandler comparou esses pacientes aos dois outros grupos, que não passaram por nenhum tipo de condicionamento. Um deles recebeu a dosagem completa de sua medicação ao longo do primeiro mês e apenas metade dela ao longo do segundo — tal como ocorreu com o grupo condicionado. O último grupo recebeu a dosagem completa durante os dois meses.

Os resultados foram publicados por Sandler em 2010. Como era esperado, no grupo com meia dosagem, os sintomas das crianças pioraram de forma expressiva no segundo mês do experimento. Mas o grupo condicionado continuou firme, saindo-se tão bem quanto os pacientes da dosagem completa. De fato, havia indícios de que as crianças desse grupo tiveram resultados ainda melhores, sofrendo menos efeitos colaterais do que aquelas que tomaram a dosagem integral.[4]

É o primeiro e único estudo no qual placebos abertos foram dados a crianças. Sandler conta que ao final daquele experimento pais e filhos apoiaram o placebo. "É o melhor remédio que eu já tomei", disse-lhe uma das crianças. "Acho que ele fez o meu cérebro pensar que ia dar certo." O estudo de Sandler é preliminar e de pequena escala, mas, combinado às descobertas de Benedetti, sugere que os médicos poderiam utilizar simples procedimentos de condicionamento para potencializar a eficácia dos placebos, sem precisar enganar ninguém.

Para mim, é uma descoberta fascinante. Ao aliar a expectativa e o condicionamento em um só tratamento, placebos éticos poderiam ajudar a reduzir a dosagem dos medicamentos de milhões de pacientes de todo o mundo, em situações que vão da dor e da depressão até o Parkinson e o TDAH.

Há, no entanto, outro detalhe sobre as respostas condicionadas, algo que abre um cenário inteiramente novo de possibilidades. Essas associações aprendidas de maneira inconsciente não se limitam aos sintomas subjetivos que podem ser domados pelo típico efeito placebo — como a desconcentração daqueles com TDAH. Elas também são capazes de influenciar o sistema imunológico, oferecendo um caminho pelo qual a mente consegue se tornar uma arma na luta do organismo contra a enfermidade. A mente, em suma, pode fazer muito mais do que apenas ajudar a nos sentirmos melhor e a vivermos melhor. Graças à técnica do condicionamento, ela pode até mesmo evitar que o pior aconteça.

Até poucas décadas atrás, os cientistas negavam que isso fosse possível. Até que se viram forçados a repensar seus conceitos diante de duas descobertas acidentais e de uma corajosa adolescente chamada Marette.

* * *

Em 1975, um psicólogo chamado Bob Ader, da Universidade de Rochester, em Nova York, estava investigando o fenômeno da aversão ao sabor, no qual sentimos náuseas diante de um alimento que no passado nos fez algum mal. Ele desejava saber por quanto tempo essas associações adquiridas permaneciam em nossa memória, então selecionou um grupo de ratos e lhes deu várias doses de água adoçada com sacarina. Isso normalmente seria recebido com alegria, mas nesse experimento ele combinou a água com injeções que provocavam enjoo nos animais. Em seguida, Ader deu aos ratos apenas a água adoçada. Tal como ele esperava, eles associaram o gosto doce à sensação de enjoo e se recusaram a bebê-la.

Ader, então, os forçou a ingeri-la com o auxílio de um conta-gotas, para descobrir quanto tempo levaria até que eles esquecessem aquela associação negativa. Era para o experimento ter transcorrido sem maiores transtornos, mas o que aconteceu com os ratos parecia até magia negra. Tudo o que Ader lhes deu nesse segundo estágio do experimento foi água adoçada, sem nenhuma substância ativa. Entretanto, os ratos continuaram sentindo náuseas e, em vez de melhorarem, um a um, eles morreram.[5]

A fim de averiguar o que os matou, Ader analisou a substância que havia utilizado para deixá-los com náusea no começo de tudo. Era uma droga chamada ciclofosfamida, que, além de provocar dores no estômago, suprime o sistema imunológico. A dosagem ministrada nesse experimento era baixa demais para ser considerada letal, o que levou Ader a uma conclusão extraordinária. Quando os ratos foram condicionados, eles não apenas aprenderam a sentir náusea. As "doses extras" de água adoçada também suprimiram seu sistema imunológico, a tal ponto que eles acabaram se expondo a infecções letais. Foi uma descoberta surpreendente, sugerindo que o condicionamento vai muito além das respostas já conhecidas, como a salivação, o ritmo cardíaco e a pressão arterial. Nosso sistema imunológico também é igualmente vulnerável.

Na época, isso foi visto pelas instituições de imunologia como o equivalente a uma pseudociência. "Os sistemas imunológico e nervoso eram entendidos como completamente independentes um do outro", diz Manfred Schedlowski, médico psicólogo da Universidade de Essen, na Alemanha.[6] "Os imunologistas acharam [a descoberta de Ader] uma sandice." Os biólogos estavam convencidos de que o sistema imunológico trabalhava sozinho, reagindo sem o auxílio do cérebro a invasores estrangeiros ou a qualquer tipo de lesão. Ader faleceu em 2011, mas, de acordo com sua filha, Deborah, ele atribuiu aquele insight ao fato de que, por não ter formação em imunologia, não havia sido disciplinado por aqueles dogmas. "Eu era simplesmente um desavisado", diria ele. "Não sabia que seria algo tão impensável a comunicação entre o sistema imunológico e o cérebro."[7]

Assim, apesar de a descoberta de Ader ter surpreendido a todos, a princípio ela não foi tão bem aceita. Um dos grandes obstáculos para Ader, nos anos 1970, era conseguir explicar como se daria o condicionamento do sistema imunológico. Ali estava ele, diante de gerações de imunologistas, todos convictos de que o cérebro e o sistema imunológico não se comunicam entre si. E não mudariam de ideia sem a comprovação direta de uma conexão física entre os dois.

Eles teriam essa comprovação alguns anos mais tarde. David Felten, um neurologista que trabalhava na Faculdade de Medicina da Universidade de Indiana, nos Estados Unidos, vinha utilizando um poderoso microscópio para analisar tecidos da pele de ratos dissecados, no intuito de rastrear os caminhos que os diferentes nervos percorrem em seu organismo. Ele estava particularmente interessado na rede do sistema nervoso autônomo, que é capaz de controlar funções do corpo como o ritmo cardíaco, a pressão arterial e a digestão. Nossos nervos se dividem entre o sistema nervoso central, que compreende o cérebro e a medula espinhal, e o sistema nervoso periférico, que percorre o corpo inteiro. O sistema nervoso periférico, por sua vez, se subdivide em dois ramos. Um deles, o sistema nervoso somático, lida com mensagens conscientes, conduzindo nossas instruções até os músculos para que possamos nos mover e retransmitindo sensações como as de calor e dor de volta para o cérebro. O outro, conhecido como sistema nervoso autônomo, administra aqueles sistemas fisiológicos que ninguém imagina estarem sob o controle do nosso consciente.

Quando Felten seguiu os diferentes ramos do sistema nervoso autônomo, constatou que ele se interligava às veias sanguíneas do animal, como esperado. Mas então viu uma coisa que parecia completamente equivocada: os nervos iam até o interior de órgãos do sistema imunológico, como o baço e o timo (onde os glóbulos brancos do sangue se desenvolvem e ficam armazenados). Conforme ele mais tarde disse a um repórter do canal PBS: "Vimos fibras nervosas por toda parte, bem em cima de algumas daquelas células do sistema imunológico."[8]

Ele verificou seus resultados mais de uma vez, certificando-se de que as amostras de tecido estavam corretamente identificadas. "Tinha quase medo de dizer qualquer coisa. Temia que tivéssemos deixado passar algo, e pareceríamos um bando de patetas." Mas não havia qualquer equívoco quanto ao fato de que aqueles nervos estavam diretamente ligados a células do sistema imunológico. Era uma evidência incontestável da conexão inata existente entre ele e o cérebro.

Felten recorda que, na primeira vez em que publicou seus resultados, em 1981,[9] ele foi alvo de chacota. Mas recebeu o encorajamento de Jonas Salk, o grande virologista norte-americano e desenvolvedor da vacina que erradicou a poliomielite nos anos 1950. Felten ficou tão emocionado com as palavras de Salk que as gravou na memória: "Esse campo de estudo tem tudo para se mostrar uma das áreas mais importantes da biologia na medicina", disse Salk. "Você encontrará resistência. Continue nadando contra a corrente."[10]

Felten passou a trabalhar como colaborador de Ader, e também de Nicholas Cohen, colega de Ader, juntando-se a eles na Universidade de Rochester pouco depois. Hoje os três pesquisadores são amplamente reconhecidos por terem fundado um campo de pesquisa chamado psiconeuroimunologia. Eles defendem a ideia de que, ao nos protegerem de enfermidades, o cérebro e o sistema imunológico trabalham em parceria.

A equipe de Felten descobriu uma complexa rede de conexões. Além de conexões nervosas inatas, encontrou também receptores para neurotransmissores — moléculas mediadoras produzidas pelo cérebro — na superfície de células imunitárias, assim como novos neurotransmissores para se comunicarem com essas células. E eles revelaram que o canal de comunicação é de mão dupla. Fatores psicológicos como estresse podem ativar a liberação de neurotransmissores a fim de influenciar reações imunológicas, enquanto substâncias químicas liberadas pelo sistema imunológico podem por sua vez influenciar o cérebro, provocando, por exemplo, sonolência, febre e sintomas depressivos que nos confinam à cama quando estamos doentes.

Enquanto isso, Ader continuou seu trabalho com o condicionamento de reações imunológicas. A ideia do condicionamento desenvolvida por Pavlov alcançou inclusive a cultura popular, mas costuma ser retratada como um meio duvidoso utilizado pelas autoridades para controlar a mente das pessoas. No romance de Aldous Huxley *Admirável mundo novo* (1932), crianças destinadas ao trabalho na fábrica são condicionadas a rejeitar os livros e as flores por meio de sons agudos e suaves choques elétricos, enquanto em *Laranja mecânica* (1962), de Anthony Burgess, o protagonista recebe uma droga para deixá-lo nauseado e então é forçado a assistir a cenas de atos violentos. Ader desejava saber se o condicionamento poderia, em vez disso, servir para combater enfermidades.

* * *

Marette Flies era uma alegre estudante do ensino médio de Minneapolis, Minnesota. Ela tinha cabelo castanho-escuro cheio e cacheado, um rosto redondo como a lua e adorava tocar trompa.

Então, em 1983, aos 11 anos de idade, ela foi diagnosticada com uma enfermidade ameaçadora, chamada lúpus eritematoso. É uma doença autoimune na qual o sistema imunológico indevidamente ataca outras células do próprio organismo. Algumas doenças autoimunes se concentram num órgão ou num tipo de célula específico: a artrite reumatoide age sobre as articulações, enquanto o diabetes elimina as células do pâncreas que produzem a insulina. Mas sob o efeito do lúpus, o sistema imunológico declara guerra ao corpo inteiro — articulações, pele e, em casos mais graves, coração, rim, pulmões e cérebro.

A princípio, Marette foi submetida a um tratamento com esteroides, para suprimir seu sistema imunológico descontrolado. Ela odiava tomá-los — seu rosto ficava como se ela tivesse "engolido um dirigível", queixava-se,[11] e seu cabelo caía. Caía no travesseiro enquanto ela dormia, e em sua comida ao tomar o café da manhã.

Mesmo com o tratamento, o estado de saúde de Marette se deteriorou rapidamente nos dois anos seguintes. No início, ela ainda conseguia tocar trompa (desobedecendo as ordens médicas), até desenvolver uma lesão nos rins, vertigens, pressão arterial elevada e surtos de pneumonia. Seu sistema imunológico também destruiu um coagulante vital para o sangue, provocando episódios de hemorragia severa. Sua condição era tão grave que os médicos consideravam submetê-la a uma histerectomia, temendo que, quando ela começasse a menstruar, a perda de sangue pudesse matá-la. Mas em setembro de 1985 seu coração começou a dar sinais de insuficiência.

Com a vida de Marette correndo perigo iminente, os médicos decidiram que não havia outra escolha senão submetê-la a um imunossupressor ainda mais potente. Era a ciclofosfamida, a mesma substância utilizada por Ader em seus experimentos com ratos. Na época, a aplicação em humanos ainda era experimental, além de ser altamente tóxica. A longa lista de efeitos colaterais inclui vômitos, dores estomacais, hematomas severos, hemorragia e lesão nos rins e no fígado, bem como risco de contrair infecções fatais e câncer. A ciclofosfamida era a única chance de Marette vencer a batalha contra o lúpus, mas representava uma ameaça quase tão grande quanto a própria doença.

Karen Olness, uma pediatra que atualmente trabalha na Universidade Case Western Reserve, em Ohio, Estados Unidos, estava entre os profissionais que na época cuidavam de Marette, recorrendo ao *biofeedback* e à hipnose para ajudar a adolescente a lidar com o estresse e a dor causados pela doença. Olness tinha se afeiçoado a Marette e não aceitava o fato de que sua paciente provavelmente não sobreviveria a esse novo revés. Até que a mãe de Marette, que era psicóloga, mostrou a Olness uma cópia de um dos artigos de Ader, publicado em 1982.[12]

Os ratos daquele estudo sofriam de um mal equivalente ao lúpus para roedores, que também podia ser tratado com ciclofosfamida. Ader treinou um grupo de ratos para associar a substância a uma solução de sacarina, tal como fizera em seu experimento original. Então continuou dando a eles a água adocicada, junto com metade da dosagem habitual da droga. Quando comparados aos ratos que receberam a dose reduzida mas não foram condicionados, seus sintomas se atenuaram, e sua expectativa de vida aumentou, tal como aconteceu com os ratos que receberam a dose integral da substância. A mãe de Marette queria saber de Olness se algo semelhante não poderia funcionar também com sua filha. Será que não poderiam treinar seu sistema imunológico para responder a uma dosagem mais baixa da droga, reduzindo os riscos de seus efeitos colaterais?

Olness procurou Ader, e ele imediatamente concordou em ajudar na criação de um programa de condicionamento para a adolescente. Nesse meio-tempo, o comitê de ética do hospital de Marette organizou uma reunião de emergência para discutir o caso. A equipe observou que não havia qualquer registro de adultos ou crianças que confirmasse a segurança ou a eficácia de um estudo como aquele. Era algo que normalmente seria rejeitado na mesma hora. Mas o perigo que Marette corria ao receber uma dose integral de ciclofosfamida era tamanho que, embora a abordagem de Ader nunca tivesse sido testada em humanos, o comitê fez algo sem precedentes: autorizou o tratamento.

Para planejar o programa de condicionamento de Marette, o principal desafio de Olness era decidir qual estímulo combinaria com a ciclofosfamida. A sacarina funcionou com os ratos porque nunca haviam provado nada doce antes, mas seria familiar demais para surtir efeito em uma pessoa. Olness perguntou a Marette quais eram os cheiros de que ela mais gostava: piscina e carne assada de panela foram sua resposta. Só que esses odores não são vendidos em frascos. E, para aumentar as chances de Marette aprender uma associação inequívoca entre o estímulo e a droga, Ader recomendou a Olness que fosse algo bem peculiar; algo forte, inesquecível e com o qual Marette ainda não tivesse qualquer familiaridade.

Olness saiu em busca de opções, provando vinagres, pastilhas contra a tosse feitas de marroio-branco, balinhas de eucalipto e vários licores até finalmente escolher o óleo de fígado de bacalhau. Ela aliou esse estranho medicamento a um forte perfume de rosas, esperando com isso aumentar suas chances de sucesso ao estimular tanto o olfato de Marette quanto suas papilas gustativas.

Após eles receberem a aprovação do conselho de ética, o tratamento de Marette começou bem cedo na manhã seguinte. Seu médico inseriu um tubo intravenoso no pé direito da adolescente. Conforme a ciclofosfamida se misturava à corrente sanguínea, sua mãe lhe dava três colheres de óleo de fígado de bacalhau. A menina fazia uma careta. "Me dá vontade de vomitar."[13] Olness abria o perfume de rosas e borrifava o vidrinho pelo quarto.

Olness repetiu esse estranho ritual — ciclofosfamida, fígado de bacalhau e rosas — uma vez por mês, ao longo de três meses. Depois disso, Marette continuou com o óleo de fígado de bacalhau e o perfume na mesma frequência, mas só recebia o medicamento a cada três meses. Ao final de um ano, receberia apenas seis doses de ciclofosfamida em vez das doze inicialmente previstas.

Seu estado de saúde se estabilizou e então começou a progredir.[14] Os períodos fora do hospital se tornaram mais longos, sua pressão arterial voltou ao normal, e o fator de coagulação reapareceu em seu sangue. Ela respondeu exatamente como os médicos esperavam: com apenas uma fração da dosagem típica daquela substância. Marette continuava com lúpus, mas seus sintomas estavam sob controle, e ela pôde assim voltar a tomar uma medicação menos agressiva. Quinze meses mais tarde, ela não ingeria mais o óleo de fígado de bacalhau, porém continuava imaginando uma rosa, e estava convicta de que essa imagem sozinha — assim como a imagem de um limão nos faz salivar — foi capaz de neutralizar seu sistema imunológico. Marette terminou o ensino médio e foi para a faculdade — dirigindo um carro esportivo e tocando trompa na banda da faculdade.

É impossível dizer, a partir desse caso isolado, se Olness de fato teve sucesso ao condicionar o sistema imunológico de Marette ou se foram os sintomas da menina que simplesmente regrediram. Contudo, em 1996 Ader tentou uma abordagem semelhante com dez pacientes que sofriam de esclerose múltipla.[15] Ele combinou o imunossupressor ciclofosfamida com um xarope de sementes de anis. Mais tarde, quando um comprimido placebo foi dado juntamente com o xarope, oito dos pacientes demonstraram uma reação imunológica mais reprimida, similar àquela que se costuma obter com a substância ativa. Embora fosse um experimento em pequena escala, reforçava um pouco mais a ideia de que o condicionamento de Marette fora bem-sucedido.

Infelizmente, ela não viveu tempo o bastante para testemunhá-lo. De acordo com Olness, o coração de Marette acabou não resistindo, devido a um efeito colateral de um de seus remédios.[16] Ela faleceu no Dia dos Namorados de 1995, aos 22 anos.

* * *

Estou sentada a uma mesa na cafeteria do departamento de psicologia médica do Hospital Universitário de Esse, na Alemanha. Ao meu lado estão duas jovens pesquisadoras, Julia Kirchhof e Vanessa Ness. Mas não estamos aqui por causa do café. Kirchhof apanha uma jarra de plástico da geladeira e retira a película de filme que lhe servia de tampa. Dentro se vê um líquido verde-turquesa, tão brilhante que é quase neon. Ela serve três copos da bebida, e nós os erguemos para fazer um brinde. "Vai deixar seus dentes e sua boca verdes", Ness me avisa. "Mas não dura muito tempo."

Kirchhof ingere a bebida e faz uma careta. "Manfred vai dizer que não é forte o suficiente", comenta ela. Para mim parece forte o bastante, e experimento um pouco. Começo a enxergar tudo verde, porém na mesma hora sou arremessada contra uma parede roxa e sinto o gosto inconfundível de alfazema. Fora isso, a bebida é leitosa e doce, mas também amarga. É como se eu ingerisse um óleo de banho. Minha boca se contorce, meu estômago se retorce, e minha mente não sabe o que concluir dessa experiência. Enquanto as cores conflitantes se misturam à confusão de sabores e cheiros, sou quase capaz de sentir meus neurônios trabalhando em profundo estado de espanto.

Essa é a versão atual da mistura de Olness, de fígado de bacalhau com rosas: achocolatado de morango com corante alimentar verde e um gole de óleo essencial de alfazema. É a invenção do médico e psicólogo Manfred Schedlowski, que atualmente pesquisa mais a fundo os intrigantes experimentos de Ader.

Depois do nosso drinque, sigo em direção ao escritório de Schedlowski, torcendo para os meus dentes já não estarem mais verdes. O lugar é bem iluminado e espaçoso, pontuado por poltronas de couro vermelhas, uma mesinha de café preta em formato cúbico e uma fileira de telas geométricas pintadas por sua esposa. Schedlowski cordialmente me oferece uma poltrona e se senta à minha frente. Ele é alto e meio desengonçado, com cabelos loiros soltos e um bigode bastante avantajado. De repente somos avisados de que parte do campus do hospital está sendo evacuada, devido a uma bomba da Segunda Guerra Mundial não usada que acabou de ser desenterrada em uma obra perto dali, e Schedlowski continua sereno. "Aposto que foi um dos seus!", diz ele, em tom bem-humorado.

Schedlowski passou os últimos quinze anos tentando transformar reações imunológicas condicionadas em uma terapia cientificamente comprovada, partindo do intrigante mas também anedótico fenômeno descoberto por Ader. Começou de forma dramática, transplantando um segundo coração no abdômen de um grupo de ratos. "Parece complexo, mas na verdade é um protocolo experimental bastante elementar", assegura ele. Nos ratos que receberam o transplante e nenhum medicamento, o coração extra sobreviveu por uma média de dez dias até ser rejeitado pelo animal receptor. Nos ratos que receberam uma série de doses de uma droga imunossupressora, o órgão sobreviveu três dias a mais.

Schedlowski, então, condicionou um terceiro grupo para associar a droga a um sabor doce antes mesmo de transplantar o coração. Após o transplante, a única medicação que eles receberam foi a água adocicada. Esse grupo tolerou o órgão extra por uma média de treze dias, o mesmo período que o dos ratos que só receberam a droga.[17] Por incrível que pareça, Schedlowski retardou a rejeição dos corações adicionais sem utilizar remédios, apenas trabalhando a mente dos ratos.

Na época, "ninguém acreditou em nós", diz. Mas desde então ele obteve o mesmo resultado em uma série de outros estudos. Também demonstrou que, quando o nervo ligado ao baço (aquele descoberto por Felten) é removido cirurgicamente, bloqueia-se o efeito desejado. E que é possível amplificar esse efeito ao aliar o programa de condicionamento a ínfimas doses da droga imunossupressora. Sozinhas, essas doses ínfimas não fazem qualquer diferença no tempo de sobrevida dos corações transplantados. Contudo, quando usadas em conjunto com o condicionamento, o tempo de sobrevida é notavelmente ampliado. Em um estudo, 20% dos animais conservaram aquele coração extra por meses, enquanto durou o experimento de Schedlowski.[18] O gosto doce, junto com uma pequenina dose da droga, protegeu o órgão melhor do que uma dose integral do medicamento.

Para os experimentos em humanos, Schedlowski desenvolveu aquela estonteante bebida verde. Em ensaios com voluntários sadios, ele demonstrou que o condicionamento pode suprimir o sistema imunológico também de pessoas e que, se combinado com dosagens ínfimas de um medicamento, o efeito parece ser de longo prazo. Em outras palavras: a associação aprendida é permanente. Então, em um ensaio com 62 pessoas com alergia respiratória, ele treinou os pacientes para associarem a bebida verde com os efeitos do anti-histamínico desloratadina.[19]

Um grupo de pacientes que recebeu um condicionamento de mentira (pensaram que tinham sido condicionados, quando na verdade não o foram) relatou que seus sintomas alérgicos haviam regredido. E, quando passaram por um teste alérgico cutâneo, as pápulas avermelhadas que se formaram eram menores. Uma expectativa consciente — um efeito placebo aberto — amenizou seus sintomas. Entretanto, ao analisar a reação imunológica que originou as alergias, Schedlowski notou que nada havia mudado. Somente quando ele aplicou o condicionamento foi que ocorreu também a redução de células imunológicas.[20]

Será que Schedlowski conseguiria repetir o resultado do transplante em humanos? "Essa é a pergunta de um milhão de dólares", diz ele.

* * *

Para encontrar as respostas, ele se juntou a Oliver Witzke, nefrologista do Hospital da Universidade de Essen. Witzke me conta que a rejeição do receptor por parte do sistema imunológico é um enorme problema para os pacientes de transplante de rim. Cerca de um em cada dez rins transplantados não resiste ao primeiro ano. Metade desses pacientes morre; a outra metade precisa voltar à diálise.²¹ "É preciso suprimir demais o sistema imunológico para manter o novo órgão vivo", ele admite.²² Ele se dedica ao mesmo exercício de equilíbrio de Wilbers, de manter a dosagem dos remédios alta o bastante para evitar a rejeição, sem com isso envenenar o rim que está tentando salvar.

Wizke afirma que o trabalho de Schedlowski disparou um alarme em sua cabeça, já que por experiência própria ele sabe que fatores psicológicos podem afetar a estabilidade dos transplantes. "Existe uma interação bem próxima entre o sistema imunológico e o cérebro", declara ele. "Vejo em minha clínica pacientes que rejeitam o novo órgão se estiverem passando por uma crise psicológica."

Segundo ele, isso é um risco sobretudo para pacientes jovens, cuja vida tende a ser mais volátil. Se enfrentarem um término de relacionamento, por exemplo, ou perderem o emprego por conta de sua enfermidade, o estado psicológico pode decair. "Quando se veem em uma situação caótica, eles tendem a perder o novo órgão." Isso se deve em parte devido ao fato de que pacientes estressados ou deprimidos costumam não tomar seus remédios adequadamente. "No entanto, já tive uma série de pacientes que, como médico, eu tinha certeza de que estavam se medicando."

Witzke concluiu que o condicionamento poderia se mostrar uma forma de suprimir o sistema imunológico ao ministrar dosagens bem menores de medicamentos. Desse modo, seus pacientes eram poupados de alguns dos piores efeitos colaterais, sobretudo a toxidez no rim. Juntos, ele e Schedlowski criaram um protocolo para testar a ideia em pacientes transplantados. A princípio seria perigoso demais simplesmente parar com a medicação dos pacientes, então eles desenvolveram um estudo piloto para detectar se a bebida verde conseguiria suprimir o sistema imunológico melhor do que o regime habitual de medicação.

Um dos pacientes nesse estudo piloto era Karl-Heinz. Ele precisou beber a mistura verde-lavanda em concomitância com o seu regime normal de medicação, de manhã e à noite, durante três dias. Na segunda fase do estudo, fez a mesma coisa, mas passou a ingerir a bebida junto com um comprimido placebo duas vezes a mais diariamente. Para fortalecer o máximo possível a associação com a droga, Schedlowski pediu aos voluntários que mantivessem o ambiente da mesma forma toda vez que passassem por esse ritual, ingerindo os comprimidos e o líquido no mesmo local e ouvindo a mesma música. Karl-Heinz tentou as modulações sintetizadas e reverberantes de "Oxygène", de Jean Michel Jarre, até se decidir pela música de Johnny Cash, mais emocional.

As doses extras da bebida verde realmente suprimiram o sistema imunológico de todos os três pacientes do estudo, incluindo Karl-Heinz, e reduziram a quantidade de todas as populações de células imunológicas analisadas por Schedlowski em 20-40% adicionais (acima do efeito da droga ativa). Isso, por si só, não é o suficiente para dizer que o programa funciona. Mas é bastante promissor saber que, enquanto escrevo este livro, Schedlowski e Witzke estão iniciando um ensaio em maior escala, com cerca de cinquenta pacientes. Se forem bem-sucedidos, tentarão aplicar o condicionamento enquanto os pacientes interrompem o uso de alguns de seus remédios.

No futuro, Schedlowski acredita que a técnica poderá ajudar a reduzir a dosagem dos remédios de pacientes com outros tipos de transplantes ou doenças autoimunes, como o lúpus e a esclerose múltipla. E talvez até contra o câncer. Em uma série de experimentos conduzidos na Universidade do Alabama entre os anos 1980 e 1990, pesquisadores treinaram ratos para associar o sabor da cânfora a uma droga que mobiliza células assassinas naturais (um tipo de célula imunitária que ajuda a combater o câncer); em seguida, transplantaram tumores agressivos em seus organismos. Após o transplante, os ratos condicionados não receberam qualquer medicamento, mas sobreviveram por mais tempo do que os ratos submetidos ao tratamento imunoterápico. Em um experimento, dois dos animais condicionados baniram completamente o câncer, apesar de não terem recebido qualquer droga ativa.[23] Esses estudos sugerem que, ao revigorar o sistema imunológico dos ratos, o condicionamento sozinho salvou suas vidas.

Usar o condicionamento para reduzir a dosagem de drogas para pacientes transplantados é algo que provavelmente só veremos daqui a alguns anos. Para casos de câncer, levaremos mais anos ainda — os experimentos no Alabama são preliminares e nunca foram testados em humanos. Contudo, Schedlowski observa que, para doenças menos sérias, não existe razão prática para que os médicos não passem a utilizar agora mesmo o condicionamento para potencializar suas terapias.

Em um dos últimos experimentos que Ader conduziu antes de falecer, em 2011, pacientes com psoríase se recuperaram tão bem com o condicionamento aliado a um quarto ou metade da dose de corticosteroide quanto o grupo de controle que recebeu a dosagem integral da medicação.[24] Schedlowski e alguns de seus colegas vêm trabalhando em um inalador contra asma que ora liberaria um placebo, ora a substância ativa. O ensaio de Sandler sobre o TDAH sugere que poderíamos ajudar milhões de crianças a controlar melhor seus sintomas ministrando doses muito menores de medicamentos.

O manejo de respostas condicionadas com o objetivo de substituir medicamentos por placebos é chamado de Redução da Dose Controlada por Placebo (PCDR). Além de reduzir os efeitos colaterais, a PCDR poderia economizar bilhões de dólares em custos com assistência médica (em 2007, estimou-se que, só nos Estados Unidos, os remédios contra o TDAH custassem 5,3 bilhões de dólares).[25]

Infelizmente, os cientistas hoje lutam para financiar a pesquisa necessária para fazer com que essas terapias cheguem às clínicas. Sandler diz que adoraria conduzir um ensaio sobre o TDAH em maior escala, mas suas solicitações têm sido rejeitadas. "Deve ser um tipo de estudo muito incomum", supõe. "A ideia de usar placebos abertos para tratar uma condição é inovadora, vira tudo de ponta-cabeça. Alguns críticos teriam dificuldade de aceitar isso."

E, além de Schedlowski, praticamente não há nenhum outro pesquisador investigando as reações imunitárias condicionadas. "Gosto de dizer que somos os melhores do mundo", brinca ele. "Porque não existe ninguém além de nós!" Ader e Felten podem ter conquistado uma vitória no campo da teoria ao provar que o cérebro e o sistema imunológico se comunicam entre si, mas, na prática, a maioria dos imunologistas ainda prefere ignorar o fenômeno.

Não é algo em que as companhias farmacêuticas estejam interessadas, diz Schedlowski. "Não lhes agrada a ideia de reduzir as doses dos medicamentos necessários." E, assim como Sandler, no passado ele teve trabalho para persuadir os críticos acadêmicos. Alguns anos atrás, segundo conta, só conseguia publicar seus artigos em revistas de nicho, e se viu forçado a deixar um cargo na Suíça e voltar para a Alemanha porque não conseguia financiamento para a sua pesquisa.

Agora, no entanto, o cenário está se revertendo, em parte por causa do trabalho de Benedetti, que tornou o campo de estudo dos placebos mais aceitável. "Isso abriu as portas e as mentes dos críticos para o fato de que há algo importante acontecendo aqui", diz Schedlowski. Ele inclusive mudou o nome do fenômeno em que está trabalhando, numa tentativa de torná-lo mais palatável. "Antes o chamávamos de condicionamento comportamental da reação imunológica. Agora é um efeito placebo imunossupressor."

Mas, enquanto isso, milhões de pacientes como Karl-Heinz continuam recebendo dosagens de remédios muito superiores às que provavelmente são necessárias. Ele vive sob o constante temor de perder o rim, e com isso sua independência, sua capacidade de viajar e, muito possivelmente, sua própria vida. Ele descreve a ideia de reduzir a dosagem de seu medicamento com a ajuda do condicionamento como "maravilhosa" e não vê a hora de participar de futuros experimentos.

Enquanto aguarda os próximos desdobramentos, Karl diz que a mera demonstração de que sua mente pode proteger o órgão transplantado tem ajudado. "Ao chegar em casa, tomo meus remédios com muito mais consciência." Graças àquele ensaio, ele agora se sente como um participante ativo em relação à própria saúde, e não mais como um recipiente passivo de substâncias químicas, e os efeitos colaterais da medicação já não o incomodam tanto. "Algo está acontecendo. Algo em que eu posso acreditar."

4
LUTANDO CONTRA A FADIGA
A mais nova fuga de uma prisão

Na manhã de 8 de maio de 1978, dois homens caminhavam lentamente em meio a um turbilhão de neblina, vento e neve. Suas barbas e cabeleiras típicas dos anos 1970 eram ocultadas por casacos acolchoados e com capuz — um vermelho, o outro azul. Eles usavam botas volumosas, luvas e óculos de lentes coloridas para proteger seus olhos do branco congelante e ofuscante da neve. Exaustos e com dificuldade para respirar, os dois paravam a cada poucos passos para se apoiar sobre seus *piolets* e, ofegantes, comunicavam-se por meio de gestos, de tão cansados que estavam para conseguirem falar. Então faziam mais uma investida para avançar, semiconscientes, com as pernas fraquejando, cientes de que não lhes restava nada senão a vontade de seguir em frente.

A algumas centenas de metros acima, estava o seu objetivo: o topo do monte Everest. O pico de 8.848 metros — o mais alto do mundo — foi conquistado pela primeira vez por Edmund Hillary e pelo xerpa Tenzing Norgay em 1953. Hillary e todos os outros que escalaram a montanha depois dele dependeram de cilindros de oxigênio extra para conseguir subir. Reinhold Messner, um alpinista italiano de 33 anos de idade, e seu parceiro austríaco de escaladas Peter Habeler estavam determinados a chegar lá sem nada disso.

Alpinistas e médicos foram unânimes ao afirmar que os dois haviam perdido o juízo. A uma altitude tão elevada, a quantidade de oxigênio respirável no ar é de apenas um terço da que encontramos ao nível do mar. Ninguém sabia o que poderia acontecer com o corpo em tais condições, mas a crença geral era a de que, com isso, a dupla arriscaria um dano cerebral ou algo pior. Os mesmos fisiólogos que haviam estudado os alpinistas de uma expedição anterior, liderada por Hillary em 1960-61, concluíram que os níveis de oxigênio naquele topo mal eram suficientes para manter um homem vivo em repouso, muito menos se ele estivesse no meio de uma árdua escalada.

Entretanto, Messner estava acostumado a encarar a morte nos Himalaias. Oito anos antes, havia perdido o irmão em uma avalanche — além de sete dedos por conta de um congelamento — enquanto percorria o trajeto até o notoriamente perigoso pico de Nanga Parbat. Mais recentemente, escalara o Gasherbrum, de 8.068 metros de altitude, sem oxigênio. Conseguindo chegar ao topo do Everest ou não, o fato é que ele estava determinado a alcançar os limites de que o corpo humano é capaz.

Naquela manhã do dia 8 de maio, ele e Habeler desmontaram mais cedo o acampamento a 7.985 metros de altitude. Quanto mais se aproximavam do topo, mais lenta se tornava a subida. Foram forçados a escalar formações rochosas, uma vez que atravessar a espessa camada de neve era ainda mais exaustivo. Respirar era tão extenuante que mal sobravam forças. Era cada vez mais difícil permanecer de pé, até que no fim eles se deixaram cair sobre a neve para descansar, parando a cada poucos passos e então erguendo-se de novo. Tinham ciência de que cada metro que escalavam poderia levá-los a um limite fatal, além do qual poderiam nunca mais voltar. "Fui tomado por um medo sufocante da morte", relatou Habeler posteriormente. "Era a falta de oxigênio trabalhando de forma letal."[1]

Por fim, entre uma e duas horas da tarde, os dois homens se depararam com um tripé de metal deixado por pesquisadores chineses em 1975. Haviam alcançado o cume. Habeler balbuciava e chorava; suas lágrimas passavam por debaixo dos óculos e chegavam à barba já congeladas. Messner conta que ele simplesmente se sentou, com as pernas vacilando, sem nada a fazer senão respirar: "Não sou nada além de um único e diminuto pulmão ofegante, flutuando acima da neblina e dos picos."[2]

O feito de Messner e Habeler era uma demonstração suprema de resistência, superando seus corpos e cérebros, que gritavam por mais oxigênio. E, no entanto, os experimentos fisiológicos conduzidos desde então e que envolviam pessoas se exercitando em altitudes elevadas revelavam um paradoxo.

Sabe-se que chegamos à exaustão mais depressa em altitudes elevadas. Por exemplo: o desempenho aeróbico de alpinistas em boa forma e aclimatados cai em cerca de um terço a 5.300 metros de altura quando comparados ao nível do mar. A explicação tradicional é a de que, nessas condições, o sangue não consegue transportar tanto oxigênio para todo o corpo. Nossos músculos ficam fatigados, e perdemos a disposição para seguir em frente.

Em 2009, um estudo envolvendo alpinistas no monte Everest revelou que, perto do cume, a 8.400 metros de altitude, as taxas de oxigênio no sangue chegavam a apenas três quartos dos níveis considerados normais.[3] Os temores de Messner e Habeler não eram infundados; se o monte fosse ainda mais alto, talvez não tivessem sobrevivido. Mas, surpreendentemente, em amostras de sangue coletadas em outras altitudes, até estonteantes 7.100 metros, as taxas de oxigênio no sangue dos alpinistas permaneceram as mesmas das registradas no nível do mar.[4]

Em outras palavras, até os 7.100 metros, qualquer prejuízo no desempenho de um alpinista em altitude não pode ser explicado por mudanças nos níveis de oxigênio no sangue. Qual seria, então, o motivo? É possível que o oxigênio não circule tão bem entre os tecidos em tais circunstâncias, sugere o autor do estudo, Daniel Martin, diretor do Centro para Medicina de Aviação, Espaço e Ambientes Extremos da Universidade de Londres.[5] Assim, mesmo com as taxas de oxigênio no sangue inalteradas, as células acabam recebendo menos oxigênio do que necessitam. Outros resultados bastante intrigantes indicavam que havia algo a mais por trás disso tudo.

Se os alpinistas se cansam em altitudes elevadas porque os músculos ficam sem oxigênio, era de se esperar que, quando chegassem à exaustão, o coração estaria batendo o mais rápido possível, na tentativa de bombear o máximo de oxigênio para todo o corpo. Também eram esperadas altas taxas de ácido lático no sangue — um produto de excreção tóxico que se acumula quando o corpo apresenta deficiência em oxigênio. Entretanto, em repetidos estudos, os cientistas não identificaram nenhuma dessas expectativas.[6] As pessoas se sentem cansadas em altitudes elevadas com relativamente pouco esforço, mesmo que o coração ainda disponha de bastante capacidade. E, ao subirem ainda mais, os níveis de ácido lático no sangue basicamente *caem* quando as pessoas chegam à exaustão.[7]

Lutamos para respirar e nos forçamos a seguir em frente mesmo com os níveis de oxigênio em nosso sangue perfeitamente normais, sem nenhum sinal de estresse ou lesão no cérebro, nos músculos ou no coração.

O que, então, está nos puxando para baixo?

* * *

Em 12 de agosto de 2012, um britânico de 29 anos de idade chamado Mo Farah pisou na pista do que seria possivelmente a corrida mais importante de sua vida: a final de cinco mil metros dos Jogos Olímpicos de Londres. Ao chegar à linha de partida, sua orgulhosa torcida começou a aplaudi-lo de pé. Uma semana antes, eles haviam visto Farah entrar para a história ao ganhar o ouro nos dez mil metros. Em um evento dominado pelas nações africanas da Etiópia e do Quênia, aquela era a primeiríssima vitória britânica nas Olimpíadas. Agora, a torcida desejava que ele repetisse o feito.

Embora ele fosse um forte candidato à medalha naquela corrida, a situação era completamente diferente. Farah ainda se recuperava do esforço físico exigido pela vitória na semana anterior. E os cinco mil metros eram um desafio ainda maior. Naquele ano, ele era apenas o décimo primeiro mais rápido do mundo, e sete dos atletas mais rápidos estavam bem ali ao seu lado, incluindo o mais veloz de todos, o lendário etíope Dejen Gebremeskel, favorito à medalha.

Para a sorte de Farah, a corrida de 12,5 voltas foi menos dinâmica do que o esperado. Ele ficou no fundo na maior parte do tempo, até que no último quilômetro o ritmo geral se elevou e ele avançou para o segundo lugar, logo atrás de Gebremeskel. Na arquibancada, entre milhares de bandeiras do Reino Unido que se agitavam no ar, estavam sua enteada e sua esposa, Tania, grávida de gêmeos.

Farah abriu caminho adiante e, quando o sino soou para indicar a última volta, ele acelerou ainda mais o passo e se destacou dos outros corredores — sua figura esguia se movia com facilidade em sua camiseta branca e seu short azul, com uma corrente de ouro pendendo do pescoço. Então, perto da última curva veio Gebremeskel, aproximando-se depressa, de verde e amarelo. Parecia inevitável que o favorito fosse conquistar a liderança, mas era como se Farah flutuasse ajudado pelo barulho das arquibancadas. Com os dentes à mostra e os braços latejando, ele de alguma forma se livrou de Gebremeskel e voou até a linha de chegada, com uma expressão estupefata de alegria e incredulidade.

Farah havia corrido o último quilômetro e meio em quatro minutos, completando sua volta final em apenas 52,94 segundos. O comentarista da BBC, Steve Cram (ele próprio um ex-atleta de distâncias), estava visivelmente emocionado. "Não tenho como descrever o que eu sinto", entusiasmou-se. "Vocês já viram *alguma coisa assim* antes?"[8] Farah dedicou as duas medalhas de ouro aos seus futuros filhos gêmeos.

Eu assisti à corrida de casa, também grávida. Nossa sala de estar e o país inteiro foram contagiados pelo sucesso de Farah. A Grã-Bretanha nunca havia conquistado uma medalha de longa distância nas Olimpíadas; agora tínhamos duas. Farah se tornou um herói nacional. "A torcida me incentivou muito", disse ele, pouco depois. "Se não fosse por isso, acho que não teria chegado tão longe."[9] Parecia não haver dúvidas de que, para conquistar aquela medalha, Farah precisou usar até o último resquício de sua energia, cada fibra muscular, toda a sua força de vontade.

O que me impressionou quase tanto quanto a emocionante reta final da corrida foi o que ele fez logo *após* cruzar a linha de chegada. Em vez de cair de exaustão, ele começou a se exibir para a plateia, fazendo uma série de abdominais, mostrando-se muito bem-disposto. Em seguida se pôs de pé novamente e correu pela pista em direção aos fotógrafos que o aguardavam, com os braços dobrados acima da cabeça formando a letra M, sua marca registrada.

É um fenômeno visto com frequência no atletismo. Recordes mundiais são quebrados; conquistas ocorrem nos metros finais. Os atletas mobilizam toda a energia para levar seus corpos além dos limites — e, apesar disso, logo após cruzarem a linha de chegada ainda têm força suficiente para correr a volta olímpica. Isso gera uma pergunta análoga à que foi feita no caso dos alpinistas do monte Everest. Como é possível que tenhamos tanta energia reserva quando nos sentimos à beira de um colapso?

* * *

Tim Noakes, fisiólogo esportivo da Universidade da Cidade do Cabo, na África do Sul, não é do tipo que se curva às autoridades. Na verdade, ele tem o hábito de subverter os dogmas — às vezes cultivando inimigos, mas também salvando a vida de seus atletas.

Nos anos 1980, por exemplo, ele conduziu estudos que indicavam uma epidemia de lesões cervicais catastróficas entre os jogadores sul-africanos de rúgbi.[10] Na época seus resultados foram veementemente rejeitados, mas acabaram ajudando a concretizar uma alteração nas regras do jogo. Tempos depois, Noakes investigou o motivo de tantos maratonistas estarem desmaiando. Ele concluiu que não era devido à desidratação, como todos supunham, mas o inverso: vinham bebendo água demais. De acordo com o fisiólogo, a recomendação oficial para os atletas — de que deviam beber cerca de um litro e meio de água por hora — os estava envenenando.

Os especialistas norte-americanos, influenciados pela indústria de bebidas esportivas, rejeitaram a descoberta. A recomendação permaneceu a mesma, até que 13% dos participantes da Maratona de Boston de 2002 sofreram de intoxicação por água — e um dos atletas acabou não resistindo. "A minha briga com a multibilionária indústria de bebidas esportivas norte-americana me ensinou que a ciência médica pode facilmente se dobrar ao interesse comercial, tanto quanto pode ser utilizada para produzir 'o maior bem à humanidade'", disse Noakes.[11]

Talvez não surpreenda tanto, então, que Noakes tenha passado anos combatendo um dos pressupostos mais básicos da fisiologia. Sendo ele próprio um atleta, a fadiga despertava sua atenção. "Se você está se exercitando, sempre vai acabar se sentindo cansado e se perguntando o porquê disso", ele me conta. "Eu logo percebi que não foi isso o que nos ensinaram."[12]

Segundo o dogma vigente, os atletas se cansam quando seus corpos atingem limites físicos. Seus músculos carecem de oxigênio ou de reservas energéticas, ou ficam lesionados pelo acúmulo de subprodutos tóxicos como o ácido lático. Isso, por sua vez, gera dor e fadiga, nos forçando a interromper o exercício até que nos recuperemos.

Essa teoria básica nunca foi questionada desde a proposição do fisiólogo ganhador do Nobel de Medicina Archibald Hill em 1923. No entanto, quando Noakes testou sua veracidade, viu que algo não fazia sentido. Em primeiro lugar, a teoria de Hill predizia que, se um atleta se exercita até o limite, então, pouco antes de ele parar devido à exaustão, deveria ocorrer uma redução do uso de oxigênio. Isso aconteceria devido ao fato de que o coração não consegue bombear rápido o bastante para levar mais oxigênio aos tecidos que necessitam dele. Mas, assim como nos testes em altitudes elevadas, não era isso o que acontecia. "Não conseguimos evidenciar que os atletas estavam ficando sem oxigênio em nossos testes", afirmou ele. "Não foi o que observamos."

Enquanto isso, outros estudos demonstraram que, embora as reservas energéticas no interior dos músculos (glicogênio, gordura, ATP) sofressem queda durante os exercícios, elas nunca se esgotavam. Noakes também estudou a utilização muscular, pedindo a ciclistas que andassem em bicicletas ergométricas com fios ligados às suas pernas. A teoria de Hill diz que os atletas recrutariam todas as suas reservas disponíveis conforme fossem se cansando, mobilizando cada vez mais fibras musculares até que nada mais restasse, e eles finalmente atingissem o ponto de colapso. Entretanto, Noakes se deparou com o extremo oposto. Conforme os ciclistas se aproximaram da exaustão, suas fibras musculares iam relaxando.[13] A tal ponto que, quando os voluntários relataram que a fadiga os impedia de continuar, nunca chegaram a ativar mais do que 50% das fibras musculares disponíveis. A exaustão os forçou a interromperem o exercício, porém o fato é que ainda dispunham de uma grande reserva muscular, pronta para ser utilizada.

Tudo isso convenceu Noakes de que aquela velha noção de que a fadiga era causada por músculos que chegavam ao seu limite não podia ser verdadeira. Em vez disso, ele e seu colega Alan St. Clair Gibson propuseram que a noção de fadiga é imposta pelo próprio cérebro. É óbvio que existe um limite físico que o corpo humano é capaz de realizar. Mas, em vez de respondermos diretamente a músculos exauridos, Noakes e St. Clair Gibson sugerem que o cérebro age de forma antecipada a esse limite, fazendo com que nos sintamos cansados e sejamos forçados a interromper o exercício muito antes de disparar qualquer sinal periférico de lesão. Em suma: a fadiga não é um evento físico, mas uma *sensação* ou *emoção* criada pelo cérebro para prevenir danos catastróficos. Ao sistema cerebral responsável por isso eles deram o nome de "governador central".[14]

De um ponto de vista evolucionário, esse sistema faz todo o sentido. Depender de sinais de lesão nos músculos para nos alertar de fadiga nos colocaria perto demais do risco de um desmaio toda vez que nos excedêssemos. Ao interrompermos a atividade física com essa antecedência, garantimos uma margem segura de erro, e portanto podemos continuar ativos mesmo após uma tarefa exaustiva. "Dizemos que foi assim que os seres humanos evoluíram, porque você sempre precisa de energia depois de realizar qualquer tarefa", diz Noakes. Talvez precisássemos correr subitamente de um predador, por exemplo. "E, quando íamos caçar, sempre tínhamos de trazer o alimento para casa." Foi por isso que Farah, apesar de ter corrido com o coração na boca para vencer aquela segunda medalha, ainda teve energia suficiente para fazer abdominais e correr, mesmo depois de cruzar a linha de chegada.

Em altitudes elevadas, Noakes argumenta que o efeito é ainda mais intenso. O governador central detecta o oxigênio reduzido no ar e deduz que a atividade física em tais condições não é segura. Ainda que nossos músculos estejam descansados e perfeitamente preparados para o exercício, somos levados a tamanha fadiga que mal conseguimos andar. Assim, direcionamos todas as nossas forças para o ato de respirar, de modo a garantir que o cérebro receba oxigênio suficiente. O mesmo ocorre em outros ambientes potencialmente ameaçadores. Sentimos fraqueza em climas quentes não porque nossos músculos estejam exauridos, mas porque o governador central limita a nossa atividade física para evitar um superaquecimento. Quando adoecemos, sinais emitidos pelo sistema imunológico induzem nosso corpo à fadiga para que descansemos e poupemos as energias com o objetivo de lutar contra a infecção.

Quando Noakes divulgou sua teoria do governador central, há aproximadamente uma década, a ideia de que o cérebro — não o coração, os pulmões ou os músculos — pudesse dar a palavra final sobre os limites do desempenho físico foi ridicularizada. Hoje ainda existe controvérsia em torno de suas teorias. Martin, o pesquisador do Everest, comenta que, embora Noakes "possa muito bem ter razão" ao afirmar que é o governador central, e não a falta de oxigênio, o responsável por nos cansar tão depressa em altitudes elevadas, essa hipótese "não é confirmada por qualquer evidência".[15]

No entanto, embora os fisiólogos do exercício tendam a ser cautelosos, cada vez mais psicólogos estão convencidos de que o cérebro desempenha um importante papel na fadiga. Por exemplo: muitas substâncias que aprimoram o desempenho físico, como as anfetaminas, o modafinil e a cafeína, influenciam o sistema nervoso central, e não os músculos em si.[16] Cientistas também estimularam o cérebro diretamente com o uso de uma corrente elétrica para amplificar o desempenho máximo de energia de um grupo de ciclistas e fazer com que eles se sentissem menos cansados.[17] Noakes diz esperar que, já nos próximos anos, estudos com varredura cerebral ajudem a comprovar a existência do próprio governador central.

O que mais me intriga na ideia de que a fadiga é controlada pelo cérebro é a possibilidade de que talvez exista algum papel a ser desempenhado pela mente consciente. Será que desse modo poderíamos controlar o governador central? Há cada vez mais evidências de que em alguns casos nós podemos, sim.

Diversos estudos vêm mostrando que fatores psicológicos podem reverter a nossa percepção de fadiga, reajustando o ponto no qual sentiremos cansaço. O desempenho atlético pode ser influenciado, por exemplo, pela nossa motivação (desde a compensação monetária ou a presença de outros competidores até o som de disparos de armas), se estamos vencendo ou perdendo e quão longe achamos que teremos de correr.

Enquanto isso, o psicólogo Chris Beedie, da Universidade de Aberystwyth, no País de Gales, descobriu que, quando ciclistas de elite recebem um comprimido ou uma bebida que acreditam se tratar de um potencializador de desempenho, eles conseguem pedalar uma média de 2 a 3% mais rápido.[18] Em muitos eventos, isso pode fazer a diferença entre conseguir a medalha de ouro e ficar de fora do pódio. Segundo Beedie, isso se deve ao fato de o placebo aumentar o otimismo e a autoestima, convencendo o governador central a liberar mais recursos. "A mente pode realizar feitos notáveis, mas também limitar o organismo", diz ele.[19] Ingerir um placebo enfraquece essas restrições autoimpostas. O especialista em placebos Fabrizio Benedetti é também um fã das ideias de Noakes, e concluiu, em um artigo sobre a fadiga, que "um placebo pode atuar como estimulante, sinalizando para o governador central que ele deveria inibir seus freios".[20]

Assim, além das variáveis físicas como temperatura, disponibilidade de oxigênio, níveis de condicionamento físico e esforço, o cérebro integra variáveis psicológicas como a confiança que sentimos, ou quão urgente é determinada tarefa. Em seguida, ele usa a sensação de fadiga para estipular o nosso limite de ritmo. Se estamos ansiosos em relação ao nosso condicionamento físico ou inseguros sobre quão longe teremos de ir, correremos mais devagar. Mas, se temos certeza da tarefa à nossa frente, ou se estivermos enfrentando uma situação de vida ou morte, o governador leva tudo isso em consideração e relaxa as rédeas.

É por isso que somos dotados de maiores força física e resistência em casos de emergência, quando normalmente acharíamos tudo aquilo impossível. E, quando a situação se modifica, nosso nível de fadiga se modifica também. Em uma corrida, experimentamos um súbito ganho de energia ao avistarmos a linha de chegada. Se estamos sob alguma ameaça, nos sentimos exaustos assim que o perigo passa.

Enquanto Farah se preparava para os cinco mil metros, sua motivação, autoconfiança e o apoio da torcida provavelmente trabalharam em conjunto, persuadindo seu governador central a permitir um desempenho excepcional e a lhe dar vantagem sobre os demais competidores. Ao mesmo tempo, a absoluta determinação de Messner e Habeler em escalar o Everest os impulsionou perigosamente para bem perto dos limites físicos de seus organismos: uma altitude recorde que quase os matou.

A existência do governador central pode explicar por que o treino intervalado — breves períodos de exercício de alta intensidade intercalados por períodos de repouso — funciona tão bem. De acordo com Noakes, corridas curtas regulares, que nos forçam a chegar ao nosso limite de desempenho, não apenas promovem uma boa forma física, mas também treinam o cérebro de uma nova maneira. Elas ensinam ao governador central que não houve nenhum problema em se esforçar tanto, de modo que da próxima vez será seguro fazer um esforço um pouquinho maior.

Mas talvez seja um alívio o fato de simplesmente saber como nosso cérebro pode ser superprotetor. "Você não precisa acreditar no que está sentindo nem no que seu cérebro está lhe dizendo", diz Noakes. "Não importa quão mal pareça estar, você sempre pode insistir e se sair ainda melhor."

* * *

"Era como estar enterrada viva." Samantha Miller me conta isso como se não fosse nada de mais, me encarando com seus olhos azuis enquanto mastiga um falafel. "Eu estava exausta, com dores terríveis nas articulações. Sentia como se estivesse gripada o tempo todo, sem nenhuma perspectiva de melhorar. Não podia fazer nada. Estava presa àquilo."

Hoje, Samantha parece radiante, e mais jovem do que aparentam os seus 46 anos. Usa um impecável vestido rosa com estampa floral, inspirado nos anos 1950, uma boina felpuda e um batom vibrante; seus cabelos loiros estão trançados de um jeito lindo, presos por um cravo branco. Nos encontramos para um almoço em um restaurante turco da elegante Upper Street, em Londres, e quando conversamos ela transborda vida, bom humor e muito sarcasmo. Mal consigo acreditar que ela tenha passado vários anos lutando para sair de um verdadeiro inferno na terra.

No final dos anos 1990, Samantha ainda vivia em Hampstead, Londres, e ensinava artes em uma escola de ensino médio, "com poucos funcionários e bem poucos investimentos". Descobriu que achava cansativo lidar com crianças. Elas ainda vivem a "invencibilidade da juventude", segundo diz. "Nada ainda aconteceu com elas." Samantha era também atleta de *mountain bike* e natação e tinha uma vida social agitada. Se algo precisava ser feito, ela aparecia para ajudar. Estava sempre buscando a perfeição.

Até que Samantha adoeceu. "Era alguma coisa glandular ou viral", explica ela. Nem passou por sua cabeça tirar folga do trabalho. "Eu estava com uma febre absurda. Foi nessa hora que tudo mudou." Embora tenha se recuperado da virose, passou a se sentir sonolenta com bastante frequência. Alguns anos mais tarde, foi submetida a uma cirurgia nas costas e no próprio hospital contraiu gastroenterite. "Foi horrível", conta ela. "Meu corpo estava sendo atacado de todos os lados."

Ela se recuperou da operação e da gastroenterite, mas ao final de tudo se viu incapaz de sequer sair da cama. Sentia-se exausta e não conseguia dormir, com dores constantes e uma sensibilidade extrema à luz e ao som. Como não conseguia descer as escadas, seu companheiro lhe deixava frutas perto da cama ao sair para o trabalho. A sensação era de impotência e vulnerabilidade. Samantha não podia ficar sentada, ouvir o rádio ou responder à campainha (e se lembra de ter pensado que, se tivesse perdido o uso das pernas e estivesse em uma cadeira de rodas, ao menos teria forças para chegar até a porta).

Sempre que se esforçava para fazer alguma coisa, seus sintomas pioravam ainda mais. Samantha ficou deitada ali durante meses, memorizando cada rachadura existente naquele quarto e observando a grande pintura que havia na parede — uma paisagem de Oxfordshire que ela mesma havia pintado. "Eu não acreditava que tinha realmente criado aquilo. Como eu criaria qualquer outra coisa novamente?"

Embora contasse com a compreensão do companheiro, ela sentia que os amigos e familiares não conseguiam entender sua condição. Diziam-lhe coisas como "Também estou cansado o tempo todo", e então ela percebia que, para eles, ela estava escolhendo permanecer doente. Um momento particularmente doloroso foi quando seu pai lhe disse: "Já está ficando chato, acho que você devia sair daí logo." Praticamente sem nenhuma vida e nenhuma perspectiva de se recuperar, ela ligou para seu companheiro e para sua irmã gêmea pedindo-lhes que a ajudassem a se suicidar.

* * *

A síndrome da fadiga crônica (SFC) é uma das maiores controvérsias dentro da medicina. Pesquisadores, médicos e pacientes mal chegam a um consenso em relação ao seu nome, à sua definição ou mesmo à sua existência. Mas o prognóstico é bem ruim. Em 2005, uma análise de ensaios que acompanharam pacientes durante cinco anos concluiu que a taxa de recuperação é de apenas 5%.[21]

A condição chegou ao conhecimento dos médicos no século XX, após uma série de intrigantes epidemias nas quais um grande número de pessoas era acometido por fraqueza e fadiga inexplicáveis. Dois surtos particularmente impressionantes ocorreram no Royal Free Hospital de Londres nos anos 1950 e em Lake Tahoe, Nevada, nos anos 1980. Nesses casos, a enfermidade recebeu o apelido de "síndrome de Raggedy Ann". A partir de então, os médicos começaram a registrar cada vez mais casos também em populações mais amplas.

A síndrome da fadiga crônica também é conhecida como encefalopatia miálgica (EM), embora não haja consenso quanto a se tratar da mesma condição. Não há causa comprovada nem unanimidade sobre os critérios diagnósticos,²² mas a condição é definida por uma fadiga persistente de seis meses ou mais, que prejudica a qualidade de vida e não passa após o repouso. É acompanhada de outros sintomas, incluindo perda de memória ou de concentração, dores de garganta, sensibilidade dos gânglios linfáticos, dores de cabeça e dor nas articulações e nos músculos. Em casos severos, como o de Samantha, os pacientes ficam confinados à cama por longos intervalos de tempo.

Os sintomas são muito semelhantes aos da gripe, e em muitos casos a SFC parece advir de infecções virais como a febre glandular (mas não da própria gripe). O organismo aparentemente se livra da infecção viral, porém a fadiga permanece. Entre os adultos que contraem a febre glandular, cerca de 12% desenvolvem a SFC seis meses mais tarde.²³

Como inexiste um mecanismo biológico claro, costuma-se afirmar que a causa da SFC é psicológica: nos anos 1970, psiquiatras a atribuíram à "histeria coletiva"; nos anos 1980, a imprensa cruelmente a apelidou de "gripe yuppie", sugerindo que suas vítimas eram jovens mimados e preguiçosos demais para trabalhar. A comunidade médica atualmente acredita se tratar de um problema de saúde genuíno e singular, embora ainda não exista um consenso sobre suas causas. Além disso, muitos dos pacientes com a síndrome relatam que são tratados como hipocondríacos descontrolados.

Noakes se interessou pela SFC após visitar alguns atletas afetados pela doença e perceber que esse estereótipo não era compatível com a realidade. "Vi muitos atletas profissionais que desejavam correr de novo, que estavam perdendo tudo e ainda assim não conseguiam correr", conta ele. "A última coisa que queriam era continuar daquele jeito."

Ele acredita que a resposta para essa síndrome esteja no cérebro. "O governador central recebeu as instruções erradas. Está superestimando quão fatigado o sujeito está." Grande parte da pesquisa em torno da ideia de um governador central envolve mudanças abruptas diante de um limite de desempenho, sobretudo em atletas de elite. Mas o que acontece quando o sistema inteiro entra em colapso? A fadiga que costuma nos proteger de excessos pode se tornar uma prisão.

Seja qual for o desencadeador — vírus, excesso de trabalho, predisposição genética ou, o mais provável, uma combinação de vários fatores —,

Noakes argumenta que na SFC os limites da atividade física se restringem demais, a tal ponto de os pacientes ficarem praticamente imobilizados. Se estiver certo, isso significa que pessoas como Samantha não poderiam "decidir" ser mais ativas, assim como Messner não poderia ter dançado a jiga no topo do Everest, nem Farah poderia ter cortado vinte segundos do seu tempo na vitória em Londres.

Entretanto, isso realmente indica que talvez a doença seja influenciada por fatores psicológicos. De fato, uma das mais robustas descobertas científicas que envolvem a SFC afirma que, quando convencidos de que o problema é biológico e intratável e de que qualquer esforço físico lhes causará dor, os pacientes passam a ter muito menos chances de se recuperar. "Se eles acreditam que é incurável, então ele passa a ser incurável", explica Noakes. Ainda que os sinais emitidos pelo corpo inteiro sejam sem dúvida cruciais para determinar o nosso nível de cansaço, no fim das contas é o cérebro que dá a palavra final.

Isso também nos traz um questionamento sobre a possibilidade de usar terapias cognitivo-comportamentais para ir empurrando as barreiras draconianas da mente de volta à sua posição regular. Se treinos intervalados funcionam quando os atletas dizem ao governador central que é seguro arriscar níveis cada vez mais altos de esforço, será que isso também não poderia dar certo para os demais pacientes com SFC?

* * *

Samantha fez um acordo com seu companheiro e sua irmã. Ela foi encaminhada para um especialista chamado Peter White, do Hospital St. Bartholomew, em Londres. "Por favor, dê a ele uns seis meses", pediram os dois. "Se depois disso você não estiver se sentindo melhor, nós ajudamos você a se suicidar."

Sem qualquer conhecimento sobre o trabalho de Noakes, White vinha desenvolvendo ideias semelhantes sobre a SFC. Ele não usa a expressão "governador central", mas também acredita que uma combinação de desencadeadores — genéticos, ambientais, psicológicos — sobrecarregam o organismo e desestabilizam o sistema nervoso, fazendo o cérebro baixar drasticamente o que ele considera um nível seguro de esforço. Numa tentativa de reverter esse quadro, White e seus colegas desenvolveram uma abordagem chamada terapia de exercício gradual (TEG), que funciona como uma versão muito mais suave do treino intervalado.

A ideia é definir uma linha básica de atividades que o paciente consiga executar com segurança e então ir gradualmente elevando essa margem. Cada avanço deve ser pequeno, para não arriscar uma recaída. Após passarem pela mesma bateria de exercícios, pacientes com SFC relatam uma fadiga muito maior do que a de pessoas saudáveis. No entanto, White demonstrou que, no decorrer de uma bateria de sessões de TEG, eles se sentem menos cansados após a mesma quantidade de exercícios, ainda que seu condicionamento físico permaneça inalterado. Tal como ocorre com os atletas quando fazem repetições de *sprint*, o programa de exercícios vai aos poucos ensinando ao cérebro dos pacientes que cada novo nível de atividade é perfeitamente seguro.

White recorre também à terapia cognitivo-comportamental (TCC), no intuito de mudar ideias e crenças negativas que os pacientes possam ter em relação à sua síndrome. Ele se fundamenta na descoberta de que, enquanto os pacientes temerem que qualquer esforço vá lhes causar um colapso, a fadiga continuará atuando com o mesmo vigor. A TEG os encoraja a se abrirem a novas ideias e formas de se superar, e ainda a descobrir se conseguem realizar pelo menos alguns movimentos. A esperança é que isso venha a reduzir seus temores, ajudando-os a perceber que talvez seja seguro fazer um pouco de exercício e que a possibilidade de recuperação é real.

White sugeriu que Samantha tentasse uma combinação de TEG e de TCC. "Vou melhorar com isso?", ela perguntou ao terapeuta. "Claro que vai", foi a resposta, e pela primeira vez Samantha acreditou que isso pudesse ser verdade.

Sua primeira meta de esforço físico era simplesmente se virar na cama de hora em hora. Conforme os dias passavam, ela foi aumentando pouco a pouco o grau de dificuldade, até conseguir ficar sentada na cama por cinco minutos. Algum tempo depois, quando já estava fora da cama, ela tentava preparar uma refeição, subdividindo essa operação em várias partes. Descer as escadas. Picar as cebolas. Voltar para o andar de cima e se deitar. Como ela era uma pessoa criativa, a total falta de espontaneidade daquela rotina foi difícil de aceitar. Porém o mesmo perfeccionismo que ela acreditava ter contribuído para sua doença agora a estava motivando.

Samantha persistia com determinada atividade dia após dia e, conforme os meses foram se passando, ela conseguiu avançar. "Andar pelo quarteirão por dois minutos", relembra. "Depois, andar por três minutos. Mas cinco minutos poderiam me deixar de cama por três semanas." Era preciso seguir à risca o programa e não fazer nem mais nem menos do que o nível de atividade prescrito, mesmo que ela se sentisse muito bem naquele momento.

Caso se esforçasse demais, acabaria fracassando. "Exige muita disciplina mesmo", afirma ela. "Um passo em falso e você volta à estaca zero." Quando quebrava as regras e se esforçava além da conta, sentia como se seu corpo parasse de responder. "Era um calor que me subia dos pés à cabeça, quase como se tivessem me envenenado. E então passava semanas sem força para nada."

Foram necessários cinco anos de pura determinação, mas por fim ela conseguiu se livrar da fadiga e voltar à sua vida normal.

*   *   *

Outros testes clínicos em menor escala sugeriam que Samantha não estava sozinha.[24] Os resultados atestavam a utilidade tanto da TCC quanto da TEG para o tratamento da síndrome. No entanto, em vez de receberem essa descoberta de braços abertos, os grupos de pacientes as odiaram. "Foi recebida como um fiasco por quase todas as instituições de apoio aos pacientes do Reino Unido e ao redor do mundo", conta White.[25] Os grupos eram céticos quanto à possibilidade de um tratamento "psicológico" como a TCC ajudar pacientes com SFC e acreditavam que as metas de atividade da TEG eram muito perigosas. Argumentavam que a SFC é uma condição puramente física sem cura conhecida e, portanto, qualquer um que tenha sido ajudado por alguma das terapias de White com certeza não sofria da síndrome.

Como alternativa, esses grupos de pacientes defendiam uma abordagem chamada regulagem (também conhecida como *pacing*). Ela permite que os pacientes adaptem suas vidas dentro dos limites físicos definidos pela doença e que não façam nada que os deixe próximos demais da exaustão. É algo que faria todo o sentido se a SFC fosse de fato incurável. Mas, de acordo com White, a abordagem pode se mostrar contraproducente, reforçando crenças negativas e preservando a doença em vez de permitir que os pacientes se recuperem.

Quem tinha razão? White e seus colegas decidiram realizar um experimento definitivo. Eles procuraram a maior instituição de apoio aos pacientes do Reino Unido, a Action for ME, para desenvolver e dirigir um estudo de cinco anos de duração. Foram escolhidos 641 pacientes, divididos em quatro grupos. Um grupo de controle recebeu apenas o atendimento médico padrão — conselhos para evitar esforços demasiados, além de remédios para sintomas como depressão, insônia e dores, de acordo com a necessidade. Os demais grupos passaram pelo mesmo atendimento, e também por uma das seguintes alternativas: TCC, TEG ou regulagem, adaptada sob a forma de uma terapia (a terapia de regulagem adaptável, ou TRA).

Os resultados foram publicados em 2011 na revista médica *The Lancet*.

Revelou-se que a TRA era completamente ineficaz; os pacientes desse grupo não progrediram mais do que os do grupo de controle.[26] Contudo tanto a TEG quanto a TCC se mostraram moderadamente úteis, pois reduziram a fadiga e o grau de deficiência de forma mais expressiva do que nos outros dois grupos. Além disso, 22% dos pacientes se recuperaram depois de passarem um ano nos grupos da TCC e da TEG, comparados aos meros 7-8% dos outros dois grupos. Não era ainda uma margem de grande êxito, mas ao menos foi possível evidenciar que a abordagem de White constituía o melhor tratamento disponível e demonstrou que é possível se recuperar dessa condição.

Se os ensaios anteriores não tiveram uma acolhida favorável, este último foi recebido com absoluta indignação. *The Lancet* foi inundado de mensagens com críticas aos métodos de White. A Action for ME rejeitou as descobertas. Um professor considerou o ensaio "antiético e pouco científico" em uma reclamação de 43 páginas enviada à revista, enquanto os pacientes correram para o Facebook para perguntar: "Quando é que o *Lancet* vai se retratar por essa fraude de estudo?".

Em vez disso, a revista publicou um editorial de apoio a White e a seus colegas afirmando que eles "deviam ser aplaudidos por sua disposição em testar ideias e intervenções antagônicas em um ensaio randomizado".[27] Porém isso não mudou a atitude dos grupos de pacientes. Após anos trabalhando para viabilizar, organizar e coordenar um ensaio definitivo sobre o assunto, White finalmente possuía as informações que ele acreditava serem possíveis de ajudar outros pacientes que sofriam de SFC como Samantha. Os pacientes de suas clínicas acolheram bem essas descobertas, mas ele não conseguiu ser ouvido pelas instituições de apoio aos pacientes com EM.

* * *

O debate acerca da natureza biológica ou psicológica da SFC continua acirrado. Em junho de 2014, dois acadêmicos do Serviço de Apoio à SFC/EM de Essex, no Hospital Universitário de Southend, no Reino Unido, publicaram um artigo no portal do *British Medical Journal* especulando que a SFC poderia ser um "meme".[28] O termo foi cunhado pelo geneticista Richard Dawkins em seu livro de 1976, *O gene egoísta*, para descrever uma ideia ou um comportamento psicológico transmitido de uma pessoa para outra.

Os autores do artigo argumentaram que uma série de doenças documentadas no decorrer da história pode ter sido causada por memes. Um exemplo é a do "cérebro ferroviário" (tradução livre para *railwaybrain*, como é comumente conhecida), uma combinação de fadiga e sintomas psiquiátricos que afetava viajantes de trem na segunda metade do século XIX — o transporte era uma inovação para a época. Essa enfermidade era vista como efeito de uma lesão cerebral invisível causada pelos solavancos da viagem. Segundo eles, é possível que alguns dos aspectos da SFC também sejam disseminados de modo semelhante ao do meme.

Imediatamente se iniciou uma campanha para que os autores do artigo se retratassem. A ME Association escreveu sobre o choque, a raiva e apreensão de seus membros diante das sugestões apresentadas. Na seção de comentários abaixo do artigo, pacientes com SFC acusaram os autores de "ignorância, intolerância e, sinceramente, uma crueldade", e suas ideias estavam sendo taxadas de "pavorosas", "doentias e deturpadas" e "completamente insanas".[29] Poucos dias depois, o Serviço de Apoio à SFC/EM escreveu para a ME Association distanciando-se do artigo e dizendo que seus autores sentiam "muito por qualquer transtorno que pudessem ter causado".

De acordo com White, o problema advém, como sempre, de uma mentalidade muito comum na medicina: acredita-se que as enfermidades são ou biológicas ou psicológicas. "A grande maioria dos médicos adota essa perspectiva dualista entre a mente e o corpo", conta ele. "Consulte um psiquiatra para tratar a mente, e um médico para tratar o corpo." A distinção deixa os pacientes que sofrem de SFC com apenas duas opções: ou sua condição é biológica, incurável até os dias atuais e completamente impermeável a fatores psicológicos; ou eles são hipocondríacos e inventaram aquilo tudo. Não é de admirar que estejam na defensiva.

De fato, argumenta White, trata-se de uma falsa divisão. A mente e o corpo inevitavelmente interagem entre si e refletem um ao outro. "O que é psicológico é também físico, e o que é físico possui uma percepção psicológica correspondente." Cada vez mais cientistas estão descobrindo que distúrbios psiquiátricos como a esquizofrenia ou a depressão refletem anormalidades estruturais no cérebro, enquanto problemas neurológicos como o mal de Parkinson provocam sintomas tanto psicológicos quanto físicos.

White ressalta ainda que, embora a TCC seja vista com frequência como uma psicoterapia, ela na verdade gera efeitos físicos no corpo dos pacientes. Vários estudos têm demonstrado que uma bateria de sessões de TCC estimula, por exemplo, um crescimento mensurável de massa cerebral. Verificou-se também que essa terapia pode influenciar as taxas de hormônios do estresse como o cortisol.

Uma mudança mais ampla nas atitudes dos pacientes com SFC poderia ajudá-los a aceitar que fatores físicos e psicológicos estão interligados em sua doença, argumenta White, sem precisarem temer os estigmas a ela associados. A SFC não é biológica ou psicológica; ela é as duas coisas.

* * *

Desde que Samantha se recuperou da SFC já se passaram dois anos. "Sou mais ativa do que muitas mulheres da minha idade", comenta ela, mergulhando uma fatia de pão pita no seu homus. "Eu cumpri um ciclo aqui. Hoje consigo até andar na moda!" Mas ela ainda precisa se cuidar, pois uma volta de bicicleta mais desafiadora ou um estresse no trabalho podem trazer seus antigos sintomas de volta. "É preciso se preservar, mental e fisicamente."

Então agora ela se ausenta de sua função quando não se sente bem, tendo aprendido a dizer "não". Trabalha meio expediente com arteterapia, fazendo cerâmica com presidiários e pacientes psiquiátricos que sofrem de doenças como o transtorno bipolar e a esquizofrenia. O trabalho com a argila oferece um espaço seguro para a troca de ideias, afirma ela. "Quando a conversa se torna difícil, podemos voltar para a argila sem qualquer empecilho."

Ela também é artista.[30] Em um conjunto de *assemblages* — uma composição artística realizada com retalhos de tecido, objetos descartados, pedaços de madeira etc. —, antigas recordações, como bonecas, pinhas, crânios de animais, são habilidosamente distribuídas entre os limites de belas molduras. Ela diz que adora a ideia de resgatar tesouros pessoais de outras épocas e que hoje se tornaram inúteis, conferindo-lhes uma nova vida e um novo significado. E também pinta. Entre suas criações há representações fantasmagóricas de imagens inventadas, incluindo um labirinto de camas de hospital e janelas em arco pintadas em preto metálico e vermelho-sangue, cingido pelos versos iniciais do poema "O tordo do crepúsculo", de Thomas Hardy: "Encostei-me na entrada de um bosque/ Quando a geada era cinza-espectro/ E fiapos do inverno tornavam desolado/ O definhante olho do dia."

O poema se encerra, é claro, com a alegre cantoria de um frágil tordo; do ocaso lutuoso do inverno, surgia um símbolo de "bendita esperança".

5

EM TRANSE

Pense no seu intestino como se ele fosse um rio

Estou parada de pé em um pequeno quarto de hospital, no norte da Inglaterra. Deitada sobre a cama encontra-se uma jovem mãe, abraçando o próprio abdômen. Está ofegante e gemendo de dor, visivelmente assustada.

Emma tem 21 anos e um filho pequeno em casa. Seus cabelos são loiros e uma joia de prata pende de seu pescoço. A mãe dela está sentada em uma cadeira próxima à cama. Ao acariciar o braço da filha, ela encara o médico com seus olhos azuis grandes e desesperados. Sua aparência é a de quem está sem dormir há semanas.

Emma segura uma bolsa lilás de água quente contra a lateral do corpo; a pele do braço já apresenta uma queimadura leve por conta da temperatura da água, mas ela insiste em continuar com a compressa. Gemendo, ela muda de posição o tempo todo, no intuito de amenizar sua dor. Tenta ficar na ponta da cama, então se dobra para a frente, respirando com dificuldade e com uma das mãos cobrindo-lhe o rosto.

"Hummmmm", ela grunhe e me olha com um ar desconcertado. "Nossa, desculpe, é que agora ficou realmente inacreditável. Ela vai crescendo." Com essa mistura de dores, contrações e ansiedade, Emma parece até uma mulher em trabalho de parto. Só que não existe bebê algum. E ela se sente assim diariamente.

* * *

Estamos no Hospital Wythenshawe em Manchester, no Reino Unido, e essa é apenas mais uma manhã comum no consultório de Peter Whorwell. Depois de Emma, ele recebe Fraser, um homem de quase cinquenta anos que foi diagnosticado com cardiomiopatia congestiva, uma doença cardíaca que matou seu pai na casa dos quarenta e que agora pode também fazer com que seu coração pare subitamente.

Mas não é por isso que ele está aqui. Fraser afirma que consegue lidar com a insuficiência cardíaca, pois, se o pior acontecer, um desfibrilador já implantado pode revivê-lo. O que o deixa deprimido e desesperado atualmente é uma diarreia permanente e incontrolável. Fraser mostra a Whorwell a foto de uma calça jeans suja. Ele a usou em uma festa, e precisou ficar com as costas coladas à parede até que todos tivessem ido embora.

Em seguida chega Gina, de 38 anos, em sua primeira consulta na clínica. "Me conte o que houve", pede Whorwell, e Gina fala por mais ou menos meia hora. Ela começou a sofrer de dores abdominais aos 18, depois de dar à luz sua filha. No começo, não estava claro se o problema era gastrointestinal ou ginecológico. Ela passou por uma histerectomia aos 27 e desde então por uma série de cirurgias no intestino, porém a cada uma delas seus sintomas só pioraram. Agora Gina está com uma constipação severa. Toma dez remédios diferentes, incluindo laxantes e analgésicos poderosos, mas nada resolve o problema. Quando não recorre a um gel com lidocaína e ao método de irrigação anal, passa semanas sem evacuar.

Gina sofre também de ardência nas costas e dores nos ombros, enxaquecas e dores de estômago. Não consegue dormir por causa de todo esse desconforto e sente-se exausta. Ela trabalha em tempo integral, o que a deixa sem energia para mais nada, contudo prefere sustentar a si mesma em vez de depender de algum auxílio. "Quero poder mostrar à minha filha que é preciso trabalhar." Então pede calmamente a Whorwell que abra seu cólon. "Se uma colostomia vai resolver tudo, pode fazer", diz ela.

Emma, Fraser e Gina sofrem da síndrome do cólon irritável (SCI), assim como Linda Buonanno, cuja história conhecemos no Capítulo 2. A SCI costuma ser vista como psicológica, e mais como um incômodo do que uma ameaça fatal. No entanto, uma única manhã no consultório de Whorwell é suficiente para mostrar que essa doença pode devastar a vida de muitas pessoas.

Cerca de 10-15% da população mundial sofre das dores, do inchaço, da diarreia e da constipação decorrentes da SCI. Os tratamentos convencionais não são muito eficazes. Os médicos recomendam mudanças no estilo de vida (dieta ou exercícios físicos, por exemplo) ou receitam remédios como laxantes, relaxantes musculares e antidepressivos, mas poucos pacientes respondem a esse tipo de tratamento.

Tal como a síndrome da fadiga crônica, a SCI é um distúrbio "funcional", o que significa que a diagnose médica não consegue identificar nada de errado no intestino do ponto de vista físico. E, tal como ocorre com aqueles que sofrem da SFC, os pacientes com SCI costumam sentir que não são levados muito a sério. "Eu preferia estar com a perna quebrada, pois ela se curaria em seis semanas e eu poderia seguir em frente", confessa Gina. "Então todo mundo ia ver, estou com a perna toda enfaixada, é isso o que há de errado comigo. No caso da SCI, ninguém entende."

Whorwell, um especialista mundial em SCI, crê que a natureza ainda inexplicada dessas doenças provavelmente reflete a ineficácia dos exames médicos e que mais cedo ou mais tarde a base biológica delas será reconhecida. Mas, nesse meio-tempo, segundo relata, os pacientes têm se deparado com médicos que utilizam o termo "funcional" como uma espécie de eufemismo, subentendendo que ajudaria se eles ao menos fizessem o esforço de organizar suas ideias: "Seus médicos costumam lhes dizer que está tudo em suas mentes."[1]

Ele é magro e bem-vestido, usa calças e camisa, e os cabelos castanho-escuros então começando a ficar grisalhos. Sua pronúncia é elegante, porém suas frases são salpicadas de leves palavrões, como "maldito" e "cacete" — e "merda", o que lhe rendeu uma advertência quando um paciente prestou queixa. Mas o mais importante é que os pacientes parecem apreciar seu jeito direto e seu senso de humor.

Na época em que Whorwell se formou em gastroenterologia, nos anos 1980, a situação dos pacientes com SCI já o preocupava, e ele sentia que a prática médica os negligenciava. Muitos consultórios se limitavam a diagnosticá-los e em seguida os dispensavam. Em vez disso, Whorwell decidiu procurar uma maneira de ajudar. Havia lido que a hipnose era uma boa forma de relaxar os músculos e imaginou que talvez pudesse ajudar a relaxar o intestino também. Então, ele se matriculou em um curso de formação. Quando saiu, hipnotizou sua secretária. "Ela quase caiu da cadeira", conta ele. "Então pensei, caramba, esse aqui é um fenômeno poderoso."

* * *

Estados de transe semelhantes à hipnose são uma prática tão antiga quanto a própria existência humana e ainda podem ser encontrados em algumas tradições ao redor do mundo. O povo do Kalahari possui danças que são praticadas como rituais de cura, durante as quais uma "energia efervescente" vai subindo a partir do ventre. Aldeões em Bali mudam de casta por meio de uma dança de transe, utilizando lâminas e carvão em brasa. Jovens tibetanos acompanham o ritmo de uma batida enquanto agulhas e pregos são perfurados em suas bochechas, língua e costas — aparentemente sem sentir nenhuma dor nem sangrar com os ferimentos. Costuma-se dizer, porém, que a história moderna da hipnose se inicia no século XVIII, com um médico austríaco chamado Franz Mesmer; essa origem infame estigmatizou a hipnose para sempre como antagonista do racionalismo e da ciência.

Mesmer inventou que um misterioso fluido chamado "magnetismo animal" conectava todos os seres vivos e circulava entre eles. Afirmou que as pessoas adoecem quando algo bloqueia a passagem desse fluido e que, por ser capaz de restabelecer o seu fluxo adequado, ele poderia curar qualquer doença. No começo, fez uso de ímãs para manipular o fluido e, mais tarde, ele simplesmente passou a gesticular para direcioná-lo até o corpo de seus pacientes — eis a origem daqueles movimentos dramáticos usados nos truques de hipnotismo. Esses pacientes, afligidos por males que iam da paralisia à cegueira, em geral ficavam cada vez mais agitados, até que se viam dominados por convulsões ou desmaiavam. Quando recobravam os sentidos, diziam-se curados.

Trabalhando em Paris, Mesmer atraiu uma enorme e devota clientela, e o mesmerismo (que originou o verbo "mesmerizar") se tornou a última moda. Grupos de pacientes, em sua maioria mulheres, sentavam-se em grandes tinas de madeira cheias de água e de limalhas de ferro enquanto Mesmer andava à sua volta, balançando as mãos acima de seus corpos e provocando ataques de histeria.

Os médicos convencionais de Paris desprezavam Mesmer por seus métodos moralmente duvidosos. Além disso, ele estava lhes tirando o sustento, e era necessário desmascará-lo o quanto antes. Em 1784, o rei Luís XVI convocou uma comissão com os mais renomados cientistas da época para colocar à prova a técnica de Mesmer.[2] Entre seus membros encontravam-se Benjamin Franklin, um especialista na recém-descoberta força da eletricidade e embaixador norte-americano na corte francesa; e Antoine Lavoisier, que descobriu o oxigênio e hoje é com frequência apresentado como o "pai da química moderna".

A respeitável comissão do rei não conseguiu identificar um único rastro dos campos magnéticos de Mesmer, mesmo utilizando um eletrômetro e uma bússola. Tampouco foram capazes de magnetizar a si mesmos ou a seus espectadores. Lavoisier, então, propôs uma série de experimentos engenhosos para provar que os efeitos obtidos por Mesmer eram falsos. Em um dos testes, um colega de Mesmer magnetizou um único pé de damasco em um pomar. Em seguida, um jovem voluntário foi vendado, e pediram que ele abraçasse algumas árvores em sequência, sem lhe dizer qual delas estava magnetizada. A cada árvore o jovem ia ficando mais e mais alterado, até que no quarto abraço ele caiu inconsciente. No entanto, o mesmerizador havia magnetizado apenas a quinta árvore.

"Não há a menor evidência de qualquer tipo de fluido", escreveu Franklin em seu relatório sobre Mesmer. "A prática da magnetização é a arte de estimular progressivamente a imaginação."

A astuciosa investigação empreendida por essa equipe de especialistas serviu de molde para os ensaios clínicos que fundamentam a medicina atual. Conforme vimos no Capítulo 1, os cientistas verificam a eficácia de um novo tratamento ao compará-lo com uma terapia inerte, ou placebo, sem que as cobaias saibam a qual deles estão sendo submetidas, assim como aconteceu com o jovem voluntário no pomar de damasqueiros. O trabalho de Franklin e seus colegas é aplaudido e considerado um triunfo pioneiro para a medicina baseada em evidências.

Todavia, assim como os estudos controlados levam muitos médicos a fazerem vista grossa ao potencial do efeito placebo, talvez a comissão do rei tenha cometido um equívoco semelhante. Seus membros tinham razão em desabonar o fluido magnético de Mesmer. Mas, ao descartarem essa terapia por considerar a sugestão como única explicação, será que não deixaram de perceber que essa sugestão poderia de fato curar?

A CURA

* * *

Esvazie a sua mente e relaxe.

A primeira coisa que chama minha atenção são os cartões. Estão por toda parte; imagino, por alto, que haja cinquenta ou sessenta deles, com imagens de borboletas, flores, paisagens costeiras, cães usando chapéus. Eles cobrem a mesa, alinham-se acima das prateleiras de livros, pendem das paredes. Dentro deles, longas mensagens manuscritas: "Obrigado por tudo... Só queria que soubesse quanto sou grato... Fez toda a diferença em minha vida."

Deixe esses sentimentos relaxantes se espalharem pelo seu corpo.

Há também pôsteres nas paredes mostrando a estrutura do intestino e uma pesada porta pintada de verde-hospital com o aviso: "SILÊNCIO NESTE LOCAL. HIPNOTERAPIA EM ANDAMENTO." Não há ruído algum, exceto pelo tique-taque do relógio. O sol penetra por entre as venezianas com vista para o estacionamento.

Eles se espalham pelos pequenos músculos dos seus pés e tornozelos. Espalham-se até os seus joelhos, e até as suas coxas, e até a sua barriga.

O consultório consiste basicamente em duas poltronas de couro, posicionadas uma de frente para a outra. Sentada na menor delas está Pamela Cruickshanks, uma hipnoterapeuta que já trabalha com Whorwell no Hospital Wythenshawe há vinte anos.

Eles chegam aonde quer que seja bom que cheguem.

Cruickshanks se inclina para a frente, com os braços cruzados e um caderninho no colo. Seus olhos estão fechados. Com cabelos escuros e espessos, um colar de cubinhos verdes e óculos de meia armação, ela mais parece uma bibliotecária ou uma tia carinhosa. Sua voz é doce, com um sotaque relaxado do Norte me faz pensar em caramelos.

Imagine esse sentimento agradável se espalhando pelos seus ombros. Ele desce pelos braços até chegar às mãos e aos dedos. Passa pelo pescoço e pela cabeça e chega aos músculos do seu rosto.

A poucos passos de distância, com os pés elevados em uma enorme poltrona reclinável, encontra-se Nicole. Ela também está com os olhos fechados, e respira profunda e lentamente. Tem 48 anos e é magra, com cabelos castanhos, brincos de tachinha prateados e um vistoso brilho labial.

Tudo parece estar mais confortável e tranquilo. Procure desfrutar desse fluxo agradável.

Há 14 anos, Nicole estava curtindo seu emprego como comissária de bordo e sua primeira gravidez. Mas o bebê nasceu com uma inesperada fissura labiopalatal, e ainda com problemas na audição e na fala. Então o pai da criança os abandonou, levando consigo todo o dinheiro que possuíam. Sem ter como pagar o aluguel, Nicole tornou-se uma sem-teto.

Imagine-se bem relaxada na hora de se alimentar. Procure desfrutar da sua comida. Coma devagar, mastigando com calma, sentindo-se confortável com a comida enquanto ela desce até o seu estômago.

Em poucas semanas, Nicole havia se tornado subitamente uma mãe solteira, sem nenhum emprego, dinheiro, companheiro ou lar, e com uma criança que tinha necessidades especiais. Ela conseguiu entrar com o filho em uma moradia social e o submeteu a uma série de cirurgias enquanto estudava para se tornar uma enfermeira especializada em saúde bucal. Acordava às cinco da manhã para estudar enquanto ele ainda dormia, depois deixava-o na creche e saía para trabalhar.

Seu estômago está liberando pequenas ondas, como as ondas calmas de uma praia agradável. Imagine o seu intestino aprendendo a ser como as ondas do mar.

Mas o estresse venceu Nicole. Ela sentia-se mal e com dores constantes, como se navalhas penetrassem seu corpo. Ficou extremamente inchada. Antes esbelta, ela agora parecia novamente uma grávida de nove meses.

Imagine essas pequenas ondas no intestino delgado, conduzindo o alimento adiante. Absorvendo-o para todo o organismo.

Passaram-se 12 anos até que Nicole fosse finalmente diagnosticada com SCI. Seu médico prescrevia uma quantidade cada vez maior de remédios, até que em determinado momento ela não sabia mais para que cada um deles servia. E nada a ajudava a combater as dores, os vômitos e a constante diarreia. Um dos piores episódios foi quando ela ficou internada no hospital, respirando com extrema dificuldade, com a pressão tão alta que precisou ser encaminhada à emergência. Seu abdômen estava tão dilatado que a equipe médica se negava a acreditar que Nicole não estivesse grávida.

Tudo está tranquilo e confortável. Veja como a água brilha sob a luz do sol.

Nicole foi deixada aos cuidados de Peter Whorwell, e, quando ele sugeriu que a hipnoterapia poderia ajudar, ela recebeu a proposta com ceticismo, para dizer o mínimo. Mas estava tão desesperada que tentaria de tudo. Esta é a sua sexta sessão com Cruickshanks. As marcas de tensão sumiram de seu rosto. Ela parece estar em paz.

Não é o seu intestino que controla você, e sim o contrário. Peço à sua mente inconsciente que por favor nos ajude. Por favor, faça com que o intestino funcione da maneira correta.

Quando Cruickshanks termina, Nicole respira profundamente. Ela se coça, estica os braços acima da cabeça e abre os olhos.

* * *

O mesmerismo não desapareceu depois de ter sido desmoralizado pela comissão do rei francês. Em vez disso, ele foi reinventado — e recebeu um novo nome.

    Apesar do relatório mordaz de Benjamin Franklin, os mesmeristas continuaram exercendo sua prática ao longo de todo o século XIX, na Europa e nos Estados Unidos. Entretanto, em vez de experimentarem ataques histéricos, os pacientes tendiam a cair numa espécie de transe sonífero. Isso foi testemunhado nos palcos de apresentações, cada vez mais populares, durante as quais os praticantes costumavam declarar que o estado de transe permitia o uso de poderes paranormais como a telepatia e a clarividência.

Não surpreende que as instituições médicas continuassem acreditando que tudo aquilo era uma farsa.

Em 1841, um médico escocês chamado James Braid decidiu realizar uma dessas apresentações com a intenção de desmascará-la. Mas, ao examinar suas cobaias mesmerizadas, acabou convencido de que por trás de toda aquela encenação havia algo digno de estudo. Concluiu que não era necessário nenhum movimento de mãos; poderia induzir as pessoas ao transe simplesmente pedindo-lhes que se concentrassem em um objeto específico, como a tampinha de uma garrafa ou a chama de uma vela. Nada havia de paranormal ali, tratava-se tão somente de um fenômeno físico passível de análise científica. Ele o batizou de neuro-hipnose inspirando-se em Hipnos, deus grego do sono.

A hipnose seria então adotada por psicoterapeutas como Sigmund Freud, que a utilizou no começo de sua carreira com o objetivo de descobrir e solucionar problemas psiquiátricos, e Milton Erickson, que rompeu com a abordagem autoritária dos hipnotistas anteriores. Em vez disso, Erickson desenvolveu métodos indiretos de sugestão para vencer a resistência de alguns pacientes à hipnose. Para conquistar a confiança dos pacientes, ele repetia frases mais descritivas durante as induções, como "Você está sentado confortavelmente". Tanto Freud quanto Erickson acreditavam que a mente inconsciente desempenha um papel importante na saúde física.

Entretanto, a comunidade médica em sua maioria permanecia cética. Eram feitas comparações a práticas excêntricas como a da regressão a vidas passadas; citavam-se casos em que os terapeutas involuntariamente inseriram falsas lembranças de abuso; e a popularidade duradoura das apresentações de palco. Tudo isso contribuiu para a reputação infame e pouco científica da hipnose.

Outro problema é que os cientistas ainda não conseguem entender de que forma a hipnose age sobre o cérebro. Acontece que ser hipnotizado é algo bem simples de descrever, mas bem mais complicado de explicar. "É como entrar no mundo da imaginação", diz David Spiegel, psiquiatra da Universidade Stanford e um dos principais especialistas do mundo em hipnoterapia. "Há menos espaço para o discernimento, menos espaço para contrastes e comparações. Você simplesmente acompanha o fluxo da experiência. E o que você experimenta parece muito vívido e real. Não hesitamos em fazê-lo, não contamos os segundos. É um passeio na montanha-

-russa da mente, onde tudo o que podemos fazer é segurar firme e ver o que acontece."³

Psicólogos costumam dar uma definição mais amena, como "um estado de atenção altamente concentrada, combinado com a suspensão da consciência periférica". Sob o efeito da hipnose, parecemos mais sugestionáveis do que o normal e mais suscetíveis a distorções da realidade, como falsas lembranças, amnésia e alucinações. Podemos também sentir como se perdêssemos o controle de nossas ações. Por exemplo: se o hipnotista sugere que nosso braço vai se erguer, é como se ele se movesse por conta própria.⁴

Uma explicação recorrente para esses estranhos efeitos é a de que, durante a hipnose, diferentes partes da nossa consciência se separam umas das outras. Isso significa que nosso cérebro inconsciente pode aceitar sugestões sem o conhecimento do nosso autoconsciente. O hipnotista nos pede que ergamos o braço, e assim o fazemos, mas é como se outra pessoa o tivesse erguido para nós. Quando experimentamos a amnésia, a mente inconsciente registra os eventos ocorridos sem que essas sensações cheguem ao conhecimento do nosso consciente.

Nós provavelmente entramos e saímos de estados hipnóticos o tempo todo. Você já dirigiu de um lugar a outro e percebeu que, ao chegar ao seu destino, não conseguia lembrar nenhum detalhe do trajeto? Ou ficou tão imerso na história de um livro ou filme fascinante que até deixou de notar quando alguém falou com você?

Isso poderia significar que não há nada de mais acontecendo ali. De fato, alguns pesquisadores argumentam que a hipnose não existe de verdade e que as proezas que as pessoas realizam enquanto estão aparentemente hipnotizadas possuem outras explicações, variando de pressão social e atuação a uma vívida imaginação. Ou talvez seja apenas uma forma de aumentar as expectativas de que algo específico possa acontecer, como uma espécie de efeito placebo turbinado. Seria uma agradável explicação para as inúmeras formas que a hipnose é capaz de assumir, de ataques histéricos e estupores soníferos à energia efervescente do povo do Kalahari. A hipnose seria, então, apenas como uma profecia que se cumpre sozinha, onde tudo o que esperamos experimentar se realiza.

Estudos recentes que utilizaram varredura cerebral sugerem, no entanto, que algo significativo realmente acontece no cérebro quando somos hipnotizados. Um exemplo é o experimento que Spiegel chama de "acreditar é ver".⁵ Ele mostrou aos voluntários uma série de cartazes quadriculados — alguns coloridos, outros em tons de cinza — e nesse meio tempo fotografava seus cérebros. Em seguida, enquanto os voluntários ainda olhavam para os cartazes, ele lhes disse que o cartaz colorido era preto e branco, e que o cartaz em preto e branco era colorido.

Nas pessoas que foram hipnotizadas, a parte do cérebro que processa a visão colorida mudou diante das novas instruções de Spiegel. Ela se tornou menos ativa quando ele lhes disse que o cartaz colorido que estavam observando era preto e branco, e mais ativa quando ele disse que o cartaz em preto e branco era colorido. Aquele era um resultado crucial e demonstrava que seus voluntários não fingiram que o cartaz colorido havia se desbotado (ou vice-versa); eles realmente o viram dessa forma. Não foi algo que envolveu pessoas facilmente hipnotizáveis, ou voluntários instruídos a dissimular suas respostas.

Além disso, pessoas hipnotizadas se comportam de maneira diferente. Cobaias hipnotizadas com instruções para não verem uma cadeira que se encontra bem na frente delas insistirão que ela desapareceu. Mas, se lhes pedirem que atravessem o recinto, elas ainda assim desviarão dela, o que confirma a ideia de que o inconsciente delas continua sabendo que a cadeira está bem ali. Em compensação, praticamente todas as cobaias que não são hipnotizadas e recebem instruções para dissimular a experiência passam por cima da cadeira.

Graças a pesquisas como essa, quase todos os médicos reconhecem que a hipnose pode alcançar para além da nossa consciência, chegando a padrões de pensamento e crenças arraigados. A hipnose é reconhecida como uma legítima ferramenta médica pelas Associações Médicas Britânica e Americana, ao menos como uma forma de tratamento para problemas de ordem psicológica, como dependências, fobias e distúrbios alimentares. Mas meu interesse está em saber se sugestões hipnóticas podem afetar diretamente o corpo físico — sobretudo de um modo que seja útil para a medicina.

Lembra-se da pediatra Karen Olness, que tratou o lúpus de Marette com óleo de fígado de bacalhau e perfume de rosas? Ela agora é uma distinta pesquisadora sobre hipnose e, entre outros cargos, serviu no Conselho para Medicina Complementar e Alternativa dos NIH. Olness afirma que a hipnose nos ajuda a alcançar as mesmas partes inconscientes do cérebro que as respostas condicionadas, recorrendo ao sistema nervoso autônomo para influenciar os sistemas físicos que não costumam estar sob nosso controle voluntário.

Sua pesquisa com crianças mostra que elas conseguem desde influenciar voluntariamente o fluxo sanguíneo a mudar a temperatura da ponta de seus dedos.[6] Embora a temperatura da ponta dos dedos tenda a subir quando estão mais relaxadas, "essas crianças foram capazes de aumentar a temperatura periférica muito além do que seria obtido simplesmente com o relaxamento", afirma Olness.[7] "Elas criavam diferentes imagens. Uma delas disse imaginar que estava tocando o sol." Olness acredita que as imagens mentais, tão vívidas quando estamos sob o efeito da hipnose, são cruciais para influenciar o corpo físico. Talvez essas imagens ativem partes do cérebro diferentes daquelas associadas ao pensamento abstrato e racional. "Mas ainda estamos longe de obter essas respostas", admite.

A descoberta de que sugestões hipnóticas podem influenciar a temperatura e o fluxo sanguíneo do organismo vem sendo replicada por outros pesquisadores, como Edoardo Casiglia, cardiologista da Universidade de Pádua, na Itália. Em um teste, ele comunicou a voluntários hipnotizados que estava retirando meio litro de sangue de seus braços. Eles reagiram com baixa pressão arterial e vasoconstrição, da mesma forma como o segundo grupo, que realmente teve o sangue retirado.[8] Em outro experimento, ele disse aos voluntários que estavam sentados em uma banheira morna. Os vasos sanguíneos de seus corpos se dilataram como se realmente estivessem em uma banheira. Quando outros voluntários ouviram que seu antebraço estava mergulhado em água morna, os vasos sanguíneos se dilataram apenas naquele antebraço.[9]

Em um terceiro estudo, Casiglia pediu aos voluntários que pusessem a mão direita em um balde d'água bem gelada.[10] Trata-se de uma tarefa extremamente dolorosa, que quase sempre evoca uma forte reação de estresse agudo, incluindo vasoconstrição, aumento da pressão arterial e aceleração dos batimentos cardíacos. É uma reação instintiva e, do ponto de vista convencional da medicina, não é possível suprimi-la voluntariamente. No entanto, ao serem instruídas de que seu braço direito não sentiria qualquer dor, as cobaias hipnotizadas completaram a tarefa sem sofrerem qualquer efeito psicológico posterior.

Casiglia acredita que, se entendêssemos melhor esses efeitos, eles poderiam ser aplicados em uma gama de terapias médicas. Poderíamos usar a hipnose para aumentar o fluxo sanguíneo em direção ao cérebro e evitar a diminuição da capacidade cognitiva conforme envelhecemos; em direção às extremidades, para ajudar pessoas com má circulação de sangue nas mãos e nos pés; ou mesmo direcionar uma substância tóxica para uma parte específica do corpo. No momento, essa última ideia "não passa de ficção científica", admite Casiglia, mas não é de todo inconcebível: ele afirma que descobriu recentemente que voluntários hipnotizados são capazes de aumentar o fornecimento de sangue para os intestinos se assim lhes for sugerido.[11]

Estudos laboratoriais conduzidos por outras equipes relataram que sugestões de relaxamento feitas durante a hipnose podem influenciar uma variedade de reações imunitárias associadas ao estresse, reduzindo a agitação, por exemplo, em estudantes de medicina que se preparavam para as provas.[12] Nesse meio-tempo, alguns ensaios em menor escala vêm dando sinais de que a hipnoterapia pode reverter distúrbios autoimunes como o eczema e a psoríase, além de reduzir a duração de infecções nas vias aéreas superiores e ainda remover verrugas.[13] Mas esses resultados são heterogêneos. Estudos tendem a mensurar diferentes aspectos do sistema imunológico, de modo que ainda não se formou um quadro consistente sobre o assunto. Tal como ocorre com a pesquisa sobre a hipnose como um todo, as metanálises costumam concluir que existe muito pouca pesquisa de qualidade para traçar conclusões mais contundentes sobre os seus benefícios, ou sobre quais técnicas são mais eficazes. Para uma forasteira como eu, vasculhar essas informações é uma experiência frustrante; apesar de haver um potencial animador, trata-se de um terreno cujo aspecto geral é instável e obscuro.

E, então, temos a hipnoterapia para a SCI.

* * *

Enquanto muitos hipnoterapeutas vasculham a infância e os conflitos psicológicos dos outros, Whorwell não estava interessado em resolver os problemas pessoais de seus pacientes. Preferia se concentrar no que via como a causa principal do sofrimento deles: o intestino.

O cérebro e o intestino estão intrinsecamente ligados, conta ele. Ocorre uma comunicação contínua entre eles, em ambos os sentidos, por meio das conexões "cabeadas" do sistema nervoso autônomo, bem como dos hormônios que circulam pela corrente sanguínea. Sinais informando o que está acontecendo no intestino viajam até o cérebro, que então adapta a função intestinal a essas notícias — em geral sem termos qualquer noção disso.

Por exemplo: sinais vindos do estômago nos informam que estamos famintos e precisamos nos alimentar; que estamos satisfeitos e precisamos secretar o suco gástrico ou desviar o fluxo sanguíneo para auxiliar a digestão; ou que ingerimos um veneno e precisamos vomitar. Na outra ponta desse processo, sinais emitidos pelo cólon e pelo reto nos informam quando precisamos evacuar. Em seguida a isso, podemos ou autorizar o procedimento ou suprimir o impulso até encontrarmos um momento mais oportuno.

Muitos de nós já vivemos a experiência de como nosso estado mental pode afetar o funcionamento do intestino. Se nos sentimos desconfortáveis com algum detalhe do banheiro, podemos passar dias sem usá-lo; e, por outro lado, se estamos nervosos, sentimos náuseas ou corremos para a privada. "O valor evolutivo é que, se você está na savana e algum animal aparece para devorá-lo, é bom esvaziar seu intestino bem rápido para reduzir o fluxo sanguíneo para essa região", explica Whorwell. "Assim você pode direcionar todo o seu fluxo sanguíneo para os músculos e correr melhor."

No caso de pacientes com SCI, no entanto, a comunicação entre o cérebro e o intestino se degenerou completamente. O estresse crônico, por exemplo, pode levar a uma diarreia persistente, vômitos ou dolorosas contrações intestinais. Algo que pode criar um círculo vicioso, no qual os sintomas deixam as pessoas ansiosas, piorando ainda mais o problema. "A dor chega, e o nervosismo vem logo em seguida", relata Emma, de 21 anos, que visitou o consultório de Whorwell acompanhada da mãe. "Eu sei como tudo acontece e ainda assim não consigo quebrar o círculo."

Após seu treinamento em hipnoterapia, Whorwell acreditava que a técnica poderia reduzir o estresse e a ansiedade, ajudando os pacientes a controlarem suas reações aos sinais do intestino. Mas ele também esperava influenciar o funcionamento autônomo do intestino. Para isso, deu aos pacientes uma rápida aula de como o intestino funcionava; e então, durante a hipnose, pedia-lhes que imaginassem um processo digestivo calmo e sem transtornos, sobre o qual tivessem controle absoluto. Um método popular era pensar no intestino como se fosse um rio. Alguém com constipação poderia conjurar uma súbita cachoeira, enquanto um paciente com diarreia talvez preferisse botes em um canal bem calmo.

A fim de sobreviver a essa incursão pela hipnoterapia e manter sua reputação intacta, Whorwell sabia que precisaria documentar seus resultados em robustos artigos científicos. Publicou o primeiro deles em 1984. Era um teste randomizado envolvendo trinta pessoas, submetidas a doze sessões semanais de hipnoterapia ou psicoterapia (esta segunda envolvia o estresse e os problemas emocionais que talvez estivessem contribuindo para os seus sintomas), ambas focadas no funcionamento do intestino.[14] Os voluntários eram pacientes desesperados que vinham sofrendo de uma SCI severa havia anos, sem obterem qualquer alívio nos tratamentos convencionais. Whorwell lhes pediu que avaliassem o funcionamento do intestino utilizando uma escala de 21 pontos, na qual uma maior pontuação denotava sintomas mais graves. O grupo da psicoterapia começou com uma média de 13 pontos e permaneceu da mesma forma após três meses de tratamento. Já o grupo da hipnoterapia iniciou o ensaio com 17 pontos, concluindo-o com apenas um.

Assim, um simples experimento se tornou um propósito de vida. Determinado a fazer o impossível para que a hipnose fosse finalmente aceita pela ciência, Whorwell fundou uma unidade dedicada à hipnoterapia no Hospital de Wythenshawe, acumulando um impressionante repertório de evidências para respaldar sua técnica.

A hipnoterapia focada no intestino não é capaz de ajudar a todos. Emma, por exemplo, foi submetida a uma bateria de sessões e ainda sofre terrivelmente. Mas, após inúmeros ensaios e apurações, Whorwell mostrou que a hipnoterapia ajuda 70-80% dos pacientes para os quais todos os demais tratamentos fracassaram.[15] Outros sintomas, como dores de cabeça e fadiga, são atenuados, bem como os diretamente relacionados ao intestino. Após a hipnoterapia, os pacientes fazem menos visitas às clínicas e aos consultórios, não apenas por conta da SCI, mas por todo o resto. Testes em menor escala sugerem que a abordagem é útil também para outros distúrbios gastrointestinais funcionais, incluindo a dispepsia funcional e a dor torácica não cardíaca.[16] Ela pode até mesmo ajudar pacientes com distúrbios autoimunes mais graves, como a doença de Crohn e a colite ulcerativa, nas quais o sistema imunológico ataca as paredes internas do intestino.[17]

Pelo menos no caso da SCI, os benefícios parecem ter uma duração a longo prazo. Quando Whorwell procurou pelos mais de duzentos pacientes com a síndrome que haviam respondido à hipnoterapia após cinco anos, 81% deles continuavam bem, e a maioria inclusive sentia-se cada vez melhor.[18] Esse efeito duradouro, além do fato de que nos testes os pacientes submetidos à hipnoterapia tiveram uma recuperação significativamente maior do que aqueles no grupo de controle, sugere que ela não esteja atuando apenas como um placebo.

Embora os pacientes com SCI possam experimentar um efeito placebo impressionante, conforme vimos no Capítulo 2, isso é apenas temporário. Whorwell observa que, quando seus pacientes passam pela cirurgia, costumam se sentir bem no começo, até que os sintomas retornam. Em comparação, ele acredita que a hipnoterapia ajuda a mudar formas de pensar a respeito do próprio intestino, aliviando os sintomas definitivamente. Ele fornece aos pacientes CDs das suas próprias sessões, para que possam continuar praticando em casa pelo tempo que acharem necessário.

Os estudos de Whorwell demonstram também que a terapia faz mais do que apenas reduzir o estresse. No caso de pacientes com SCI, as paredes internas do intestino são bastante sensíveis à dor, algo que se pode mensurar ao colocar alguém sentado sobre uma bexiga e inflá-la até que comece a incomodar. Pessoas sadias sentem a dor a uma pressão de 40mm Hg; pacientes com SCI não costumam chegar à metade disso. A hipnoterapia parece corrigir essa hipersensibilidade. Quando Whorwell os testou após a bateria de sessões do tratamento, eles haviam voltado à sensibilidade regular.[19]

De maneira crucial, enquanto os pacientes estão hipnotizados, eles são capazes de influenciar a velocidade com que o estômago despacha seu conteúdo para o intestino delgado (essa medição é feita por meio de uma ultrassonografia em tempo real),[20] assim como a frequência com que o cólon se contrai.[21] A exemplo dos experimentos de Olness e Casiglia com o fluxo sanguíneo, esse não é o tipo de coisa que teoricamente conseguimos controlar ao nosso bel-prazer.

"Você não pode chegar e dizer ao paciente que ele precisa relaxar os músculos", explica Whorwell. "Mas, nesse estado hipersugestionável, as pessoas são capazes de fazer coisas com o próprio corpo que num estado consciente elas não necessariamente conseguiriam."

* * *

Na sala repleta de cartões de Cruickshanks, pergunto à ex-comissária de bordo Nicole como ela se sentiu quando foi hipnotizada. "Como se estivesse flutuando", é a sua resposta. "Quando Pam fala, penso num mar morno, verde-turquesa. Um mar relaxante, de férias ensolaradas. Sinto como se estivesse sorrindo por dentro."

E a hipnoterapia a está ajudando? Ela responde que no começo não conseguia entender a ideia. Mas desde a semana passada… Ela faz uma pausa, encarando nós duas com um brilho nos olhos, como alguém com um segredo e tanto para contar.

"Aconteceu um milagre", revela ela. "O incômodo do inchaço estava chegando até o meu peito. A dor era constante. Agora não tem inchaço algum. Não estou tomando nenhum analgésico." Ela se volta para Pam, emocionada. "Minha vontade é de dar um beijo em você! Eu já sofri tanto. Poder dizer que não sinto mais dor há uma semana… é maravilhoso."

Antes de Nicole partir, Cruickshanks pergunta como foi sua semana. "Estou com câncer de novo", responde ela, tranquilamente. É um tumor nas costas. Ela já teve isso antes, e agora o câncer retornou. "Sinto muito por isso", comento, mas Nicole balança a cabeça. "Foi diagnosticado bem no começo", diz ela. "Estou bem quanto a isso." Então aponta para o próprio estômago. "Isso aqui é bem pior. Muito mais doloroso e devastador."

Quando se levanta para ir embora, ela dá um caloroso abraço em Cruickshanks. Em breve haverá mais um cartão de agradecimento em sua parede.

* * *

Após a minha visita à unidade de hipnoterapia e de volta à sala de Peter Whorwell, ele enfatiza que a SCI não se resume a apenas estresse e ansiedade. Entre outros fatores estão a genética, a dieta alimentar, a flora intestinal, bem como a maneira como o cérebro processa a dor e, é claro, o próprio intestino.

Segundo Whorwell, cada paciente traz em si uma combinação diferente desses fatores. Em casos como o das dores de Emma e o do inchaço de Nicole, a psicologia parece desempenhar um papel crucial. Em outros, como o da constipação de Gina, talvez não tenha mesmo qualquer importância.

Sua crença é que os problemas de Gina estão relacionados mais diretamente com suas consecutivas cirurgias abdominais, que podem comprometer os nervos necessários para o bom funcionamento do intestino. Além de ter realizado uma histerectomia e de ter retirado sua vesícula biliar, "ela passou por uma série de cirurgias na região da pélvis", explica ele. "Não admira que não esteja funcionando como devia."

Por isso, ele insiste que a hipnoterapia sempre seja adotada em conjunto com abordagens convencionais de tratamento. Embora ela consiga ajudar Gina a tolerar o estresse provocado por seus sintomas, Whorwell também recomendou poderosos relaxantes musculares e laxantes, e, caso não surtam o efeito esperado, uma colostomia.

A quantidade de pessoas encaminhadas aos cuidados de Whorwell que anteriormente haviam passado por uma cirurgia abdominal é algo que me chama a atenção: pelo menos sete dos dez pacientes com quem conversei naquele dia. É um fator muito recorrente na SCI, confirma ele. Se durante uma cirurgia o intestino é deslocado ou perturbado de algum modo, ele pode acabar sensibilizado, passando a enviar para o cérebro sinais amplificados de dor. É inclusive o que costuma acionar a SCI. Em outros casos, gastroenterologistas realizam o procedimento cirúrgico na esperança de aliviar os sintomas dos pacientes, mas apenas descobrem que sua doença só fez piorar.

"Cirurgiões são treinados para operar", analisa Whorwell. "E, em muitas situações, proporcionam curas miraculosas. Se você tem apendicite, colecistite ou intestino perfurado, eles salvarão a sua vida." Contudo, quando alguém aparece com dores abdominais, a atitude típica deles é cortar alguma coisa fora. Infelizmente, isso costuma exacerbar o problema. "É algo que se faz com a melhor das intenções", explica Whorwell. "Mas, uma vez alterada a estrutura básica do intestino, com cicatrizações e coalescências, torna-se impossível hipnotizar da mesma forma."

Isso me faz lembrar do dilema enfrentado pelos pacientes com SFC, sem saberem ao certo se essa síndrome é uma doença biológica incurável ou uma invenção da nossa psique. Pergunto, então, a Whorwell se os pacientes com SCI também se veem entre esses dois extremos do corpo e da mente. Afinal de contas, alguns deles são tratados como se a síndrome fosse um problema puramente físico, com cirurgiões removendo seus intestinos um pouquinho mais a cada operação, enquanto outros pacientes escutam que o problema está todo na cabeça deles. Quando é que a abordagem vai mudar e vão passar a tratar a mente e o corpo juntos?

Whorwell me observa por um breve momento. "Você acertou em cheio", é a sua resposta.

* * *

Você poderia pensar que, com tudo o que já alcançou, Whorwell estaria bastante satisfeito com a carreira que escolheu seguir. Ele desenvolveu uma terapia altamente eficaz e ajudou centenas de pacientes considerados incuráveis por seus médicos anteriores. Equipes do mundo todo vêm convertendo ensaios controlados randomizados em hipnoterapias focadas no intestino, com resultados igualmente positivos[22] — ainda que nem sempre sejam tão expressivos —, e uma recente análise sistemática chegou à conclusão de que o tratamento é bem-sucedido e duradouro.[23]

Graças a evidências como essas, o Instituto Nacional de Saúde e Excelência Clínica (NICE) do Reino Unido, que aprova os tratamentos médicos a serem utilizados pelo Serviço Nacional de Saúde (NHS), atualmente recomenda a hipnoterapia para SCI nos casos em que as terapias convencionais deixaram a desejar. É uma das poucas terapias complementares que o NICE apoia, e sua única recomendação de hipnoterapia para uma condição física.

Entretanto, Whorwell não parece feliz com isso. Na verdade, ele parece bastante desapontado pois, apesar dos ensaios e da recomendação do NICE, muitos órgãos administrativos responsáveis por financiar tratamentos no Reino Unido ainda se recusam a apoiá-lo. Além disso, a página do

NHS alerta os pacientes de que a pesquisa em torno da hipnoterapia para a SCI "não oferece nenhuma evidência concreta de sua eficácia".[24]

De acordo com Whorwell, um dos problemas é que a hipnoterapia não se adapta aos rígidos métodos de avaliação desenvolvidos para testar medicamentos. Para recomendar qualquer terapia, os defensores da medicina fundamentada em evidências recorrem a estudos com duplo-cego, nos quais nem o paciente nem o médico sabem se o tratamento aplicado é o de verdade ou o placebo. Isso faz todo o sentido quando testamos novas drogas e queremos nos certificar de que elas não estão apenas ativando um efeito placebo.

Mas não se pode hipnotizar ninguém — ou ser hipnotizado — sem saber o que está acontecendo. Assim, quando os críticos e financiadores encontram informações sobre a hipnoterapia para SCI, veem que não existem estudos com duplo-cego e por isso concluem que as evidências a seu favor são escassas. "É um absurdo", comenta Whorwell. Enquanto faz todo o sentido deixar o paciente às cegas durante o estudo de uma nova droga a fim de distinguir a sua ação química dos efeitos psicológicos, não podemos dizer o mesmo quando testamos terapias como a hipnose, já que as crenças e expectativas dos pacientes são imprescindíveis para que elas funcionem.

Whorwell argumenta que os críticos deviam ser mais receptivos a evidências fornecidas por uma gama mais ampla de métodos de avaliação, apropriados para testar uma terapia envolvendo mente e corpo e ainda assim bem próximos dos padrões científicos consagrados. Por exemplo: os pesquisadores podem conduzir um estudo simples cego, no qual a hipnoterapia é testada tendo-se como parâmetro um grupo de controle adequado e os sintomas dos pacientes são avaliados por um pesquisador independente que desconhece qual tratamento foi submetido a cada um deles.

Jeremy Howick, epidemiologista e filósofo da ciência do Centro de Medicina Baseada em Evidências (CEBM), em Oxford, no Reino Unido, concorda que conduzir estudos com duplo-cego pode se mostrar uma tarefa difícil ou até mesmo impossível no caso das terapias focadas tanto no corpo quanto na mente. Porém ele observa que é um problema também para algumas terapias convencionais, como a cirurgia e a fisioterapia. Ele sugere que, em tais casos, faria sentido simplesmente esquecer o uso de um placebo em um dos grupos e, em vez disso, comparar a nova terapia com outros tratamentos já reconhecidos por sua eficácia. "Para quem possui um problema de saúde, o que interessa é descobrir qual dessas alternativas representa o melhor tratamento", afirma ele. "Isso é o mais importante para os pacientes."[25]

Outro problema ainda mais básico é que a hipnoterapia pode parecer antiquada na maioria dos círculos médicos e científicos e ainda carrega consigo aquele estigma de charlatanismo. Seus defensores se queixam de que existe muito pouco investimento voltado para a pesquisa sobre a hipnose, mesmo quando comparado aos de outras terapias com o mesmo foco, como a meditação,[26] e pouco interesse em investigar como ela poderia ajudar os pacientes. "A maior parte dos profissionais da saúde simplesmente não a enxerga como necessária ou importante", relata Karen Olness, especialista em hipnose.

Ao longo dos anos, Whorwell tentou expandir o alcance do seu modelo de hipnoterapia para além dos distúrbios gastrointestinais. Ele afirma que já conversou com especialistas de inúmeras áreas de estudo, acreditando que a técnica poderia ajudar os pacientes a controlar melhor a dor e a ansiedade associadas a doenças como o eczema e o câncer. Todos o desencorajaram, inclusive um lhe falou: "Não creio que o que você está fazendo possa ajudar um único paciente seu."

"Existe um preconceito enorme contra os hipnotistas", sentencia Whorwell. "A medicina se tornou terrivelmente técnica. Estamos acorrentados a medicamentos, exames, toda essa paraférnália tecnológica. Algo simples e mundano como a hipnose não pode ser visto nem mesmo como minimamente útil." Ele explica que aceitar a hipnoterapia exigiria uma reavaliação não apenas dos métodos de avaliação, mas de como fazer medicina. "O procedimento padrão da medicina para um tratamento é observar o histórico, prescrever um medicamento, liberar o paciente e, se a droga não funcionar, prescrever um novo medicamento, e assim por diante. Trazemos um modelo diferente, em que você se livra dos receituários, da mesa do consultório, basicamente de tudo, e você é aquilo que vai curá-los ou não."

Whorwell acaba de publicar uma auditoria médica com mais cem pacientes tratados com a hipnoterapia focada no intestino.[27] E repassa os resultados: 76% apresentaram uma redução clínica considerável dos sintomas; 83% dos que responderam ao tratamento continuam bem após um intervalo de um a cinco anos; 59% não precisam de medicação; 41% reduziram a dosagem; 79% consultam seus médicos com pouca ou nenhuma frequência. Mas ele deve se aposentar em breve e não planeja realizar novos estudos. "A essa altura do campeonato, creio que acabamos perdendo a oportunidade", lastima ele.

"Nossa pesquisa já é bastante extensa, é uma pesquisa de boa qualidade e bem fundamentada. Ainda assim, continuamos enfrentando aqueles que financiam os tratamentos. Insistem que não temos evidências suficientes. De quantas mais eles precisam?"

Talvez ele tenha razão, e as barreiras de aceitação para a terapia, com o seu passado tortuoso, sejam simplesmente fortes demais. Do outro lado do Atlântico, porém, a hipnose está passando por mais uma reinvenção.

6
REPENSANDO A DOR
No cânion de gelo

Flutuo lentamente pelo interior de um cintilante cânion de gelo. As paredes são íngremes, e abaixo é possível avistar uma faixa de água azul. Nas extremidades de ambas as paredes, alguns pinguins estão empoleirados, batendo suas asinhas. Também há alguns bonecos de neve, com sorrisos feitos de pedaços de carvão. Jogo bolas de neve neles, e, quando os acerto, eles desmoronam e se transformam em uma nuvem de fragmentos, restando apenas suas carinhas sorridentes, que pairam no ar como um desfile de Gatos de Cheshire. Ao fundo, está tocando "You Can Call Me Al", de Paul Simon.

Olho para o alto e vejo a neve caindo do céu escuro; abaixo está a água. Examino à minha volta, mas na maior parte do tempo eu simplesmente me deixo levar. Preciso ficar atenta às pontes de gelo que surgem de repente, e também a alguns iglus reluzentes. Os bonecos começam a revidar, lançando bolas de neve em minha direção, e por isso decido parar de atacá-los para tentar impedir que as bolas me atinjam, causando colisões de neve em pleno ar.

Ao fazer uma curva, me deparo com uma família de mamutes-lanosos com suas presas longas e curvas, vadeando pelo rio com a água na altura dos joelhos. Lanço uma bola de neve em um deles, e ele responde com um rugido. E então aparecem alguns peixes-voadores, de um azul prateado, deixando rastros de flocos de neve enquanto saltam correnteza abaixo.

Em vários momentos do passeio pelo cânion, sinto vagamente alguma coisa estranha no meu pé. Um formigamento, algo que, se eu pensar bem, talvez me faça lembrar a dor de uma ardência. Mas isso está em um outro mundo, sem nenhuma relevância para esse cânion mágico, e não posso me dar ao trabalho de pensar nisso agora. Estou mais interessada em saber se consigo estourar os mamutes com as minhas bolas de neve.

* * *

Em 2008, o tenente Sam Brown fora enviado para sua primeira missão militar, em Candaar, no Afeganistão. Em sua última noite na cidade, recebeu a ligação de um pelotão próximo dizendo que haviam caído em uma emboscada. Brown conduziu seus homens pelo deserto para socorrê-los, mas, no caminho, o *Humvee* que os transportava passou por cima de uma bomba caseira.[1]

O tenente viu um clarão, e o veículo blindado foi projetado em pleno ar; segundos depois, tudo o que restava era uma massa destroçada. Sem saber ao certo como saiu dali, ele percebeu que seu corpo estava em chamas. Naquela cratera aberta pela explosão, pensou que arderia até a morte, mas com a ajuda de seu soldado atirador conseguiu apagar o fogo, cobrindo-se de areia. Quando o extinguiram completamente, as mangas de seu uniforme já não existiam mais, assim como a pele de seu corpo, rosto e mãos. Havia apenas o vermelho da carne viva e o preto chamuscado.

Brown precisou ser encaminhado para o Centro Médico Militar Brooke, em San Antonio, no Texas. Havia sofrido queimaduras de terceiro grau na maior parte do corpo. Também conhecidas como queimaduras de espessura total, elas destroem todas as camadas da pele. Os médicos o deixaram sedado por semanas enquanto enxertavam a pele de suas costas e dos ombros para cobrir as partes mais afetadas. Ao acordar, ele passou por uma série de cirurgias, incluindo a amputação de seu indicador esquerdo. O mais difícil, porém, foi suportar as sessões diárias em que as enfermeiras esfregavam e removiam tecidos mortos de suas feridas ainda expostas. Era como estar pegando fogo mais uma vez.

Posteriormente, conforme as queimaduras foram cicatrizando, foi-lhe recomendado que fizesse fisioterapia todos os dias, algo que se provou ainda mais terrível. Em queimaduras tão amplas como as de Brown, o tecido cicatrizado tende a endurecer e a encolher. Para garantir que o tenente continuasse sendo capaz de se movimentar livremente após a recuperação das queimaduras, os fisioterapeutas forçaram seu corpo e membros para além de seus próprios limites, de modo a esticar e romper os tecidos cicatrizados conforme eles iam se formando.

Estima-se que setecentos mil americanos sejam atendidos anualmente nas emergências com casos de queimaduras. Entre eles, cerca de 45 mil são seguidos de hospitalização.[2] A fim de ajudá-los a passar pela exaustiva rotina de tratamento das lesões e pelas sessões de fisioterapia, os pacientes recebem drogas opiáceas em quantidades bastante incomuns para os padrões da medicina. Ainda assim, as doses que os médicos podem receitar são limitadas, devido aos efeitos colaterais — de coceiras e incapacidade de urinar até a perda de consciência e o óbito. Mesmo recebendo as doses mais altas permitidas, muitos pacientes continuam sentindo dores excruciantes. Além disso, o consumo de opiáceos os coloca em risco de dependência.

Brown tentou desesperadamente limitar as doses dos remédios que estava tomando. Achou a fisioterapia tão insuportável que, em mais de uma ocasião, precisou ser obrigado por seus superiores a se submeter ao tratamento. Mas isso só aumentou o seu temor de acabar se tornando um dependente químico. Até que recebeu um convite para participar de um estudo pioneiro.

* * *

Não faltam opções de analgésicos no sistema de saúde. Temos à nossa disposição comprimidos como a aspirina e o ibuprofeno — vendidos sem receita médica —, narcóticos poderosos como a morfina e a codeína e sedativos como a cetamina. Antidepressivos, anticonvulsivos e corticosteroides podem igualmente ser empregados no alívio da dor. Médicos podem anestesiar uma pequena área da pele, uma região inteira do corpo ou literalmente apagar um paciente. No entanto, nada disso significa que a medicina tenha conseguido eliminar a dor. Não estamos nem perto disso.

A dor é um problema ainda mais sério no caso de pessoas que precisam passar por intervenções e procedimentos médicos estando despertas. É o caso da rotina de tratamento das queimaduras em pacientes como Brown, por exemplo, ou da cirurgia laparoscópica — que vem substituindo cada vez mais a cirurgia aberta tradicional em uma série de situações, desde biópsias e exames diagnósticos até o implante de dispositivos médicos e a eliminação de tumores. Conforme atesta o caso de Brown, os analgésicos sozinhos nem sempre surtem o efeito esperado, deixando até mesmo pacientes medicados em agonia.

Chegamos aos milhões de pessoas afetadas por dores crônicas, em condições que vão da artrite à fibromialgia. Ao longo das duas últimas décadas, houve um aumento expressivo na prescrição de drogas opioides como o Oxycontin — equivalentes artificiais das endorfinas ligadas ao efeito placebo — para tais doenças. Até então, essas substâncias eram utilizadas em casos extremos, apenas em quadros severos como o de um câncer terminal. Agora figuram até mesmo nas receitas médicas de pacientes com dores fracas ou moderadas, algumas vezes sendo administradas por meses ou anos a fio.

A questão é que, ao contrário das endorfinas naturais do cérebro, essas versões artificiais inundam os receptores cerebrais com opioides. E isso torna os receptores menos sensíveis à droga. Passamos a desenvolver uma tolerância, necessitando de doses cada vez mais fortes para atingir o mesmo efeito. Isso também significa que estamos lidando com substâncias altamente viciantes. Interromper seu uso provoca horríveis sintomas de abstinência nos pacientes, como ansiedade e hipersensibilidade à dor, visto que os seus receptores dessensibilizados não respondem mais às endorfinas naturais do modo como deveriam.

O aumento do número de prescrições levou a um surto de casos de vício em opioides e de overdoses fatais, descrito como "uma das maiores tragédias em expansão do nosso tempo".[3] O problema parece se concentrar mais nos Estados Unidos, que representam menos de 5% da população mundial e ao mesmo tempo consomem 80% das drogas opioides prescritas em todo o planeta.[4] Até 2012, quinze mil americanos morriam a cada ano por overdose de remédios receitados, número maior do que a soma das vítimas da heroína e da cocaína.[5] Em 2013, os Centros de Controle e Prevenção de Doenças (CDC) consideraram o vício em analgésicos a pior epidemia de drogas da história dos Estados Unidos.[6]

Isso nos leva à seguinte questão: estaríamos tratando a dor da maneira errada? Em vez de receitar doses cada vez mais altas de analgésicos viciantes, um grupo de pesquisadores afirma haver outra saída. Eles utilizam o poder da ilusão para reduzir o uso de medicamentos e abrandar a dor.

* * *

Ao chegar no laboratório experimental contra a dor do Centro Médico da Universidade de Washington, em Seattle, sou recebida por Christine Hoffer, assistente de pesquisa. Ela pede que eu retire meu sapato e minha meia do pé direito; em seguida, amarra uma caixinha preta bem firme na sola do meu pé. Serve para provocar dor, ela me explica, aquecendo rapidamente a área com a qual entra em contato. Hoffer também costuma aplicar choques elétricos repetidas vezes em seus voluntários — mas para a minha sorte o equipamento não está funcionando.

Ela liga a caixinha por trinta segundos e me pede que classifique a dor em uma escala de um a dez. Então vai aumentando a temperatura de meio em meio grau, aguardando uma resposta que atinja mais ou menos a metade da escala. Em determinado momento chego aos seis pontos, tanto pela intensidade da dor quanto pelo desconforto. É uma sensação de formigamento e ardência, que não chega a causar bolhas mas é impossível de ser ignorada, tamanha intensidade. Essa será a temperatura que Hoffer usará no experimento.

Ela coloca em mim um par de óculos de realidade virtual capaz de projetar imagens tridimensionais de alta resolução, além de fones de ouvido com anuladores de ruído e tecnologia surround. Num piscar de olhos me vejo flutuando em meio à neve, admirando as paredes brilhantes de um cânion feito de gelo. Hoffer me mostra os controles de movimento e de disparo das bolas de neve, tudo ao alcance de um mouse de computador. Os gráficos são fofos, mas não muito realistas, ainda mais se comparados aos jogos atuais. No entanto, essa atmosfera envolvente é totalmente nova para mim. Não vejo nem ouço mais nada que venha do mundo real, e, ao olhar à minha volta, o mundo virtual se estende acima, abaixo e atrás de mim. Por mais cartunesco que o cenário pareça, sinto como se fizesse parte dele.

Passo dez minutos na companhia dos bonecos de neve e dos pinguins, e nesse meio-tempo Hoffer liga a caixinha de calor em três ocasiões, sempre me pedindo para indicar o grau da dor. A ardência que eu sinto cai um pouco, de seis para cinco (e agora não passa de uma onda rápida, em vez da constância de antes). Além disso, o desconforto causado pela dor cai de forma espantosa, de seis para dois pontos. Classifico com a nota oito (de dez) a satisfação geral que tive com essa experiência, que foi bastante divertida, e ficaria feliz em repeti-la.

Tudo é uma questão de foco, diz o anestesista Sam Sharar, que dirige o laboratório. O cérebro possui uma determinada capacidade de foco consciente. Ele explica que não é possível aumentá-la ou diminuí-la, mas que podemos escolher em que vamos nos focar. Se damos atenção a uma sensação de dor, isso potencializa a dor que estamos sentindo. Porém, se pensamos em outra coisa — em algo seguro, agradável, bem longe dali —, a dor é abrandada.

Recursos visuais são uma fonte particularmente poderosa de distração. Sharar me mostra um vídeo do alpinista Aron Ralston — que em 2003 se viu forçado a amputar o próprio antebraço com um canivete após passar cinco dias preso e isolado num cânion em Utah — descrevendo como o uso de imagens mentais o ajudou a sobreviver àquela provação.[7]

Em sua quinta noite no cânion, Ralston tremia de frio; estava severamente desidratado e com uma dor excruciante em uma das mãos, esmagada por uma rocha que havia se desprendido. Ele sabia que iria morrer. Até que teve uma visão que bloqueou aquele cenário traumático. Eis o relato de Ralston:

> Era um garotinho de uns 3 anos de idade. Estava usando uma camisa vermelha, andando por aí com um caminhãozinho de brinquedo, fazendo vrum-vrum com ele.
>
> Aí ele parou, olhou por cima do ombro e veio correndo na minha direção, e pude me ver apanhando aquele garotinho e colocando-o na altura do meu ombro, onde pudemos olhar bem nos olhos um do outro. E eu sabia que estava vendo o rosto do meu futuro filho. Então aquela visão desapareceu, e eu estava de volta no cânion, tremendo com a hipotermia.

Ralston continua e afirma que imaginar seus entes queridos o ajudou a tolerar a dor da amputação.

Quando o cortei, senti a pior dor que já havia sentido na vida. Durante trinta segundos, tudo o que pude fazer foi fechar os olhos e respirar. Mas nunca soltei um gemido, nunca derramei uma lágrima, nunca chorei. E não porque eu fosse sobre-humano. Mas porque, quando abri os olhos, tudo em que pude pensar e me concentrar era em ver minha família de novo.

Para Ralston, a criação de um mundo interior — com imagens de sua família e de um futuro filho imaginado — permitiu direcionar seu foco para longe da dor naquele horrível suplício. O cânion de gelo virtual que eu acabei de testar, explica Sharar, é uma tentativa de atingir o mesmo efeito de maneira artificial.

A ideia é de Hunter Hoffman, psicólogo cognitivo da Universidade de Washington e especialista na criação de realidades virtuais. Nos anos 1980, Hoffman criou o "mundo da cozinha", uma cozinha virtual equipada com bancadas, armários e também com objetos que podiam ser manuseados, como um bule de chá, uma torradeira, uma frigideira — e uma aranha de patinhas agitadas sobre a pia. Hoffman esperava ajudar pessoas que sofriam de aracnofobia, proporcionando-lhes um local seguro para aprenderem a lidar com as aranhas.

Foi quando, por meio de um colega, ele soube de David Patterson, um psicólogo que estava utilizando a hipnose para abrandar as dores de pacientes com queimaduras também em Seattle, no Centro Médico Harborview, da Universidade de Washington. O tal colega pensou que a técnica pudesse ter algo a ver com distração. "Pois tenho uma distração para ele", disse Hoffman, e os dois começaram a trabalhar juntos, para descobrir se realidades virtuais (RV) poderiam ajudar pacientes que vinham se submetendo a alguns dos procedimentos mais dolorosos da medicina. Primeiro, testaram o mundo da cozinha. "Funcionou desde a primeira criança", conta Hoffman. Assim, foi criado o projeto de um mundo virtual específico para vítimas de queimaduras.[8]

Naquela época, construir qualquer tipo de realidade virtual era o mesmo que investir em tecnologia de ponta. Hoffman recorreu a um supercomputador fabricado pela companhia Silicon Graphics, que custou noventa mil dólares e veio acompanhado de um pesado capacete. Para a criação de seu novo cenário, ele se inspirou em um programa simulador de voo militar, que retratava um caça decolando de um porta-aviões. Alguns ajustes foram necessários. "Tínhamos muito receio do típico enjoo que ocorre nos simuladores", explica ele. "Muitos pacientes com queimaduras se sentem mal por conta de seus analgésicos. Eu estava convicto, desde o primeiro paciente, de que a RV trazia em si o potencial de distração da dor, mas temia que a náusea colocasse tudo a perder." Então ele reduziu o terreno a um cânion estreito para evitar que os usuários ficassem mudando de direção ou girando em círculos. E fez com que tudo fosse feito de gelo, para amenizar o ambiente. Ele o chamou de Snow World.

Vinte anos depois, a essência do Snow World continua a mesma. Porém, o supercomputador e o capacete foram substituídos por um laptop e óculos de alta resolução (os capacetes eram um problema nos casos em que os pacientes tinham queimaduras na cabeça ou no rosto). Hoffman projetou óculos de fibra ótica que dispensam a eletricidade e conduzem sinais por 1,6 milhão de fibras de vidro em cada olho. Dessa maneira, eles podem ser utilizados mesmo em tanques aquáticos, enquanto as queimaduras dos pacientes são tratadas. Hoffman também atualizou os gráficos e trocou a música de fundo. Paul Simon usou o Snow World uma vez em uma exposição, explica Hoffman. O artista adorou a experiência, mas detestou a música etérea e psicodélica que os cientistas colocavam pra tocar, então compôs e doou a eles uma canção própria.

A equipe da Universidade de Washington também conduziu uma série de estudos controlados randomizados em pacientes sadios (utilizando a caixinha de calor e os choques elétricos de Hoffer) e nos pacientes com queimaduras do Harborview. E, para sua surpresa, descobriram que o Snow World funciona melhor do que outras distrações isoladas, como a música ou os jogos de videogame. O ingrediente crucial parece ser o grau de envolvimento do usuário nessa realidade. Quanto maior a sensação de estar ali, maior é o alívio contra a dor.

No laboratório, o Snow World continua reduzindo a dor relatada pelos pacientes em 35%, segundo Hoffman, comparado aos cerca de 5% propiciados pela música. E, quando usado em conjunto com medicamentos para a dor, ele a reduz em mais 15-40% além do que já se obtém com a ajuda de remédios.[9] Os pesquisadores veem esses efeitos não apenas nos relatos subjetivos dos pacientes, mas também nas varreduras cerebrais, com uma quase completa falta de atividade nas áreas do cérebro relacionadas à dor.[10]

A equipe ainda está testando formas de amplificar esse efeito — pequenas doses da droga alucinogênica chamada cetamina parecem aprimorar a sensação de envolvimento dos usuários, por exemplo. Contudo, a tecnologia do Snow World já vem sendo utilizada em cerca de quinze hospitais norte-americanos. Um deles é o Centro Médico Militar Brooke (BAMC), no forte Sam Houston, Texas, que já tratou centenas de soldados com queimaduras de combates no Iraque e no Afeganistão. Grande parte deles foi vítima de artefatos explosivos improvisados — bombas de beira de estrada, carros-bomba, ataques suicidas ou, como classifica Hoffman, "Essas bombas supersofisticadas capazes de detonar um *Humvee* e não sobrar nada para contar história."

Hoffman e seus colegas conduziram um estudo com doze soldados do BAMC, incluindo o tenente Brown.[11] Ao passarem pelas sessões de fisioterapia no Snow World, o índice máximo de dor caiu quase dois pontos na escala, em comparação às sessões realizadas fora da RV. A proporção de tempo que passaram pensando na dor caiu de 76% para 22%. E, enquanto classificaram a fisioterapia padrão como "nada divertida", consideraram a terapia aliada ao Snow World "bastante divertida".

O Snow World funcionou melhor para os seis pacientes que sentiam as dores mais agudas; eram os soldados que mais precisavam de uma alternativa. O índice máximo de dor sentida por Brown, por exemplo, caiu de dez para seis, e graças ao Snow World ele classificou sua terapia — antes tão sofrível — como até bem divertida. Ele mais tarde diria a um repórter da revista *GQ* que a RV o fazia lembrar de quando esquiou com o irmão nas férias de fim de ano no Colorado, na época em que ainda era um cadete na academia militar americana em West Point.

Terminada a sessão, ele deu a Hoffman o seu veredicto: "Vocês estão tramando alguma coisa."[12]

* * *

Certa noite, em abril de 2014, um jovem de 22 anos chamado Terrell vinha dirigindo a quase 130 quilômetros por hora na estrada que liga Kent a Des Moines, logo ao sul de Seattle, quando perdeu o controle do carro. O veículo virou, deu dois giros no ar e seguiu derrapando até parar. Então começou a pegar fogo.

Terrell foi levado de ambulância até o Centro Médico Harborview. Ele tinha um braço fraturado e queimaduras severas na perna e no tórax. "Quando acordei, senti uma dor horrível", conta ele. "Tinha tubos saindo da minha garganta, tubos por toda parte. Eu tentava tirá-los, mas não deixavam. Meu rosto estava todo inchado." Havia marcas de queimadura por todo o seu corpo. Ao se acalmar, Terrell ligou para a namorada para lhe dizer que havia sofrido um acidente. "Ela não acreditou em mim", diz ele. "Mas ao chegar aqui ela entendeu."

Um mês após o ocorrido, Terrell encontra-se em uma cama de hospital, vestindo um robe verde com babados nos ombros e escorado por uns cinco travesseiros azul-claros. Levemente robusto, ele tem um tufo de barba no queixo e costeletas por fazer. Duas cicatrizes do tamanho de moedas brilham em sua pele negra, perto do olho direito e da testa. Sua perna esquerda está toda enfaixada, com um soro marrom amarelado passando pelo pé.

À sua volta estão restos de refeições não terminadas — caixas de leite, um muffin mordido, o prato de algum jantar, potinhos de iogurte e copos vazios — e um punhado de balões de hélio com lustrosas mensagens em relevo: "Você é muito especial" e "Fique bom logo". A alguns passos dali, do outro lado da cortina, encontra-se um sujeito enorme e raivoso; seu rosto possui queimaduras em tons de rosa e marrom, e seus braços enfaixados se esticam para fora da cama. Parece que ele tem inimigos lá fora: seu nome foi removido do sistema de cadastros do hospital para sua própria segurança, sussurra um dos médicos assistentes.

Nas últimas semanas, Terrell se submeteu a quatro ou cinco cirurgias (já não lembra bem) para enxertar a pele de sua perna direita nas queimaduras da perna esquerda. Para combater sua dor, ele continua recebendo doses elevadas de opioides como a metadona e a hidromorfona, o que acaba deixando-o num estado de permanente torpor. Quando o paciente anônimo começa a gritar "Minha dor está no dez, alguém venha aqui agora mesmo!", preciso fazer um esforço para escutar a voz suave e pouco articulada de Terrell.

Ele me conta que veio de Renton, uma cidade logo ao sul de Seattle, onde vive com a mãe e a namorada. Pergunto como é a cidade, e ele me diz que existem "sujeitos perigosos" e que ele não terminou o ensino médio porque vinha fazendo "coisas ruins". Atualmente está desempregado, mas quando sair do hospital espera conseguir um trabalho na rede de fast-food Popeye's, como lavador de pratos: "Eles contratam ex-delinquentes e gente do tipo."

Os braços e o tórax de Terrell estão cobertos de tatuagens. Em meio ao turbilhão de desenhos já desbotados, identifico o rosto de um palhaço sem os olhos e inúmeras figuras com dentes expostos e costelas protuberantes. Ele não lhes dá importância; "são só arte", alega. No braço direito, em letras pequenas, lê-se "Filho de Deus", enquanto no esquerdo estão gravadas as iniciais "MOE", bem grandes. Sua namorada? Não, ele ri. *Money over everything* [dinheiro acima de tudo, em inglês].

Um auxiliar entra com um carrinho cinza desengonçado trazendo um laptop e um par de óculos. Terrell se recosta em seus travesseiros com os fones nos ouvidos, enquanto o laptop aberto revela o que ele está enxergando.

O equipamento é o mesmo que me transportou para o Snow World, mas o cenário é bem diferente. Terrell está flutuando por um curso de água. Primeiro é um riacho pedregoso, que aos poucos vai desembocando em um rio límpido e raso com bancos de areia. As margens são cobertas por grama e, mais ao fundo, vê-se uma densa floresta de pinheiros. No horizonte, é possível entrever montanhas com neve no topo, debaixo de um céu azul sem nuvens. Não se trata de um jogo; não há pinguins nem bolas de neve para arremessar. Na verdade, trata-se de uma sessão de hipnose. Números de um a dez flutuam em pleno ar, até que uma voz masculina e suave sugere formas de relaxar e se livrar da dor.

Terrell nunca tinha ouvido falar em hipnose. Mas dois dias atrás, após ele reclamar com os funcionários que sua dor era "um dez" apesar dos remédios que estava tomando, perguntaram-lhe se não teria interesse em tentar um método alternativo de relaxamento, e ele aceitou. "Quando testei isso, não senti dor nenhuma", conta. "Nem estava pensando nisso." Hoje, ele está ansioso para tentar novamente. Terrell permanece imóvel durante o funcionamento do programa, a princípio parecendo absorto naquele tranquilo ambiente florestal. Então seus olhos se fecham, e sua boca se abre. Ele caiu no sono.

* * *

É um problema recorrente, diz David Patterson, colega de Hoffman e também psicólogo, quando mais tarde lhe falo sobre Terrell. Patterson vem trabalhando com vítimas de queimaduras e traumatismos do Harborview ao longo dos últimos trinta anos, em busca de métodos não farmacológicos para abrandar a dor deles em vez de apenas aliviá-la com o uso de remédios. Muito embora o Snow World seja altamente eficiente para distrair os pacientes de sua dor por curtos períodos de tempo, os efeitos desaparecem assim que eles retiram os óculos. Patterson, então, está investigando também se as sugestões positivas oferecidas pela hipnose podem reduzir a dor e ajudar na recuperação a longo prazo.

A ideia de utilizar a hipnose como anestesia foi aplicada pela primeira vez por James Esdaile, cirurgião escocês que trabalhou na Índia em meados do século XIX. Ele assistiu a centenas de pacientes afetados pela filariose linfática (ou elefantíase), uma infecção parasitária que provoca enormes inchaços cheios de fluidos. Mas não era fácil convencê-los a deixar que ele extraísse essas protuberâncias. Na época, não havia disponibilidade de anestésicos. Sem isso, o procedimento era extremamente doloroso e levava muitos pacientes à morte pelo simples estado de choque.

Esdaile havia lido sobre os efeitos analgésicos do mesmerismo, popular na Europa de então. Apesar de nunca ter visto alguém ser mesmerizado, decidiu arriscar e obteve inesperado sucesso. O cirurgião registrou em detalhes os pacientes operados por ele, incluindo um comerciante de 40 anos chamado Gooroochuan Shah, que possuía uma bolsa escrotal gigante de 36 quilos, usada por ele como apoio para escrever.

Esdaile removeu a protuberância monstruosa após deixar Shah "inconsciente" com a ajuda do mesmerismo e se convenceu de que o procedimento salvou a vida daquele sujeito. "Acho muito provável", ele escreveu, "que, se a circulação tivesse se acelerado pela dor e pelo sofrimento, ou se o choque no organismo tivesse se agravado pela angústia física e mental, o homem teria sangrado até a morte".[13] Conforme a notícia foi se espalhando, hordas de pacientes com elefantíase apareceram para ver Esdaile, e seu hospital se tornou uma espécie de "fábrica mesmérica", onde milhares de operações foram conduzidas com baixíssimas taxas de mortalidade.

Hoje em dia, as técnicas de Esdaile estão basicamente esquecidas. Agora temos anestésicos químicos eficazes, e quase ninguém precisa passar por uma cirurgia sem qualquer medicamento. (Há muitas situações, no entanto, em países em desenvolvimento, em guerra ou atingidos por desastres naturais, em que esse não é o caso. Quatro mil pessoas tiveram algum membro amputado depois do terremoto devastador que atingiu o Haiti em 2010, por exemplo, e a maioria passou por isso sem nenhum tipo de alívio contra a dor.) Mas alguns pesquisadores vêm investigando se a hipnose pode ajudar a reduzir o consumo de remédios para o tratamento de feridas, a recuperação pós-operatória e a dor crônica.

Patterson me conta que passou a se interessar pela hipnose graças a uma experiência "transformadora", poucos meses depois de ingressar na unidade de queimaduras do Harborview.[14] Um paciente de 60 anos em estado grave enfrentava dificuldades para se adaptar ao tratamento de suas queimaduras. "Ele recebia a máxima dosagem de todos os medicamentos — morfina, tranquilizantes. E dizia: 'Não posso entrar ali de novo, prefiro morrer.'" O mentor de Patterson, um psicólogo especialista em dor chamado Bill Fordyce, sugeriu que ele tentasse a hipnose.

Patterson, então, encontrou num livro um roteiro de indução à hipnose e o leu ao paciente. Planejamos que, mais tarde, quando as enfermeiras lhe tocassem o ombro para realizar a higienização de suas queimaduras, ele entraria em estado de transe. "Quando voltei para checar como tudo havia transcorrido, a enfermaria estava em polvorosa", conta Patterson. "Queriam saber: 'O que o senhor fez com aquele homem? Ele caiu no sono só de encostarmos em seu ombro!' Foi impressionante."

Desde então, estudos de varredura do cérebro revelaram que as sugestões de alívio oferecidas pela hipnose influenciam áreas do cérebro relativas à percepção da dor. Além disso, uma série de estudos randomizados de menor porte indicam que aliar a hipnose aos tratamentos convencionais reduz significativamente as dores crônicas e agudas de uma gama de problemas de saúde.

A grande dificuldade é que a maioria dos pacientes de Patterson não é facilmente hipnotizável. O Harborview recebe todos os casos graves de traumatismos e queimaduras, desde ferimentos de bala a acidentes de carro, quer tenham plano de saúde ou não. Muitos pacientes ali possuem problemas psiquiátricos, ou são dependentes de álcool ou drogas. E, assim como Terrell, estão em constante estado de dor e torpor devido aos analgésicos poderosos que tomam, deixando-os sonolentos e com dificuldade para se concentrar, sendo que alguns podem nem ter ideia do que é hipnose. Não costumam estar em condições ou dispostos a focar sua atenção em uma indução hipnótica tradicional.

Outro obstáculo da hipnose convencional é que ela pode custar caro, pois é necessária a presença de um funcionário para se dedicar a isso. Patterson, então, se questionou se poderia resolver ambos os problemas usando a realidade virtual, de modo a envolver os pacientes em um transe hipnótico. Graças a uma sessão virtual pré-gravada, os pacientes não precisam criar as suas próprias imagens mentais, e o tratamento pode ser aplicado em qualquer lugar, a qualquer hora, mesmo sem a ajuda de um hipnotista.

A primeira cobaia de Patterson foi um bombeiro de 37 anos chamado Grant, que havia se oferecido como voluntário em 2004. Seis semanas antes, Grant jogara gasolina em uma churrasqueira, sem saber que nela ainda havia brasas do fogo anterior, e com a bola de fogo que se produziu dali ele sofreu queimaduras graves em 55% do corpo. Desde então, precisou enfrentar seis cirurgias agonizantes para enxertar pele em suas queimaduras e permanecia com dores excruciantes. Quando não estava profundamente sedado, começava a delirar e sofria de violentos ataques de pânico, sobretudo durante as sessões diurnas em que a equipe médica aparecia para limpar as feridas e fazer os curativos. "Ele estava desesperado", conta Patterson. "Tudo o que tínhamos era o Snow World."

No lugar de um jogo interativo, Patterson pediu a Grant que assistisse a um vídeo. Iglus mostravam os números de um a dez enquanto flutuavam pelo cânion de gelo. Ao final, a voz de Patterson sugeria ao paciente que ele se sentiria relaxado e livre da dor nas próximas sessões de tratamento das suas queimaduras.

No primeiro dia do estudo, antes de qualquer hipnose, Grant classificou sua dor como cem, a máxima possível, mesmo sob o efeito de altíssimas doses de analgésicos — quinze vezes mais do que a típica dosagem aplicada aos pacientes de queimaduras do Harborview. Na manhã seguinte, ele assistiu a uma sessão de hipnose pela RV. Mais tarde, durante o tratamento de suas feridas, o índice de dor relatado por Grant caiu para sessenta, e no terceiro dia, após uma sessão complementar de áudio-hipnose, caiu em mais um terço. No último dia do estudo, Grant não passou pela hipnose, como no começo. Seu índice de dor voltou a atingir a pontuação máxima; ele estava tão angustiado com a dor que foi incapaz de ir até o final do questionário de Patterson.[15]

Após esse estudo de caso com Grant, Patterson desenvolveu a cena relaxante na floresta para aplicar a hipnose via realidade virtual. Resultados positivos foram registrados com vários outros pacientes de queimaduras, assim como com pacientes de traumatismos como Terrell. Em um estudo piloto com 21 pacientes que apresentavam dores severas por conta de fraturas e ferimentos de bala, Patterson comparou a hipnose por RV ao jogo Snow World e também a nenhum tratamento.[16] Os pacientes passavam por uma sessão na RV pela manhã e depois precisavam classificar a dor que sentiam pelo restante do dia. Com o Snow World ou sem nenhum tratamento, a dor dos pacientes aumentou no decorrer do dia, enquanto no grupo de hipnose ela caiu.

Patterson agora conduz um estudo em maior escala, envolvendo duzentos pacientes com traumatismo, para comparar a hipnose por RV à áudio-hipnose e ao tratamento tradicional. Mas, por enquanto, "é muito recente", diz ele. "Ainda é cedo para chegar a qualquer conclusão."

* * *

Eis um experimento que você pode fazer em casa. Ponha a mão direita em cima da mesa à sua frente. Deixe a mão esquerda fora do alcance da sua visão, seja debaixo da mesa ou atrás de algum anteparo, e, no lugar dela à mesa, ponha uma mão falsa (pode ser uma luva de borracha com enchimento). Agora peça a um amigo que cutuque ambas as mãos esquerdas ao mesmo tempo — a falsa, que está visível, e a verdadeira, que está escondida. Após alguns segundos, você deve experimentar uma sensação um tanto estranha; vai ser como se a mão de borracha fosse a sua verdadeira mão.

Esse é um fenômeno conhecido como a "ilusão da mão de borracha". Mesmo sabendo que a mão falsa não faz parte do seu corpo, você sente como se fosse. Uma vez que a ilusão surte efeito, ela afeta a atividade e o comportamento cerebral. As pessoas reagem mais depressa a objetos que elas veem sobre a mão falsa ou perto dela (assim como fariam com a própria mão) e da mesma forma recuam ou tentam retirar a mão se alguém se aproxima com uma agulha ou faca.

Mas isso também possui efeitos físicos. O neurocientista Lorimer Moseley, da Universidade da Austrália Meridional, recentemente descobriu que, durante a ilusão da mão de borracha, os vasos sanguíneos da mão que está oculta se contraem, reduzindo a circulação de sangue nessa parte do corpo e provocando uma queda em sua temperatura. Reações alérgicas na mão oculta também parecem ser amplificadas, de modo semelhante ao que ocorreria durante uma rejeição pelo sistema imunológico.[17] É como se a mão escondida não fosse mais tratada como uma parte tão integrante assim daquele organismo.

Isso sustenta as alegações dos pesquisadores da hipnose, descritas no Capítulo 5, de que, por meio de sugestões e ilusões, é possível influenciar a circulação sanguínea e as reações imunológicas. A partir de seus estudos, Moseley conclui que todos nós possuímos nosso próprio "mapa da mente" — uma representação mental do nosso corpo físico — guardado no cérebro.[18] É algo que nos mantém cientes da extensão do nosso corpo e do espaço que ocupamos. Isso também pode desempenhar um papel crucial no controle e na regulação da nossa fisiologia, incluindo as reações imunológicas e a circulação sanguínea. Mudanças no mapa da mente, nesse caso obtidas por meio de um simples truque ótico, são percebidas não apenas pela mente, mas também pelo corpo.

Isso pode ter grandes implicações para a nossa saúde. Moseley especula que a percepção inconsciente do cérebro sobre as diferentes partes do corpo, por exemplo, possa desempenhar algum papel em determinadas doenças autoimunes. Um desencontro entre o mapa da mente e a realidade também pode representar uma causa de dores crônicas — se a informação sensorial vinda de determinada parte do corpo entra em conflito com o que a mente espera, por exemplo, isso gera dor para nos alertar de um perigo em potencial.

A dor do membro fantasma, em que os amputados sentem a dor oriunda de um membro que não existe mais, seria um exemplo óbvio, mas problemas com a percepção de posse podem estar envolvidos em outros problemas crônicos, como a síndrome complexa de dor regional (SCDR). Os pacientes com essa doença sofrem de intensas comichões posteriores a lesões como uma simples fratura de punho, mesmo após o osso já ter cicatrizado. A mão afetada se torna mais fria na SCDR, tal como acontece durante a ilusão da mão de borracha.

Mesmo lesões relativamente mais leves podem desencadear alterações no mapa da mente conforme o cérebro busca interpretar a informação sensorial que está recebendo, relata Candy McCabe, professora de enfermagem e de ciências da dor na Universidade do Oeste da Inglaterra. "É fácil chegarmos a um quadro em que tudo está regenerado na periferia, mas o sistema nervoso central se torna supersensível a coisas que normalmente não deveriam causar dor."[19]

Na osteoartrite, por exemplo, que é uma condição causada por excesso de movimentos mecânicos e inflamação nas articulações, não existe uma correlação direta entre o grau de dano estrutural e a dor sentida pelo paciente. O que costuma regular a dor, defende McCabe, não é o problema na articulação em si, mas a forma como o cérebro *enxerga* aquela articulação. Tal como acontece na teoria da fadiga envolvendo a figura de um governador central, os especialistas em dor vêm concluindo reiteradamente que, embora as mensagens emitidas pelo corpo sejam importantes para a dor, elas são sempre moduladas por nossas percepções (conscientes e inconscientes) de quanto perigo corremos em determinado momento.

Pesquisadores como McCabe e Moseley agora investigam se é possível reduzir a dor na síndrome do membro fantasma, na SCDR, em pacientes vítimas de derrame cerebral ou com osteoartrite ao fazer com que o cérebro deles acredite estar vendo um membro saudável.[20] Em uma variação do experimento com a mão de borracha, eles colocam os pacientes em frente a um espelho ou monitor, de modo que, em vez de enxergarem o membro comprometido, eles vejam o reflexo ou a imagem de um membro sadio. Enquanto o uso da RV para hipnose e distração desenvolvido no Harborview cria a ilusão de que estamos em um local seguro, talvez a terapia com espelhos possa realizar um truque mais específico, convencendo o cérebro de que uma parte afetada do corpo encontra-se sã e salva.

Infelizmente, apesar do desastre na saúde pública representado pela prescrição de analgésicos, existe pouco interesse na pesquisa de métodos não farmacológicos para ajudar as pessoas a lidar com a dor. E, tal como vimos com a pesquisa sobre a hipnose no capítulo anterior, os estudos até o momento são de pequena escala. Uma crítica recente concluiu que não existem evidências boas o bastante para afirmar categoricamente que a terapia com espelhos funciona melhor do que o placebo.[21]

David Spiegel, especialista em hipnose de Stanford, acredita que parte da razão para a falta de entusiasmo seja de cunho econômico. Ele observa que o alívio da dor representa um mercado de bilhões de dólares, e as companhias farmacêuticas não têm qualquer interesse em financiar estudos que reduzam a dependência dos pacientes aos seus produtos. E o mesmo pode ser observado nos planos de saúde, pois, se as despesas médicas forem reduzidas, seus lucros também o serão. O problema da hipnose e de outras terapias psicológicas, afirma ele, é que "não existe uma indústria interventora interessada em promovê-las".[22]

Entretanto, talvez isso venha a mudar em breve. Em março de 2014, o Facebook adquiriu uma startup californiana de pouca notoriedade chamada Oculus pelo valor de nove bilhões de dólares. A empresa é especializada em jogos de RV e acabou de desenvolver um equipamento chamado Oculus Rift, semelhante em tamanho e em formato a uma máscara de mergulho. Enquanto o equipamento de RV utilizado por Hoffman e Patterson custa dezenas de milhares de dólares, a Oculus vende seu aparelho por apenas 599 dólares a unidade. Isso promete trazer a realidade virtual ao alcance de consumidores comuns, que poderão usar as máscaras sem fio a partir dos seus tablets ou smartphones. Hoffman diz que já testou o Snow World em um aparelho Oculus Rift, usando-o durante a fisioterapia de um paciente com queimaduras. "Funcionou muito bem", elogia ele.

Aperfeiçoamentos como esse indicam que em breve as pessoas poderão utilizar a RV para o alívio de suas dores — seja por meio de jogos distrativos, da hipnose ou de ilusões como as dos espelhos — em sua própria casa. Isso também significa que esses mundos virtuais estão prestes a se tornar muito mais sofisticados, segundo prevê Hoffman, conforme as empresas de videogames investirem no aperfeiçoamento de seus programas para acompanhar esses novos equipamentos. Além de jogos melhores, diz ele, isso também poderia trazer terapias mais eficazes no combate à dor — o que me faz pensar ainda se no futuro não veremos estudos de alívio da dor sendo financiados não pela indústria farmacêutica, mas pela indústria de jogos.

Hoffman imagina bibliotecas inteiras de mundos virtuais à disposição, para que pessoas com dores possam escolher de acordo com a sua conveniência. E as possibilidades vão além do alívio da dor — ele ainda tem interesse em utilizar os mundos virtuais para tratar distúrbios psicológicos, por exemplo, e já projetou o mundo do World Trade Center, o mundo de atentados terroristas em ônibus e o mundo do Iraque para permitir que os pacientes com transtorno de estresse pós-traumático enfrentem os seus temores.

Talvez a realidade virtual se torne poderosa o suficiente até mesmo para mudar os hábitos da comunidade médica. "Atualmente os pacientes valorizam muito a distração pela RV", diz Hoffman. "Mas acredito que ela possua um enorme potencial para desencadear uma mudança no paradigma de como a dor é tratada. Os resultados são tão expressivos que estão encorajando a comunidade médica a começar a explorar o uso de analgésicos não farmacológicos em conjunto com os medicamentos contra a dor. Quem sabe onde isso vai dar?"

* * *

Dois dias após o nosso encontro entorpecido, volto para ver Terrell e me surpreendo ao encontrá-lo alerta e sorridente. Está com um sapato no pé enfaixado. "Eu digo que é o meu 'sapato faz-tudo'", brinca. Ele acabou de tomar banho por conta própria pela primeira vez desde o acidente e já até visitou a academia. Se antes os médicos haviam lhe dito que ele precisaria ficar no hospital por mais duas semanas, agora prometeram que poderia ir para casa na próxima segunda, dali a três dias.

Se ele acredita que a RV ajudou? Depois que a experimentou, continuou sentindo as mesmas dores. "Mas eu me sinto meio diferente", relata. "Mais tranquilo." Quem confirma essa impressão é uma das enfermeiras, que me conta que Terrell passou por uma "mudança de personalidade" depois da sua primeira sessão de hipnose, de rabugento inveterado a educado e amigável.

Quando lhe pergunto do que mais gostou, ele responde que foram as árvores. "Não tem lugar melhor do que uma floresta. Quando você está com raiva, pode ir até uma floresta e tirar tudo isso de dentro de você."

"Tudo isso o quê?", pergunto.

"Toda a dor."

7

FALE COMIGO

Por que o cuidado é importante

Eu me lembro de luzes muito fortes e de escutar Tom Jones (uma escolha do cirurgião); de um grande anteparo azul na altura do meu tórax; e de conversar com meu companheiro sobre a primeira coisa que me vinha à mente — e o que veio foi sorvete — para me distrair daquelas estranhas sensações de alvoroço vindo de dentro do meu abdômen. Até que uma bebê banhada em sangue foi erguida acima do anteparo.

Isso foi em agosto de 2009. Dois dias antes, ainda grávida da minha primeira filha, eu não estava muito preocupada com o parto. Estava em forma e sadia e havia comparecido a todas as minhas aulas de pré-natal. O hospital local possuía uma unidade formada apenas por parteiras, com bolas suíças e banheiras à disposição. Eu esperava ansiosamente pelas primeiras contrações e pretendia tirar o parto de letra, recorrendo a massagens relaxantes e respirações profundas.

Mas as coisas não aconteceram dessa forma. Durante vários dias de trabalho de parto prematuro, não senti contração alguma, só uma dolorosa ardência na pélvis que me impossibilitava de comer e dormir. Parecia que algo estava errado, e quando finalmente cheguei ao hospital — a pressão alta indicava que eu não podia ser encaminhada para a maternidade, de modo que acabei na ala da obstetrícia — estava exausta e assustada.

Uma parteira não demorou a romper minha bolsa, me ligar a um monitor cardíaco fetal e administrar oxitocina artificial para intensificar minhas contrações. Foi quando percebi que aquela sensação de ardência de antes era apenas um mero desconforto. Agora o nível de dor havia disparado até o seu limite — minha pélvis sem dúvida devia estar se partindo ao meio, algo não devia estar certo. Dominada pelo medo e pela dor, comecei a entrar em pânico.

A parteira parecia desapontada. Para ela, eu ainda me encontrava em um estágio do trabalho de parto relativamente inicial e devia estar aguentando melhor tudo aquilo. *Eu já escalei montanhas*, quis protestar. *Já mergulhei com tubarões* (eram tubarões-de-bico-fino, pelo menos). *Sou faixa preta em jiu-jítsu!* Não sou uma fracote sem força de vontade ou sem resistência à dor. Mas é difícil falar quando a sua consciência está se dissolvendo em um ruído ofuscante enlouquecedor. Tudo aquilo era perfeitamente normal, insistia a parteira entre uma contração e outra. Suas palavras me provocaram um sentimento de desamparo. Ou ela não fazia a menor ideia daquilo por que eu estava passando, ou eu era um completo e absoluto desastre em matéria de partos.

Muito tempo depois descobri que minha bebê se encontrava em uma posição difícil: estava de frente e não de costas, o que significava que, em vez de se encaixar comodamente no canal de parto, sua cabeça estava inclinada de maneira inadequada contra ele. Em seu devido tempo, os bebês nessa posição podem acabar se ajeitando sozinhos. Mas, quando a parteira rompeu minha bolsa e administrou oxitocina, o fluido que amortecia os movimentos da bebê passou a não existir mais, e as contrações do meu útero forçaram seu crânio para baixo de modo implacável, um osso friccionando o outro.

Pedi uma epidural, e a dor desapareceu como num passe de mágica. Todavia, como às vezes costuma ocorrer após uma epidural, as minhas contrações desaceleraram. Passei as 24 horas seguintes deitada de barriga para cima, rodeada de fios, tubos intravenosos e monitores. A primeira parteira foi sucedida por uma série de outras. Elas verificaram gráficos e aumentaram dosagens, conduziram exames no meu organismo para acompanhar o meu estado e cutucaram o couro cabeludo da minha bebê para acompanhar o estado dela também. Por fim, um médico me informou que ela estava presa e que eu precisaria me submeter a uma cesariana de emergência.

Não segurei minha filha no colo logo de cara; eu sentia náuseas e tremia violentamente após a cirurgia, e ninguém achou que fosse uma boa ideia. Sem esse primeiro contato, ela mais tarde teve dificuldade para conseguir mamar. Começou sua vida chorando e faminta em um berço de acrílico (ela perdeu 10% do seu peso corporal na primeira semana), enquanto uma nova rodada de parteiras e inspetores me repreendiam dia e noite por seu estado de saúde.

Uma das parteiras me fez passar horas extraindo gotas preciosas de colostro para minúsculas seringas (algo difícil de se fazer no escuro, quando a única luz vem da parede às suas costas); a seguinte aparecia para me dar broncas por ter deixado minha bebê no berço. Uma terceira apertava meu seio repetidas vezes contra a boca da minha filha, como se estivesse recheando uma galinha. Eu me perguntava quanto tempo uma pessoa aguenta ficar sem dormir.

Quatro dias e vários ataques de pânico depois, me permitiram voltar para casa. Estava imensamente grata por ter uma filha sadia, porém fiquei imaginando se as coisas não poderiam ter transcorrido de um jeito diferente.

* * *

Em outras palavras, foi um parto como outro qualquer. Graças à assistência médica moderna, os partos são hoje extremamente seguros. No Reino Unido, apenas cerca de 0,7% dos bebês são natimortos ou morrem pouco após o nascimento.[1] A proporção de mulheres que morrem é ainda menor. E temos acesso facilitado aos analgésicos. Mas, apesar de tudo isso, o trabalho de parto costuma ser uma experiência traumatizante. Em uma pesquisa, quase metade das mulheres entrevistadas dois dias após o nascimento de seus bebês afirmou que aquela havia sido a pior dor pela qual já passaram, mesmo com 91% delas tendo recebido medicamentos para aliviar sua dor.[2]

E muitas mulheres saem dessa experiência com sentimentos conflitantes em relação ao nascimento de seus filhos. Cerca de um terço delas se sente traumatizada após dar à luz, enquanto 2-6% sofrem de um verdadeiro transtorno de estresse pós-traumático (com as mulheres que passaram por partos auxiliados por instrumentos ou cesarianas correndo o maior risco).[3]

Mais da metade dos nascimentos em países desenvolvidos como o Reino Unido e os Estados Unidos é "assistida". Ou seja, os partos são induzidos ou envolvem o uso de instrumentos ou de cirurgia.[4] Esses efeitos podem ter implicações de longo prazo na saúde da mãe e da criança. Tomemos como exemplo o caso das cesarianas. Sobretudo quando a cirurgia é tratada como uma emergência, as potenciais complicações variam de lesões na bexiga e infecções a perigosas hemorragias e à formação de coágulos de sangue.

Mulheres que dão à luz por cesariana também se arriscam a sofrer de complicações em futuras gestações, incluindo rotura uterina e problemas na placenta. Elas ficam menos propensas a amamentar (ato que protege os bebês das infecções) e correm um risco maior de sofrerem de depressão e de estresse pós-traumático (o que afeta o seu cuidado para com o bebê). Com todos os avanços da medicina ocidental, será que isso é realmente o melhor que podemos fazer?

Ellen Hodnett, professora de pesquisas em enfermagem perinatal da Universidade de Toronto, no Canadá, argumenta que deveríamos partir para uma nova abordagem. Existe algo capaz de reduzir de forma segura a dor, o estresse e o risco de complicações e intervenções durante o trabalho de parto. Mas não se trata de uma droga, de um exame ou de um procedimento cirúrgico. Não se trata de uma posição de parto sofisticada nem de uma ala de hospital ultramoderna. É necessário apenas que um mesmo cuidador a acompanhe até o fim do processo.

Em 2012, Hodnett analisou 22 estudos randomizados controlados que envolviam mais de 15 mil mulheres de 16 países e descobriu que aquelas que contam com uma assistência contínua durante o trabalho de parto possuem menos chances de precisar de uma cesariana ou de um parto instrumental, assim como são menos propensas a utilizar analgésicos.[5] Seus partos são mais rápidos, e seus bebês nascem em melhor forma. "É a única medida que conheço que de fato reduz a probabilidade de uma cesariana", confessa ela.[6]

Quando utilizadas da forma apropriada, as cesarianas salvam vidas e em geral são extremamente seguras. Mas ainda assim são grandes cirurgias, por isso não é recomendável que uma pessoa seja submetida e ela sem uma boa razão. A Organização Mundial de Saúde alertou em 2010 que, embora índices muito baixos de cesarianas constituam um perigo, o mesmo vale para os índices desnecessariamente elevados.[7] Estudos comparados entre diferentes países sugerem que o índice de cesarianas ideal encontre-se na faixa de 5-10%; índices abaixo de 1% e acima de 15% tendem a significar maus resultados para mães e bebês. O índice de cesarianas na Inglaterra, onde vivo, é de 26%. Nos Estados Unidos é de 33%.[8]

Mas por que estar acompanhada de apenas um cuidador — em vez de, digamos, contar com o suporte intervalado de diferentes parteiras que se revezam em turnos — influencia a necessidade de uma mulher passar ou não por uma cirurgia? Hodnett sugere que talvez aquelas que recebem assistência contínua tenham maior disposição a receberem instruções de posições específicas para ajudar no parto. O suporte emocional proporcionado por uma única pessoa de confiança pode também reduzir o temor e o estresse femininos e fazer com que as mães sintam um maior controle da situação. Isso, por sua vez, pode amainar a dor experimentada durante o parto, significando que elas precisariam de menos analgésicos, algo que por si só já poderia reduzir as complicações e dispensar a necessidade de outras intervenções. Diminuir a ansiedade pode ainda influenciar diretamente o comportamento do organismo durante o trabalho de parto. Hormônios liberados na corrente sanguínea quando estamos estressadas ou assustadas, sobretudo nos estágios iniciais do parto, agem de modo a desacelerar nossas contrações.[9]

Os benefícios da assistência contínua são maiores nos países em desenvolvimento, sobretudo em situações em que as mulheres estão assustadas ou desinformadas em relação ao trabalho de parto. Nesses casos, elas tendem a dar à luz em hospitais mal-equipados, sem o apoio de um companheiro ou de um membro da família. Por outro lado, em um estudo envolvendo sete mil mulheres dos Estados Unidos e do Canadá, a assistência contínua não foi capaz de reduzir o índice de intervenções cirúrgicas.[10] Será que a assistência médica é tão boa que elas sequer precisam de um suporte adicional?

Não é o caso, diz Hodnett. Ela argumenta que, em vez disso, uma intensa abordagem a favor da intervenção nesses países ofusca qualquer possibilidade de influência da assistência contínua. "É como se tudo fosse regido por um cronômetro", explica ela. "Você precisa ter o seu bebê dentro uma margem específica de tempo, ou então haverá um problema. Não existe um regulamento, mas todos seguem uma espécie de cronômetro." Se as coisas fogem do controle — se um parto não começa no horário previsto, ou evolui devagar demais, ou se a mãe está demorando muito para empurrar o bebê para fora —, a equipe médica intervém com medicamentos, tesouras, fórceps ou cirurgia.

"Estamos falando de um ambiente em que dois terços das mulheres estão recebendo oxitocina artificial durante o trabalho de parto, com o monitoramento contínuo do feto, de modo que ficam confinadas à cama. Recebem soluções intravenosas, medicamentos poderosos, e pelo menos dois terços delas obtêm analgesia epidural contínua durante o parto." As mulheres que tentam dar à luz em tais circunstâncias inevitavelmente acabam refletindo nos altos índices de medicamentos e cirurgia, argumenta Hodnett, quer elas tenham cuidados à disposição ou não.

* * *

O que acontece, então, quando as mulheres dão à luz fora desse ambiente cercado de tecnologia — em casa, por exemplo? É uma escolha feita por cerca de 3% das britânicas e apenas 1% das norte-americanas. Quando as mulheres realizam o parto em casa, as mesmas parteiras costumam acompanhá-las durante todo o processo, e a maior parte dos remédios e das intervenções médicas ficam indisponíveis, a não ser que seja feita uma transferência para o hospital.

É quase impossível empreender estudos randomizados comparando partos planejados em casa e nos hospitais, uma vez que não é prático nem ético levar uma mulher a dar à luz em um lugar indesejado. Mas existe um número expressivo de estudos observacionais de grande porte, incluindo um ocorrido em 2011 que acompanhou quase 65 mil mulheres com gravidez de baixo risco.[11] Tais estudos comparam as mulheres que escolheram realizar o parto no hospital àquelas que tentaram dar à luz em casa (independentemente de terem conseguido fazer isso ou de terem precisado ir para o hospital em busca de analgésicos ou de uma intervenção médica). Constatou-se que a simples escolha de dar à luz em casa torna as mulheres menos suscetíveis à necessidade de medicamentos para induzir ou acelerar o trabalho de parto ou para aliviar suas dores. Elas também se tornam menos suscetíveis a cortes ou incisões, bem como à necessidade de uma cesariana ou de um parto instrumental. Seus bebês nascem em melhor forma e mais propensos à amamentação.

Um quadro semelhante é percebido a partir dos estudos de parteiras britânicas independentes, que não trabalham para o Serviço Nacional de Saúde. Elas evitam as intervenções médicas até o momento em que passa a existir uma razão evidente para realizá-las. Muitos desses partos que elas acompanham ocorrem em casa, e uma mesma parteira cuida da futura mãe durante toda a gravidez, bem como durante e após o parto. Um estudo em 2009 com quase nove mil mulheres revelou que 78% daquelas que estavam no grupo de parteiras independentes optaram pelo parto não assistido (sem instrumentos), comparados aos 54% daquelas que receberam a assistência convencional.[12] Os bebês do primeiro grupo tinham quase metade da propensão a apresentar baixo peso ao nascer ou a necessitarem de cuidados intensivos, e os índices de amamentação eram bem superiores.

Talvez alguns desses benefícios não sejam tão surpreendentes, mas por acaso as intervenções adicionais típicas dos partos hospitalares convencionais não são necessárias para salvar a vida dos bebês quando algo dá errado? Pois acontece que em muitos casos a resposta é negativa. Para gestações de baixo risco e aquelas nas quais a mulher já possui filhos, dar à luz em casa é igualmente seguro, com as mesmíssimas taxas de mortalidade e lesão neonatais. Os autores de uma crítica redigida em 2012 para a Colaboração Cochrane (organização que possui as mais confiáveis análises da profissão médica) acerca do parto em casa *versus* o hospitalar relacionou o alto índice de complicações à "impaciência e fácil acesso a uma série de procedimentos médicos".[13] Em 2014, o NHS publicou novas diretrizes, segundo as quais essas mulheres têm mais a ganhar fora da ala obstétrica e deveriam ser encorajadas a dar à luz ou em uma unidade de parteiras ou em sua própria casa.[14]

Tudo indica que, ao substituir o acesso facilitado à tecnologia pelo cuidado com o estado emocional de uma mulher, ela e seu bebê se saem muito melhor — não só no aspecto psíquico como também físico.

* * *

Quando entrei em trabalho de parto pela segunda vez, bem tarde numa noite de outubro, meu companheiro e eu chamamos parteiras independentes e nos dirigimos não para um hospital, mas para uma piscina inflável no chão de nossa sala.[15]

Jacqui Tomkins foi a primeira a chegar — a eficiência, a experiência e a calma em pessoa. A dor aumentou em um ritmo mais acelerado do que eu esperava; cada contração era um cerco de agonia e esgotamento, cada uma mais forte do que a anterior. E, se eu havia chegado ao meu primeiro parto com uma confiança ingênua, dessa vez eu sabia das dificuldades que poderia enfrentar. "Não acho que consigo passar por isso", confidenciei a Jacqui. "Claro que consegue", veio a resposta sensata, como uma mãe que tranquiliza o filho no primeiro dia de aula. Vim a conhecer Jacqui e a confiar nela durante minha gravidez; por isso, enquanto as promessas de parteiras em constante revezamento na minha primeira gestação só serviram para me deixar desamparada, dessa vez as suas palavras surtiram efeito. Aquilo era dor, mas o medo estava fora da equação — nada parecido com o caos avassalador e sufocante que eu havia sentido da outra vez. Acabei entrando numa espécie de ritmo: sentia a dor crescendo, relaxava, fechava os olhos e soltava o ar. Era como mergulhar por baixo de uma onda e ressurgir com o mar mais calmo, em vez de me impor contra a rebentação.

Depois de mais ou menos seis horas, ouvi um barulho. Era um rugido gutural, que parecia ter saído de mim mesma. "O que foi isso?", perguntei alarmada. Jacqui sorriu. "Você está empurrando o seu bebê para fora." Como vim a descobrir, tratava-se de um tipo diferente de dor, como ser dilacerada e aberta de dentro para fora. Mas já era tarde demais para voltar atrás e mudar de ideia. E felizmente essa última fase costuma ser rápida; o parto poderia terminar dali a poucos minutos. Minha segunda parteira tinha acabado de chegar, pronta para o grande final. Elke Heckel é uma alemã grande e calorosa, que veste cores vibrantes e gosta de chá de bergamota. Também havia escutado o som gutural. "Não falta muito agora", comentou de modo amigável, e se acomodou no sofá.

Sua chegada era reconfortante, mais um dos fios que formavam a rede de segurança tecida por Jacqui em torno de mim. Infelizmente, esse bebê também se encontrava em uma posição complicada, com um dos cotovelos comprimido pela cabeça, e seu avanço em direção ao canal de parto foi dolorosamente lento. Duas horas depois, o sol já espiava pelas venezianas, e os trabalhadores londrinos passavam ruidosamente por entre as folhas de outono. E nada de o bebê sair. Eu estava exausta e mais uma vez começava a entrar em pânico.

Já estava fazendo força por mais tempo do que o permitido pela assistência médica convencional. A essa altura, as parteiras do NHS já teriam me colocado em uma ambulância a caminho do hospital para que um obstetra retirasse o bebê, com o auxílio de tesouras, fórceps ou, mais provavelmente, devido ao meu histórico anterior, de mais uma cesariana. Isso garantiria um parto no tempo apropriado. Mas a cirurgia de emergência traria seus próprios riscos, incluindo uma potencial dificuldade de fazer o meu recém-nascido mamar. A permanência no hospital e a recuperação mais demorada também me impediriam de cuidar da minha filha de três anos, nessa que é uma fase tão delicada de sua vida.

Em vez disso, Jacqui e Elke continuaram monitorando o bebê e me asseguraram que, como tudo parecia bem, não havia necessidade de intervir. "Você está indo muito bem", disseram. "Ele sairá quando estiver pronto." E foi isso. Esse foi o momento em que as estatísticas mudaram; o momento em que a cesariana de emergência se transformava num parto sem complicações. Transcorrido no chão da minha sala, aquilo foi uma demonstração de que os resultados apontados pelos estudos se aplicam entre dezenas de milhares de mulheres: a segurança passada por alguém em quem confiamos não é uma mera trivialidade. As palavras certas podem ser poderosas o bastante para substituir a agressiva intervenção médica e reverter situações do ponto de vista físico.

Poucos minutos depois, meu filho deslizou para a água. Jacqui o resgatou em meio à penumbra e o levou aos meus braços: pálido, com os olhinhos esbugalhados, perfeito. Eu estava lhe dando de mamar no sofá com uma caneca de chá em minha mão livre, bem a tempo para que minha filha, que havia dormido durante todo esse tempo, pudesse descer as escadas e vir falar comigo.

* * *

Claro, o parto domiciliar não é a resposta para todas as mulheres — nem mesmo para a maioria delas. Muitas não têm nenhum desejo de dar à luz em casa, e os estudos mencionados anteriormente sugerem que as mães de primeira viagem ficariam mais seguras evitando isso. A diferença é pequena, mas, quando dão à luz em um hospital, comparado a suas casas, ainda menos bebês morrem ou nascem com lesões sérias. É provável que o mesmo valha também para gestações de alto risco, como no caso de apresentação pélvica ou de gêmeos, muito embora praticamente nenhum estudo tenha sido realizado a esse respeito, uma vez que tão poucas mulheres nessas condições optam pelo parto domiciliar.[16]

Contudo o que os tão distintos partos dos meus filhos me ensinaram foi como o apoio emocional pode ser crucial, não importa onde as mulheres venham a ter seus bebês. Reagimos de modo bem diverso ao cuidado dispensado por alguém que conhecemos e em quem confiamos, em vez de por uma série de estranhos, e isso afeta o resultado final não apenas no aspecto psicológico, mas também no físico. Infelizmente, nosso sistema médico costuma pedir às mulheres que escolham entre dois extremos: elas podem ou receber acompanhamento holístico em casa, porém sem o acesso imediato à tecnologia médica para casos de risco de vida; ou assistência impessoal e intervencionista no hospital.

Hodnett argumenta que, em vez disso, deveríamos aliar o melhor dos dois mundos: um ambiente de apoio hospitalar com parteiras que acompanham as gestantes ao longo do trabalho de parto, com acesso a analgésicos e tecnologia médica quando *e se* forem necessários. Isso representa parte da filosofia por trás das maternidades britânicas atendidas por parteiras, embora elas ainda não garantam a assistência contínua e só aceitem mulheres com gestações de baixo risco (cerca de 45% dos casos)[17] dispostas a abrir mão dos tipos mais potentes de analgésicos. E quanto a todas as outras mulheres? Não deveriam todas elas — incluindo as que se encontram nas alas obstetrícias — se beneficiar de uma assistência mais encorajadora e menos agressiva?

"A resposta mais típica nos Estados Unidos é que não temos como contar com a assistência contínua de uma única pessoa ao longo do trabalho de parto", diz Hodnett. Ela argumenta, no entanto, que isso não necessariamente custa mais caro: em um estudo com cerca de sete mil mulheres em treze hospitais espalhados pelo país, ela ofereceu o serviço de assistência contínua simplesmente reorganizando a escala das enfermeiras e das parteiras, sem aumentar o número de funcionários trabalhando em um mesmo turno.[18] Além disso, é claro que reduzir o número de intervenções sairia mais barato, e não mais caro. A média do que se cobra nos hospitais americanos pela assistência materna (gestação, trabalho de parto e assistência neonatal) é de cerca de cinquenta mil dólares para mulheres que passam por uma cesariana, comparada aos quase trinta mil para aquelas que optam pelo parto vaginal.[19]

Para Hodnett, se seus estudos tivessem sugerido que as mulheres deveriam obter uma medicação nova e mais cara para utilizar no trabalho de parto, "no dia seguinte todos já teriam providenciado isso". A introdução de novos medicamentos se adapta com facilidade ao modelo atual de assistência médica. Por outro lado, mudar a forma como as mulheres são acompanhadas nos hospitais não necessariamente sairia mais caro, mas exigiria transformações mais amplas na organização de seus departamentos, e, de acordo com Hodnett, há pouca disposição para enfrentar esse problema. "É algo que requer uma mudança nas atitudes e nos comportamentos de médicos, enfermeiras, parteiras e administradores de hospitais, uma mudança que ainda não ocorreu."

Nesse meio-tempo, as mulheres que escolhem dar à luz nos hospitais continuam recebendo todas as intervenções médicas necessárias — e também muitas desnecessárias.

* * *

"Homem-Aranha!", exclama o menino de 8 anos chamado Daniel ao me mostrar uma máscara de oxigênio que ele enfeitou com adesivos. Um círculo de versões em miniatura do super-herói dança ao redor da ponta do bocal. Ele está sentado na beirada da cama e balança as pernas, vestindo um robe hospitalar verde estampado com estrelas e corações.

Daniel é um doce menino hispânico com cabelos pretos e arrepiados e um cisto no cérebro. Os médicos acompanham de perto a lesão para impedir que ela cresça, e ele está aqui, no Centro Médico de Boston, em Massachusetts, para o seu exame regular de ressonância magnética por imagem. "Homem-Aranha!", grita ele de novo, arrebitando o nariz e mostrando os dentes de cima num largo sorriso.

Tal como o Harborview, o Centro Médico de Boston atende um público desafiador. Seus pacientes tendem a ser de baixa renda e desprivilegiados. Muitos não possuem um plano de saúde nem falam inglês. Quando chego às oito da manhã de um dia frio e cinzento, apesar de os edifícios do hospital serem modernos e imponentes, a atmosfera é de um leve abandono. Do lado de fora, um homenzarrão usando um boné dos Yankees anuncia: "Vou levar você para casa, querida", antes de perguntar se eu tinha algum trocado.

No cavernoso saguão de entrada, um adolescente todo vestido de preto xinga em seu iPhone enquanto circula por entre as palmeiras pontiagudas plantadas em vasos gigantes e espaçadas ao longo do piso. Por uma porta à esquerda, chego à sala de espera da radiologia, onde pacientes entediados assistem a uma discussão sobre o vestido de noiva de Kim Kardashian na televisão. Mas, ao avançar pelo corredor, noto uma mudança no ar. Chego a uma área pequena porém alegre, separada por cortinas, com ilustrações e fotos de animais trazidas pelas crianças. Há um mural de recados coberto de recortes de gatos. Um armário abarrotado de brinquedos. E a enfermeira da ressonância magnética, Pamela Kuzia, surge toda sorridente e maternal, com sapatos rosa de estampa florida.

O trabalho de Kuzia é ajudar os pacientes mais jovens do hospital a passarem pelo exame de ressonância magnética. Isso requer que fiquem deitados e imóveis no apertado túnel do scanner por mais ou menos meia hora, uma experiência intimidadora inclusive para muitos adultos. Quando possível, ela se esforça para conseguir isso sem ter que sedá-los: "Faz parte do nosso trabalho não medicar ninguém sem necessidade", afirma ela. As crianças mais novinhas e as mais ansiosas acabam precisando. Mas, mesmo nesses casos, levá-las até a sala onde se encontra o aparelho de ressonância e colocá-las sobre a mesa para receberem o sedativo podem se mostrar verdadeiros desafios.

Crianças como Daniel, por exemplo. Ele possui atraso de desenvolvimento. Sua mãe não fala inglês e fica ansiosa no hospital, o que acaba passando para o filho. Além disso, algumas de suas ressonâncias o traumatizaram, como a vez em que a agulha que estava passando os sedativos saiu de sua veia e o fluido começou a escorrer em seu braço. Daniel chegou a um ponto em que desatava a chorar assim que Kuzia aparecia no saguão.

Mas tudo é diferente hoje em dia. Quando Kuzia chega, Daniel está calmo, até calado, os olhos bem abertos. Ela lhe entrega alguns carrinhos da marca Matchbox (ela sabe que são os seus preferidos) e em seguida lhe dá a máscara de oxigênio. "Esta é a sua máscara de piloto", diz ela alegremente. "Então, sr. Daniel, gostaria de chiclete ou morango?" Ele sorri pela primeira vez. "Chiclete!", responde. Kuzia obedece e borrifa na máscara, e um cheiro enjoativo de chiclete invade a sala. Daniel segura com orgulho sua máscara recém-perfumada, brincando com o bocal. Após enchê-la de adesivos, ele está pulando de alegria.

    É chegado o momento de irem até a sala de ressonância. A entrada não poderia ser mais intimidadora: é rodeada de sinais de avisos nas portas, nas paredes e no chão. *Pare!* São os painéis vermelhos. *Perigo.* Placas amarelas e pretas. *Cuidado, área de intenso campo magnético.* Do outro lado da porta há uma grande sala cheia de equipamentos, mesas de rodinhas com telas, fios, botões e luzes intermitentes em pleno funcionamento. Há também refletores, tesouras, botijões de gás, equipamento intravenoso, caixas de luvas descartáveis e bisnagas de pomada. E no meio do cômodo, zumbindo ruidosamente, um túnel no formato de uma rosquinha gigante — eis o aparelho de ressonância.

    Ele gera um campo de força dezenas de milhares de vezes mais poderoso do que o campo magnético da Terra, e isso significa que qualquer objeto metálico levado inadvertidamente para dentro da sala — uma caneta, um relógio, um clipe de papel ou um brinco — pode ser impulsionado na direção do scanner (e de quem mais estiver ali dentro) com uma velocidade letal. A máquina é grande e imponente e tem uma estreita mesa corrediça para receber o paciente que me faz lembrar uma daquelas prateleiras utilizadas para deslizar cadáveres para dentro e para fora das geladeiras de conservação em um necrotério.

    Kuzia conseguiu trazer Daniel até a porta. Agora precisa levá-lo até aquela mesa.

* * *

Você não precisa ser um paciente com queimaduras ou traumatismos, ou estar em trabalho de parto, para passar por um procedimento médico angustiante ou doloroso. A cada ano milhões de pessoas são submetidas não apenas a exames de ressonância, mas também a procedimentos invasivos, como biópsias e cirurgias laparoscópicas, em pleno estado desperto. Diferente de uma cirurgia aberta, em que se realiza uma longa incisão na pele, na operação laparoscópica o cirurgião trabalha por uma minúscula abertura, guiando-se pelas imagens captadas por uma câmera acoplada à ponta de um tubo.

A cicatrização é mais rápida do que em uma cirurgia aberta, e em geral os pacientes podem voltar para casa no mesmo dia. Não se costuma pedir a anestesia geral; em vez disso, eles recebem uma anestesia local aliada a sedativos. No entanto, apesar dos benefícios, estar acordado durante a sua própria operação pode se tornar uma experiência atemorizante. Perigosos efeitos colaterais limitam as doses de sedativos que os médicos podem aplicar com segurança, de modo que não surpreende que os pacientes relatem altos níveis de ansiedade e dor.

Uma das profissionais que conduzem esse tipo de procedimento é a radiologista intervencionista Elvira Lang. "Faço cirurgias em pacientes despertos", diz ela. "O desafio é colocá-los na mesa, mantê-los na mesa e conseguir fazer o que precisa ser feito com dignidade."[20] Em vez de simplesmente sair distribuindo medicamentos, ela imaginou se não seria possível mobilizar as faculdades psíquicas de seus pacientes. Então, Lang desenvolveu uma mistura de práticas de comunicação empática, sugestões positivas e imagens mentais, e esperava com isso conseguir ajudá-los a relaxar e abrandar sua dor. Ela chama o método de Conversa para Confortar.

Durante o seu trabalho nos hospitais da Faculdade de Medicina de Harvard, em Boston, Massachusetts, Lang testou sua técnica em estudos randomizados controlados com mais de setecentos pacientes, que passavam por procedimentos médicos invasivos como biópsias de mama ou a remoção de um tumor nos rins.[21] Nesses estudos, ela comparou a assistência-padrão aplicada isoladamente com a assistência-padrão aliada à sua intervenção (a "sedação consciente", em que analgésicos ministrados por via intravenosa ficam à disposição, sob demanda).

Em todos os estudos de Lang, os pacientes que receberam a Conversa para Confortar relataram bem menos dores e ansiedade do que aqueles que receberam apenas a assistência-padrão. Em um estudo com 241 pessoas submetidas a procedimentos renais e vasculares, os índices de dor reportados pelo grupo da intervenção chegaram a 2,5 de 10, comparados aos 7,5 do grupo de controle, e sua ansiedade, em vez de subir, caiu para zero.

Mas isso não é tudo. Tal como aconteceu com os estudos envolvendo partos, Lang descobriu que priorizar o estado psicológico dos pacientes confere também enormes benefícios físicos. Aqueles que receberam a Conversa para Confortar necessitaram de níveis bastante inferiores de sedativos e tiveram muito menos complicações. No estudo envolvendo a cirurgia renal e vascular, por exemplo, os pacientes do grupo da intervenção precisaram de apenas metade da quantidade de medicamentos. Seus procedimentos também foram finalizados dezessete minutos mais rápido, poupando ao hospital 338 dólares por paciente.²²

Entretanto, após duas décadas de trabalho e de resultados de estudos do tipo que as companhias farmacêuticas não mediriam esforços para obter, as ideias de Lang não estavam sendo adotadas por outros hospitais. Ela decidiu, então, disseminar a técnica por conta própria, deixando Harvard e fundando a própria empresa, com o objetivo de treinar equipes médicas segundo a sua abordagem.²³ Ela continua conduzindo estudos clínicos, agora mais voltados para os efeitos econômicos do que para os relativos à saúde dos pacientes, "porque, para ser franca, é nisso que os administradores de hospitais estão interessados".

Uma área que ela espera transformar é a dos exames de ressonância magnética, como no caso de Daniel. Quando os pacientes estão nervosos demais para permanecerem deitados e imóveis no scanner ao longo de quase uma hora de exame, o procedimento deve ser interrompido — contribuindo para o que se conhece como "taxa de claustrofobia". Reduzir essa taxa representa um esforço contínuo, relata Kelly Bergeron, gerente da unidade de ressonância magnética do Centro Médico de Boston. Ela explica que a captura de IRM pode se mostrar particularmente atemorizante para pacientes como os que ela atende, uma vez que eles tendem a não ter muita instrução nem muito contato com termos e procedimentos médicos. "Eles não sabem realmente pelo que estão passando. Daí a dificuldade em aproximá-los desse tipo de tecnologia."

Se os pacientes não conseguem completar a varredura da primeira vez, têm que retornar para uma nova consulta, em geral com a ajuda de um sedativo, diz Bergeron. Mas, se estiverem muito ansiosos, a droga pode não funcionar. "Eles resistem ao medicamento. Mesmo com algo que poderia apagar alguém durante uma semana, esses pacientes ficam elétricos." Então precisam retornar uma terceira vez, talvez sob o efeito de uma anestesia geral, com todos os riscos para a saúde, o tempo de recuperação e os custos envolvidos.

Lang estima que esse desperdício de exames custe entre 425 milhões e 1,4 bilhões de dólares anualmente só nos Estados Unidos.[24] Se a Conversa para Confortar ajuda as pessoas a passarem por biópsias e cirurgias laparoscópicas, será que não poderia ajudá-las também com a ressonância magnética?

* * *

"Vai ser só uma picadinha!" "Daqui a pouco vai vir outra pontada." "Você vai sentir uma leve ardência."

Alertar os pacientes sobre uma dor ou um desconforto iminentes é uma das práticas mais comuns da assistência médica convencional. Mas Lang argumenta que, durante procedimentos médicos como varreduras de imagens e cirurgias, somos particularmente suscetíveis ao efeito nocebo, e ouvir de alguém o quanto as coisas estão prestes a piorar apenas aumenta nossa dor. "Assim que botamos os pés em uma unidade médica ou em um consultório odontológico, já entramos em estado hipnótico", argumenta Lang. "Ficamos altamente sugestionáveis."

Para comprovar essa ideia, ela trabalhou em conjunto com Ted Kaptchuk, o especialista em placebo de Harvard, para analisar 159 vídeos de pacientes sendo submetidos a algum tipo de cirurgia, enquanto classificavam a sua dor e ansiedade a cada quinze minutos.[25] Nesses vídeos, a equipe médica com frequência é vista dando avisos minuciosos acerca das dores iminentes (incluindo as frases listadas acima). Quando os pacientes recebiam esses alertas antes de eventos potencialmente dolorosos como injeções ou incisões — mesmo que as palavras negativas fossem precedidas por atenuantes, como "não muito" ou "um pouco" —, seus índices de dor e ansiedade disparavam.

Uma parte crucial da abordagem de Lang e sua Conversa para Confortar, então, está em eliminar qualquer linguagem negativa ou assustadora. Em vez de ficar dizendo aos pacientes quanta dor eles vão sentir, Lang sugere avisar sobre as possibilidades negativas no começo de tudo, durante o estágio de aprovação dos procedimentos. "Mas, depois que tudo isso ficar para trás e o paciente estiver ali, você não precisa dizer que vai picar ou arder."

Pouco tempo atrás, Lang treinou a equipe de Bergeron para aplicar a Conversa para Confortar. Embora Bergeron acredite que seus funcionários já lidem com os pacientes com delicadeza e cuidado, ela diz que Lang os ajudou a repensar a linguagem que utilizam no aparelho de ressonância. Antes do treinamento, sua equipe costumava alertar os pacientes quanto a um provável desconforto — por exemplo, quando estão prestes a receber o corante de contraste, o que permite que certos tecidos fiquem mais visíveis durante a varredura. "Agora não há qualquer menção a agulhas ou picadas de abelha", afirma Bergeron. "Tiramos isso tudo. Agora dizemos: 'Vou lhe dar o contraste.'" Em vez de prender os pacientes ao scanner, a equipe os deixa confortáveis. O botão de pânico se transformou em uma campainha de mesa.

Outro componente da abordagem de Lang consiste em encorajar os pacientes a visualizar imagens positivas. Uma das partes mais assustadoras de uma captura de IRM é ficar imobilizado na "bobina de cabeça", uma máscara de plástico que se fecha sobre o seu rosto. Bergeron e seus colegas agora sugerem às crianças que elas estão voando em um foguete espacial, ou que a bobina de cabeça é uma máscara de futebol americano. Para os adultos, eles podem sugerir que estão deitados em uma mesa de massagem, e até oferecer a escolha entre um defumador de aromaterapia de laranja ou lavanda, para reforçar a ilusão de uma ida ao spa.

E, caso o paciente esteja muito nervoso, a equipe pode ler um roteiro.[26] Isso é apresentado como um exercício de relaxamento, mas é semelhante a uma indução hipnótica, em que os pacientes são convidados a virar os olhos para cima, respirar fundo e focar na sensação de estar flutuando e em seguida imaginar o cenário agradável que preferirem. Bergeron confessa que sua equipe se sentiu desconfortável na primeira vez em que testou o método, porém não demorou a ver os benefícios. "Você pode até ler aquela folha de papel, e ainda assim funciona", diz ela. "Se estiverem escutando, isso vai acalmá-los. É meio louco, mas funciona de verdade."

Em um estudo envolvendo cerca de catorze mil consultas de IRM, Lang demonstrou que treinar as equipes de IRM na utilização da Conversa para Confortar reduziu a taxa de claustrofobia em quase 40% (poupando aos hospitais de 750 a cinco mil dólares por cada varredura não realizada, dependendo da empresa de plano de saúde e da instituição).[27] Ela descobriu resultados semelhantes em um estudo ainda não publicado envolvendo noventa mil consultas, contando com a participação da equipe do BMC.

Apesar dos resultados positivos de Lang, Bergeron antecipa o esforço que será persuadir a comunidade médica a adotar a ideia da Conversa para Confortar. "Por não ser realmente medicina, e sim apenas uma forma de pensar", explica. "É muito difícil trazer esse tipo de ferramenta ou mentalidade para um sistema de saúde ocidental que se orienta por testes e resultados." Não obstante, ela afirma que, desde que sua equipe começou a usar essa abordagem, os pacientes têm se mostrado mais dispostos a se submeter aos exames, as varreduras transcorrem com mais rapidez e menos interrupções, e menos pacientes precisaram ser sedados.

O que é ainda melhor: "Não tenho visto uma única criança berrando ali dentro já faz um bom tempo", diz Bergeron. "Tem sido um dos maiores benefícios nisso tudo."

* * *

Kuzia conduz Daniel pela entrada com sinais de perigo até a sala de ressonância. Ela caminha com ele em torno do túnel bege, observados pela equipe médica em seus jalecos brancos em uma janela da sala de controle, logo ao lado. "Esta é a grande sala. Ali dentro está a grande câmera gigante."

Ela encoraja Daniel a dar um tapinha na lateral do túnel, e então aponta para a mesa. "Venha se sentar aqui em cima." Ele sobe com um pulo, e Kuzia continua falando. "Aqui está a sua máscara de piloto. Toda nave espacial precisa de uma máscara de piloto. Que tal alguns adesivos na sua barriga? Um, dois, três, quatro." Daniel se senta calmamente enquanto ela cola quatro sensores de eletrocardiograma em seu tórax para monitorar o coração e passa uma pulseira de pressão arterial pelo braço do garoto.

A anestesista apanha alguns tubos de plástico e os conecta à máscara de Daniel. "Pilotos recebem oxigênio quando estão lá no céu", diz ela. "Sua tarefa é respirar o oxigênio." Daniel segura a máscara contra o rosto e inspira. Então ele dá um grito, e Kuzia o segura bem perto de si. "Pense numa aventura do Homem-Aranha", sussurra ela. Dois segundos depois, "Ele dormiu". Daniel se saiu muito bem.

Da próxima vez, diz Kuzia, ele pode tentar o exame sem sedação. Mudanças tão simples quanto evitar palavras que assustem, deixá-lo escolher um aroma e decorar sua máscara com adesivos, e ainda encorajá-lo a imaginar um passeio de nave espacial transformaram um menino gritalhão e teimoso que precisou ser sedado em circunstâncias traumáticas em alguém que, espera-se, de agora em diante não vai precisar de mais nenhum medicamento.

Kuzia coloca Daniel deitado sobre a mesa e o cobre com um lençol antes de deslizá-lo para dentro do tubo. Bipes e silvos o cercam, e sua frequência cardíaca pulsa na cor verde no monitor logo ao lado. Na porta vizinha da sala de controle, fatias de seu cérebro aparecem na tela do computador, flutuando de branco sobre um fundo preto.

* * *

Do outro lado da cidade, no Hospital Geral de Massachusetts, Vicki Jackson cuida de pessoas com doenças terminais. No papel de especialista em cuidados paliativos, sua tarefa não é prescrever remédios ou tratamentos, mas sim conversar. Ela enfrenta questões que as pessoas perto da morte não costumam ouvir: quanto do seu prognóstico elas realmente querem saber; se prefeririam regredir seus sintomas ou prolongar sua expectativa de vida; onde e como gostariam de morrer? O principal foco de Jackson é aumentar a qualidade de vida pelo tempo que esses pacientes ainda têm. Mas, graças a um estudo pioneiro publicado em 2010, ela descobriu que essas discussões podem lograr muito mais do que isso.

O estudo, conduzido pela oncologista Jennifer Temel, acompanhou 150 pessoas que haviam acabado de receber o diagnóstico de câncer de pulmão terminal.[28] Uma vez diagnosticados, esses pacientes não costumam ter mais do que um ano de vida pela frente. Metade dos pacientes no estudo de Temel receberam a assistência-padrão em casos de câncer. Os médicos se concentraram, como era de se esperar, na condição médica dos pacientes: planejando o seu tratamento, monitorando a evolução de seus tumores e gerenciando qualquer complicação. Os demais pacientes receberam exatamente o mesmo tratamento, mas, além disso, também lhes foi oferecida uma sessão mensal de cuidados paliativos.

Durante essas sessões, Jackson e seus colegas focaram não nos detalhes médicos do câncer dos pacientes, mas sim em suas vidas pessoais, incluindo assuntos como a forma como eles e seus familiares estavam lidando com o diagnóstico e com quaisquer efeitos colaterais provocados pelo tratamento. Como exemplo, Jackson me conta sobre um paciente com câncer no pâncreas — vamos chamá-lo de Peter — com quem ela havia conversado no dia anterior ao da nossa entrevista, depois que seu último exame havia lhe dado as más notícias.

"Seu oncologista passou quarenta minutos analisando os resultados do exame, e eu passei outra hora repassando tudo com ele", conta ela.[29] A mensagem do oncologista era que Peter provavelmente não veria mais benefícios com a quimioterapia; a tarefa de Jackson era discutir com Peter o que isso significava em termos de como ele deveria viver sua vida a partir daí. "Seu filho vai se casar daqui a seis meses. Não acredito que ele viva por tanto tempo", pondera ela. "Como vai conseguir falar com os filhos, que vivem em diferentes partes do país, sobretudo com o que está noivo?"

Jackson explica que não conseguiria fazer esse trabalho sem conhecer seus pacientes em todos os aspectos — seus interesses, seus valores e sua família. Um bom cuidado paliativo não tem mais a ver com ajudar as pessoas a morrer do que com ajudá-las a viver, diz ela. Descobrir como fazer isso requer que você saiba que tipo de pessoa elas são e o que viver significa para elas, seja a resposta jogar golfe, assistir a novelas ou se sentir bem o bastante para comparecer a um casamento. "Cada caso é um caso."

Em média, os pacientes com câncer de pulmão do estudo de Temel e Jackson receberam quatro sessões de cuidados paliativos. E os resultados foram surpreendentes. Comparados ao grupo de controle, esses pacientes tiveram uma qualidade de vida muito superior (uma avaliação que inclui índices de sintomas físicos) e se sentiram significativamente menos deprimidos. Eles também receberam muito menos assistência de tipo agressivo no final da vida, com menos ciclos de quimioterapia e permanências mais longas nos asilos. Mas foi outra descoberta que surpreendeu os pesquisadores. O grupo de cuidados paliativos sobreviveu por uma média de 11,6 meses, comparados aos 8,9 meses do grupo de controle.[30]

Serão necessários investimentos e estudos em maior escala para confirmar esse resultado e identificar exatamente por que o mero ato de conversar com um especialista em cuidados paliativos surtiu um efeito tão intenso. Os índices inferiores de depressão podem ser um fator — em geral, pacientes com câncer que estão deprimidos não vivem por tanto tempo.

Provavelmente também se deve ao fato de que os tratamentos agressivos ministrados no fim da vida, quando os pacientes já estão muito debilitados, podem antecipar a morte em vez de adiá-la.

Quando os pacientes tiveram a oportunidade de conversar com alguém sobre o que eles desejavam para o tempo que lhes restava, em vez de falar sobre o seu tumor, eles fizeram escolhas diferentes. A princípio continuaram buscando a assistência de tipo agressivo, mas nos meses finais mudaram o foco para maximizar sua qualidade de vida. Submeteram-se a menos tratamentos com base no desespero e, por conta disso, junto com todos os outros benefícios, parecem ter sobrevivido por mais tempo.

Por outro lado, no modelo de assistência-padrão, argumenta Jackson, tratamentos agressivos são a única opção disponível. Pessoas com câncer terminal aceitam ciclo após ciclo de quimioterapia, pois, na ausência de qualquer alternativa, não fazer nada basicamente seria o mesmo que desistir.

"Intervenção se torna um sinônimo de esperança", diz Jackson. "Mas não é."

* * *

Com bastante frequência, quando recebemos um tratamento médico, nosso estado mental é visto como uma preocupação secundária, e nosso papel enquanto pacientes não vai muito além de assinar formulários de autorização e pedir remédios para aliviar nossa dor. Durante o parto da minha filha, tive acesso a uma assistência médica de ponta, porém me senti (tal como acontece com muitas outras mulheres) como um objeto numa esteira rolante, um recipiente passivo de uma série desconcertante de procedimentos médicos que começavam com o rompimento da minha bolsa e acabavam em uma cirurgia de emergência. Geralmente focamos na importância do alívio da dor durante o parto, mas acabei achando a perda de controle mais estressante do que a dor física que senti ao dar à luz sem recorrer a drogas poderosas.

Os três projetos descritos neste capítulo — parteiras dando suporte às mulheres durante o trabalho de parto; radiologistas mudando sua forma de falar com os pacientes; e médicos discutindo sobre questões difíceis com pessoas em fase terminal — na verdade dão aos pacientes um papel ativo nesses processos. Podem parecer intervenções óbvias, contudo todas representam uma mudança fundamental (e, para o nosso sistema médico, revolucionária) no que significa cuidar de alguém. A medicina se transforma não em um médico todo-poderoso distribuindo tratamentos para um recipiente passivo, mas em uma parceria entre seres humanos em pé de igualdade.

Tal princípio está no âmago de muitos dos outros casos que vimos até o momento, incluindo os pacientes com SCI tratados na clínica de hipnoterapia de Peter Whorwell, os receptores de transplante de rim de Manfred Schedlowski e os pacientes com queimaduras absortos no Snow World de Hunter Hoffman. Em vez de prescreverem doses cada vez mais altas de remédios e intervenções, esses profissionais médicos vêm lançando mão das capacidades psíquicas de seus pacientes como um componente crítico para a sua assistência. Estão aplicando isso entre adultos e crianças; em casos de queixas crônicas e de emergências; do nascimento até a morte.

Essa abordagem propicia uma melhor experiência para os pacientes. Ela custa menos. E desenvolve *benefícios físicos*. Os pacientes sofrem de menos complicações, se recuperam mais rápido e vivem por mais tempo. Os resultados dos estudos mostram que casos pontuais como o de Daniel e o meu próprio não são mera coincidência, mas refletem um quadro mais amplo que se mantém firme entre centenas de milhares de pacientes. Afinal de contas, somos humanos, não máquinas. Ao recebermos assistência médica, nosso estado mental importa. Pacientes que se sentem solitários e inseguros não se saem tão bem quanto aqueles mais amparados, tranquilos e no controle da situação.

E quanto ao restante do tempo? Passamos a maior parte de nossa vida não como pacientes, mas como pessoas no vaivém das crises diárias — lidando com relacionamentos delicados, empregos estressantes, decepções e congestionamentos; negociando prazos e dívidas. Na segunda parte deste livro, vamos olhar para além das terapias e dos tratamentos médicos para investigar a importância da nossa mente no dia a dia. Como nossos pensamentos, crenças e emoções influenciam a saúde física no decorrer de nossa existência?

8

BATER OU CORRER

Pensamentos que matam

Às 4h30 do dia 17 de janeiro de 1994, um terremoto devastador atingiu a cidade de Los Angeles. Com uma magnitude de 6,7 na escala Richter, foi o tremor mais poderoso a atingir uma metrópole norte-americana. Ondas de choque geradas quase 18 quilômetros abaixo do solo abalaram a cidade por dez aterrorizantes segundos. Prédios desabaram, pontes e torres de transmissão de energia desmoronaram, hospitais ficaram em ruínas, e um trem de carga com 64 vagões descarrilou. Dezenas de pessoas morreram, e milhares ficaram feridas quando em toda a cidade as luzes se apagaram e incêndios se propagaram descontroladamente.

Robert Kloner, cardiologista do Hospital Bom Samaritano, no centro de Los Angeles, dormia em sua casa quando os tremores começaram. "As luzes se apagaram, e a casa chacoalhou feito um trem", recorda ele. "Tudo que era de vidro se quebrou, nossas janelas estouraram, parte da parede do quarto veio abaixo." Com o pânico tomando conta do corpo de Kloner, seu coração disparou e sua pressão subiu. "Foi uma das poucas vezes na minha vida em que achei que ia morrer."[1]

Poucas demonstrações dos efeitos da mente sobre o corpo são tão evidentes quanto o mais puro sentimento de terror. Kloner teve sorte e saiu ileso daquele sismo. Mas depois soube que dezenas de outras pessoas que viviam na área vieram a falecer só de pensar que poderiam estar à beira da morte. O número oficial de vítimas fatais do tremor de Los Angeles foi de 57, incluindo as pessoas retiradas dos escombros de suas casas, além de um policial que, em sua motocicleta, caiu de uma altura de doze metros quando a via expressa desmoronou. Porém, quando Kloner analisou as mortes cardíacas relatadas em todo o país durante o período que precedeu o desastre e no dia em questão, descobriu um grupo de vítimas ocultas.[2]

Nas duas semanas que antecederam o terremoto, 73 pessoas, em uma média diária, não resistiram a um ataque cardíaco e morreram. Entretanto, naquele dia apavorante, o número saltou para 125, muito acima da margem comum de variação. Isso sugere que cerca de cinquenta corações humanos deixaram de funcionar como uma consequência direta do desastre. Picos em mortes cardíacas já foram registrados em outras crises,[3] como no ataque de mísseis iraquianos a Israel em 1991 e nos devastadores terremotos que atingiram Atenas, na Grécia, em 1981, e Kobe, no Japão, em 2005. Em vez de serem esmagadas por escombros, essas vítimas literalmente morreram de susto.

* * *

Se você já escapou por pouco de um atropelamento ou foi despertado por um barulho assustador na calada da noite, então sabe com que violência nosso corpo pode responder ao medo. Em um milésimo de segundo após perceber um perigo, você sente uma descarga de adrenalina enquanto seu coração bate mais depressa; a respiração fica ofegante, e as pupilas se dilatam. O sangue é desviado de áreas menos necessitadas, como os intestinos e os órgãos sexuais, e encaminhado para os braços, as pernas e o cérebro. A digestão fica mais lenta, enquanto gordura e glicose são liberadas na corrente sanguínea para energizar os seus próximos movimentos.

Essa reação de emergência é conhecida como "bater ou correr". Ela é controlada pelos hormônios do estresse liberados na corrente sanguínea, entre eles a adrenalina e o cortisol, bem como pelo sistema nervoso simpático, que conecta o cérebro à maior parte dos sistemas orgânicos do corpo (e está por trás das respostas condicionadas descritas no Capítulo 4).

O "bater ou correr" se originou inicialmente como uma resposta a traumas e estresses físicos: lesões, exaustão ou fome. No entanto, ele pode ser desencadeado também por fatores psicológicos. Não é preciso esperar até que um predador lhe dê uma mordida: nosso corpo entra em estado de alerta assim que vemos, farejamos, ouvimos — ou até imaginamos — uma ameaça.

Kloner descobriu que a pressão elevada e o pulso acelerado, quando decorrentes da percepção de um perigo, às vezes atingem patamares tão severos que podem nos levar à morte. Sem dúvida, literalmente morrer de medo é um fenômeno extremo que afeta um número relativamente pequeno de pessoas. Kloner me conta que há maior probabilidade de esse tipo de morte afetar aqueles que já têm um coração debilitado, e exigiria uma situação intensa na qual o indivíduo se sentisse "pessoal e fisicamente ameaçado".[4] Em geral, o "bater ou correr" se mostra útil: trata-se de uma reação instintiva que manteve nossos ancestrais vivos em ambientes de constantes mudanças, ao longo de milhões de anos de evolução. É algo que desperta num piscar de olhos, e, quando a ameaça desaparece, nosso organismo volta a relaxar.

Pelo menos é assim que funciona na maioria das espécies. Robert Sapolsky, um pioneiro pesquisador do estresse na Universidade de Stanford, explica em seu livro *Por que as zebras não têm úlceras?*, lançado em 1994, que uma zebra sendo perseguida por um leão se beneficia da força total adquirida pela sua reação de "bater ou correr". Quando a caçada termina, a zebra se recupera (considerando que não tenha sido apanhada) e sua fisiologia volta ao normal — a imagem do repouso e da calma. O animal não repassa em sua cabeça as reviravoltas que ocorreram durante a perseguição nem se pergunta se terá a mesma sorte da próxima vez.

Porém as pessoas são diferentes das zebras. Nossos cérebros mais sofisticados nos deram as habilidades de aprender com nossos erros e de fazer planos para o futuro — mas também a de nos preocuparmos com nossos problemas o tempo todo. Desde ataques terroristas, demissão por excesso de pessoal e relacionamentos até congestionamentos ou uma discussão acalorada com um amigo, repassamos situações já vividas e sofremos com o que ainda viveremos. A isso damos o nome de estresse, e ele desperta no organismo a mesma reação de emergência sentida ao se ver no meio de um terremoto, ainda que em escala menor. Podemos estar sentados diante da lareira de nossa casa, rodeados de amigos e fazendo uma excelente refeição, e no entanto nossa mente e nosso corpo continuam em estado de alerta máximo.

Para a nossa sorte, essas preocupações diárias não nos derrubam instantaneamente. Mas, com o tempo, elas também podem ser letais.

A CURA

* * *

A vida de Lisa é regulada por leis que ela não pode prever nem compreender. "Vivo com medo de quebrar uma das regras de Brandon", diz ela. Pode ser uma pequena alteração na rotina, um passo ou movimento inesperados, ou algo que ela não pode sequer controlar. "Às vezes nem sei o que vai irritá-lo, e então ele começa a chorar e a gritar. Ele pode virar uma fera quando fica irritado."

Lisa é uma economista de 42 anos que vive em São Francisco com seu filho Brandon. Quatro anos atrás, ele foi diagnosticado com autismo altamente funcional. Cuidar dele é um desafio a cada minuto do dia, então liguei para ela para conversar sobre como é viver sob essa forma constante e impiedosa de estresse.

No começo, conta Lisa, ela achava que o seu filhinho tinha apenas uma personalidade excêntrica e fechada. Mas, conforme Brandon foi crescendo, ficou claro que havia algo mais. Ele repetia palavras, abria e fechava portas sem cessar — uma vez isso durou quase vinte minutos. Após o diagnóstico de autismo, a família tomou algumas providências. Lisa saiu de seu emprego de período integral (agora trabalha meio expediente) para cuidar de Brandon e de seu irmão mais velho, Nathan. Mas o comportamento de Brandon continuou piorando. Ele estava preso em seu próprio mundo imaginário e extravasava em ataques violentos.

Brandon agora tem 8 anos de idade. Peço uma foto a Lisa, e ela me envia uma por e-mail, tirada em casa na manhã daquele mesmo dia. Mãe e filho estão sentados juntos no chão, recostados contra um sofá, relaxados e risonhos. Brandon parece adorável em sua camiseta azul, com cabelos castanho-claros e um doce sorriso dirigido à mãe.

A foto parece descontraída, mas, ao ouvir a história de Lisa, percebo que, para chegar a esse estágio, foram necessários anos de angústia e trabalho árduo. Por mais ou menos um ano, o comportamento de Brandon era tão problemático que Lisa não podia sair de casa. "Achava que ele ia acabar sendo internado", diz ela. Após conseguir a ajuda de um terapeuta comportamental, a vida se tornou mais administrável. Lisa agora pratica ludoterapia com o filho diariamente, encorajando-o a interagir e a fazer contato visual. Ela conta que ele possui uma obsessão por mapas e que já memorizou o sistema de transporte público de São Francisco inteiro. "Quando entro na onda do seu mundo de mentirinha, tudo é muito agradável."

"Mas preciso continuar nesse mundo o tempo inteiro", observa ela. "Não posso relaxar." Brandon vai a uma escola comum, porém está ficando para trás nos estudos e não possui nenhum amigo. Nos intervalos, enquanto as outras crianças brincam juntas, ele anda pelas laterais do parquinho, fingindo que é um motorista de ônibus. Lisa tem a mais absoluta certeza de que ele deseja interagir, só não sabe como.

"É de partir o coração", desabafa ela. "Se Brandon vê alguém machucado no parquinho, vai até a criança, querendo ajudar. Mas não sabe o que dizer." Brandon precisa de assistência individual na escola, algo que ele odeia e que funciona como mais uma barreira entre ele e os demais alunos. Por isso, sua mãe está à procura de uma escola onde o menino possa ser mais independente. "Estou dedicando a minha vida a encontrar o melhor ambiente para ele."

Em casa, Lisa conduz a sua própria vida em intervalos de quinze minutos. "Tenho sempre que lhe dar algo para fazer ou interagir com ele diretamente, ou então vamos ter problemas", explica ela. "A partir do momento em que acordo, preciso planejar a rotina, prever como tudo vai acontecer. E torcer pelo melhor." Os momentos mais complicados são quando Brandon fica irritado, o que é frequente. Ele chora e grita, às vezes por horas a fio. "Uma vez ele foi expulso de um grupo da igreja porque não havia se comportado bem", diz Lisa. "Ele me deu um soco na barriga. E eu fiquei tipo, bem, eu não posso devolvê-lo. Vou precisar ser a madre Teresa e simplesmente amá-lo."

"Que tipo de coisa irrita Brandon?", pergunto. Segundo Lisa, estímulos externos o deixam sobrecarregado; o som de risos quando recebem visitas, por exemplo. "Ele começa a gritar porque é alto demais." Pequenos detalhes que fogem às suas expectativas também o tiram do sério. Isso inclui qualquer mudança na rotina diária, como quando ela buscou Brandon na escola e Nathan não estava no carro como de costume, pois tinha uma consulta no médico. Ou quando o irmão pisou em um de seus mapas. Ou na vez em que ela rasgou uma folha de papel para fazer uma anotação.

"Meu Deus", comenta ela. "Ele não gostou quando rasguei aquela folha, fez um escândalo por conta disso."

Ocorre uma pausa, e percebo que Lisa esteve conversando comigo entre lágrimas. Tento imaginar como deve ser. A exaustão, a incerteza sobre o futuro. A imprevisibilidade e o esforço para estabelecer uma conexão. O desespero de ter um filho aprisionado, isolado e frustrado, num mundo do qual ela não pode resgatá-lo; um mundo ao qual ela mal tem acesso.

"Sinto muito", digo, sem a intenção de fazê-la chorar.

* * *

Os desafios em criar Brandon frequentemente forçaram Lisa para além de seus limites. "Odeio admitir isso, mas às vezes, quando ele surta, acabo surtando também", confessa ela. Isso também afetou sua família. Ela e o marido estão em processo de separação. Continuam amigos, contudo o laço afetivo se rompeu sob a pressão da condição de seu filho. "Não dou conta do meu marido e das crianças", desabafa Lisa. "Precisei escolher." Os devastadores efeitos psicológicos e emocionais de sua situação são claros. E quanto aos impactos no aspecto físico?

Nas últimas décadas, os cientistas começaram a perceber que o estresse constante pode destruir nosso organismo. E não surpreende que o sistema cardiovascular seja o mais suscetível. A longo prazo, a pressão alta decorrente do "bater ou correr" pode lesionar as paredes dos vasos sanguíneos, causando problemas como entupimento de artérias e ataques cardíacos. Estudos que acompanharam dezenas de milhares de funcionários públicos britânicos — conhecidos como os "estudos Whitehall", em função da rua londrina em que os prédios do governo estão localizados — revelaram que aqueles com empregos mais estressantes morrem significativamente mais jovens, sobretudo devido a alguma doença cardiovascular.[5] No Leste Europeu, em meio ao colapso social posterior à queda do comunismo, as taxas de mortalidade por insuficiência cardíaca dispararam.[6]

Entretanto, o estresse crônico atinge mais do que apenas o coração. Ao "bater ou correr", o organismo queima seu combustível para elevar os níveis de açúcar no sangue. Isso nos proporciona uma explosão de energia crucial, mas, com o tempo, pode aumentar o risco de obesidade e diabetes — o que ainda deixa nosso sistema imunológico em frangalhos.

Até poucas décadas atrás, os cientistas não acreditavam na possibilidade de o estresse psicológico afetar a resposta do organismo a infecções, porém atualmente há uma porção de evidências comprovando a conexão entre as duas coisas. Os efeitos são complexos, mas, de modo geral, crises graves de estresse (com duração de minutos ou horas) parecem alertar o sistema imunológico para possíveis danos, um efeito mediado por hormônios do estresse, como o cortisol.[7]

Uma vez findado o evento estressante, os níveis desses hormônios logo retornam ao normal; o cortisol, por exemplo, funciona para eles como um botão de desligar. É um sistema engenhoso, que garante que as células imunológicas ativas — que demandam energia e ainda podem atacar o organismo se continuarem ligadas por tempo demais — só circulem enquanto forem necessárias.

No entanto, quando sofremos de estresse crônico, o cortisol é continuamente liberado para o organismo. Isso ocasiona uma interrupção permanente do botão de desligar, suprimindo o sistema imunológico. O estresse crônico debilita nossa resposta a vacinas e nos torna mais suscetíveis a infecções — desde um resfriado comum até o HIV.[8]

Se ficamos estressados por tempo demais, o botão de desligar pode parar de funcionar, fazendo com que o organismo deixe de responder ao cortisol da maneira como devia.[9] Isso leva o sistema imunológico a sair dos trilhos, deixando-nos mais suscetíveis a alergias e, o que é ainda mais perigoso, a inflamações crônicas. A inflamação é a primeira linha de defesa do organismo contra uma infecção ou uma lesão e surge na maioria das vezes sob a forma de inchaço e de uma vermelhidão que aparece ao redor de um arranhão. Minúsculos vasos sanguíneos se dilatam e começam a espalhar sangue e leucócitos pelo tecido afetado. Essa reação pode ser uma forma rápida e eficaz de livrar uma área de agentes irritantes, invasores e células danificadas. Por isso, um breve pico de inflamação constitui uma parte crucial na regeneração de uma ferida.

Mas, a longo prazo, o excesso de inflamação interrompe esse processo, e as feridas acabam cicatrizando mais devagar. Pesquisadores já registraram isso em mulheres que cuidavam de um parente com Alzheimer, em estudantes de odontologia em véspera de provas e em pessoas casadas que acabaram de brigar.[10] Níveis altos de inflamação exacerbam doenças autoimunes, como o eczema e a esclerose múltipla. E, com o tempo, a inflamação desgasta tecidos saudáveis, como ossos, articulações, músculos e vasos sanguíneos; um especialista em estresse com quem conversei chama isso de "o humor da morte". Na Europa e nos Estados Unidos, cerca de um terço das pessoas apresenta níveis de inflamação perigosamente altos,[11] e os cientistas vêm percebendo que isso causa ou contribui para problemas como diabetes, doenças cardiovasculares, artrite, osteoporose e demência — todas as doenças crônicas que nos espreitam quando envelhecemos.[12]

As mudanças fisiológicas causadas pelo estresse parecem também influenciar alguns tipos de câncer. Muitos estudos epidemiológicos, realizados com milhões de pessoas no decorrer do tempo, revelaram que, mesmo com a restrição de fatores comportamentais como tabagismo e alcoolismo, eventos estressantes da vida aumentam o risco de certos tipos de câncer. (Já outros não apontam esse efeito, talvez porque qualquer possível ligação dependa do tipo de estresse, do tecido corporal afetado e do estágio de evolução do tumor.)[13] Em contrapartida, experimentos feitos em laboratório sugerem que o estresse inibe os mecanismos de recuperação do DNA, pelo menos no caso de animais, suprimindo ainda parte da resposta imunológica, como as células exterminadoras naturais, que costumam combater os tumores.[14]

Ao ser intensificada a inflamação — que elimina células danificadas e promove o crescimento de novos vasos sanguíneos — faz com que o "bater ou correr" proporcione justamente o que um tumor em desenvolvimento precisa: um suprimento local de sangue e espaço para crescer. Se ratos com diversos tipos de câncer são submetidos ao estresse ou se recebem um hormônio do estresse como a adrenalina, seus tumores crescem e se espalham mais depressa.[15] Se, no entanto, eles recebem uma droga que impeça a adrenalina de se aglutinar às células, o efeito é bloqueado. Vários grupos de pesquisa atualmente investigam se drogas similares — conhecidas como betabloqueadores, já utilizadas largamente no serviço de saúde para tratar a hipertensão — possuem um efeito protetivo semelhante em humanos.[16]

Como se tudo isso já não fosse o bastante, há um outro problema que o estresse pode causar, talvez o pior de todos. Em 2004, Elissa Epel e Elizabeth Blackburn, da Universidade da Califórnia, mensuraram os efeitos do estresse ao repetir motivos de DNA no final dos cromossomos. Chamados telômeros, esses motivos desempenham um papel crucial no processo de envelhecimento[17] e protegem as extremidades dos nossos cromossomos toda vez que o DNA é replicado e nossas células se dividem. Mas nesse processo eles próprios se desgastam. Quando os telômeros ficam curtos demais, as células param de funcionar e perdem sua capacidade divisória, significando que nossos tecidos se tornam incapazes de se renovar.

Epel e Blackburn estudaram os telômeros em dois grupos de mães: um tinha filhos sadios; o segundo, como Lisa, tinha filhos com doenças crônicas como o autismo. Ao final, viu-se que, quanto mais estressadas eram essas mães, mais curtos eram os seus telômeros.[18] As mães mais exaustas tinham telômeros que pareciam dez anos mais velhos do que os das mulheres menos estressadas, e seus níveis de telomerase, uma enzima que sintetiza telômeros, caíram pela metade. Em outras palavras, afirmavam as pesquisadoras: sentir estresse não apenas nos deixa doentes; isso também nos envelhece.

O estudo foi descrito pelo especialista em estresse Robert Sapolsky como "um salto sobre um vasto cânion interdisciplinar",[19] analisando a relação entre as vidas e experiências complexas das mulheres e as moléculas no interior de suas células. Muitos especialistas em telômeros se mostraram céticos em um primeiro momento, mas o trabalho de Epel e Blackburn estimulou uma onda de pesquisas na área, e atualmente já se verificou a conexão entre o estresse e telômeros mais curtos em vários e diversos grupos, incluindo mulheres idosas, cuidadores de pacientes com Alzheimer, vítimas de violência doméstica, estupro e trauma na infância, e pessoas com distúrbios psiquiátricos como depressão e TEPT.[20]

"Depois de dez anos, não tenho nenhuma dúvida de que o ambiente possui alguma influência sobre o comprimento dos telômeros", diz Mary Armanios, que estuda distúrbios relacionados aos telômeros na Faculdade de Medicina Johns Hopkins em Baltimore, Maryland.[21]

Pessoas com telômeros mais curtos são mais propensas a apresentar problemas de saúde relacionados ao estresse, como diabetes, doenças cardiovasculares, mal de Alzheimer e derrame, além de terem mais chances de morrer mais jovens.[22] A grande questão para os pesquisadores agora é se os telômeros curtos contribuem diretamente para a doença e a mortalidade ou se são apenas um efeito colateral inofensivo do desgaste típico do envelhecimento. Telômeros seriamente danificados sem dúvida devastam nossa saúde: as pessoas com transtornos genéticos estudadas por Armanios, com telômeros muito mais curtos do que o normal, sofriam desde envelhecimento acelerado a falência de órgãos.[23] Mas ela se pergunta se pequenas mudanças causadas pelo estresse fariam alguma diferença, sobretudo porque a extensão dos telômeros pode variar bastante.

Já Blackburn diz que está cada vez mais convencida da relevância dos fatores psicológicos. Embora ela observe que mutações genéticas encurtam menos os telômeros do que nos casos extremos estudados por Armanios, ainda assim aumentam os futuros riscos de uma série de condições crônicas.[24] Além disso, variações na extensão dos telômeros equivalentes àquelas causadas pelo estresse parecem predizer a saúde futura, mesmo quando são considerados fatores de risco tradicionais como o índice de massa corporal ou os níveis de açúcar no sangue.[25]

A relação com o envelhecimento não é surpresa alguma para Lisa. Passados quatro anos do diagnóstico de autismo do filho, pergunto-lhe se o estresse provocou algum tipo de impacto físico. Sim, afirma. Ela está com 42, e a cor natural de seus cabelos era castanho-clara, como os de Brandon. "Mas, de uma hora para a outra, nesses três últimos anos, meu cabelo ficou grisalho."

* * *

Dirijo para o leste e então para o sul de Atlanta, Geórgia, até que a cidade fica para trás e o sol desponta entre os pinheiros, traçando listras de zebra pelo asfalto. No rádio está tocando Tom Petty, e aves de rapina pairam acima, de olho na abundância de animais atropelados na estrada.

Depois de poucas horas, chego aos arredores de uma cidade chamada Milledgeville. As estradas se prolongam em pistas estreitas com calçadas muito simples, e o lugar no geral parece um pouco abandonado. Há casas de madeira precárias atrás de cercas de arame e alguns trailers com cadeiras de plástico na entrada. Em determinado momento, o GPS do meu carro me direciona até uma rua sem saída; o asfalto dá lugar a um caminho de cascalho que se dissipa em meio às árvores, diante de uma casa branca desbotada com minúsculas janelas e pilares de madeira.

Milledgeville está situada em uma faixa de terra em formato de lua crescente no Sudeste norte-americano conhecida popularmente como o "cinturão negro". No século XIX, esse nome foi inspirado pela cor do solo inesperadamente fértil da região, que abrigou plantações de algodão cultivadas pelos escravos. Mais tarde, veio a se referir à alta proporção de afro-americanos que aqui viviam, em geral mais da metade da população.

Atualmente muitos aqui sofrem de uma pobreza debilitante. O cinturão negro possui apenas 483 quilômetros de comprimento por quarenta de largura e no entanto é lar de cerca de um terço dos norte-americanos mais pobres. A região é caracterizada por moradias, escolas e meios de transporte precários, bem como por alta criminalidade e alto desemprego — todos problemas que afetam os cidadãos afro-americanos de maneira desproporcional.[26]

Gene Brody, psicólogo da Universidade da Geórgia e estudioso da saúde das famílias do cinturão negro, afirma que essas pessoas possuem alguns dos mais elevados níveis de doenças crônicas do país, incluindo doenças cardiovasculares, diabetes, derrame e câncer. O estresse, como se observa, não afeta apenas indivíduos. Em lugares como Milledgeville, ele deteriora a saúde de populações inteiras.[27]

Demonstro interesse em saber como é a vida aqui; Brody, então, me põe em contato com alguns moradores, entre eles Susan.

Quando chego à sua casa, encontro um robusto bangalô de tijolos — a melhor casa da rua —, com degraus de tijolos que levam à entrada, além de um pátio, também de tijolos, nos fundos. Azulões e cardeais voam apressados pelo céu. Um amplo quintal abriga uma picape velha e pilhas com ainda mais tijolos, que fazem divisa com uma floresta. Susan me conta depois que coiotes aparecem com frequência, assim como raposas, coelhos e perus selvagens.

Ela abre a porta com um alegre cachorro branco nos braços. Quando me cumprimenta, sua voz é forte e ressoante. "Estamos no meio de uma faxina", se desculpa, enquanto me conduz por um corredor abarrotado em direção a uma imaculada sala de estar. Em uma das paredes encontra-se um enorme espelho ornado; em outra, dois violinos dourados em miniatura. Há um tapete felpudo turquesa e almofadas com longas franjas. As prateleiras estão repletas de fotos de família e peças de vidro.

Susan possui cabelos curtos e grisalhos e está sem nenhuma maquiagem, vestida casualmente com calças de moletom rosa-choque e uma camiseta folgada dos Bobcats, time da Universidade da Geórgia.

Ela me conta que foi criada em Milledgeville, em uma "casa tipo espingarda" — assim chamada porque era possível parar na entrada e enxergar até o outro lado pelas portas dos cômodos —, com banheiro do lado de fora e duas torneiras para dividir entre nove famílias. "Tínhamos uma panela gigantesca para esquentar a água", recorda ela. Faziam o próprio sabonete, e também um embutido de cabeça de porco a partir de alguns pedaços do animal. "Eu sabia quem eram os meus pais", diz ela. "Mas eram apenas pessoas que eu conhecia." Seu avô a mimava, mas a avó costumava bater nela com uma vara. Muitos de seus amigos não iam à escola para poderem colher algodão; Susan queria estudar, mas a avó não deixava. "Ela dizia que comia toda a pele em volta da unha, e acabava com a mão da pessoa."

Susan atualmente é um membro importante em sua comunidade; tem um papel ativo na igreja e é voluntária em uma instituição infantil. Está casada com o marido, George, há cinquenta anos. É evidente que eles lutaram muito pelo que possuem hoje. Ela me conta que George construiu a casa com as próprias mãos, utilizando tijolos coletados de outras casas que estavam em processo de demolição. Ela aponta para a imensa lareira, erguida com os tijolos de sua casa de infância.

Quando pergunto como é a vida em Milledgeville hoje, ela me diz que o desemprego é um enorme problema. O serviço nas fazendas já não existe mais, e ela viu a maior parte dos grandes empregadores da região desaparecer: a Mohawk, que produzia fibras para carpetes; a fábrica da JP Stevens; a Oconee Brick. A maioria dos jovens daqui, afirma ela, já desistiu. "Eles não têm preparo para fazer o ensino médio. Tudo o que querem é dinheiro fácil." Assim, a região "foi corrompida pelo tráfico de drogas".

Os desafios de se viver em Milledgeville aparecem nas estatísticas oficiais. Mais da metade das crianças afro-americanas do Sul agrário estão na linha da pobreza, em muitos casos sendo criadas em lares de pais solteiros. Viver com tão pouca renda pode se mostrar ainda mais difícil ali do que nos bairros pobres vizinhos, diz Brody: é impossível chegar a qualquer lugar sem um carro, não há empregos nem nada para ocupar os mais jovens. O consumo precoce de álcool (e suas consequências, como fracasso escolar, mau comportamento e sexo sem proteção) tem crescido mais depressa nas áreas rurais do que nas cidades, com adolescentes negros do campo atualmente bebendo tanto ou mais do que seus correspondentes urbanos.[28]

Susan tem quatro filhos, todos já crescidos. Buscou cultivar valores cristãos neles, assim como o respeito aos mais velhos. Isso, porém, não bastou para livrar sua filha Jennifer do feitiço das drogas e da criminalidade. Susan se lembra do dia em que estava conversando pelo telefone com um vizinho e o telefonista cortou a ligação para lhe pedir que ela fosse imediatamente ao prédio de segurança pública do departamento de polícia. Jessica, a filha de apenas um ano e quatro meses de Jennifer, havia acabado de ser resgatada de uma casa onde ela e outra criança da mesma idade foram deixadas sozinhas por um dia inteiro — e completamente ignoradas pelos três homens que estavam do lado de fora, na varanda.

Descobriu-se que Jennifer estava em outro condado, presa. Passados mais de vinte anos do ocorrido, Susan ainda se lembra de entrar e ver sua neta e a outra criança sentadas no chão, com comida em pratos descartáveis entre as pernas. Naquele dia, ela e o marido levaram Jessica para sua casa. Já vinham cuidando de seu irmão mais velho, Kevin, e mais tarde criariam também o terceiro filho de Jennifer.

Jennifer lhe causou uma boa dose de estresse ao longo dos anos, conta Susan, como no dia em que apareceu em sua porta exigindo os filhos. Uma vez desapareceu com Kevin por vários dias; Susan e o marido ficaram desesperados, até que por fim os encontraram em um hotel. Agora, que os netos saíram de casa, porém, ela mal vê a filha. "Para que precisamos dela agora? Eles todos cresceram."

Mas Kevin ainda lhe causa aflição. Depois de um breve período nas Forças Armadas, ele deixou o Exército, voltou para Milledgeville e passou a andar em más companhias. Poucas semanas antes da minha visita, o neto saiu da cadeia e apareceu em casa, conta Susan, querendo morar com eles. Ela o despachou: "Não posso viver com alguém que vai roubar de mim."

* * *

Susan se sentiu tão mal após confrontar o neto que foi se consultar com um médico, e ele lhe prescreveu uma medicação para pressão alta. Sem dúvida, viver nesse tipo de ambiente — marcado por criminalidade, uso de drogas, famílias monoparentais, nenhuma perspectiva de emprego — pode trazer sérias consequências para a saúde ao longo de uma vida. Bebês gerados em famílias de baixa renda têm maior propensão a nascerem menores e mais cedo e a morrerem pouco após o parto. Ao crescerem, apresentam mais problemas de saúde, incluindo obesidade, resistência à insulina e asma. Mais tarde, têm uma tendência maior de adoecerem e morrerem por derrame, doenças cardiovasculares, doença pulmonar obstrutiva crônica e alguns tipos de câncer.[29]

A diferença entre a saúde de ricos e pobres varia de país para país, relacionando-se diretamente com o nível de desigualdade econômica de cada nação.[30] Greg Miller, psicólogo da Universidade Northwestern, em Evanston, Illinois, estuda os efeitos da pobreza sobre a saúde e afirma que isso é muito mais expressivo nos Estados Unidos do que no Canadá ou na Suécia, por exemplo, estando a Grã-Bretanha no meio dessas duas extremidades. "Mas disparidades na saúde são encontradas em quase todos os países que conhecemos, não importando se são modernos e industrializados ou se estão em desenvolvimento", diz Miller. "Você vê essas discrepâncias dentro de cada país, entre um país e outro, entre mulheres e homens, entre diferentes grupos étnicos e em todas as fases da vida, desde os efeitos da gravidez até a demência e o derrame."[31]

O que provoca essa diferença? O efeito não é explicado pelo acesso ao serviço de saúde ou a recursos materiais; se essa fosse a única questão, todos os que se encontram acima de um certo patamar de necessidades básicas apresentariam um estado de saúde semelhante. Em vez disso, existe um gradiente linear na saúde, ao longo de todo o espectro socioeconômico, mesmo entre os grupos mais privilegiados. E, embora os mais pobres tendam a seguir estilos de vida menos saudáveis (como beber e fumar demais e se exercitar de menos), quando os pesquisadores levam isso em consideração, os efeitos sobre a saúde não desaparecem. Miller argumenta que, além dos fatores comportamentais, o estresse e a alienação decorrentes da pobreza causam inflamação crônica, o que pode prejudicar a saúde ao longo de toda a vida.

Sobretudo o ambiente ao qual somos expostos quando crianças parece influenciar nossa suscetibilidade ao estresse no futuro. Por exemplo: algumas crianças de famílias mais pobres conseguem ter acesso à universidade e obtêm bons empregos em outros lugares, onde levam um estilo de vida idêntico ao de seus colegas mais privilegiados. Elas têm baixas taxas de uso de drogas e de problemas comportamentais e aparentam ser perfeitamente saudáveis, diz Brody. "Mas, se você ultrapassa o exterior e observa a sua biologia, as diferenças aparecem." Elas possuem uma pressão mais alta, bem como índices mais elevados de circulação dos hormônios do estresse e de inflamação.[32]

Apesar de viverem em circunstâncias melhores, aqueles que cresceram em ambientes adversos também têm índices elevados de câncer, doenças cardiovasculares, enfermidade e morte por todo o tipo de causa. Um estudo acompanhou mais de 12 mil crianças dinamarquesas adotadas e descobriu que a sua mortalidade na faixa dos quarenta anos estava relacionada com a classe social dos pais biológicos, e não com a dos pais adotivos.[33] Outro estudo acompanhou estudantes de medicina da Universidade Jonhs Hopkins por quarenta anos.[34] Entre esses médicos cultos e prestigiados, aqueles que cresceram em famílias desfavorecidas tinham o dobro das chances de sofrer de doenças cardiovasculares ao chegarem à casa dos cinquenta anos de idade.

O estresse decorrente da adversidade e da desigualdade também parece ser um dos principais responsáveis pela erosão dos telômeros. Pessoas que não concluíram o ensino médio ou que se encontram em relacionamentos abusivos, por exemplo, apresentam telômeros mais curtos. Outros estudos também demonstram uma conexão entre telômeros curtos e status socioeconômicos inferiores, empregos por turnos, vizinhanças perigosas e poluição do meio ambiente.[35] Entre os afro-americanos, experiências de discriminação racial têm sido associadas a vários indicadores biológicos de estresse, incluindo telômeros mais curtos.[36]

Mais uma vez, as crianças correm um risco considerável. Sofrer abusos ou passar por dificuldades no começo da vida — inclusive no útero, devido à exposição aos hormônios do estresse da mãe — deixa os indivíduos com telômeros mais curtos pelo resto da vida.

Resultados como esses têm levado alguns cientistas a argumentar que, para enfrentarem a epidemia crescente de doenças crônicas, os governos precisam reduzir a desigualdade social e sobretudo amparar as mulheres em idade reprodutiva. Em 2012, Elizabeth Blackburn e Elissa Epel escreveram um comentário na prestigiosa revista científica *Nature* fazendo um apelo aos políticos para que priorizassem uma "redução do estresse em sociedade".[37] Elas apontam que o estresse experimentado pelas mulheres durante a gestação e a criação dos filhos provoca problemas de saúde e custos à economia na geração seguinte por décadas, mesmo quando esses filhos conseguem progredir para uma situação mais confortável.

Existem hoje evidências bastante convincentes de que a biologia do nosso envelhecimento é moldada no começo da vida. Epel me conta: "Se ignorarmos isso e simplesmente nos limitarmos a remendar tudo mais tarde, nunca conseguiremos obter uma prevenção, e a cura continuará fadada ao fracasso."[38]

* * *

Enfrentar a desigualdade social não é de modo algum uma ideia recente. No entanto, a amplitude de problemas de saúde causados pelo estresse e pela pobreza — e a constatação de que as circunstâncias sob as quais crescemos modelam nosso risco de enfermidades para toda a vida — talvez ofereça um argumento mais forte do que nunca para que os governos finalmente entrem em ação. Mas talvez os políticos ainda não estejam prontos para dar o salto sobre o cânion interdisciplinar que Blackburn e Epel cruzaram uma década atrás. De acordo com Epel, a reação ao artigo na *Nature* foi pífia. "Por trazer uma declaração controversa, eu esperava que as pessoas fossem criticá-lo ou apoiá-lo", diz ela. "Não vimos nada disso!"[39]

Não obstante, alguns esforços vêm sendo empreendidos para colocar a sua visão em prática, e no Capítulo 10 veremos o que acontece quando pesquisadores tentam amortecer os efeitos do estresse em algumas das comunidades mais necessitadas, como Milledgeville. Mas, nesse meio-tempo, será que não existe algo que possamos fazer, individualmente, para nos proteger dos efeitos debilitantes do estresse?

Poucos de nós podemos eliminar todo o estresse de nossa vida, assim como Susan não pode transformar sua vizinhança nem Lisa pode devolver o próprio filho. Entretanto, aqui vão as boas notícias. Problemas externos — dívidas, relacionamentos difíceis, ter um filho com autismo — não costumam comprometer o nosso organismo de forma direta. O que nos afeta é a nossa resposta psicológica a tais circunstâncias; não as situações que nos rodeiam, mas a nossa *mente*. E isso é algo que podemos controlar.

Wendy Mendes, psicóloga da Universidade da Califórnia, São Francisco, usa o exemplo de uma esquiadora que inesperadamente se depara com um caminho íngreme e congelado como a única maneira de descer a montanha. É bem possível que a frequência cardíaca da esquiadora acelere enquanto seu corpo se prepara para a descida. Contudo, dependendo da sua experiência e se ela acredita ser capaz de obter sucesso, sua emoção predominante pode ser de medo ou de excitação.[40]

Esses estados mentais praticamente opostos são versões do "bater ou correr", mas exercem efeitos físicos bem distintos sobre o organismo, diz Mendes.[41] Ambos os cenários ativam o sistema nervoso simpático (SNS), no entanto a empolgação e o júbilo o energizam ainda mais. Sob um ponto de vista mais evolutivo, esse é o estado mental de um caçador ao se aproximar de sua presa; de um corredor sendo alcançado, porém com a certeza de que evitará a ultrapassagem; de um lutador que sabe que possui a vantagem. Nossos vasos sanguíneos periféricos se dilatam, e nosso coração trabalha com mais eficiência, bombeando sangue oxigenado para os membros e para o cérebro. Pessoas que experimentam esse tipo de resposta exibem uma performance acima do comum, não apenas no aspecto físico, mas também mental.

O medo, em compensação, faz o organismo assumir um comportamento de prevenção de danos enquanto se prepara para a derrota. Estamos sendo caçados, e não existe escapatória. Estamos lutando contra um adversário superior. O SNS se ativa, mas com menor intensidade. Nossos vasos sanguíneos se comprimem, e nossa frequência cardíaca se torna menos eficiente, fazendo menos sangue circular pelo organismo. Isso serve para minimizar a perda sanguínea caso sejamos apanhados e feridos, porém ao mesmo tempo debilita nossa performance e desgasta o sistema cardiovascular, uma vez que o coração se vê forçado a bater mais forte para bombear sangue por todo o corpo. Além disso, conforme o sistema imunológico se prepara contra possíveis ferimentos e infecções, ocorre um aumento repentino do cortisol, o hormônio do estresse.

Os psicólogos chamam essas reações contrastantes de "desafio" e "ameaça". Quando nos deparamos com situações estressantes da vida moderna — o ato de falar em público, um confronto com alguém que preferiríamos evitar, ou um desafio físico como uma pista de esqui —, as mesmas ponderações ancestrais vêm à tona. Inconscientemente, pesamos nossas chances:

lá no fundo, acreditamos que vamos vencer ou perder? A resposta costuma ser uma combinação de fatores, explica Mendes. Você estudou para essa prova? Você é uma pessoa otimista? Você dormiu bem ontem à noite? "Todos esses detalhes podem influenciar a maneira como percebemos as ferramentas de que dispomos para lidar com a tarefa à nossa frente."

Quando falamos de saúde a longo prazo, as reações de desafio parecem ser preponderantemente positivas, enquanto estados de ameaça são mais prejudiciais. Mendes descobriu que pessoas que experimentam uma reação de desafio retornam mais rápido ao normal, e uma série de estudos sugerem que surtos leves ou moderados desse tipo de estresse mais "positivo", com intervalos regulares de descanso, proporcionam um exercício útil aos sistemas cardiovascular e imunológico. "De muitas formas, o que fazemos durante essas tarefas psicologicamente estressantes se compara bem com o que vemos no estresse decorrente de exercícios", diz Mendes. Tal como ocorre com os exercícios físicos, se colocamos nosso organismo sob uma carga tolerável de estresse e em seguida vamos para casa e descansamos, isso acaba por nos tornar mais fortes e mais resilientes. Em suma, é o que fazemos toda vez que vamos a uma montanha-russa ou nos assustamos com um filme de terror.

Em compensação, pessoas em estado de ameaça, passado o momento crítico, levam mais tempo para recuperar sua forma habitual, tanto física quanto mentalmente. Elas tendem a se preocupar mais com a sua performance e permanecem mais vigilantes para futuras ameaças. A pressão delas também se mantém elevada. Com o tempo, o esforço extra sobre o coração pode levar à hipertensão. E, conforme vimos, a ativação recorrente do cortisol pode danificar o sistema imunológico.

Mendes percebeu, intrigada, que o simples ato de mudar a forma como pensamos sobre a nossa resposta física ao estresse pode surtir um efeito expressivo. Ela sujeitou voluntários a um suplício extenuante, conhecido como teste estressor psicossocial agudo (TSST). Ele envolve falar em público e fazer cálculos de cabeça durante quinze minutos, diante de uma banca examinadora, e nos estudos em laboratório isso induz invariavelmente a um estado de bater ou correr.

Mendes disse a alguns dos voluntários que apresentar sintomas físicos de ansiedade durante o teste, como batimentos cardíacos acelerados, era na verdade um bom sinal. Significava que o sangue oxigenado estava chegando ao cérebro e aos músculos, explicou ela, e os ajudaria a ter um desempenho melhor. Por incrível que pareça, essa simples informação ativou nesses voluntários uma reação de desafio — com vasodilatação e rendimento cardíaco maiores — comparados ao grupo placebo (que em vez disso recebeu a recomendação de ignorar aquela fonte de estresse) e ao grupo que não recebeu qualquer instrução.[42]

Em outro estudo, Mendes mostrou que remodelar as respostas do organismo dessa maneira não apenas transforma a fisiologia dos voluntários, mas também aprimora seu desempenho. Ela pediu a estudantes que estavam se preparando para o GRE — em inglês, *Graduate Record Exam*, uma prova crucial requerida para a admissão em programas de pós-graduação norte-americanos — que fizessem uma prova de mentira no laboratório. Comparados a um grupo de controle, aqueles instruídos a interpretar o estresse de forma positiva desfrutaram dos mesmos benefícios fisiológicos observados em estudos anteriores. E eles também obtiveram notas mais altas — não apenas na prova de mentira, mas também no GRE de verdade, realizado três meses mais tarde.[43] "De todos os meus sessenta ou setenta artigos publicados, esse é o resultado que mais me surpreendeu", confessa Mendes. "Foi uma pequena mudança de mentalidade."

O trabalho de Mendes revela que não precisamos ser dominados pelo estresse. Mesmo com uma pequena mudança de atitude, podemos começar a reduzir o impacto de eventos estressantes em nossa saúde, obtendo assim desempenhos melhores quando estamos sob pressão. Infelizmente, nem sempre é assim tão fácil decidir se estressar menos ou pensar nos nossos problemas de forma positiva. Sobretudo as pessoas cronicamente estressadas correm o risco de se tornar reféns de padrões negativos de pensamento.

Isso porque, com o tempo, o estresse refaz fisicamente o nosso cabeamento cerebral.

* * *

Durante o nosso chá da noite, minha filha de 5 anos pula para longe dos seus palitinhos de peixe empanados e dá um grito. Ela aponta para uma aranha de tamanho considerável na parede próxima à sua cadeira e se recusa a voltar para o lugar enquanto a criatura continuar ali.

Isso acaba sendo um problema também para mim, por conta do meu próprio medo de aranhas. Mas, como sou a única adulta em casa naquela ocasião, cabe a mim fazer algo a respeito. E (embora venha claramente fracassando até o momento) estou tentando não transmitir o meu medo irracional para a minha filha. Me aproximo do aracnídeo infrator munida de um copo de plástico e de um descanso.

Consigo sentir a luta que está sendo travada na minha cabeça. De um lado, um alerta vermelho e intermitente. Não há ali nenhuma palavra, apenas um terror e uma repugnância profundos. Combatendo esse sinal de perigo primitivo, uma voz delicada e tranquilizadora insiste que tudo está bem. Esses dois exércitos lutam também pelo controle do meu corpo. Um dos lados suplica para que os meus músculos se retenham, enquanto o outro envia instruções para relaxar e seguir adiante. Eu expulso a aranha devidamente pela cozinha, mas fazer isso é como atravessar a nado um mar revolto.

Na maior parte do tempo, sustentamos a ilusão de sermos indivíduos coerentes e completos. Porém existem ocasiões, mesmo em experiências corriqueiras como a de enfrentar uma aranha, em que o mecanismo conflitante da mente vem à tona. Quando pressentimos um perigo em potencial, uma série de regiões vitais do cérebro interagem para decidir o que devíamos fazer a respeito. Uma delas é a amídala cerebelosa, um ágil sistema de respostas capaz de detectar ameaças no ambiente à nossa volta. Ela armazena memórias emocionais, sobretudo as mais estressantes, e, quando cenários similares reaparecem, ela ativa o medo, a ansiedade e a reação de bater ou correr. Fonte de fobias e preconceitos, a amídala cerebelosa age num piscar de olhos e não requer qualquer pensamento consciente.

O hipocampo, que agrega conteúdo factual às memórias, e o córtex pré-frontal, que desempenha funções cognitivas importantes, como o planejamento e o pensamento racional, agem contra esse tipo de impulso primitivo. Ambos trabalham mais devagar, mas analisam situações de maneira mais lógica para desarmar nosso alarme e desligar nossa resposta ao medo e ao estresse. O lado vencedor determina se devemos extravasar nossa raiva ou falar com doçura; se devemos desistir ou enfrentar nossos temores. E, ao que parece, na mente de qualquer um, as chances são distribuídas de acordo com as nossas experiências de vida, sobretudo nosso histórico de exposições ao estresse.

Em um experimento crucial, psicólogos mostraram vídeos curtos a adolescentes de um colégio secundário em St. Louis, Missouri, exibindo cenários banais — como um assistente de vendas observando um cliente. Pedia-se que os estudantes se imaginassem em cada situação apresentada. A maioria deles não viu nada de mais, mas aqueles de origem mais desfavorecida (após o controle por grupo étnico) tenderam muito mais a interpretar os cenários como ameaçadores — acreditando que seriam acusados de roubo, por exemplo — e experimentaram um elevado ritmo cardíaco e pressão alta.[44]

Tal efeito parece se estender por toda a vida — Greg Miller, da Northwestern, obteve o mesmo resultado quando mostrou os vídeos a adultos que haviam sido criados tanto em lares pobres como em lares privilegiados.[45] Efeitos semelhantes foram vistos em cuidadores como Lisa e em pessoas que sofreram traumas ou abusos na infância. Indivíduos cronicamente estressados enxergam problemas pequenos como sendo muito mais estressantes do que o normal. E possuem uma tendência muito maior de experimentar uma reação de ameaça do que uma de desafio.

Nos últimos anos, neurocientistas como Bruce McEwen, da Universidade de Rockefeller, em Nova York, vêm descobrindo o motivo por trás disso. Em experimentos com animais e com seres humanos cronicamente estressados, a ativação recorrente da amídala cerebelosa faz com que ela cresça e se conecte melhor com o passar do tempo, enquanto o hipocampo e o córtex pré-frontal murcham e encolhem.[46] Por exemplo: um estudo conduzido três anos após os ataques terroristas de 11 de setembro em Nova York descobriu uma redução no volume de massa cinzenta nessas regiões do cérebro de adultos supostamente saudáveis, mas que viviam próximos aos prédios destruídos.[47] Tal remodelagem do cérebro tem sido relacionada a distúrbios psiquiátricos como a demência e a depressão.

Eis aqui, então, uma explicação sobre como os efeitos da adversidade na infância podem persistir ao longo da vida (e já vamos ver outra no Capítulo 10). O estresse influencia o cabeamento do cérebro, tornando-nos mais suscetíveis a problemas no futuro ao destruir os próprios caminhos cerebrais que nos ajudariam a manter a calma e o autocontrole.

A CURA

* * *

Depois de conhecer Susan, ando pela cidade até chegar a uma rua onde está exibida a seguinte placa: "Administração habitacional de Milledgeville". As casas aqui são pequenos bangalôs, cada um dividido em dois minúsculos cômodos. Me espanta a impessoalidade delas quando comparadas à residência de Susan. Não há fronteiras, cercas, flores ou móveis típicos de um jardim — apenas fileiras de caixas de tijolos idênticas, espaçadas entre si ao longo da grama.

Bato à porta do endereço que recebi e me deparo com Monica. Ela leva um tempo para chegar até a entrada, mas me cumprimenta calorosamente. "Tinha esquecido que você ia vir!", diz ela. Com 39 anos de idade, ela veste um tomara que caia verde e amarelo que deixa a farta carne morena de seu colo, braços e ombros cair por cima do elástico. Seus cabelos escuros estão arrumados em cachos lustrosos, e quando ela sorri um dente de ouro resplandece.

A porta da frente dá direto para a sala, um pequeno espaço quadrado com paredes nuas e piso de vinil. O cômodo encontra-se numa penumbra — as cortinas estão fechadas, apesar do lindo sol lá fora —, e os únicos móveis são um sofá azul desbotado, uma cadeira e uma mesinha de centro que dá suporte a um aparelho de televisão. Apesar do cinzeiro sobre a mesinha, veem-se pontas de cigarro espalhadas pelo chão. Monica me indica o sofá e distraidamente liga a televisão enquanto nos sentamos para conversar.

Ela me conta que nunca terminou o ensino médio e que hoje trabalha na cantina do colégio. Então fecha a cara. "Ganho setecentos dólares por mês", revela. "Por mês!" Ela também é mãe solteira da Takisha, que acabou de chegar da escola, usando uma camiseta vermelha e calças justas de malha pretas, com um laço vermelho em seus cabelos compridos e trançados. A adolescente é alta, mas está acima do peso e é um pouco desajeitada. Sua mãe pede que se sente conosco, e ela obedece, enquanto digita no celular.

Uma das maiores preocupações de Monica é manter a filha a salvo. "Não a deixo ir para a lugar nenhum." Takisha tem apenas 13 anos, mas outras crianças da sua turma já começaram a fumar, beber e fazer sexo.

Monica recorda a própria adolescência, citando uma noite em que uma amiga próxima a convidou para sair. Ela não confiava na outra garota que iria se juntar às duas, então recusou a oferta. "No dia seguinte, fiquei sabendo que elas estavam presas por roubo. Jogaram banha quente em um senhor e o roubaram", conta ela. "Imagine se eu estivesse no carro! Uma decisão ruim e isso muda a sua vida para sempre." Até o momento, pelo menos, Takisha não se envolveu em confusão e tem boas notas na escola (em um dado momento da nossa conversa, ela faz uma citação em latim) e me diz que gostaria de se tornar pediatra quando crescer.

A dupla sem dúvida tem um relacionamento próximo: uma implica com a outra carinhosamente, e Takisha olha tímida para a mãe em busca de aprovação sempre antes de falar — por exemplo, quando pergunto o que ela faz para passar o tempo. Parece que não há muito para se fazer em Milledgeville: "Gosto de ficar no telefone" e "Gosto de comer" é o que Takisha me diz. A resposta de Monica também é bem parecida. Os prazeres de sua vida são a televisão — ela assiste sobretudo a talk-shows e a documentários com histórias verídicas, como um sobre uma adolescente que se enforcou depois de ter sofrido bullying virtual — e a comida. Takisha comeria alimentos mais saudáveis se tivesse oportunidade, diz Monica, como aveia, iogurte e salada. "Mas eu não como isso, então não compro."

Em vez disso, ela se satisfaz com asinhas de frango e outras frituras. "A gente vive na pobreza", explica. "Então procuro a comida. Isso é tudo para mim. Detesto fazer isso, mas desconto os meus problemas e o meu estresse comendo."

* * *

Monica e Takisha não estão sozinhas. Em vários outros países, cientistas vêm observando que pessoas criadas na pobreza possuem uma maior tendência a fumar e a beber em excesso, e uma propensão menor a se exercitar. Suas dietas são pouco saudáveis, e as mulheres têm maior inclinação para a obesidade.[48] Além de serem diretamente prejudiciais à saúde, esses comportamentos comprometem ainda mais as inflamações: o tabagismo e uma dieta rica em gordura estão associados a inflamações mais severas, por exemplo, enquanto a atividade física regular possui a capacidade de reduzi-las.

Por que os habitantes de comunidades mais pobres se comportam de modo diferente? Não faltam motivos de ordem prática: vegetais frescos e mensalidades de academia são coisas caras. Ocorre ainda uma forte pressão da comunidade para continuar fazendo escolhas ruins; Monica tem boas razões para manter Takisha dentro de casa, ainda que isso cause um impacto na saúde da filha. E, para aqueles sem nenhuma esperança realista de escapar da pobreza e desfrutar de recompensas, como uma casa decente, um emprego estimulante ou um fim de semana divertido, ou para aqueles que passam pela experiência constante de perderem entes queridos ou bens valiosos, talvez o foco em prazeres imediatos e mais acessíveis, como cigarros e frituras, não seja uma reação assim tão irracional.

Entretanto, psicólogos como Greg Miller acreditam que ainda exista outro fator. Pesquisas sugerem que o estresse na infância não se limita apenas a tornar as pessoas mais vigilantes ao perigo. Ele também afeta circuitos cerebrais associados a recompensas, que regulam nossos apetites em todos os aspectos, de alimentos a drogas, sexo e dinheiro.

Além da amídala cerebelosa, o córtex pré-frontal ajuda a regular outras regiões do cérebro, como o núcleo accumbens, que faz parte de uma área chamada estriado ventral. O núcleo accumbens nos faz desejar coisas, desempenhando um papel importante na dependência. Mensagens do córtex pré-frontal para o núcleo accumbens suavizam nossos desejos, lembrando-nos das consequências das nossas ações e nos ajudando a abrir mão da gratificação imediata para obter recompensas maiores no futuro.

Algumas pesquisas preliminares sugerem que o estresse na infância afeta também o modo como esses circuitos são "cabeados" conforme o cérebro se desenvolve, enfraquecendo o controle hierárquico no decorrer da vida. Aqueles com origens socioeconômicas mais humildes são mais propensos a preferir pequenas recompensas imediatas em vez de recompensas maiores no futuro, a despeito da atual circunstância de vida.[49] Um estudo realizado em 2011 com varredura cerebral pediu a 76 adultos que participassem de um jogo no qual poderiam ganhar ou perder dinheiro.[50] Quando aprenderam com suas vitórias, aqueles com origens mais humildes apresentavam atividade reduzida do córtex pré-frontal, e conexões mais fracas entre o córtex pré-frontal e o estriado ventral.

Uma pessoa com um cérebro cabeado dessa maneira tenderia a priorizar o prazer imediato em detrimento das consequências futuras. Essa pessoa será impulsiva e se arriscará com atitudes pouco saudáveis, como se alimentar de comidas ricas em gordura, usar drogas e fazer sexo sem proteção. Tal como a hipersensibilidade a ameaças, isso faz sentido de um ponto de vista evolutivo: se você está em um ambiente onde os recursos são escassos e há perigos por toda a parte, é uma boa estratégia se empanturrar de alimentos calóricos assim que encontrá-los, por exemplo, ou procriar o quanto antes. Mas, no mundo moderno, esses comportamentos são empecilhos para que as pessoas escapem da pobreza e, ao mesmo tempo, ainda arruínam a saúde.

Assim, de várias e diferentes maneiras, o estresse pode recabear o cérebro, deixando as pessoas em dificuldades, expostas a situações adversas e com desvantagens ainda maiores — além de condicioná-las a uma vida inteira de doenças crônicas. Esse legado impiedoso ajuda a explicar por que pessoas expostas ao estresse como Monica continuam fazendo determinadas escolhas, e por que sua saúde continua sofrendo desses efeitos mesmo quando as circunstâncias melhoram. Mas isso nos leva a uma questão: poderiam essas mudanças no cérebro ser prevenidas, ou até mesmo revertidas?

9

DESFRUTE O MOMENTO
Como transformar seu cérebro

São sete da manhã, e estou caminhando pela praia em Santa Mônica, Califórnia. O sol baixo resplandece junto às ondas, e as nuvens estão douradas desde a aurora. Pequenas aves se aglomeram pela areia molhada, enquanto à distância as casas de campo dos abastados moradores de Los Angeles salpicam de branco as colinas de Hollywood.[1]

Por cerca de um quilômetro e meio, a praia é quase deserta. Então, logo ao norte do posto de salva-vidas de número 27, encontro o que estou procurando. A alguns metros de distância da água, um grupo de pessoas está sentado, enfileirado, com as pernas cruzadas sobre toalhas. Elas fazem parte de um grupo budista local, prestes a iniciar uma meditação silenciosa de uma hora de duração. Vou até o final da fila e me junto a eles, encarando o mar.

Durante séculos, seguidores das religiões tradicionais do Oriente buscam iluminação espiritual por meio da meditação. A prática veio para o Ocidente nos anos 1960 como parte da contracultura hippie, apoiada por celebridades e bandas como The Beatles e The Doors. Desde então ela foi se popularizando, conforme a necessidade das pessoas em buscar paz e algum sentido em meio ao materialismo da vida moderna. Hoje em dia, é tão comum encontrar praticantes numa praia da Califórnia quanto num templo tibetano.

Mas não estou aqui para cumprir uma jornada espiritual nem nada do gênero. Estou interessada nas declarações da ciência sobre os benefícios da meditação para a saúde física e mental ao reduzir nossos níveis de estresse.

De todas as áreas da medicina do corpo e da mente, a meditação, tão próxima da religião e da espiritualidade — sem falar nas substâncias de expansão da consciência —, já teve uma relação tempestuosa com a ciência. Vários estudos desde a década de 1970 vêm sugerindo que monges meditadores são capazes de alcançar uma variedade surpreendente de efeitos físicos, como fazer a pressão baixar por vontade própria ou inundar o cérebro de ondas elétricas altamente sincronizadas.

Alguns pesquisadores bastante ligados a organizações religiosas já foram acusados de descobrir apenas o que gostariam de ver. E, ainda que esses monges, tendo passado grande parte de suas vidas em retiros isolados, sejam sem dúvida capazes de realizar alguns feitos impressionantes, não está clara a relevância disso para o restante de nós. Na última década, porém, uma nova onda de estudos com varredura cerebral e ensaios clínicos firmou de uma vez por todas a posição da meditação no panorama científico. Eles estão demonstrando que, embora observar nossos pensamentos possa parecer algo um tanto quanto efêmero, isso pode desencadear fortes efeitos físicos no corpo e no cérebro.

Mas, primeiro, é hora de dar uma chance a essa prática tão misteriosa. Existem centenas de tipos de meditação: a meditação da compaixão envolve propagar sentimentos de amor e bondade para os demais seres vivos (vamos aprender mais sobre isso no Capítulo 10); a meditação transcendental faz com que os praticantes se concentrem em um mantra contínuo; a de atenção plena, por sua vez, demanda a consciência dos próprios pensamentos e do ambiente ao redor. Esta última é uma das práticas mais populares (sendo também uma das mais estudadas), então nessa manhã eu tento uma forma de meditação de atenção plena chamada monitoramento aberto. Sento-me ereta e permaneço imóvel, captando qualquer pensamento que venha à tona. Não julgo nem reajo a eles, apenas deixo-os ir.

Ajeito-me sobre a minha toalha e começo a contemplar aquela água cintilante. A vista se estende por milhares de quilômetros de oceano Pacífico e é de tirar o fôlego. Mas encarar essa vastidão sem poder contar com pensamentos e fantasias para ocupar minha mente é um pouquinho difícil. Minha cabeça é geralmente um emaranhado de ideias e palavras; faladas, escritas, ouvidas, imaginadas, lembradas. Não sei ao certo se conseguir afastá-las será tão simples assim.

A CURA

* * *

Eu não sou a única que ocupa a cabeça com pensamentos abstratos, de acordo com Mark Williams, professor emérito de psicologia clínica da Universidade de Oxford, no Reino Unido, e especialista nos efeitos psicológicos da meditação. Coautor do livro *Atenção plena: Mindfulness*, publicado em 2011, ele explica como o ato de treinar a mente para torná-la mais consciente pode reduzir o estresse e a ansiedade do dia a dia. A obra se transformou em um inesperado best-seller, recebendo elogios de celebridades como Ruby Wax e Goldie Hawn.

"A maioria de nós está o tempo todo preocupada. Não temos uma consciência real de onde estamos ou do que estamos fazendo", diz ele. "Estamos quase sempre planejando o futuro ou recapitulando algo que já passou."[2] Enquanto lava os pratos, por exemplo, você pode estar pensando na xícara de chá que vai tomar em seguida. Enquanto bebe o chá, começa a planejar uma ida ao supermercado. Enquanto dirige até o supermercado, cogita o que vai comprar.

Em vez de perceber o mundo à nossa volta, somos capturados pelo nosso mundo mental. Essa pode ser uma experiência feliz: sonhar com férias luxuosas, quem sabe, ou pensar no presente de aniversário perfeito para um amigo. No entanto, também somos capazes de evocar situações negativas e estressantes. Podemos estar saboreando uma deliciosa refeição, dando banho em nossos filhos ou caminhando por uma praia, mas em nossa mente estamos remoendo uma discussão do dia anterior ou pensando nos compromissos do dia seguinte no trabalho, numa obsessão muito mais excessiva do que útil.

O ato de nos perdermos em tais divagações ou preocupações por si só já nos torna indivíduos estressados. Além disso, indica que deixamos de perceber as coisas positivas no mundo ao redor, que são capazes de amenizar nossa ansiedade. Ao nos arrumarmos para o trabalho de manhã, já imersos nas dificuldades que teremos ao longo do dia, deixamos de notar o calor reconfortante do nosso chá; uma ótima música no rádio; o sorriso dos nossos filhos. "É possível passar uma vida inteira perdendo esses momentos", diz Williams. Estamos em uma bolha, sempre alheios às belezas e aos prazeres singelos que fazem a vida valer a pena.

Se não nos cuidamos, a mente e o corpo podem consumir um ao outro numa espiral destrutiva, afirma Williams. Pensamentos negativos desencadeiam respostas de estresse no organismo. E o processo funciona também no sentido contrário: quando estamos no modo bater ou correr, o cérebro se torna hiperalerta a ameaças. Quanto mais estressados ficamos, maior a propensão de termos pensamentos negativos.

A meditação de atenção plena ajuda a prevenir que isso aconteça. Williams explica que, ao nos tornarmos mais conscientes de nossos próprios pensamentos, podemos nos distanciar e perceber que uma noção negativa ou estressante não necessariamente representa a realidade. Não precisamos ter uma resposta emocional. Trata-se apenas da nossa mente sendo espontânea e tagarelando no fundo. Quando enfim entendemos isso, somos capazes de silenciá-la.

Estudos com varredura cerebral têm corroborado essa ideia. Por exemplo: Giuseppe Pagnoni, neurocientista da Universidade de Módena e Reggio Emilia, na Itália, capturou imagens do cérebro de praticantes da meditação zen. Assim como a meditação de atenção plena, ela envolve captar pensamentos e em seguida descartá-los. Acredita-se que o nosso monólogo interior de pensamentos espontâneos seja gerado por um conjunto de regiões no cérebro chamado "rede neural de modo padrão", que fica mais ativo quando não estamos concentrados em atividades exteriores. Pagnoni percebeu que os praticantes de meditação podiam reduzir a atividade dessa rede e, mesmo depois de serem distraídos, eles eram capazes de voltar a esse estado de calma mais depressa do que os inexperientes participantes do grupo de controle.[3]

Pensar sobre o mundo colocou o homem um passo à frente da zebra — mas isso não veio de graça. Podemos nos desgastar com preocupações sobre coisas que já aconteceram, ou que não aconteceram ainda, ou que talvez nunca venham a acontecer. A atenção plena, ao que parece, pode nos colocar um novo passo à frente: podemos ter pensamentos sem sermos governados por eles.

* * *

No começo, apesar da vista deslumbrante, minha mente se desespera para estar em qualquer outro lugar além dessa praia. Ela se contorce e dispara, recusando-se a ser silenciada, lançando ideias e imagens na minha frente em rápida sucessão. Ovos (estou pensando onde vou tomar o café da manhã), trânsito (não posso perder meu voo), perguntas para a entrevista (vou encontrar um pesquisador mais tarde). Cada pensamento me chama, me convida a acompanhá-lo, a me perder em seu labirinto.

Toda vez que rejeito um fluxo de pensamento, outro surge rapidamente em seu lugar, como se minha mente fosse um comerciante desesperado para fechar uma venda: "Não gosta dessa? Tente esta, então!" Uma jaqueta vermelha que eu comprei da última vez em que andei por essa praia. O que comprar de presente para os meus filhos em casa...

Em uma tentativa de banir esse turbilhão de pensamentos, me concentro nos detalhes do cenário à minha frente, mantendo os olhos fixos e resolutos. Num primeiro momento, a praia parece agitada. Ondas batem e respingam, retumbando como um longínquo trovão. Maçaricos-brancos circulam pela costa. Atletas e donos passeando com seus cães cruzam o meu campo de visão, enquanto pelicanos passam um tempo na água antes de bater asas ou flutuar para longe de vista. Um surfista, apenas uma silhueta escura contra o horizonte, vagueia por quase vinte minutos antes de também desaparecer.

Fico distraída durante algum tempo, contudo pouco a pouco começo a me sentir estranhamente alheia a toda essa movimentação costeira. Imagino que os pássaros, os atletas e os surfistas são como os meus pensamentos: eles habitam diferentes formas e temporalidades, mas no fim tudo passa. De algum modo, começam a parecer menos importantes, menos reais, e, em vez de observá-los indo e vindo, percebo minha concentração se dirigindo em direção ao horizonte. Sou atraída por seu silêncio sedutor, por sua linha inabalável de um azul profundo e plácido.

Ao final de uma hora, minhas pernas estão doloridas, e o sol matinal faz minhas bochechas arderem. Ao contemplar a praia após essa primeira incursão, eu me sinto calma e estranhamente conectada; mais como parte de uma paisagem mais ampla, quem sabe, e menos ansiosa com as minúcias da minha rotina. Gosto da sensação de me ver livre de pensamentos negativos (quem não gostaria?) e consigo imaginar que, a longo prazo, essa poderia se tornar uma técnica poderosa para obter uma perspectiva diferente diante da vida. Mas será que ela realmente funciona? A maioria de nós não é monge, nem tem tempo para meditar com tanta frequência. Será que umas poucas e rápidas sessões conseguiriam nos proteger dos danos provocados pelo estresse, ou até mesmo revertê-los? E será que isso, por sua vez, viria a beneficiar nossa saúde física?

* * *

Gareth Walker sabe bem como o passado e o futuro podem nos atormentar. Dez anos atrás, ele estava trabalhando em Sheffield, no Norte da Inglaterra, como policial — ou, como ele diz, um "tira fazendo a ronda". O jovem de 26 anos gostava daquela profissão e em seu tempo livre adorava ir até as colinas caminhar pelos belos vales de Yorkshire.

Então, em uma manhã em 2006, Gareth acordou e percebeu que a vista do seu olho esquerdo estava embaçada. Seu oftalmologista não encontrou nenhum problema. Seu clínico-geral prescreveu antibióticos para conjuntivite, que não surtiram qualquer efeito. Ele precisou realizar uma ressonância magnética, e o neurologista soltou a bomba: o sistema imunológico de Gareth estava atacando o nervo óptico. A explicação mais provável era que ele sofria de esclerose múltipla (EM).

Sendo uma condição crônica em que uma inflamação anômala destrói gradualmente o sistema nervoso, a EM pode desencadear uma gama de sintomas conforme o paciente vai perdendo o controle sobre seu corpo. Um a um, membros, olhos, intestinos e bexiga podem parar de funcionar. Os pacientes também sofrem de dores e fadiga, bem como de problemas cognitivos e emocionais — principalmente a depressão. A EM costuma começar de forma "recorrente-remitente", em que os ataques aparecem de súbito e logo desaparecem. Cedo ou tarde, porém, a doença se torna "progressiva", provocando cada vez mais danos. Existem poucos tratamentos eficazes e nenhuma cura.

São necessários dois surtos inflamatórios como o de Gareth para diagnosticar a EM em um paciente, pois há casos em que apenas um surto ocorre, e depois mais nada. No entanto, se mais alguma coisa acontecesse, advertiu o neurologista de Gareth, ele estaria diante de uma deficiência progressiva e inexorável. Por três anos, Gareth tentou levar uma vida normal. Então, em 2009, começou a perder o controle sobre a própria bexiga. Em 2010, ele foi formalmente diagnosticado com EM.

Ele descreve o período subsequente ao diagnóstico como "horrivelmente estressante". Pouco tempo depois, Gareth começou a apresentar dificuldades para andar e precisou tirar uma licença médica do trabalho que amava. E, naquele mês de junho, ele ainda se tornaria pai.

Em agosto de 2010, ele lembra que tirou uma semana de férias e viajou com a esposa e o filho para uma casa na pitoresca aldeia de Tosside. Era uma oportunidade para a família fugir de tudo e comemorar o nascimento do bebê. Em um dia ensolarado, eles fizeram um piquenique em uma reserva florestal perto dali, comendo sanduíches às margens de um córrego. A esposa de Gareth sugeriu que entrassem na água, a poucos passos de distância dali, por um caminho quase plano e um pouco pedregoso. Ao iniciar seu caminho pelas pedras, Gareth sentiu os pés vacilarem, como se ele fosse cair.

De repente, chegou a uma constatação. Se estava em apuros agora, então como estaria dali a alguns anos? Ele olhou para o seu precioso bebê de dois meses e foi acometido pelo pensamento de que nunca acompanharia o filho em passeios como aquele. Nunca lançariam pedrinhas sobre a superfície da água, não jogariam futebol nem fariam inúmeras outras coisas que pais normais costumam fazer com os filhos. Em vez disso, ele ficaria em uma cadeira de rodas, impotente. Esse momento de reflexão arruinou o que poderia ter sido uma celebração idílica da família, provocando uma avalanche de medos e hipóteses de que ele não conseguiria escapar da doença.

"Todo sonho que eu já tive sobre o futuro foi subitamente tirado de mim", conta ele. "Eu não sabia o que fazer. Foi uma época muito, muito trágica para mim."[4]

Cinco anos depois, porém, parece que Gareth está livre do desespero; na verdade, ele diz que está mais feliz do que nunca. O ex-policial atribui essa transformação de vida à meditação de atenção plena e hoje é um de seus defensores mais influentes, contando com uma página na internet e mais de sessenta mil seguidores no Twitter. Marcamos um encontro para conversarmos melhor sobre essa incrível reviravolta.

Ele me busca na estação de trem de onde mora, em Barnsley, uma antiga cidade mineradora no coração de Yorkshire. É hora do almoço em um dia frio de janeiro, e ele logo me leva para fora da cidade, passando por campos cobertos de neve, até a aldeia rural de Silkstone, desculpando-se por não haver um lugar bacana para se comer em Barnsley.

Agora com 36 anos, Gareth é simpático, descontraído e prático, com serenos olhos cinza e um sotaque típico do Norte. Trajando um suéter vermelho e calças jeans, ele é magro, mas não fraco. Jogamos conversa fora — ele diz que poderia passar um dia inteiro falando sobre os benefícios da atenção plena — até que chegamos ao local onde almoçaremos. Ele procura uma vaga para deficientes e, ao sair do carro, usa uma muleta para cruzar a curta distância entre estacionamento e o café.

Quando nos sentamos, pergunto a Gareth como ficou sabendo da atenção plena. Pouco depois daquele desastroso passeio pelo córrego, conta ele, alguém recomendou a ele a meditação como uma forma de lidar com o estresse de ser diagnosticado com EM. "Eu não fazia nem ideia de como meditar", diz ele. "Já tinha ouvido essa palavra antes, mas achava que era coisa de hippie." Então ele resolveu ler o livro *Wherever You Go, There You Are*, um best-seller sobre atenção plena, escrito pelo norte-americano Jon Kabat-Zinn.

Gareth começou a meditar cinco minutos por vez, de forma bastante improvisada. Fechava os olhos e contava as respirações. Se tivesse algum pensamento antes de chegar até dez, ele recomeçava a contagem. No começo, nada de extraordinário aconteceu. Mas, passados alguns meses, ele notou uma mudança.

* * *

Se Elizabeth Blackburn saltou o cânion existente entre a psiquiatria e a bioquímica em seu estudo sobre os telômeros, a distância cruzada por Kabat-Zinn foi ainda maior. Biólogo molecular e professor de ioga em Massachusetts, ele estava convencido de que a meditação que praticava como parte de sua fé budista poderia ajudar aqueles que foram desamparados pela medicina; aqueles que estavam morrendo, por exemplo, ou sendo devastados pela dor. Mas ele sabia que os médicos nunca prescreveriam uma prática religiosa. Então, um dia, enquanto meditava em um retiro, teve uma visão: Kabat-Zinn iria reinventar a atenção plena, subtraindo-lhe os aspectos religiosos e espirituais, a fim de torná-la palatável à profissão médica.

Em 1979, ele desenvolveu um programa de oito semanas que incluía elementos de meditação de atenção plena, bem como técnicas de relaxamento e hataioga. Ele o chamou de redução de estresse a partir da atenção plena (MBSR) e fundou uma clínica na Universidade de Massachusetts em Amherst. "Ele disse aos médicos do hospital: 'Me passem os pacientes que vocês não conseguem mais curar'", conta Trudy Goodman, diretora do InsightLA, o grupo budista ao qual eu me juntei na praia de Santa Mônica, e que naquela época trabalhava com Kabat-Zinn. "Os pacientes foram enviados, e ninguém sabia mais o que fazer com eles. A dor de alguns diminuiu. Outros conseguiram morrer em paz."[5]

A meditação secular era uma estratégia arriscada naquela época. "As pessoas diziam: 'Você está diluindo os ensinamentos, isso não vai acabar bem'", relata Goodman. "Nunca antes alguém havia cogitado extrair a atenção plena do budismo que todos nós estudávamos." Mas isso tirou a prática do status de método religioso de nicho e a transformou em um fenômeno cultural.

Desde que Kabat-Zinn fundou sua clínica, mais de vinte mil pessoas concluíram seu programa de oito semanas. O MBSR já figurou em incontáveis jornais e revistas, e ainda em programas de televisão, incluindo o *Oprah Winfrey Show*. De acordo com os Institutos Nacionais de Saúde (NIH), cerca de um em cada dez norte-americanos adultos medita atualmente.[6] Há uma revista mensal especializada, chamada *Mindful*, e centenas de aplicativos envolvendo atenção plena. Uma busca por "mindfulness" na Amazon retorna quase 19 mil livros e DVDs, desde jornadas espirituais a métodos práticos de redução do estresse, e até mesmo exercícios para crianças. Sessões e palestras relacionadas à atenção plena também ocorrem em todo o país, do Vale do Silício a Capitol Hill.[7]

Isso porque, em grande parte, ter distanciado a atenção plena de suas origens religiosas permitiu o desenvolvimento de estudos científicos sobre potenciais benefícios, legitimando ainda mais sua técnica. Temos agora centenas de estudos randomizados controlados com terapias baseadas na atenção plena. Revisões sistemáticas e metanálises concluem de modo consistente que o MBSR pode reduzir dores crônicas e a ansiedade, além de diminuir o estresse e melhorar a qualidade de vida de todos, de sobreviventes de câncer a voluntários saudáveis.[8]

Há quem se preocupe com essa explosão de popularidade. Alguns professores budistas se queixam de que a atenção plena se tornou uma mercadoria e de que as sutilezas por trás do seu real significado se perderam.[9]

Psicólogos já alertaram para o fato de que aulas de atenção plena vêm sendo oferecidas por professores desqualificados que se apresentam como especialistas, enquanto a mídia veicula algumas consequências trágicas em participantes mais vulneráveis durante sua estadia em retiros de meditação. Em um curso ministrado no deserto do Arizona, por exemplo, os participantes tiveram que meditar por longos períodos, sem acesso a comida ou água, antes de assistirem a uma cerimônia em uma "tenda do suor". Três pessoas morreram, e 18 foram hospitalizadas em condições que variavam entre insolação e insuficiência renal.[10]

Enquanto isso, Kristin Barker, socióloga da Universidade do Novo México, em Albuquerque, vê o movimento como um exacerbado sentimento de culpa, descrevendo a meditação de atenção plena como uma "medicação do tipo faça você mesmo para todas as horas".[11] Ela ainda destaca alguns conselhos de Kabat-Zinn, como o de meditar "como se sua vida dependesse disso, pois ela realmente depende, de uma tal e profunda maneira". A ideia de que a nossa saúde depende de estarmos atentos o tempo inteiro transforma todos nós em pacientes, carentes de algum tipo de tratamento para corrigir nossos pensamentos nocivos, e nos faz sentir como se tivéssemos fracassado caso não atinjamos esse estado de graça, adverte ela.

Gareth ri desse último argumento. "Ninguém pode estar atento o tempo inteiro", observa.[12] Após alguns meses de meditação por apenas cinco minutos diários, porém, ele afirma que começou a achar mais fácil focar no momento presente. Como resultado, ele se sentiu mais paciente e ficou menos frustrado com desafios físicos, como subir as escadas. "Quando eu não conseguia avançar muito mas simplesmente vivia o momento, tudo ficava muito mais fácil", conta ele. Depois disso, ele começou a meditar por períodos mais longos, e afirma que os benefícios foram "astronômicos".

Grande parte da agonia de se ter EM vem do passado ou do futuro, explica ele. Depois de ter sido diagnosticado, ele se viu atormentado por pensamentos sobre todas as coisas que costumava amar — seu trabalho, as caminhadas — e que nunca faria novamente. Também passou a temer o futuro, pois, se a EM lhe tirasse a visão, Gareth não acompanharia o crescimento dos filhos (hoje ele tem dois) ou precisaria enfrentar uma dor insuportável.

"Preciso afastar esses pensamentos incontáveis vezes todos os dias", diz ele. E acredita que sua consciência de atenção plena facilita isso. "Sou apenas um homem de 36 anos; como serei daqui a uma década? Essa história começa, mas eu nunca a deixo passar disso." Se conseguir permanecer no momento presente e se concentrar no que está acontecendo à sua volta, ele afirma que a maior parte da agonia decorrente de sua doença vai embora e a vida se torna boa — até mesmo ótima.

Gareth agora medita por meia hora todos os dias. Ele programa seu alarme com antecedência e medita sentado na cama, seja concentrando-se em sua respiração ou recorrendo a fones de ouvido, com a atenção na música. Mas ele também tenta integrar a atenção plena em sua vida. "Se meu filho chega e interrompe, então ele se torna o assunto da meditação." Isso significa que, em vez de permitir ser distraído, ele dá toda a sua atenção ao filho.

Além de ajudá-lo a desfrutar e apreciar a vida que tem, incluindo o tempo com os filhos, Gareth acredita que a atenção plena o ajudou a se tornar mais tolerante e empático: "Você só pode criar empatia com alguém depois que percebe certas coisas — como quando a sua companheira fecha a cara —, e atenção plena tem tudo a ver com essa percepção."

Ela também o ajuda a lidar com a dor. Gareth sofre de neuralgia do nervo trigêmeo: episódios de dor aguda e intensa — como um picador de gelo, ele descreve — num dos lados do rosto. A previsão é que piorem conforme a doença for progredindo. Ele me conta uma história budista sobre como a dor tem duas setas: a da dor física e também a do contexto que atribuímos a essa dor. A metáfora me faz lembrar dos pacientes com queimaduras que conhecemos antes, cuja dor é intensificada pela ansiedade e pelo medo. Contudo, em vez de se distrair com uma ferramenta como o Snow World, os meditadores de atenção plena buscam eliminar o conteúdo emocional por meio do confronto direto com a dor.

"Você acolhe a dor", explica Gareth. "Você a abraça, a convida para um chá e lhe faz um afago. Parece loucura, mas funciona de verdade. Os efeitos dos episódios de dor que tenho são muito, muito mais fracos."

"E quanto à fadiga?", pergunto. Geralmente é uma grande questão para pacientes com EM. Gareth responde que costumava se sentir exausto, mas não mais desde que começou a meditar. Ele agora leva uma vida ocupada. Além do malabarismo entre a paternidade e seu problema de saúde, ele está de volta ao trabalho em tempo integral — dessa vez no escritório, investigando reclamações contra a polícia. E ainda gerencia sua própria página na internet, Everyday Mindfulness,[13] associada à sua conta no Twitter. (Sua citação mais retuitada é do Buda: "A dor é inevitável; o sofrimento é opcional.")

"As pessoas acham que a meditação é uma perda de tempo, mas é bem o contrário", diz ele. "Ela é uma fornecedora de tempo, por conta de todo o tempo que não vamos perder seguindo linhas inúteis de raciocínio. Eu não conseguiria levar a vida que levo hoje se não fosse pela meditação."

Eu não sabia ao certo se eu realmente havia "entendido" o objetivo da meditação até conversar com Gareth. Não é uma solução rápida; requer horas de prática regular, e mais estudos são necessários até definirmos exatamente a quem e como ela pode ajudar. Mas, aqui, comendo sanduíches nos vales nevados de Yorkshire e ouvindo esse pai de família e policial falar sobre sua dor diária, sobre o estresse e o medo que superam qualquer dificuldade com a qual eu precise lidar, não posso deixar de pensar que, se a atenção plena lhe permite enfrentar seus demônios com coragem, e até mesmo com alegria, então ela deve ser uma ferramenta muito poderosa.

* * *

É uma ensolarada manhã de fevereiro, e estou me chacoalhando, morta de vergonha, numa sala cheia de estranhos. Esse é o Centro de Transtornos do Humor da Universidade de Exeter, no Reino Unido, e os que estão aqui comigo esperam que, ao afastar os pensamentos estressantes, a atenção plena possa protegê-los do desespero ameaçador provocado pela depressão profunda.

O curso se chama terapia cognitiva com base na atenção plena (MBCT). Desenvolvido por Mark Williams e seus colegas da Universidade de Oxford, ele tem por base principal o MBSR, mas seu foco é a depressão. A perspectiva médica convencional afirma que a depressão resulta de um desequilíbrio químico no cérebro — uma deficiência do neurotransmissor conhecido como serotonina. A maioria dos antidepressivos aumenta os níveis de serotonina. Mas os medicamentos por si só ajudam apenas cerca de um terço dos pacientes a sair da depressão, e, conforme vimos no Capítulo 1, grande parte do seu benefício se deve, na verdade, ao efeito placebo. E, tal como ocorre com a maioria dos remédios, eles possuem efeitos colaterais (de problemas intestinais e disfunção sexual a pensamentos suicidas).

Terapias psicológicas são uma alternativa cada vez mais popular. A mais estudada é a cognitivo-comportamental (TCC), na qual os terapeutas falam com os pacientes sobre suas vidas e problemas, buscando ajudá-los a identificar padrões de pensamentos negativos e inúteis e então alterá-los. No entanto, a MBCT (que combina a atenção plena com alguns elementos da TCC) vem ganhando rápida notoriedade. Enquanto a TCC é um tratamento agudo para aqueles que já se encontram enfermos, a MBCT foi projetada como uma ferramenta que as pessoas podem utilizar em sua rotina diária para ajudá-las a permanecer bem. A sessão onde estou é uma reciclagem para os que já concluíram o curso, coordenada pelos psicólogos Willem Kuyken e Alison Evans.

Há trinta pessoas aqui com diferentes idades e histórias de vida, e todas já passaram por episódios recorrentes de depressão aguda. Evans nos conduz por uma série de exercícios, demarcando o início de cada um deles com uma batida ressoante em uma tigela de metal. Depois de nos concentrarmos em nossa respiração, ela pede que observemos nossos corpos e quaisquer sensações físicas que estejamos experimentando. Em seguida, vem o exercício mais ativo, de nos sacudirmos. Prestar atenção nos movimentos do corpo ajuda a focar no presente, em vez de se perder em elucubrações sobre o passado ou o futuro.

"Vocês devem buscar segurança neste momento de agora", explica Kuyken,[14] à frente da sala do seminário — ele é alto, de belas feições, intenso. "E, se conseguirem lidar com este momento, isso moldará o próximo." Os novatos são encorajados a praticar esse princípio em suas vidas diárias — ao sair para uma caminhada e observar as árvores e o céu, por exemplo, ou simplesmente respirar — para escapar de padrões negativos de pensamento que ameacem esmagá-los. Outro truque é captarem deixas do dia a dia — parar em semáforos no vermelho, abrir a geladeira — como um lembrete para continuarem atentos e observando os arredores.

Até o momento, os resultados da MBCT têm sido impressionantes. Em dois estudos publicados em 2000 e em 2004, Williams e seus colegas revelaram que a MBCT reduz pela metade os índices de recaída de pacientes com depressão aguda recorrente.[15] Isso fez com que a terapia fosse recomendada pelo Instituto Nacional de Saúde e Excelência Clínica (NICE) do Reino Unido. Assim, em 2008 Kuyken conduziu um novo estudo, relatando que os pacientes submetidos à MBCT apresentaram menos sintomas, melhor qualidade de vida e um índice de recaída inferior àqueles que foram apenas medicados.[16]

Os pacientes aqui em Exeter parecem convencidos dos benefícios da atenção plena. "Eu odiava antidepressivos", diz Vicky, de 43 anos, uma mulher baixa e sensata que sofreu de depressão por duas décadas. "Eu sempre os largava assim que podia, aí seguia em frente e tentava esquecer o que passou. Mas uma coisinha de nada acionava o gatilho, e eu voltava para as profundezas." Toda vez que isso acontecia, conta ela, era pior do que antes, e mais difícil de esconder dos filhos. Quando estava deprimida, ela passava dias a fio sem querer sair da cama.

Vicky terminou o curso há dois anos e diz que assim aprendeu a perceber alguns sinais de alerta — como estar sempre ocupada, não dormir direito, sentir ansiedade o tempo todo — que indicam que ela poderia estar à beira de uma recaída. Antes, "não conseguia entender como eu tinha me metido naquele buraco", diz ela. "Agora estou muito mais consciente de como me sinto. É como uma escada de segurança que pode me tirar de qualquer buraco."

Sue, outra participante, de 33 anos de idade, é uma entusiasmada alpinista e tinha uma carreira promissora como oceanógrafa, até que o *bullying* vivido no trabalho desencadeou um surto de depressão aguda. "Foi como se um interruptor tivesse sido acionado", explica ela. "Eu ficava tão agitada que meu coração disparava. Eu suava, sentia náuseas, não conseguia passar da porta da frente." Depois dos antidepressivos prescritos para um episódio de depressão dez anos antes, Sue jurou que nunca mais tomaria esses remédios. "O efeito demora demais a passar, eles têm efeitos colaterais horríveis e não resolvem o verdadeiro problema."

Ela fez uma bateria de TCC antes de ser indicada a Kuyken. Com a TCC, "você tenta parar de ter pensamentos 'estranhos'", diz ela. "Mas é fácil acabar ficando exausto e pensar que você está se sentindo do jeito errado." Graças à atenção plena, "eu estava aliviada de não falar sobre tudo o que passou", confessa ela. "Isso é mais acolhedor. Não é sua culpa." Sue de fato tem algumas preocupações — por exemplo, que as constantes faíscas de ideias em sua cabeça sejam necessárias para a sua capacidade criativa como cientista. Mas ela se aproxima da atenção plena como mais um de seus experimentos. "Se não estou conseguindo realizar alguma coisa, faço três minutos de respiração e tento novamente. É incrível a diferença que faz."

Lá também conheço Ann, uma senhora de 57 anos com um rosto enrugado e cabelos brancos presos em um rabo de cavalo, que sofreu de depressão recorrente pela maior parte de sua vida. Em seus piores momentos, ela se tornava suicida, acreditando que as crianças ficariam melhor sem ela. Ann também odiava antidepressivos. "Eles me zumbificavam", diz ela. "Não só suprimiam os sentimentos negativos, mas também todos os sentimentos." Agora ela medita diariamente e acredita que isso vai ajudá-la a ficar bem sem as medicações. "Entendi que os pensamentos não podem nos machucar."

Quando pergunto de que maneira sua vida é diferente por causa da MBCT, a resposta é simples: "Eu estou viva."

Assim que a sessão acaba, Kuyken e eu nos sentamos em seu escritório banhado pela luz do sol, onde ele me diz que está esperançoso de que a MBCT possa ser adaptada para ajudar pessoas que sofrem de outros transtornos mentais, como ansiedade crônica, fobia social ou distúrbios alimentares. Na verdade, ele acredita que a atenção plena pode ajudar todos nós a lidarmos com as demandas da sociedade moderna.

"Estamos cada vez mais conduzindo nossas vidas no piloto automático", diz ele. "Crianças estão apresentando transtornos mentais cada vez mais cedo." Em particular, ele acredita que as tecnologias de conexão permanente, como e-mail, celulares e Facebook, podem ser nocivas se não aprendermos a controlar seus efeitos sobre nós. "Estamos a todo tempo tendo que lidar com novas informações." É muito difícil fazer isso de forma consciente, explica ele, responder ponderadamente ao que está acontecendo ao nosso redor, em vez de reagir às cegas.

Mas, primeiro, ele espera acumular evidências ainda mais fortes acerca dos benefícios da MBCT em pacientes com depressão aguda recorrente. No momento da escrita deste livro, ele e seus colegas acabavam de publicar um ensaio que acompanhou mais de quatrocentos pacientes durante dois anos: a MBCT os protegia contra recaídas tão bem quanto os medicamentos antidepressivos.[17] (Quando esses dados eram reunidos aos de estudos anteriores, os pacientes submetidos a uma bateria de sessões de MBCT tinham 24% menos propensão a recaídas do que aqueles que estavam sendo medicados.)

"Há milhões de pessoas com depressão no mundo", diz Kuyken (que após a minha visita se mudou para Exeter e agora é diretor do Centro de Atenção Plena em Oxford). "Se pudermos fornecer-lhes uma alternativa aos antidepressivos, será algo estrondoso."

É um longo caminho desde o seu começo, no ano 2000, quando ele nervosamente "saiu do armário" para estudar a MBCT após um longo interesse secreto pela meditação. Williams também diz que no início temia que estudar a meditação pudesse destruir sua reputação acadêmica: "Quando realizamos o primeiro estudo, pensávamos que encontraríamos um enorme ceticismo. Parte de mim temia pela minha carreira. Mas os cientistas ficaram realmente interessados."

Essa atitude positiva se deve em grande parte a uma série de descobertas recentes que agora vêm forçando os cientistas a considerarem a terapia como um fenômeno de efeitos físicos impressionantes. Então viajo até Boston, Massachusetts, para encontrar a mulher que talvez tenha feito mais do que qualquer outro para mostrar como a meditação age sobre o cérebro.

* * *

"Eu costumava pensar que toda essa coisa de mente e corpo era um disparate. Mas, após um mês de aulas de ioga, eu estava fissurada."

Sara Lazar, neurocientista em Harvard, está com os pés descalços e sentada com as pernas cruzadas em sua cadeira. Seu cabelo rebelde é grisalho, porém ela tem a energia e o entusiasmo de uma adolescente. Ela ri muito e fala tão rápido que pula palavras inteiras. "Isso me abalou. Notei que havia muito mais ali do que apenas alongamentos e exercícios."[18]

Nós nos encontramos em seu escritório, no Boston Navy Yard. O espaço não teria nenhuma graça não fosse por uma prateleira acima de sua mesa, adornada por rosas em um vaso alto e verde; um Buda de bronze; e um dançarino de prata em uma pose sentada de ioga — inclinado para a frente com uma perna reta e a outra dobrada. "Eu gosto daquele ali", diz ela. "Eu estava fazendo essa posição na ioga quando tive um momento de revelação." Em vez de lutar e se forçar para assumir a posição, como de costume, ela relaxou. "E fui quase três dedos além do necessário", conta ela, rindo. "Relaxar leva você mais longe do que se estressar e ficar tenso!"

Na pós-graduação, Lazar estudou genética bacteriana. Foi então que ela lesionou um dos joelhos, enquanto treinava para uma maratona. Temporariamente incapaz de correr, começou a fazer ioga para manter a forma e foi surpreendida pelo efeito que a prática teve sobre ela. Como Gareth, ela sentiu que seu cérebro estava funcionando de um modo diferente. "Mudou a forma como eu pensava sobre as coisas", explica ela. Sentiu-se mais calma, tinha mais empatia e percebeu uma maior capacidade de enxergar diferentes pontos de vista. "Eu vivo em Boston, onde transitam muitos motoristas loucos", diz. "Percebi que não preciso ficar brava com eles. Eles provavelmente estão com pressa, e também devem estar estressados."

Fascinada com o que estava acontecendo em seu cérebro, Lazar passou das bactérias à neurociência. Ela se aprimorou na captura de imagens por ressonância magnética (IRM) — a mesma tecnologia que eu vi os médicos do Centro Médico de Boston usarem para visualizar o cisto no cérebro de Daniel. Não se pode fazer ioga dentro dos limites estreitos de um scanner cerebral, então, em vez disso, ela investigou a prática da meditação já relatada.

Lazar descreve sua decisão de entrar no mundo da medicina entre a mente e o corpo como "corajosa ou louca". "Todo mundo meio que me olhava engraçado", relata. Na época, no final dos anos 1990, a meditação era vista como uma prática hippie, relacionada a drogas, e não como um assunto adequado para a pesquisa científica. Mas, aproximadamente na mesma época, os NIH criaram um centro nacional de medicina alternativa e complementar (o mesmo responsável pela contratação do especialista em placebos Ted Kaptchuk em Harvard). "Isso me deu a certeza de que eu poderia fazer isso, de que conseguiria financiamento."[19]

Outros pesquisadores já vinham estudando como a meditação afeta a atividade cerebral, entre eles o neurocientista Richard Davidson, da Universidade de Wisconsin-Madison, nos Estados Unidos. O dalai-lama enviou aos cuidados de Davidson oito de seus monges mais experientes, cada um deles tendo já meditado por dezenas de milhares de horas.[20] Comparados aos estudantes voluntários, quando os monges meditaram Davidson notou um aumento assombroso na atividade cerebral de alta frequência, conhecida como ondas gama — maior do que os neurocientistas jamais haviam relatado (pelo menos em cérebros saudáveis; ondas gama muito elevadas também são registradas em crises epilépticas).

Esse pico de ondas gama sugeriu que os cérebros dos monges, durante a meditação, estiveram muito bem organizados e coordenados, com um grande número de neurônios disparando juntos. Eles também tiveram uma altíssima atividade no córtex pré-frontal esquerdo, uma região ligada aos pensamentos e às emoções positivas. Os resultados eram intrigantes. Esses meditadores experientes claramente eram capazes de induzir estados de consciência fora do âmbito normal da experiência.

Entretanto, Lazar fez algo diferente. Ela estava convencida de que a prática de ioga a havia induzido não apenas a um estado de passagem de consciência, mas a uma mudança permanente na forma como o cérebro dela trabalhava. "Eu sabia que meu cérebro tinha mudado", diz. Então, em vez de olhar para a atividade do cérebro, ela analisou sua estrutura física. Como não tinha acesso aos monges, decidiu estudar pessoas comuns de Boston — um terapeuta, um chef, um advogado, um rapaz da área de TI — que eram meditadores experientes e praticavam diariamente.

Para me mostrar o que encontrou, Lazar abre uma série de varreduras em sua tela de computador. Ela deve ter visto dezenas de milhares delas ao longo de sua carreira, mas seus olhos continuam arregalados de espanto diante dessa janela para o interior do crânio humano. "Me impressiona que possamos obter uma imagem tão detalhada de um cérebro", revela. "Alguns parecem cristalinos, é sensacional."

Lazar se surpreende com o que vê nessas varreduras, mas eu também estou impressionada com o que não vemos. Isso é um ser humano, porém nessas intrincadas estruturas detalhadas não há nada que nos diga com quem essa pessoa se importa, sua primeira lembrança, a música de que gosta ou a comida que odeia. Ainda temos um caminho dolorosamente longo a percorrer rumo à compreensão do cérebro. Mas, por ora, essas imagens em preto e branco são a melhor janela que temos para acessar seus mistérios. Que tipo de marca a meditação deixaria?

Lazar publicou seus resultados em 2005. Comparado a um grupo de controle, o córtex cerebral dos meditadores, incluindo o córtex pré-frontal, havia crescido em espessura em cerca de um décimo de milímetro.[21] "A diferença é realmente minúscula", diz ela. "Mas é significativa." Era o suficiente para mostrar que, em vez de ser apenas um estado transitório, a meditação pode mudar a estrutura física do cérebro.

"Isso realmente sacudiu as coisas", conta Lazar. Até então os cientistas só haviam concluído que existe a possibilidade de o cérebro adulto mudar em resposta ao ambiente. Por muito tempo acreditou-se que, no momento em que nosso cérebro atinge a idade adulta, ele inicia uma trajetória decadente. Neurônios podem morrer, mas não podem nascer. Em 1998, porém, autópsias dos cérebros de pacientes idosos com câncer mostraram que novas células estavam sendo criadas, mesmo no fim de suas vidas.[22]

Depois disso, estudos começaram a revelar que todas as pessoas, desde violinistas até motoristas de táxi, reforçam áreas cerebrais relevantes com novas células e conexões, assim como nós criamos músculos com a ajuda de exercícios físicos. O estudo de Lazar mostrou que a meditação pode fazer isso também. Pela primeira vez, foi possível explicar como a prática poderia alterar de forma permanente a psicologia e a fisiologia.

Outros investigadores seguiram sua linha de estudo, relatando resultados semelhantes para vários tipos diferentes de meditação. Mas ainda havia um problema. Esses estudos deixavam em aberto a possibilidade de os "meditadores serem meio esquisitos", como diz Lazar. Talvez as pessoas que escolhem meditar sigam determinados estilos de vida (muitas delas também são vegetarianas, por exemplo) que podem afetar seu cérebro. Ou talvez pessoas com certos tipos de cérebro já tenham uma maior propensão para a meditação. Para provar que a prática estava causando as mudanças, seria necessário reunir pessoas que nunca meditaram antes e ver como elas seriam afetadas.

Foi o que Lazar fez, em dois estudos publicados em 2010 e 2011. Comparados a um grupo de controle, aqueles submetidos a uma bateria de oito semanas de MBSR tinham aumentado a massa cinzenta em áreas do cérebro relacionadas a aprendizagem, memória e controle emocional, inclusive no hipocampo. Eles também se sentiram menos estressados, e tal mudança foi acompanhada por uma redução na densidade de matéria cinzenta na amídala cerebelosa.[23]

"Isso é importante", afirma Lazar. Como vimos no Capítulo 8, o estresse e a depressão crônicos deixam as pessoas com um hipocampo e um córtex pré-frontal menores, e a amígdala cerebelosa maior e mais bem conectada. Depois de apenas oito semanas de aulas, Lazar percebeu algumas dessas mudanças no sentido oposto. Sua descoberta sugere que a meditação pode elevar as probabilidades de volta a nosso favor, tornando-nos mais resistentes ao estresse.

Lazar agora está conduzindo um estudo para testar se os exercícios físicos, que também reduzem o estresse, provocam alterações semelhantes. Além disso, ela vem investigando o potencial da meditação para afastar a demência. O hipocampo e o córtex pré-frontal tendem a diminuir à medida que envelhecemos, imitando algumas das mudanças causadas pelo estresse crônico e contribuindo para o declínio cognitivo. Vários estudos têm sugerido que a meditação pode ajudar a retardar esse processo. A diferença na espessura cortical vista por Lazar foi encontrada com mais frequência nos meditadores mais velhos, enquanto várias equipes diferentes têm revelado agora que o desempenho cognitivo e o volume da massa cinzenta declinam mais devagar com a idade em meditadores do que nos grupos de controle.[24]

Em um estudo publicado em 2014, Lazar também descobriu que a inteligência fluida (uma medida semelhante ao QI) diminui mais devagar com a idade em praticantes de ioga e em meditadores quando comparados aos grupos de controle, e que diferentes áreas de seu cérebro permanecem mais conectadas.[25] "Essa é parte da inteligência fluida e é o que se perde com a idade", diz ela. "Isso sugere que a meditação ajuda a manter essas regiões conversando entre si."

A pesquisa de Lazar faz parte de um grande esforço dos NIH para encontrar maneiras de prevenir e tratar o Alzheimer conforme a população envelhece. Sua decisão de estudar a meditação pode ter parecido loucura no começo, mas hoje ela já faz parte de uma tradição.

* * *

Estou agora convencida de que, pelo menos no caso daqueles que praticam regularmente, a meditação de atenção plena tem o potencial de mudar nossa mente e nosso cérebro. Mas eu ainda gostaria de saber: esses efeitos antiestresse iriam além do cérebro e influenciariam o nosso sistema imunológico? E ser consciente poderia ajudar a retardar a progressão de uma doença autoimune como a EM?

De volta ao café de Yorkshire, peço a opinião de Gareth. Ele me diz que, em 2011, logo depois que começou a meditar, foi diagnosticado com a forma mais grave e "progressiva" de EM, na qual, em vez de ter ataques periódicos, as pessoas simplesmente pioram cada vez mais. No entanto, desde então, passados cinco anos ou mais, Gareth surpreendeu os médicos, porque sua condição se manteve quase estável.

Quando sugere aos profissionais que a prática de meditação pode estar ajudando a retardar a progressão de sua doença, Gareth diz que recebe "um olhar de descrença". Ainda assim, ele está convencido de que a atenção plena é um dos fatores que têm contribuído para conter o avanço da doença: "Já tenho EM progressiva há cinco anos, e meu estado deveria estar pior."

Em contrapartida, cresce o consenso de que, ao causar inflamação crônica, o estresse exacerba a progressão de doenças autoimunes como a EM. Uma metanálise de 2004 entre 14 estudos publicados no *British Medical Journal* concluiu que há uma relação "consistente" e "clinicamente significativa" entre eventos de vida estressantes e subsequentes ataques em pacientes com EM recorrente-remitente.[26] Já um estudo holandês que acompanhou 73 pacientes com EM descobriu que eventos estressantes — como uma demissão, ou a morte de um parente ou amigo — dobraram o risco de exacerbação no decorrer do mês seguinte.[27]

Além disso, em 2012, um estudo randomizado controlado envolvendo uma terapia de gestão do estresse com 121 pacientes com EM recorrente-remitente observou que aqueles no grupo de gerenciamento de estresse apresentavam menos lesões cerebrais novas (um indicador delicado do avanço da doença) do que aqueles no grupo de controle.[28] O tamanho do efeito era semelhante ao observado em estudos equivalentes de novos medicamentos. Porém o benefício durou apenas até o fim da terapia — seis meses depois, não havia mais qualquer diferença entre os dois grupos.

Se as pessoas praticassem a longo prazo, será que a atenção plena traria efeitos mais duradouros? Existem hoje muitos estudos que sugerem que a meditação de atenção plena não reduz os sinais de estresse fisiológico no organismo, tal como fazem o hormônio cortisol e os indicadores das inflamações. Entretanto, alguns estudos em menor escala, incluindo um retiro de meditação de três meses analisado por Elissa Epel e Elizabeth Blackburn, sugerem que a meditação pode proteger ou até alongar os telômeros, retardando potencialmente o envelhecimento em nossas células.[29]

Trata-se de uma constatação drástica, mas nem todos estão convencidos. David Gorski, oncologista da Universidade Estadual de Wayne nos Estados Unidos e crítico da medicina alternativa, adverte que esses primeiros resultados dos benefícios da meditação são exagerados, sobretudo porque, com a meditação, assim como com outras terapias de mente e corpo, é impossível realizar ensaios de duplo-cego. "Você está conduzindo isso de maneira rigorosa?", questiona ele. "É fácil sofrer desvios. Ganhadores de prêmios Nobel não são infalíveis."[30]

Alguns cientistas continuam "bastante desconfortáveis" com a ideia de estudar a meditação, responde Blackburn. Ela diz que sempre enfatiza que os estudos até o momento são preliminares, mas as pessoas "veem as manchetes nos jornais e entram em pânico".[31] Para convencer os céticos, ela "terá que mostrar os efeitos em estudos de maior escala". Ela e Epel estão agora trabalhando em uma experiência de dois anos com mais de 180 mães de crianças com autismo (Lisa é uma delas) para verificar se uma série de sessões de atenção plena ajuda a proteger seus telômeros contra os efeitos do estresse.

Outras provas dos efeitos da meditação sobre a saúde física são mistas. Kabat-Zinn relatou em 1998 que a doença de pele autoimune chamada psoríase desapareceu mais rápido quando os tratamentos convencionais foram combinados à MBSR.[32] Outros estudos têm sugerido que a MBSR aumenta a resposta à vacina contra a gripe,[33] reduzindo o número de resfriados durante o inverno.[34] Mas a maioria dos resultados ainda precisa ser replicada antes que possa receber o devido crédito.

Muito poucos estudos analisaram a atenção plena para a EM. Uma metanálise de 2014 encontrou apenas três estudos, que mostraram benefícios significativos para a qualidade de vida e a saúde mental, bem como contra a depressão, a ansiedade e a fadiga.[35] Ainda nenhum olhou diretamente para a questão do avanço das doenças, embora o autor dessa metanálise, Robert Simpson, do Instituto de Saúde e Bem-Estar da Universidade de Glasgow, na Escócia diga que é algo que ele adoraria investigar no futuro.[36]

Não obstante, a despeito de conseguirem ou não provar a influência da atenção plena sobre a progressão física de sua doença, Gareth afirma que os benefícios psicológicos por si só já a tornam útil. Aliás, apesar de sofrer de uma condição em que uma parcela bem elevada de pacientes se torna clinicamente deprimida, Gareth insiste que está mais feliz hoje do que em qualquer época de sua vida. "Meu bem-estar é maravilhoso", conta ele durante o nosso café. "A EM torna algumas coisas muito, muito difíceis. Mas a vida é difícil. Prefiro me concentrar nas coisas boas, e eu tenho tantas."

Ele recorda o dia em que tentou andar até aquele córrego com seu filho ainda bebê: quando seu temor pelo futuro o tragou numa espiral de desespero; quando a felicidade de um dia inteiro foi dizimada por um único pensamento. "Se isso acontecesse hoje, eu diria: 'Tudo bem, isso não passa de um pensamento'", afirma ele. "E eu me esforçaria para chegar ao córrego e aproveitaria aquele momento."

10

A FONTE DA JUVENTUDE
O poder secreto da amizade

A península de Nicoya, no Noroeste da Costa Rica, é um dos lugares mais bonitos do planeta. Essa faixa de terra de mais de 120 quilômetros, logo ao sul da fronteira com a Nicarágua, é coberta por pastagens e florestas tropicais que se estendem até as ondas do oceano Pacífico. A costa é pontilhada de enclaves de estrangeiros que passam o tempo surfando, aprendendo ioga e meditando na praia.

Para os moradores, a vida não é assim tão idílica. Eles vivem em pequenas aldeias rurais, com acesso limitado a itens básicos como eletricidade, interligadas por estradas irregulares que ficam empoeiradas durante a seca e quase sempre intransitáveis em época de chuvas. Os homens ganham a vida com a pesca e a agricultura, ou trabalhando como peões ou *sabaneros* (vaqueiros em enormes fazendas de gado), enquanto as mulheres cozinham em fogões a lenha. No entanto, os peninsulares estão conquistando a fama de algo surpreendente, o que vem atraindo a atenção de cientistas de todo o mundo.

O segredo foi descoberto em 2005 por Luis Rosero-Bixby, demógrafo da Universidade da Costa Rica, em San José. Ele usou registros eleitorais para averiguar por quanto tempo os costa-riquenhos estavam vivendo e descobriu que sua expectativa de vida é surpreendentemente alta.[1] Em geral, vive-se mais nos países mais ricos, onde a vida é mais confortável, a assistência médica é melhor e o risco de infecção, menor. Mas aquele não era o caso ali.

A renda per capita da Costa Rica é de apenas cerca de um quinto da dos Estados Unidos, porém, se seus moradores sobrevivem às taxas de infecções e acidentes no início da vida — que são relativamente altas —, verifica-se que eles se tornam extremamente longevos, um efeito que é mais forte nos homens. Rosero-Bixby descobriu que os homens de 60 anos da Costa Rica podem esperar viver por mais 22, uma expectativa ligeiramente maior do que a da Europa Ocidental e a dos Estados Unidos. Se chegarem aos 90, podem esperar viver por mais 4,4 anos, seis meses mais do que qualquer outro país do mundo.

O efeito é ainda mais forte na península de Nicoya,[2] onde os homens de 60 anos possuem uma expectativa de vida de mais 24,3 anos — dois a três anos a mais até do que os famosos senhores japoneses. Nicoya é uma das regiões mais pobres do país, de modo que seu segredo certamente não está na educação ou na saúde. Deve haver algo mais.

Outro especialista em longevidade, Michel Poulain, do Instituto Estoniano de Estudos Populacionais em Tallinn, viajou para Nicoya com o jornalista Dan Buettner em 2006 e 2007 para investigar as descobertas de Rosero-Bixby.[3] A dupla foi trabalhar para a National Geographic Society, identificando comunidades com alta expectativa de vida ao redor do mundo — apelidadas de "Zonas Azuis" — e tentando descobrir seus segredos. Outros exemplos incluem a Sardenha, na Itália, e Okinawa, no Japão.

Em Nicoya, Poulain e Buettner conheceram pessoas como Rafael Ángel Leon, um senhor de 100 anos que ainda realizava a colheita de milho e feijão para si mesmo e criava gado, vivendo com uma mulher quarenta anos mais jovem. Nas proximidades, estava Francesca Castillo, uma senhora de 99 anos que cortava a própria madeira e duas vezes por semana caminhava mais de um quilômetro e meio até a cidade. Havia também Ofelia Gómez, a senhora de 102 anos que vivia com a filha, o genro e dois netos. Quando a equipe de Buettner os visitou, ela recitou de cor um poema de Pablo Neruda de seis minutos de duração. Todos os idosos que os dois pesquisadores viram ainda estavam mental, física e socialmente ativos, apesar da idade avançada.

Poulain e Buettner elaboraram uma lista de coisas que poderiam estar ajudando aqueles moradores a envelhecer tão bem. Eles têm estilos de vida ativos, mesmo na velhice. Possuem uma forte fé religiosa. A falta de eletricidade para a iluminação faz com que eles vão para a cama cedo e durmam uma média de oito horas por noite. Eles bebem água rica em cálcio (o que é bom para o coração) e comem frutas ricas em antioxidantes.

Embora o projeto fosse intrigante, não era possível determinar seus fatores cruciais. Mas Rosero-Bixby realizou recentemente um estudo com esse objetivo específico e para isso se juntou a David Rehkopf, epidemiologista da Universidade de Stanford, na Califórnia. A dupla levou amostras de sangue de cerca de seiscentos idosos costa-riquenhos, incluindo mais de duzentos só de Nicoya. As amostras de sangue foram encaminhadas para o laboratório de Elizabeth Blackburn, em São Francisco, onde ela mediu o comprimento de seus telômeros. Se os moradores daquela península realmente estão envelhecendo mais devagar, isso deve aparecer em seus resultados.

A equipe relatou em 2013 que os telômeros dos habitantes de Nicoya são de fato mais compridos do que os dos demais costa-riquenhos.[4] A impressionante expectativa de vida deles não é um acaso estatístico, mas um efeito biológico real, no qual suas células parecem mais jovens do que o esperado para a sua idade. A dimensão desse efeito foi equivalente a mudanças causadas por fatores comportamentais, como exercícios físicos ou tabagismo.

Para investigar o motivo de os peninsulares possuírem telômeros tão longos, Rosero-Bixby e Rehkopf analisaram os efeitos de todos os aspectos imagináveis, desde a saúde física e o nível de educação dos moradores até o consumo de óleo de peixe. Não havia qualquer diferença em relação à dieta, e os peninsulares estão em uma situação pior do que outros costa-riquenhos quando se trata de medidas de saúde como obesidade e pressão arterial. Tampouco seu envelhecimento mais lento parece ser uma consequência dos genes — os moradores perdem a longevidade quando se mudam dali. E não é uma questão de dinheiro: os indivíduos mais ricos, na verdade, têm os telômeros mais curtos.

Entretanto, existem algumas pistas. Rehkopf e Rosero-Bixby descobriram que os peninsulares possuem uma menor propensão do que os outros costa-riquenhos a viverem sozinhos, e uma maior propensão a terem contato semanal com crianças. Tais conexões sociais parecem vitais. A diferença de comprimento entre os telômeros é reduzida pela metade entre os moradores que não veem crianças semanalmente e, caso vivam sozinhos, eles perdem a sua vantagem por completo.

Outros estudos revelaram que os habitantes de Nicoya têm maior apego psicológico à família do que os residentes da capital costa-riquenha, San José. Assim, Rehkopf e Rosero-Bixby especulam que fortes laços familiares possam proteger os peninsulares contra o estresse cotidiano — em outras circunstâncias, esse estresse encurtaria seus telômeros. Apesar da pobreza, fortes laços sociais os mantêm jovens.

É uma constatação surpreendente, e para confirmá-la serão necessários mais estudos com o objetivo de recolher dados detalhados sobre as conexões sociais dos habitantes de Nicoya. E Poulain afirma que a teoria se encaixa com suas próprias observações. Ele enfatiza (assim como Rehkopf) que não existe um segredo único e isolado para a longevidade, e que os moradores de áreas especiais como Nicoya provavelmente são favorecidos por uma combinação de sorte genética e fatores ambientais. No entanto, ele também tem identificado redes de relacionamento excepcionalmente fortes em outras Zonas Azuis. "Os aspectos sociais são cruciais", confirma ele. "O amparo aos idosos é fantástico."[5]

A ideia também é reforçada por décadas de evidências em comunidades que sofrem o fenômeno inverso: a perda gradativa de laços sociais.

*　*　*

Lupita Quereda, uma a senhora de 69 anos, vive em uma zona habitacional ao sul de Londres, um lugar lúgubre e cinzento, cheio de lajes de pavimentação e concreto. Apareço para visitá-la acompanhada de um membro do Age UK, grupo de caridade que envia voluntários para conversar com pessoas idosas que se encontram isoladas. A escada comum até a casa de Lupita está coberta de sujeira e teias de aranha, e há várias fechaduras em sua porta.

Mas Lupita a abre com um sorriso enorme, nos acolhe e nos conduz até uma mesa simples de madeira em sua pequena cozinha. O apartamento é limpo e bem-arrumado, com paredes pintadas de um vermelho alaranjado quente. Há um fogão antigo, e as prateleiras da cozinha sustentam pilhas de fitas de áudio, algumas abóboras e abobrinhas e uma boneca de madeira sul-americana. Lupita veste uma camisola (depois de uma queda recente, ela acha as roupas largas mais confortáveis) e um roupão marrom. Ela tem mãos graciosas e feições elegantes, mas sua aparência é agora dominada por cabelos espessos e grisalhos e olhos fundos semicerrados.

Lupita cresceu em Santiago, no Chile, onde se graduou em jornalismo. Após o ditador Augusto Pinochet tomar o poder em um golpe de Estado apoiado pelos norte-americanos, em 1973, ela trabalhou para a resistência, imprimindo panfletos sobre as atrocidades do regime. Seus colegas foram presos, seu pai foi torturado, e em 1978 ela foi deportada pelas Nações Unidas e levada para o Reino Unido.

Seu inglês não era bom o bastante para continuar trabalhando como jornalista. Ela, então, estudou serviço social e começou a trabalhar para o conselho de Lambeth. Lupita gostava de ler e pintar, mas, mais do que tudo, gostava de viajar. Ela enumera os países visitados — Escandinávia, Índia, China, Egito, Irlanda, América Latina. "Eu amei estar lá, com aquelas pessoas", diz. "Comer nas feiras, sentir, ver, estar em meio à sua cultura." Mais tarde, em um curto período de seis meses, aos 58 anos, ela ficou completamente cega.

Quando ainda era criança, Lupita sofreu de uma infecção chamada toxoplasmose, que a deixou míope. O parasita entrara em estado de latência em seu organismo e mais tarde voltara para destruir sua visão. Lupita é divorciada e vive sozinha. Completamente independente antes de ficar cega, agora não consegue sequer fazer um sanduíche — ela come apanhando o pão com uma das mãos e o queijo com a outra.

"Fiquei em estado de choque. Sentada aqui nessa cadeira por um ano", conta ele. Mas pouco a pouco foi retomando sua vida, passando a conhecer aquele apartamento — cada canto, cada cano — pelo toque. Ela se livrou dos itens desnecessários — todas as plantas, sua coleção de chapéus tradicionais de diversos países, até mesmo seu tapete mexicano favorito, para evitar que tropeçasse nele. Guardou apenas alguns bens preciosos, incluindo um pôster emoldurado na parede às suas costas, precioso mesmo sem poder mais vê-lo: uma obra alegre de listras e borrões do pintor inglês Howard Hodgkin. "Parece a vista de uma janela para o céu azul", sugiro. "Exatamente, a janela do meu quarto!", concorda ela, rindo.

Lupita recuperou sua independência. Aprendeu a fazer compras, limpar, assar pão e até costurar, se puder contar com a ajuda de alguém para passar a linha na agulha. Mas o que ainda a aflige mais do que qualquer outra coisa é a sua falta de contato social. Uma vez que sua visão se foi, ela percebeu que a audição também havia sido prejudicada, por conta da toxoplasmose ao longo da vida. Incapaz de compensá-la usando os olhos, ela sente que a surdez a separa terrivelmente dos outros. "As pessoas se relacionam muito bem com a questão da visão", comenta. "Mas lidar com uma pessoa que não pode ouvir é muito chato." Ela acha que se ver isolada dentro de um grupo é ainda mais doloroso do que estar sozinha, então evita até mesmo eventos sociais, como a festa de aniversário de sua neta e as palestras e concertos que costumava desfrutar.

Suas únicas saídas são para o supermercado. "Passo muitos dias no meu canto sem fazer nada", queixa-se Lupita. Ela passa o tempo com audiolivros ligados no máximo; agora está ouvindo *Na Patagônia*, de Bruce Chatwin. Ela aprecia a nossa visita de hoje e vê o filho e sua família todo fim de semana, mas diz: "Na semana que vem, provavelmente ficarei sozinha o dia inteiro, todos os dias. Com comida e água, mas completamente sozinha."

Pergunto como se sente em relação a isso. O que mais machuca, conta Lupita, é quando ela prende o dedo na porta e não há ninguém por perto para compartilhar sua dor. E os pequenos problemas do cotidiano, como uma gaveta que não abre, uma visita que se atrasa: "Para mim, é o maior drama." Ela tenta lidar com tudo rindo de si mesma, cantando canções como "What shall we do with the drunken sailor?". Mas a solidão muda o seu padrão de pensamentos. "Eu me preocupo com as coisas mais idiotas", diz.

O pior de tudo é que ela se sente isolada — das pessoas ao seu redor e dos eventos no mundo todo. Sua voz atinge um tom mais agudo, e Lupita puxa um lenço da manga. "Me sinto completamente deixada de lado, excluída." Ela odeia ter que se esforçar para ouvir as notícias e, quando ouve sobre problemas em outros lugares, "Você fica tão frustrada. Essa incapacidade de fazer qualquer coisa além de orar".

"Para mim, o universo é conexão, é comunicação", afirma ela. "Se você começa a perder isso, começa a morrer."

A FONTE DA JUVENTUDE

* * *

Há cada vez mais evidências de que Lupita esteja certa em relação a isso. A constatação de que a conexão social literalmente nos mantém vivos começou na década de 1950, quando James House, epidemiologista da Universidade de Michigan, sonhou com um projeto ambicioso: acompanhar o estado de saúde de uma cidade inteira.

House e seus colegas acompanharam os moradores de Tecumseh, a sudeste de Michigan, e em 1982 divulgaram um inquietante resultado. Após um ajuste de idade e de outros fatores de risco, os adultos que relataram possuir menos relacionamentos e atividades sociais tinham cerca de duas vezes mais chances de morrer na década seguinte.[6] A falta de laços sociais, ao que parecia, os estava matando mais cedo.

Seis anos mais tarde, House e seus colegas redigiram uma análise para a revista *Science* revendo o projeto Tecumseh, mas também analisando estudos posteriores que envolviam milhares de pessoas vivendo em diversas partes — de Evans County, na Geórgia, nos Estados Unidos, a Gotemburgo, na Suécia —, além de testes de laboratório e testes em animais.[7] Eles concluíram que o isolamento social é tão perigoso para a saúde quanto a obesidade, o sedentarismo e o tabagismo. A evidência era tão forte quanto a do relatório do governo norte-americano que, em 1964, tornou-se um marco ao associar oficialmente o tabagismo ao câncer de pulmão.

O estudo de House teve um impacto surpreendente. Em uma época em que os cientistas estavam apenas começando a perceber que a mente podia afetar a saúde, a ideia de que a nossa vida social podia ser tão importante quanto fatores físicos, tais como alimentação ou fumo, era revolucionária. Desde então, epidemiologistas já compilaram mais evidências que confirmam a descoberta de House. Em 2010, pesquisadores norte-americanos analisaram 148 estudos acompanhando mais de 308 mil pessoas e concluíram que a falta de laços sociais fortes duplica o risco de morte por todas as causas.[8] Isso confirma a constatação de House de que nas sociedades ocidentais, pelo menos, o isolamento social é tão prejudicial quanto a bebida e o cigarro, e sugere que na verdade é mais perigosa do que o sedentarismo ou a obesidade.

É evidente que, quando temos um apoio social, vivemos de forma mais saudável — quando contamos com alguém para preparar nossas refeições, nos levar ao médico e nos reprimir por beber ou fumar. Isso causa um efeito poderoso, mas a diferença nas taxas de mortalidade persiste mesmo após tais considerações. Pessoas com relacionamentos calorosos, vidas sociais intensas e que se sentem como se fizessem parte de um grupo "não ficam tão doentes e vivem por mais tempo", afirma Charles Raison, professor de psiquiatria e pesquisador da medicina da mente e do corpo na Universidade de Wisconsin-Madison. "Talvez essa seja a mais poderosa constatação comportamental da história."[9]

De volta a 1988, quando House e seus colegas publicaram suas análises essenciais, eles advertiram que a sociedade ocidental estava mudando de tal forma que consequências desastrosas para a saúde poderiam ocorrer. Comparado ao que se via nos anos 1950, apontaram, os adultos norte-americanos da década de 1970 tinham uma menor propensão a participar de organizações voluntárias e a fazer visitas informais, e uma maior propensão a viverem sozinhos.

As taxas de matrimônio e gravidez também vinham caindo, o que significa que o século XXI veria um crescimento constante do número de idosos sem cônjuges ou filhos. "Viemos a descobrir a importância das relações sociais para a saúde", alertaram os pesquisadores, "justamente quando sua prevalência e disponibilidade podem estar em declínio."

As previsões de House estavam corretas. A sociedade ocidental continua a se fragmentar. Durante as duas últimas décadas, a média norte-americana do número de agregados por família caiu. Segundo o censo de 2011, 32 milhões de pessoas no país agora vivem sozinhas; são 27% dos lares, comparados aos 17% em 1970.[10] Quando os pesquisadores perguntaram a uma amostra representativa dos norte-americanos em 1985 quantos amigos confidentes eles tinham, a resposta mais recorrente foi três. Quando o estudo foi repetido em 2004, a resposta mais recorrente, dada por 25% dos entrevistados, foi zero.[11]

* * *

Quando estamos distantes de alguém que amamos, costumamos dizer que dói. Essa descrição poderia ser uma simples metáfora, mas experiências com tomografias cerebrais sugerem que isso pode ser literalmente o que acontece.

Experiências de exclusão social ou rejeição — como ficar de fora em uma brincadeira, receber feedback social negativo ou visualizar imagens de entes queridos falecidos — ativam exatamente as mesmas regiões do cérebro de quando sentimos dores físicas.[12] Quando somos socialmente rejeitados ou isolados, não estamos apenas tristes. Nós nos sentimos feridos e ameaçados.

Da mesma forma, os pesquisadores do estresse descobriram que o nosso corpo responde ao conflito social — ser criticado ou rejeitado pelos outros, por exemplo — da mesma maneira que responde a danos físicos iminentes. Não é nenhuma coincidência que um dos medos mais comuns das pessoas seja falar em público, ou que uma das ferramentas mais eficazes dos psicólogos para desencadear a reação de bater ou correr — o teste estressor psicossocial agudo — exija dos voluntários uma performance diante de uma banca de examinadores impassíveis. Realizar essas mesmas tarefas quando ninguém está observando é sem dúvida muito menos estressante.

Embora pareça menos grave, a falta de laços sociais pode ser igualmente tóxica a longo prazo: ainda que possuam uma baixa pontuação nas medidas convencionais de estresse, pessoas solitárias têm altos níveis basais de hormônios do estresse e inflamação, com todos os problemas de saúde que isso implica.[13] O apoio social também parece nos proteger contra circunstâncias difíceis — pessoas sem ele são muito mais suscetíveis a outros estresses.

Mas por que a rejeição social e o isolamento nos afetam de forma tão dramática? Não ter amigos pode não ser agradável, mas também não parece ser uma questão de vida ou morte. E é aí que eu me engano, afirma John Cacioppo, psicólogo da Universidade de Chicago, Illinois, e provavelmente o maior perito mundial em solidão.[14]

Ele aponta em seu livro de 2008, *Solidão*, que, durante grande parte da história humana, separar-nos dos outros nos colocava sob o iminente risco de inanição, predação ou ataque. De fato, o isolamento social era considerado uma sentença de morte, tão ameaçadora para a nossa sobrevivência quanto a fome, a sede ou a dor. No fim, nós evoluímos e ansiamos o contato humano de tal forma que, se privados disso, podemos até criar vínculos com objetos inanimados, como ocorreu com o personagem de Tom Hanks no filme *Náufrago*, que desenvolve um relacionamento significativo com uma bola de vôlei que ele chamou de Wilson.

Mas você não precisa ser abandonado em uma ilha deserta para se sentir solitário. Se acreditamos que não estamos sendo cuidados, podemos nos sentir solitários, mesmo quando cercados de outras pessoas: na faculdade; em um ônibus lotado; em um casamento desgastado. No fim das contas, estar em um ambiente hostil é tão perigoso quanto estar sozinho.

O impacto da solidão, portanto, não depende de quantos contatos físicos nós temos, mas de quão isolados nos *sentimos*. Você pode ter somente um ou dois amigos íntimos, mas, se se sentir satisfeito e apoiado por eles, não há por que se preocupar com os efeitos da solidão sobre a sua saúde, explica Cacioppo. "Agora, se estiver sentado ali sentindo-se ameaçado pelos outros ou como se estivesse sozinho no mundo, essa é provavelmente uma razão para agir."[15]

Esse tipo de "solidão no meio da multidão" é um problema crescente na sociedade moderna conforme nos deslocamos, com frequência vivendo longe da família e dos amigos. Estudos realizados em países ocidentais sugerem que 20-40% dos adultos se sentem solitários em alguma fase da vida, e uma das populações mais solitárias estudadas é a dos calouros universitários.[16] A maioria de nós acaba procurando companhia ou as circunstâncias mudam. Mas 5-7% das pessoas relatam ainda sentir um tipo de solidão intensa ou persistente.

Uma das razões para que isso ocorra é que, assim como o estresse, a solidão crônica remodela o cérebro, tornando as pessoas mais sensíveis a ameaças sociais. Indivíduos solitários avaliam as interações sociais de forma mais negativa, confiam menos nos outros e os julgam com mais severidade. Há também uma lógica evolutiva para isso: numa situação social hostil, é vital estar alerta a traições e a possíveis danos. E isso pode fazer com que pessoas solitárias relutem em se aproximar dos outros. Sentir-se sob ameaça também paralisa as habilidades sociais, diz Cacioppo, fazendo com que o indivíduo se concentre nas próprias necessidades às custas das de qualquer outra pessoa. "Quando você conversa com uma pessoa solitária, sente como se ela estivesse sugando você", explica ele. "E isso não é nada bom."

* * *

Em 2007, Cacioppo publicou um resultado que abriu uma nova perspectiva sobre o modo como a nossa constituição física é influenciada pelo conteúdo de nossa mente. Ele mostrou que o estresse — sobretudo o estresse social — não afeta apenas o cérebro: chega até o nosso DNA.

De um grupo de 230 idosos residindo em Chicago, Cacioppo selecionou oito dos mais solitários, que afirmaram se sentir isolados durante vários anos, e seis dos mais inseridos, que relataram possuir grandes amigos e apoio social. Ele enviou amostras de sangue para o biólogo molecular Steve Cole, da Universidade da Califórnia, em Los Angeles, que analisou quais genes eram ativos em cada grupo. Como o padrão de expressão genética varia em diferentes tipos de células, Cole se concentrou nos glóbulos brancos do sistema imunológico, pois as ações dessas células — causar inflamações, por exemplo, ou produzir anticorpos — são essenciais para a saúde.

A visão de mundo social desses idosos de Chicago teve um efeito drástico sobre o que estava acontecendo em suas células.[17] Entre cerca de 22 mil genes no genoma, Cole encontrou em mais de duzentos diferenças significativas, que ou foram ativadas para produzir mais de uma determinada proteína ou foram desativadas para produzir menos. Embora genes isolados possam parecer diferentes por acaso, o que realmente surpreendeu, diz Cole, foi a evidência de um padrão mais amplo.[18]

Uma grande proporção de genes suprarregulados das pessoas solitárias estava envolvida em inflamações, ao passo que muitos dos seus genes infrarregulados atuavam em reações antivirais e na produção de anticorpos. No grupo de pessoas sociáveis ocorria o inverso: a atividade biológica em suas células imunitárias foi desviada para combater vírus e células tumorais e afastada da produção de inflamações. De modo crucial, a diferença estava mais fortemente relacionada não ao verdadeiro tamanho dos laços sociais dos voluntários, mas a quão isolados eles se *sentiam*. Foi um estudo em pequena escala, mas um dos primeiros a associar um estado de espírito a uma mudança ampla e fundamental na expressão genética.

O resultado sugere que o sistema imunológico é capaz de se aperfeiçoar para reagir ao nosso contexto social. E faz todo o sentido termos evoluído dessa forma, segundo Cacioppo. No passado, os membros de um grupo unido corriam um risco maior de contrair viroses (por se espalharem com facilidade entre indivíduos próximos) ou, como provavelmente viveriam mais tempo, de desenvolver condições crônicas como o câncer. Já uma pessoa solitária temeria mais um ataque físico, de modo que, para sobreviver, seu sistema imunológico precisaria ativar áreas mais envolvidas com a cicatrização de feridas e a defesa contra infecções bacterianas. No mundo atual, no entanto, esse perfil de expressão gênica representa um duplo infortúnio, aumentando o risco de problemas ligados à inflamação crônica, o que nos deixa mais suscetíveis a viroses e tipos de câncer.

Desde então, os pesquisadores replicaram aquele resultado preliminar em uma amostra maior,[19] e Cole observou o mesmo efeito em outros tipos de adversidade social entre seres humanos e entre outros primatas, de macacos inseridos em grupos sociais instáveis a pessoas que cuidam de cônjuges em estágio terminal.[20]

Cole passou a testar a possibilidade de reverter esse adverso perfil genético. Por exemplo: um estudo realizado em 2012 envolvendo 79 mulheres recém-diagnosticadas com câncer de mama revelou que a terapia em grupo de gerenciamento do estresse reduziu a expressão genética relacionada a inflamações e conduziu essas mulheres de volta a um perfil antivirótico.[21] "Nossa conclusão foi que o estado de espírito é importante", diz Michael Antoni, da Universidade de Miami, na Flórida, que conduziu o estudo.[22]

Nem todos concordam, em particular James Coyne, psicólogo da saúde, professor emérito da Universidade da Pensilvânia, na Filadélfia, e notável cético da psicologia positiva, sobretudo quando se trata de câncer. Segundo Coyne, pesquisadores que afirmam que fatores psicológicos podem influenciar o avanço de uma enfermidade estão colocando toda a pressão em seus pacientes, correndo o risco de culpabilizar aqueles que não se recuperam por não pensarem da maneira correta ou não participarem dos cursos certos. "Eles dizem que, se fizer as escolhas certas, você vai se curar. Caso contrário, vai morrer."[23]

A ideia de o apoio social aumentar a expectativa de vida de pacientes com câncer tem gerado controvérsia desde que David Spiegel, psicólogo de Stanford, descobriu que a terapia em grupo dobrava o tempo de sobrevida, em um estudo de 1989 realizado com 86 mulheres com câncer de mama metastático.[24] Houve muitas tentativas de replicar esse resultado: oito delas concluíram que a terapia aumentava a sobrevida e sete não detectaram diferença alguma.[25] Estudos epidemiológicos apresentaram a mesma divisão. No entanto, em 2013, pesquisadores de Harvard que acompanharam 734 mil pacientes descobriram que, em todos os tipos de câncer analisados, pessoas casadas tinham 20% a mais de chances de sobrevivência, ainda que o percentual pudesse ter relação com vantagens práticas como ajuda para chegar às consultas médicas ou para tomar a medicação corretamente.[26]

No geral, Spiegel afirma que o balanço das evidências corrobora a existência de um efeito relevante na sobrevida.[27] Já Coyne conclui que "a simples ideia de que fatores psicológicos possam afetar a vida de pacientes com câncer é absurda". Ele acredita que os estudos de Antoni ainda são pequenos demais para demonstrar algo realmente relevante e compara as pesquisas à investigação do dinheiro que você recebe da fada do dente: como analisar um mecanismo sem antes definir que existe um efeito para ser explicado?[28]

"Tudo o que estamos fazendo é preliminar", responde Antoni. "Precisamos de fato ser cautelosos. Mas, a cada ano, estudos vêm mostrando resultados em uma direção semelhante, mostrando que, se mudamos a psicologia, ocorrem mudanças também na fisiologia." Atualmente Antoni acompanha duzentas mulheres em terapia há menos de quinze anos, a fim de averiguar se isso produziu algum efeito sobre a recorrência do câncer ou sobre o tempo de sobrevida delas.

Em geral, a noção de que as relações sociais influenciam a expressão genética de maneira relevante para a saúde é apoiada pelos insights de uma área emergente chamada epigenética comportamental. A epigenética diz respeito a um processo em que o DNA de uma célula é fisicamente modificado, ou marcado, de modo a controlar a longo prazo como os genes dessas células são ativados. Isso permite que as nossas células se transformem em diferentes tecidos — pele, nervos, glóbulos brancos —, embora todas compartilhem o mesmo DNA. Os cientistas costumavam pensar que, uma vez definidos no embrião, os marcadores epigenéticos permaneceriam os mesmos para toda a vida. Mas as pesquisas sugerem atualmente que ao menos alguns deles possam ser alterados mais tarde — graças a estímulos sociais.

Algumas experiências cruciais recorreram a ratos. Quando as mães cuidam da prole lambendo e arrumando seu pelo, as filhotes crescem e também se tornam mães dedicadas, com uma saudável resposta fisiológica ao estresse. Em contrapartida, filhotes negligenciadas se tornam sexualmente promíscuas e hipersensíveis ao estresse, além de ignorar a própria prole. Os pesquisadores recentemente descobriram o motivo: quando o pelo das filhotes é lambido e arrumado, isso afeta a marcação epigenética dos genes responsáveis por codificar os receptores do hormônio sexual estrogênio e do equivalente ao cortisol dos ratos.[29]

A mesma diferença no gene receptor do cortisol é evidenciada nas vítimas de suicídio que foram abusadas durante a infância[30] — um indício de que processos similares aos descritos antes podem se passar também com seres humanos. Outros estudos mostram que os padrões de modificação epigenética variam de acordo com as circunstâncias socioeconômicas, entre crianças adotadas e aquelas criadas pelos pais biológicos, e por vezes mesmo entre gêmeos idênticos.[31]

Já vimos como crianças expostas à adversidade ficam com o cérebro em formação sensível ao estresse. A epigenética fornece uma segunda maneira como o trauma precoce — em particular em um ambiente social mais penoso — pode se programar em nossa fisiologia, contribuindo para explicar por que indivíduos criados em ambientes difíceis mais tarde vêm a sofrer de tantas doenças crônicas. Embora a pesquisa até o momento seja preliminar — pessoas não são iguais a ratos —, é possível que a adversidade experimentada na infância (ou no útero) marque nossos genes de modo a posteriormente elevar os índices de inflamação e tornar o nosso sistema imunológico hipersensível a novas ameaças.

Curandeiros holísticos e da Nova Era aproveitaram o conceito de epigenética para provar o que vinham dizendo desde sempre — que podemos controlar nosso DNA e, portanto, obter a cura com a ajuda da mente.[32] Tais alegações são um tanto exageradas e enganosas — os pesquisadores mal começaram a estabelecer o equilíbrio entre as mudanças epigenéticas definidas na infância e aquelas que permanecem em constante mutação ao longo da vida. Tampouco têm certeza do quão cedo essas mudanças ocorrem (embora, indo além dos estudos com animais, suponha-se que possam ser mais suscetíveis antes dos dois anos de idade). Fixar a natureza exata, os mecanismos e as épocas dessas mudanças — sem falar nas suas implicações para a saúde — será uma tarefa sobre-humana.

Ainda assim, já parece claro que não herdamos de nossos pais um único e exclusivo "sujeito biológico".[33] Em vez disso, nosso genoma codifica uma gama de sujeitos em potencial, e o ambiente social — incluindo a nossa percepção desse ambiente — ajuda a determinar qual deles nos tornaremos.

A FONTE DA JUVENTUDE

* * *

Em seu bangalô em Milledgeville, Geórgia, nos Estados Unidos, uma senhora de 69 anos chamada Susan se estica para alcançar a estante e apanhar um grande frasco de vidro cheio de cartões coloridos. Ela retira alguns para me mostrar: são uma mistura de tarefas simples e recompensas, de "limpar as portas do armário da cozinha" e "tirar o pó da mobília de um dos quartos" até "sair para jantar" e "tempo extra vendo tevê". O frasco é uma lembrança de um estudo pioneiro do qual ela participou, mais de uma década atrás.

O estudo foi realizado por Gene Brody, da Universidade da Geórgia. Quando começou a estudar famílias em situação de pobreza nas comunidades do cinturão negro rural, ele sabia que aquelas crianças corriam o risco de apresentar problemas comportamentais, como o alcoolismo. Como nem todas sucumbiam, sua primeira pergunta foi: por quê?

Ele passou dez anos estudando milhares de famílias em lugares como Milledgeville, comparando crianças que perdem o controle de suas vidas com aquelas que parecem resistir ao estresse à sua volta. O que leva alguns indivíduos a permanecer psicologicamente fortes em ambientes adversos como aquele? A única coisa que protegia umas crianças mais do que outras, concluiu ele, era um estilo particular de criação. Assim como no caso dos ratos, o cuidado adequado por parte de um pai ou uma mãe nesse importante estágio de desenvolvimento protegia os filhos ao longo da vida.[34]

As crianças mais resistentes foram criadas por pais vigilantes e firmes — talvez mais firmes do que em populações que vivem em ambientes menos ameaçadores. Porém, acima de tudo, esses pais eram também carinhosos, comunicativos e muito interessados na vida dos filhos. Brody chamou isso de criação "educadora-envolvida". Essas crianças sabiam que existiam limites e que haveria punições por mau comportamento. Mas também sabiam que isso acontecia porque seus pais as amavam e se importavam com elas.

Brody desenvolveu um curso de sete semanas de duração para ensinar esses princípios aos pais (e aos avós) que compareceram com seus filhos e suas filhas de onze anos de idade. O curso enfatizou a disciplina e as habilidades de comunicação, com sessões sobre temas como "apoiar a juventude" e "fazer e cumprir regras". Ele batizou o projeto de Famílias Afro-Americanas Fortes (também conhecido como SAAF, do inglês *Strong*

African American Families). Em seguida, conduziu um estudo randomizado controlado envolvendo cerca de setecentas famílias, para ter uma estimativa de quanta diferença o curso faria.[35]

Susan e sua neta Jessica participaram do estudo original. Susan afirma que já criava os filhos e netos de maneira rígida e amorosa, mas que aprendeu algumas dicas úteis no curso de Brody, como, por exemplo, o frasco da recompensa. Enquanto o irmão mais velho Kevin entra e sai da prisão o tempo todo, Jessica, hoje com 24 anos, se saiu bem na escola e cursa faculdade de artes, com ênfase em design e marketing, em Atlanta. Susan me mostra toda orgulhosa um dos trabalhos de Jessica na parede — trata-se de uma linda pintura, que mostra duas africanas altas e uma criança, sua silhueta em contraste com a terra vermelha, morros escuros e um céu amarelo.

Ao analisar todas as setecentas famílias, Brody descobriu que, enquanto houve um enfraquecimento nas relações entre pais e filhos do grupo de controle nos meses seguintes ao curso, nas famílias do SAAF as relações se fortaleceram. Por sua vez, isso provocou uma mudança no comportamento: depois de cinco anos, as crianças do SAAF bebiam apenas a metade do que aquelas que estavam no grupo de controle.

Surgiu então uma nova pergunta: houve algum efeito duradouro sobre a fisiologia? Para respondê-la, Brody colaborou recentemente com Greg Miller, da Universidade Northwestern. A dupla coletou amostras de sangue e mediu seis marcadores de inflamação diferentes de quase trezentas daquelas famílias, após oito anos, quando as crianças cresceram e passaram para a adolescência, já com 19 anos. Aquelas no grupo do SAAF tinham níveis significativamente mais baixos em cada um dos testes.[36] O efeito mais significativo entre as famílias mais desfavorecidas foi mediado por mudanças na criação: quanto mais os pais adotaram o estilo educador-envolvido, mais brandas eram as inflamações dos seus filhos.

Era um resultado impressionante. Anos mais tarde, muito depois de já terem saído de casa, aquela breve intervenção aos onze anos de idade ainda afetava drasticamente a sua biologia. Miller e Brody continuarão acompanhando os participantes do estudo, para ver se essas diferenças nos níveis de inflamação de fato se traduzem em benefícios para a saúde à medida que eles envelhecem.

Do outro lado da cidade de Susan, Monica e sua filha adolescente Takisha acabaram de completar o curso do SAAF quando apareço para uma visita. Monica diz que as aulas a ajudaram a pensar em formas mais positivas de se comunicar com a filha, como quando Takisha comentou que queria ser cantora. "Ela realmente não têm voz de cantora", diz Monica. "Porém eu não percebi que estava prejudicando minha filha quando dizia isso. Aprendi uma outra maneira de falar com ela sobre o canto sem fazer com que se sinta mal, mas sim para que veja que tem outras opções."

A criação educadora pode ter reduzido os níveis de inflamação no estudo do SAAF, influenciando comportamentos saudáveis. Isso é algo que Miller deseja continuar investigando. No entanto, como os jovens dos dois grupos não diferiram em peso corporal ou nos índices de tabagismo, Miller acha que o treinamento de habilidades de comunicação destacado por Monica representa apenas parte da explicação. "Suspeito que ele tenha ajudado a estabelecer relacionamentos e estratégias de comunicação entre pais e filhos que até hoje ainda são uma fonte de apoio para as crianças."[37]

Monica sente que é tarde demais para mudar a própria situação, mas pretende ajudar Takisha a viver uma vida plena. "Quero que ela tenha oportunidades, para sair e conhecer o mundo. Não é pedir muito."

O objetivo principal do curso do SAAF é ajudar a tornar isso possível — mostrando a crianças como Takisha um modo de construir uma autoimagem forte e resistir à pressão social, e ajudando pais como Monica a apoiar os filhos em meio a circunstâncias difíceis. Se Takisha conseguir se manter longe de problemas e se sair bem nos estudos, terá uma chance maior de um dia ir para a faculdade e construir uma carreira de futuro. Porém, os resultados do estudo de Brody e Miller sugerem que o fortalecimento dos laços entre Monica e Takisha pode fazer muito mais do que isso. Ao tornar Takisha mais resistente aos efeitos biológicos da adversidade, ele pode protegê-la de doenças crônicas pelo resto da vida.

* * *

O trabalho de Brody mostra que a intervenção na infância pode deter a trajetória de sensibilidade ao estresse antes que isso acarrete uma doença crônica. Mas o que acontece quando perdemos essa oportunidade? Mais de mil quilômetros ao norte de Milledgeville, pesquisadores estão trabalhando para fortalecer as conexões sociais no extremo oposto da vida, entre os idosos residentes da cidade de Baltimore.

Como já vimos, à medida que envelhecemos, o córtex pré-frontal — crucial para a autorregulação, o pensamento racional e as relações sociais — começa a diminuir mais depressa do que outras partes do cérebro, um processo que é mais acelerado em pessoas solitárias ou cronicamente estressadas e que acaba conduzindo à demência.[38] Michelle Carlson, neurocientista da Faculdade de Saúde Pública Johns Hopkins Bloomberg, Maryland, nos Estados Unidos, estava buscando maneiras de retardar esse declínio. Pessoas mais idosas tendem a ser isoladas e marginalizadas, se tornando cada vez menos incluídas na comunidade à medida que envelhecem. Carlson imaginou o que aconteceria se, em vez disso, elas fossem inseridas em um ambiente social fértil.

Ela trabalhou com os colegas para desenvolver um projeto chamado Experience Corps, em que os idosos dedicam quinze horas por semana ao trabalho voluntário em escolas primárias privadas, ajudando os alunos a ler. A maioria das intervenções de saúde, como os programas de exercícios, tende a apresentar altas taxas de abandono, mesmo quando poucos minutos por semana são solicitados. Quinze horas foi uma quantidade de tempo "meio louca" para pedir aos voluntários, confessa Carlson. No entanto, eles permaneceram no projeto ao longo de todo o ano letivo. "Nós falamos que precisamos deles, de sua sabedoria e experiência", explica elas. "Eles não fazem pensando em si mesmos, mas porque as crianças estão contando com eles."[39]

Os voluntários formaram fortes vínculos com as crianças que ajudaram, criando uma "magia", de acordo com Carlson, nem sempre encontrada com os professores ou com os próprios pais. Muitos alunos possuem um passado problemático, relata ela, mas os voluntários mais velhos têm a paciência e a experiência para enxergar que, por trás de um comportamento difícil, algo pode estar acontecendo nos lares dessas crianças, e ao mesmo tempo esperam que elas obtenham sucesso. "Às vezes eles realmente conseguem se conectar com a criança de um jeito diferente."

O programa melhorou de maneira expressiva o desempenho acadêmico das crianças, como também a saúde dos voluntários. "Foi como regá-

-los", explica Carlson. Um estudo piloto publicado em 2009 sugeria que, ao longo de um ano letivo, havia um aumento no nível de atividade dos voluntários e que suas pernas tinham se fortalecido — características que em geral declinam com a idade.[40] Eles também tiveram um melhor desempenho em testes cognitivos e apresentaram um aumento de atividade no córtex pré-frontal.

Atualmente Carlson está na fase final de um estudo randomizado controlado de dois anos de duração, como parte desse mesmo programa. Embora ainda esteja registrando os resultados, até o momento já publicou um estudo com a varredura cerebral de 123 voluntários, com foco no hipocampo (que trabalha com o córtex pré-frontal e é importante para a aprendizagem e para a memória).[41] Com a idade, o hipocampo costuma diminuir de tamanho, ficando debilitado nos estágios iniciais de Alzheimer. No entanto, no caso dos voluntários, ele cresceu. Os danos cerebrais decorrentes da idade estavam se revertendo.

Resultados como esse sugerem que devemos enxergar o envelhecimento de uma nova maneira, diz Carlson. "Nós superestimamos todas as desvantagens de envelhecer e não enfatizamos o bastante o que a idade é capaz de nos proporcionar. O que ela nos proporciona é o acúmulo de uma vida inteira de sabedoria e conhecimento. E não dispomos de um meio para compartilhar isso."

Assim como na juventude, na terceira idade continuamos em busca de um propósito na sociedade, argumenta ela. Suas palavras me fazem pensar em Lupita, que levou uma vida ativa na política e na comunidade. Ela é espirituosa, corajosa, cheia de histórias e experiências, mas agora se vê forçada a viver à margem, incapaz de fazer qualquer coisa além de orar.

Por que não reformulamos a assistência aos idosos e, em vez de gerirmos o seu declínio, *aproveitamos as suas habilidades*? Poderíamos "utilizar esse cérebro experiente para ajudar uma sociedade com tanta necessidade", diz Carlson. A população está envelhecendo, aponta ela: dentro de vinte anos, teremos mais adultos acima dos 65 anos do que crianças menores de 18. "Não sabemos como alguém reage ao ouvir que envelhecer é um processo de deterioração. Se reformularmos a mensagem e dissermos que envelhecer é um processo de contribuição à sociedade, isso pode ajudar de verdade uma pessoa a envelhecer melhor."

* * *

Fhena é uma mulher grande e está vestida de modo impressionante, com uma volumosa capa de cor malva. Seu cabelo afro tem um toque de cinza na frente e é preso para trás em cada lado por pentes. Como parece animada e feliz (radiante, até), comento isso com ela.

Você não teria pensado isso alguns meses atrás, responde ela. Fhena tem dois filhos: Ahav, de 5 anos, e Analiel, de 3. Ahav começou a falar cedo, mas perto dos dezoito meses de idade parou. Outras habilidades, como apanhar a bola e usar o penico, também se foram. E ele se tornou violento. "Foi mais do que devastador", relata Fhena. "Perceber tanto potencial e, em seguida, ver desaparecer sem ser capaz de recuperá-lo."

Em 2012, pouco depois de o irmão mais novo nascer, Ahav foi diagnosticado com autismo. A terapia ocupacional e a fono ajudaram muito, e Fhena estava começando a aceitar a situação quando Analiel regrediu também. "Foi como ter a mesma criança duas vezes."

Um sabotava o outro, com até dez crises intensas por dia. "Já tive o nariz quebrado, um dos lábios arrebentado, tenho marcas de dentes no meu braço", diz Fhena. "Só conseguia dormir duas ou três horas por noite." Assim como aconteceu com Lisa, a mãe que conhecemos no Capítulo 8, seu casamento não sobreviveu à pressão, de modo que Fhena passou a cuidar dos filhos sozinha, temendo às vezes por sua própria vida. "Chegou a tal ponto que, certa vez, um deles ficou sentado em cima mim enquanto o outro me estrangulava."

Fhena é cantora e artista de palco em Atlanta, Geórgia, e tem uma confiança e uma extroversão naturais. "Já me apresentei em Israel, em Gana, na ilha de Antígua, em várias regiões dos Estados Unidos", conta. Antes de ter filhos, ela subia aos palcos de quatro a cinco vezes por semana. Também produzia shows e chegou a lançar um CD chamado *Beauty from Ashez*. No entanto, após o diagnóstico dos filhos, tudo isso acabou.

Impossibilitada de estar no palco ou no estúdio, ela se viu sem opções e sem esperança. Também passou a sofrer de dores no peito, dores de cabeça e insônia. "Meu corpo estava em constante dor, e eu caminhava como uma senhora de idade. Parte do motivo era por conta de socos e pancadas, mas acima de tudo era o estresse alojado no meu corpo." Segundo ela, antes do autismo dos filhos, nunca precisou tomar remédios, nem mesmo durante os partos; depois, a primeira coisa que procurava toda manhã era o ibuprofeno.

Até participar de um curso experimental que vem sendo conduzido no Centro de Autismo Marcus, em Atlanta, algo que fez toda a diferença.

* * *

Ambos desenvolvidos por Brody, o curso de criação e o Experience Corps são exemplos marcantes de como o fortalecimento dos laços sociais dentro de uma comunidade pode melhorar a vida e a saúde de todos. Mas será que não podemos partir para uma abordagem mais direta? O que aconteceria se treinássemos para enxergar a sociedade de uma maneira mais conectada?

A técnica aprendida por Fhena foi desenvolvida na Universidade Emory, na região metropolitana de Atlanta, mas tem suas origens na Índia. Seu criador, Lobsang Negi, nasceu em uma aldeia remota do Himalaia, quase na fronteira com o Tibete Ocidental. No sul da Índia, recebeu treinamento para se tornar um monge budista antes de ser enviado para os Estados Unidos em 1990 para criar um centro de meditação, no norte da Geórgia. Então ingressou na Emory como estudante de ph.D. e, mais tarde, veio a assumir um cargo no corpo docente do departamento de religião da universidade.

Depois de uma série de suicídios ocorridos na Emory entre 2003 e 2004, uma aluna procurou Negi. Ela temia pela saúde mental no campus e ficou impressionada com alguns dos princípios budistas que Negi ensinava em suas aulas. Será que ele não poderia ajudar de algum modo?

Negi chegou à conclusão de que a maior necessidade dos aflitos e deprimidos é estabelecer relacionamentos mais saudáveis com aqueles que fazem parte do seu dia a dia. Tal como Jon Kabat-Zinn havia feito, ele partiu dos princípios budistas para desenvolver um curso secular. Porém, em vez de focar na atenção plena, o curso de Negi abordaria a compaixão.

Quando nos encontramos em um restaurante perto do campus da Emory, Negi está impecavelmente vestido com uma camisa azul lisa e uma jaqueta bem ajustada: mais parece um empresário ocidental, salvo pela pulseira de contas de oração âmbar que escapa para fora do punho da jaqueta. Ele fala com uma voz suave e um leve sotaque enquanto devora seu ravióli de cogumelos.

Segundo argumenta, cultivar compaixão pelo outro é mais importante do que nunca. A humanidade passou boa parte de sua história vivendo em grupos relativamente pequenos. Só que agora "vivemos em um mundo complexo cada vez menor. Todo dia interagimos com pessoas de diferentes origens culturais, religiosas e socioeconômicas". Para lidar com essa mudança, ele acredita que devemos utilizar a compaixão que naturalmente sentimos por nossos entes queridos e aprender a estendê-la até mesmo para aqueles com quem aparentemente não temos nada em comum.[42]

Chamado treinamento em compaixão na abordagem cognitiva (CBCT, do inglês *Cognitively-Based Compassion Training*),[43] seu curso envolve meditação sobre sentimentos de amor e bondade, mas também reflexão sobre como podemos ver o mundo de uma nova maneira. Não importa quão diferentes as pessoas possam parecer entre si, no fundo todos somos seres em busca da felicidade. Refletir sobre o que todos temos em comum cria uma ideia de integração, explica Negi, o que nos permite reagir às necessidades e dificuldades do outro com maior facilidade.

O mesmo vale para a interdependência, "a ideia de que não podemos sobreviver individualmente, sem a ajuda dos outros". Negi explica que até a coisa mais banal do mundo, como comer um sanduíche, nos conecta a muitas outras pessoas — de agricultores a funcionários de um supermercado. Ao estender essa lógica a todas as necessidades que temos em um dia inteiro — como aquecimento, eletricidade, estradas, carros, combustível —, fica clara a nossa dependência em relação a um grande número de pessoas.

Se passarmos algum tempo refletindo sobre tudo isso, "naturalmente vamos nos sentir mais gratos e mais amáveis com o outro", avalia Negi. E isso, acredita, constitui a base para laços sociais saudáveis e significativos. Mas será que funciona mesmo?

Para descobrir, Negi se juntou ao então psiquiatra da Emory, Charles Raison (atualmente na Universidade de Wisconsin-Madison), que estuda os efeitos da inflamação sobre a saúde. "Eu queria muito saber [se] seria possível treinar as pessoas para enxergar o mundo como se a sua conectividade social tivesse sido reforçada", comenta Raison. "Queria averiguar se isso reduziria as reações inflamatórias ao estresse."

O treinamento em compaixão costuma ser ensinado em sessões semanais que incluem discussões, exercícios e meditação. Esta última os participantes são incentivados a praticar também em casa. No primeiro ensaio, envolvendo 61 calouros da universidade, as sessões não afetaram muito as respostas ao penoso teste estressor psicossocial agudo, na comparação com um grupo de controle. No entanto, entre aqueles que fizeram o treinamento, quanto mais tempo passavam meditando em casa, menos sofriam com o teste e mais branda se tornava a reação inflamatória.[44]

Raison e Negi chegaram a esse mesmo resultado quando aplicaram o treinamento em compaixão em adolescentes vítimas de abuso no sistema de adoção temporária, em Atlanta. A mera presença nas aulas não surtiu um efeito expressivo. Contudo, quanto mais as crianças praticavam, maior a redução dos hormônios do estresse e da inflamação.[45] Segundo algumas evidências preliminares, o treinamento em compaixão ajuda a melhorar a empatia, bem como as relações sociais. Em um estudo de pequena escala utilizando varreduras cerebrais, os alunos que passaram pelo treinamento perceberam melhor as emoções registradas em fotos de expressões faciais, com maior atividade na região cerebral correspondente.[46]

A equipe também tem ensinado o treinamento em compaixão para crianças de 5 a 8 anos em uma escola local — substituindo o princípio das conversas por brincadeiras e histórias. "Elas entenderam mais rápido do que qualquer outro grupo adulto que eu já ensinei", diz o instrutor Brendan Ozawa-de Silva.[47] Os resultados ainda não foram divulgados, mas Ozawa-de Silva diz que, após o treinamento em compaixão, as crianças tinham mais do que o dobro de amigos em comparação com aquelas de uma turma em que foi ensinada a atenção plena. O treinamento também ajudou a apagar a divisão entre grupos de pertencimento (endogrupos) e não pertencimento (exogrupos) — as crianças do treinamento em compaixão tinham mais amigos mútuos e mais amizades do gênero oposto. Além disso, elas se saíram melhor na tarefa de continuar a história, em que era avaliada a capacidade de apreciar o ponto de vista do outro.

Ainda são necessários estudos em maior escala a fim de confirmar todos os resultados mencionados. Atualmente Negi e seus colegas estão estudando os efeitos do treinamento em compaixão em uma série de comunidades com risco de estresse, incluindo os estudantes de medicina da Emory, veteranos de guerra com transtorno de estresse pós-traumático e cuidadores. Para Fhena, o treinamento liderado pelo psicólogo Samuel

Fernandez-Carriba, do Centro de Autismo Marcus, foi uma revelação. "A névoa está ficando para trás", diz ela.

Graças ao treinamento, Fhena conseguiu perceber que o autismo havia definido o modo como enxergava os dois filhos. "Tudo o que você vê é um fardo. Isso estava me privando de muitas coisas que eu podia dar a eles." Em vez de ser dominada pelo estresse e pela tristeza, ela começou a ver o mundo pela perspectiva dos filhos e a vê-los como indivíduos com sua natureza própria. "Com as aulas, eu me livrei de um sentimento de direito adquirido", conta ela. "O sentimento de que a minha vida não devia ser tão difícil." Fhena sempre tentou ser uma boa pessoa. "Eu pensava "nunca fiz nada para merecer isso, por que está acontecendo comigo?" Foi quando percebi: esses seres especiais foram confiados a mim *por tudo o que eu fiz*."

Graças a esse único pensamento, muito do estresse na vida de Fhena desapareceu. Segundo ela, em vez de sentir amargura e ressentimento, "estou adorando ficar com eles". E seus filhos têm respondido muito bem. "Todo dia é um novo desabrochar", relata. "Ahav está desenhando navios de cruzeiro tridimensionais. Analiel escreve 25 músicas por dia." Sem falar no melhor momento de todos, quando Ahav disse: "Mamãe, tenho muito orgulho de você, porque sei que você me ama mais ainda agora."

Estamos conversando na sala de Fernandez-Carriba, no Centro Marcus, e Fhena nos leva até o térreo para falar com seus meninos, que acabaram de sair de uma sessão de terapia comportamental. Eles são lindos e saltitam com seus anoraques vermelhos e longos cílios escuros. Analiel canta uma canção sobre uma tartaruga e coloca um elástico verde de borracha no meu pulso. Todo orgulhoso, Ahav me mostra um *transformer* vermelho e azul de brinquedo, transformando-o depressa em um caminhão. Em seguida, ele se vira para Fernandez-Carriba. "Você sabe como se abraça em hebraico?", pergunta ele, fazendo no médico um afago desajeitado, com um único braço.

11

ELETRIZANDO
Nervos que curam

Não se trata de uma prática médica comum. Estou em uma espaçosa casa de fazenda situada em meio aos campos congelados de Chard, Somerset, na Inglaterra. A sala de consultas é amarela e ampla, com tetos inclinados, um sofá confortável e um vaso comprido contendo flores frescas. Quando olho para fora pela enorme janela triangular, um cavalo passa trotando.

Patricia Saintey — baixa, de cabelos louros avermelhados e usando um cardigã pêssego com babados — prende um dispositivo em minha orelha. Isso vai monitorar minha pulsação ao detectar o fluxo sanguíneo, explica ela. "Agora vou ligar você no biofeedback."

Na mesma hora a tela do computador mostra uma linha preta: minha frequência cardíaca. Muito embora nosso coração acelere quando estamos sob estresse ou nos exercitamos, sempre achei que minha pulsação em repouso fosse estável, com batimentos regulares como os de um metrônomo. Agora, descubro que ela pula sem parar, de um lado para o outro. No lugar de uma linha reta, o gráfico mostra uma série caótica de picos, alguns altos, outros baixos. A oscilação da minha frequência cardíaca, explica Saintey, é o que chamam de "variabilidade da frequência cardíaca" ou VFC.

"A ideia é ver se você consegue transformar essa variação irregular em uma onda coerente", diz ela. Uma larga barra azul surge no canto esquerdo da tela. Ela sobe e desce, como um recipiente com água que se enche e então esvazia. Saintey me pede para respirar no ritmo da barra azul — cinco segundos inspirando enquanto ela se enche, cinco segundos expirando enquanto esvazia.

Até que algo incrível acontece. Em uma questão de poucos segundos, a diferença entre a minha frequência cardíaca mais baixa e a mais alta é muito maior do que antes — variando de cerca de sessenta a noventa batimentos por minuto. E a linha no gráfico passa de feios picos aleatórios para uma curva suave, feito uma serpente.

Saintey trabalha em Somerset como médica de família de meio expediente, mas também dirige essa clínica particular de saúde alternativa em sua própria casa. Ela a chama de Heartfelt Consulting e baseia-se em uma técnica conhecida como biofeedback de VFC. A ideia é utilizar o monitor de frequência cardíaca e a tela de exibição para praticar até que a sua frequência cardíaca chegue àquela curva suave, um estado descrito como "ressonância" ou "coerência". Uma vez atingido esse objetivo, deve-se aumentar a altura da onda: a diferença entre a menor e a maior frequência cardíaca. Ao praticar todos os dias, diz Saintey, é possível aprender a aumentar a variabilidade da frequência cardíaca e alcançar mais vezes esse estado coerente.

Seus defensores alegam que esse treinamento oferece uma gama de benefícios, fortalecendo o coração, reduzindo o estresse e inclusive nos tornando mais felizes e mais alertas. Muito embora Saintey disponibilize a técnica em sua clínica, há uma variedade crescente de dispositivos portáteis que as pessoas podem usar para praticar o biofeedback de VFC em casa, como o StressEraser (testado pela FDA) e o sensor Inner Balance, vendido pelo Instituto HeartMath, que funciona junto com um smartphone e promete "reduzir os efeitos negativos do estresse e melhorar o relaxamento e a resistência, com apenas alguns minutos de uso diário".

Como cientista, me agrada a ideia de obter uma leitura instantânea do que está acontecendo no meu corpo. E a mudança que vejo na tela do computador é intrigante — ao escolher respirar mais devagar, fiz com que meu coração batesse num padrão drasticamente diferente. Mas essas promessas de benefícios tão amplos despertam suspeitas. Parece improvável, para mim, que aquele simples exercício tenha efeitos tão poderosos. Com efeito, o biofeedback de VFC tem sido criticado por Steven Novella — neurologista clínico da Faculdade de Medicina da Universidade de Yale e um cético proeminente da medicina alternativa — por não passar de "registros precários, artefatos técnicos e barulho".[1] Essa curva suave pode ser até bonitinha, mas ainda não me convenceu de que pode de fato melhorar nossa saúde.

Acontece que estou prestes a ser surpreendida. Investigar a variabilidade da frequência cardíaca vai me levar muito mais longe do que eu imaginava, a outra importante conexão entre a mente e o corpo; pesquisas que podem desafiar o que sabemos sobre a dependência de substâncias químicas; e uma menininha chamada Janice.

* * *

O dia 3 de maio de 1985 começou como qualquer outra sexta-feira. Cecilia estava preparando o espaguete na cozinha de seu apartamento no terceiro andar, no Brooklyn, Nova York, enquanto a neta de onze meses de idade, Janice, brincava toda feliz no chão. Eram 17h30, e os pais de Janice logo voltariam do trabalho.

Até que tudo mudou em um único instante. Com o espaguete finalmente cozido, Cecilia apanhou a pesada panela e se voltou para a pia para escorrê-lo. Mas a bebê havia parado bem atrás de seus pés. Ela tropeçou e deixou cair a panela, despejando o conteúdo fervente em sua preciosa neta.

Um dos médicos chamados para socorrer Janice quando ela chegou ao Hospital de Nova York foi Kevin Tracey, de 27 anos.[2] Era seu segundo ano como médico, e ele vinha estudando para se tornar cirurgião. Embora Tracey estivesse acostumado a ver terríveis lesões — ferimentos de bala, lesões na cabeça —, ficou chocado ante a visão daquela menininha loura com a pele cheia de pústulas e secreções. Seu rosto foi poupado, mas queimaduras profundas cobriam mais de 75% de seu corpo, incluindo costas, braços e pernas.

Tentando se manter imune à dor da bebê, ele retirou-lhe as roupas e a cobriu de creme antibiótico — sem a pele intacta, a desidratação e a infecção são riscos enormes —, e estimou uma chance de sobrevivência de 25%. Em seguida a transferiu para cima, para um berço com barras de aço na unidade de queimados.

Lá, Janice foi submetida a uma lista exaustiva de intervenções e tratamentos. Incapaz de mastigar, era alimentada por meio de um tubo. Passou por sofridas sessões diárias de tratamento de feridas, tal como aconteceu com os pacientes com queimaduras que conhecemos no Capítulo 6. Então sobreveio uma sequência de grandes cirurgias, a fim de retirar as áreas queimadas e substituí-las por enxertos de pele — a princípio raspada de suas nádegas, que estavam intactas, e, quando não houve mais opções, de cadáveres.

Ela passou por algumas crises. Na terça-feira do dia 7 de maio, sua pressão arterial de repente despencou, e ela entrou em coma: um fenômeno conhecido como choque séptico. Sem pressão arterial suficiente, o coração não consegue bombear sangue para todo o corpo. Privados de oxigênio e nutrientes, as células e os órgãos morrem. Em até metade dos casos, o choque séptico é fatal.[3]

Na época, os médicos pensavam que o choque séptico fora causado por toxinas de infecção bacteriana. Mas, muitas vezes, como no caso de Janice, nenhum agente infeccioso jamais foi encontrado. Tracey e seus colegas bombearam litros de fluidos intravenosos em Janice para tentar aumentar sua pressão arterial, bem como adrenalina para impulsionar os batimentos cardíacos e contrair as artérias. Na quarta-feira, porém, os pés e as mãos de Janice estavam ficando da cor cinza, e seus pulmões e rins já começavam a falhar.

Na manhã seguinte, a crise de repente havia passado; Janice se recuperou tão rápida e misteriosamente quanto tinha sucumbido. Mas, no domingo do dia 12 de maio, ela desenvolveu uma nova complicação.

Tracey descreve o novo problema de Janice, a sepse grave, como a "peste do século XXI".[4] É uma das causas de morte mais comuns no mundo, matando quase um quarto de milhão de pessoas por ano apenas nos Estados Unidos. Costuma afetar pacientes que já se encontram enfermos — com lesões de queimaduras como Janice, por exemplo, ou doenças cardiovasculares, câncer, infecções ou traumatismos.

Na década de 1980, os médicos acreditavam que a sepse grave também fosse causada por toxinas produzidas por bactérias invasoras. Ela se desenvolve mais devagar do que o choque séptico. Os pacientes apresentam sinais de infecção e inflamação em todo o corpo e, aos poucos, seus órgãos vão parando de funcionar. Dessa vez, os testes realmente revelaram micróbios na corrente sanguínea de Janice. Ela teve uma febre de quarenta graus. Em seguida, seus rins, intestinos, pulmões e fígado começaram a falhar.

Antibióticos removeram as bactérias do sangue de Janice, mas sua saúde não melhorou. Ela passou dias em equipamentos de suporte à vida, com a família (com autorização para vê-la durante breves horas) mantendo uma vigília desesperada junto aos elevadores.

Mais uma vez, aquela criança tão nova se recuperou de maneira espantosa. Em 28 de maio, seu primeiro aniversário, parecia pela primeira vez que tudo aquilo ficaria para trás. Janice parecia mais saudável do que em qualquer outro momento desde o trágico acidente. Havia bebido o seu primeiro leite, e as queimaduras começavam a sarar. Eles fizeram uma festa; Tracey se lembra do bolo de chocolate, das serpentinas, de Janice rindo, com as bochechas rosadas. Todos — sua família e toda a equipe médica — estavam comemorando não apenas o aniversário de Janice, mas sua miraculosa recuperação, sua preciosa vida. Só mais uma bateria de cirurgias relativamente menores e ela poderia ir para casa.

No dia seguinte, uma enfermeira alimentava Janice com uma mamadeira quando os olhos da criança reviraram e seu coração parou. Tracey e um colega fizeram a RCR, injetaram adrenalina e utilizaram os desfibriladores repetidas vezes. Insistiram nisso por 85 minutos. Chegaram a implantar um marca-passo em Janice. Mas seu coração não voltou a bater.

A mãe de Tracey havia morrido de um tumor cerebral quando ele ainda tinha cinco anos de idade, e após o funeral o jovem perguntou ao avô, um pediatra, por que os cirurgiões não poderiam simplesmente cortar o tumor fora. Segundo o avô, o tumor envia projeções para o tecido circundante. Não era possível removê-lo sem destruir o cérebro saudável junto.

Aquele menino de cinco anos disse que, quando crescesse, faria pesquisas médicas — iria encontrar técnicas melhores para que da próxima vez os médicos não precisassem assistir impotentes à morte de outra pessoa. E no entanto, agora, 22 anos depois, ele se via forçado a ocupar exatamente a mesma posição com Janice. Não havia nada que pudesse fazer.

Incapaz de dizer até mesmo a hora da morte, Tracey saiu do quarto. Não voltou a ver o corpo de Janice ou a família dela depois disso. Mas o caso o assombrava. Ele sofria de pesadelos recorrentes, revivendo aquela história, porém sempre acompanhado da terrível noção de como tudo ia terminar.

Tracey conta a história de Janice em seu livro *Fatal Sequence*, publicado em 2007. No livro, ele relata que, quando Janice morreu, ele estava prestes a iniciar dois anos de pesquisa e até então não tinha certeza de qual seria o seu projeto, mas que agora sabia. "A história de Janice me obrigou a estudar a sepse", escreveu ele.⁵ Queria entender o que dera errado com Janice, e como isso poderia ser corrigido.

Sua pesquisa acabaria por levá-lo à mesma estrutura do corpo que era também o alvo do biofeedback da VFC: o sinuoso feixe de fibras chamado nervo vago.

* * *

Paul Lehrer, professor de psiquiatria na Universidade de Rutgers, em Nova Jersey, tem dedicado sua carreira a estudar o biofeedback. Ele não estava convencido de seus benefícios no início, até ver um grupo de crianças russas entretidas com um intrigante jogo de computador.

Existem muitos tipos de biofeedback, e a ideia geral é a de que, ao monitorar diferentes aspectos da nossa fisiologia em tempo real, podemos aprender a regular nosso corpo para determinados estados desejados — por exemplo, para um estado de relaxamento. Lehrer estudou o biofeedback por eletromiografia (EMG), que monitora a tensão muscular, por exemplo, e o biofeedback termal, que se baseia no fato de que, quando estamos relaxados, nossas extremidades, incluindo a ponta dos dedos, ficam mais quentes. Eles funcionaram, mas não pareceram mais eficazes do que os métodos de relaxamento corporal mais diretos, como o relaxamento muscular progressivo (uma técnica que envolve tencionar e, em seguida, relaxar diferentes grupos musculares).

Mais tarde, em 1992, Lehrer visitou São Petersburgo, na Rússia, onde seu filho estudava. Lá, ele procurou saber se alguém estava pesquisando o biofeedback e foi encaminhado até uma clínica particular de tratamento de crianças com asma. Os funcionários da clínica vinham utilizando jogos de computador para ajudar as crianças a aumentar a sua VFC. "O melhor de todos envolvia pintar uma cerca coberta de grafites russos, aparentemente bastante engraçados", recorda Lehrer. "Se a amplitude da variabilidade da frequência cardíaca fosse alta o suficiente, a cerca era pintada de cima a baixo. Caso contrário, apenas parte da cerca era pintada."⁶

Era intrigante, mas Lehrer nem imaginava se (ou como) aumentar a VFC poderia funcionar para pacientes com asma ou para qualquer outra pessoa. Poucos anos mais tarde, Lehrer voltou a visitar São Petersburgo e foi apresentado a um fisiologista e engenheiro chamado Evgeny Vaschillo, que havia estudado o biofeedback da VFC em cosmonautas russos. Vaschillo mostrou aos cosmonautas um padrão de onda senoidal em um osciloscópio e pediu que eles o equiparassem à sua frequência cardíaca. Com a prática, os cosmonautas alcançaram enormes flutuações, de até 60bpm.

Lehrer ajudou Vaschillo a publicar seu trabalho nos Estados Unidos,[7] mas não sem antes ter sido rejeitado por várias revistas de fisiologia. Um crítico objetou que uma variação assim tão grande na frequência cardíaca era simplesmente impossível. Ou os dados eram imprecisos ou falsificados, ou Vaschillo estava estudando "algum tipo de iogue".[8] Na verdade, o que estava acontecendo com o coração dos cosmonautas era um simples fenômeno físico: algo que Vaschillo, com sua formação em engenharia, soubera identificar, mas que os fisiologistas ignoravam.

Há vários processos no organismo que fazem a nossa frequência cardíaca flutuar. Um deles é o "reflexo barorreceptor". Reflexos controlados pelo sistema nervoso monitoram as condições no organismo e agem para nos manter seguros, sem necessidade de qualquer pensamento consciente. Alguns afetam nosso comportamento; se você tocar em algo quente, por exemplo, um reflexo fará com que retire sua mão dali. Outros ajustam continuamente vários aspectos da nossa fisiologia para mantê-los dentro de limites seguros.

O reflexo barorreceptor faz isso com a pressão arterial. Quem o controla são os receptores de distensão das paredes das artérias. Se a pressão sobe, isso ativa os receptores de distensão, enviando um sinal para o tronco cerebral, que, por sua vez, envia um sinal de volta para desacelerar o coração, de modo que a pressão cai. Se a pressão arterial cai demais, os receptores de distensão enviam o sinal oposto, e nossa frequência cardíaca sobe novamente.

Um segundo processo que altera a frequência cardíaca é a chamada arritmia sinusal respiratória (ASR). Ao expirarmos, nossa frequência cardíaca cai ligeiramente, saltando de volta quando inspiramos. Isso maximiza a passagem do oxigênio por todo o corpo quando temos ar fresco em nossos pulmões, enquanto desacelera o coração e lhe permite descansar quando exalamos.

Ambas as formas de variabilidade são essenciais para um coração saudável e resistente; pessoas com baixa VFC estão muito mais propensas a morrer de doenças cardiovasculares.[9] Isso em parte porque ter um reflexo barorreceptor mais sensível (apresentando uma mudança maior na frequência cardíaca para cada mudança na pressão arterial) nos torna mais capazes de nos recuperarmos de alterações na pressão arterial, como aquelas experimentadas durante o estresse ou a atividade física. E, se o coração não consegue desacelerar quando expiramos, nossa frequência cardíaca como um todo é maior. Isso extenua o coração, aumentando o risco de hipertensão, derrame e outros problemas cardiovasculares.

Em geral, esses dois padrões de variação da frequência cardíaca ocorrem em diferentes momentos. A ASR faz com que a frequência cardíaca suba e desça enquanto respiramos; já o reflexo barorreceptor é mais lento, levando cerca de cinco segundos em cada sentido. Quando os dois são sobrepostos, temos um padrão irregular e acidentado.

Agora, se retardarmos nossa respiração fazendo-a coincidir com o reflexo barorreceptor — cinco segundos de inspiração, cinco segundos de expiração —, os dois padrões passam a transcorrer ao mesmo tempo, e os seus picos e vales se sobrepõem, formando uma única onda suave. E, se formos precisos (a exata velocidade depende de quão grande você é e de quanto sangue tem), isso leva a um fenômeno conhecido pelos engenheiros como "ressonância". Cada vez que o reflexo barorreceptor vai para cima ou para baixo, a variação extra da ASR lhe dá um pontapé no momento exato — como empurrar um balanço de parquinho —, fazendo com que a flutuação da frequência cardíaca suba cada vez mais.

Lehrer acredita que isso proporciona um treino benéfico para o coração e para o reflexo barorreceptor, aumentando sua resiliência.[10] Em consonância com essa ideia, existem indícios de que o biofeedback melhora a VFC ao longo do tempo, mesmo após o fim do tratamento, e de que ajuda a diminuir a pressão arterial.[11] Mas os estudos também revelaram benefícios contra a dor, a ansiedade e a depressão, sugerindo que os efeitos do biofeedback da VFC não se limitam apenas ao coração.[12] Então por que mudar nosso padrão de batimentos cardíacos afetaria nosso estado emocional?

* * *

ELETRIZANDO

Na década de 1960, um cardiologista da Harvard chamado Herbert Benson estava estudando a pressão arterial dos macacos quando um grupo de praticantes de meditação transcendental (MT) apareceu na faculdade de medicina. Eles se acreditavam capazes de baixar a própria pressão arterial apenas por meio da meditação e queriam que o professor os estudasse. A princípio, Benson não desejava se envolver com uma prática tão "excêntrica",[13] mas eles insistiram, e o cardiologista acabou intrigado com suas aparentes habilidades. Então decidiu mudar de foco — dos macacos para a meditação.

De fato, a pressão arterial daquele grupo era sempre a mesma — os meditadores apresentavam pressão baixa o tempo todo (embora Benson viesse a descobrir em futuros experimentos que a MT fazia baixar a pressão de pacientes hipertensos).[14] Porém ele ficou surpreso ao constatar que, ao meditarem, os devotos da MT conseguiam induzir a si mesmos a um estado hiper-relaxado, com a desaceleração da respiração e do metabolismo e a queda da frequência cardíaca.[15] Benson chamou isso de resposta de relaxamento.

Tal resposta, ao que parece, é o extremo oposto da reação de bater ou correr. Enquanto essa reação é disparada pelo sistema nervoso simpático, a resposta de relaxamento é orquestrada por uma rede de nervos opositores denominada sistema nervoso parassimpático. É o sistema parassimpático que nos acalma depois de uma emergência, restaurando o nosso equilíbrio para atividades menos urgentes — a digestão, o sexo, o crescimento e a recuperação — nas quais nos envolvemos quando nos sentimos seguros e relaxados.

O principal componente do sistema nervoso parassimpático é o nervo vago. A partir do tronco cerebral, ele se estende através do pescoço e do torso, com ramos que levam a vários órgãos importantes, incluindo pulmões, intestinos, rins e o baço. Uma de suas funções é agir como um freio sobre o coração. Quanto mais intensa for a atividade do nervo vago (descrita como "tônus vagal"), mais a nossa frequência cardíaca diminui durante o reflexo barorreceptor e a expiração — e após situações de estresse — e maior a nossa variabilidade da frequência cardíaca. Com efeito, a VFC é muitas vezes usada como um termômetro do tônus vagal e um indicador da atividade geral do nosso sistema nervoso parassimpático.

Além de reduzir o estresse em todo o organismo ao perceber que a ameaça já passou, o nervo vago retransmite mensagens do organismo de volta para o cérebro (cerca de 80% de suas fibras correm nessa direção). Estudos utilizando varreduras cerebrais mostram que pessoas com alta VFC também têm respostas emocionais mais flexíveis e adaptáveis ao estresse, enquanto aquelas com baixa VFC são hipervigilantes, enxergando os menores problemas como significativamente estressantes.[16] Pessoas com alta VFC tendem a ter boa memória e conseguem se concentrar melhor e, além disso, sabem regular mais facilmente as próprias emoções e expressões faciais.

Alguns estudos sugerem ainda que pessoas com alta VFC formam vínculos sociais mais fortes e obtêm mais prazer dessas interações. Em compensação, pessoas com baixa VFC em repouso não têm de lidar apenas com o risco de uma doença cardiovascular. Elas também estão mais propensas a desenvolver uma série de transtornos psiquiátricos, incluindo ansiedade, esquizofrenia e depressão.

"Ainda mais importante do que o que a VFC nos diz sobre o estado do coração", escreve Julian Thayer, psicólogo e especialista em VFC da Universidade Estadual de Ohio, em Columbus, "é o que ela pode nos dizer sobre o estado do cérebro".[17]

Quando retardamos a respiração para elevar a VFC, estamos estimulando o nervo vago, que por sua vez diz ao cérebro para desligar a reação de bater ou correr. O biofeedback e a meditação (e possivelmente outras atividades como a ioga e o tai chi, que incentivam a respiração lenta e controlada) provavelmente possuem um efeito semelhante. Quando Lehrer estudou um grupo de monges zen, o especialista em biofeedback descobriu que eles de fato estavam criando um intenso estado de ressonância.[18]

No entanto, ele argumenta que, como a velocidade da respiração necessária para alcançar a ressonância varia ligeiramente de um indivíduo para outro, maximizar esse efeito apenas por meio da meditação pode levar anos de prática, enquanto que, com o biofeedback, é possível aprendê-lo em poucos minutos. "A maioria das pessoas pega o jeito da coisa logo no começo", diz ele. "É bem diferente de viver em um mosteiro zen por dez anos!"

Agora, se tudo isso se traduz ou não em efeitos significativos para a saúde a longo prazo é algo ainda discutível. Lehrer me fala de ensaios clínicos que mostram que o biofeedback da VFC auxilia em problemas de saúde relacionados ao estresse, como pressão alta e asma.[19] Mas esses estudos costumam ser de pequena escala e não têm sido bem avaliados em metanálises.

"Infelizmente não contamos com o apoio das grandes farmacêuticas, financiando pesquisas com vinte mil pacientes para cada doença, então não posso dizer que funciona da mesma forma que a penicilina funciona contra uma infecção", admite Lehrer. "O problema é que ninguém vai lucrar com isso. O equipamento do biofeedback é fácil de copiar, e sua fabricação é barata." Mesmo assim, ele caracteriza as evidências como "bastante positivas". "É uma terapia livre de substâncias químicas, com efeitos muito poderosos. É fácil de aprender. Por que ninguém está fazendo isso?"

Lehrer parece ter deparado com o mesmo impasse de tantas outras terapias que trabalham a mente e o corpo — sem nada para vender, o financiamento para as pesquisas se torna escasso. Mas, graças ao trabalho de Kevin Tracey, o interesse pelo nervo vago tem sido cada vez maior.

* * *

Em 1985, ano em que Tracey começou a investigar a sepse e o choque séptico, os médicos acreditavam que essas duas complicações eram causadas por bactérias invasoras. No entanto, era curiosamente comum não encontrar nenhum patógeno no organismo. Não havia ocorrido a ninguém que aqueles sintomas devastadores — como os que Janice apresentou — pudessem ter sua origem em nosso próprio organismo.

Os cientistas costumavam pensar que qualquer dano causado durante uma infecção era provocado pelo organismo infectante. No entanto, eles aos poucos perceberam que muitos dos sintomas que se manifestam quando estamos doentes — como febre, perda de peso, dano tecidual, e mesmo fadiga e depressão — são desencadeados não por patógenos, mas pelo nosso próprio sistema imunológico, mediado por proteínas mensageiras chamadas citocinas.

Às vezes tais sintomas são um subproduto necessário da tentativa do corpo de combater a infecção. As altas temperaturas que experimentamos durante uma febre ajudam a exterminar os invasores. A fadiga e a depressão nos incentivam a descansar enquanto estamos doentes, bem como a ficar longe de outras pessoas de modo a não espalharmos a infecção. A inflamação, por sua vez, é crucial para o combate às bactérias e para limpar as células lesionadas.

Mas nosso corpo pode exagerar na dose. Sobretudo as crianças podem sofrer de convulsões perigosas diante de uma febre muito alta. Há casos em que a fadiga desencadeada durante uma infecção nunca passa. E Tracey demonstrou que o choque séptico agudo sofrido por Janice é causado quando o organismo produz quantidades excessivas de uma citocina denominada TNF.

Em um experimento crucial, ele injetou TNF em um rato; apesar de não haver qualquer sinal de bactérias infectantes, o animal entrou em choque profundo, sua pressão caiu catastroficamente, e então ele morreu.[20] Conforme Tracey veio a constatar, em vez de desencadear uma reação inflamatória adequada e proporcional, níveis muitos altos de TNF basicamente ativam todos os glóbulos brancos do nosso organismo. Isso entope os vasos sanguíneos, bloqueando o fluxo de sangue e privando as células de oxigênio e nutrientes. Em outros experimentos, ele descobriu que a sepse grave — a segunda crise de Janice — é causada quando uma outra citocina, chamada HMGB1, age no organismo sem qualquer controle.[21]

Tracey percebeu que essas citocinas podem causar mais complicações. Quando a TNF se espalha por todo o corpo, sofremos um choque circulatório agudo. Mas, confinada a locais específicos, provoca outras doenças inflamatórias — TNF demais nas articulações contribui para a artrite reumatoide; nos intestinos, pode acarretar a doença de Crohn. Essa perspectiva levou a uma nova categoria de medicamentos, destinados a inibir ou a neutralizar as citocinas, incluindo o anti-TNF, já utilizado com sucesso no tratamento de milhões de pacientes.

Ainda não estava claro por que o organismo liberaria quantidades prejudiciais dessas citocinas. Até que, no início dos anos 1990, enquanto trabalhava no Hospital Universitário North Shore, em Manhasset, Long Island, Tracey fez outra descoberta revolucionária. Sua equipe estava trabalhando em uma droga experimental chamada CNI-1493, que impedia os glóbulos brancos de produzirem a TNF e outras citocinas.

Tracey desejava saber se a droga poderia ajudar no tratamento de ratos com derrame. O AVC isquêmico provoca danos cerebrais ao bloquear o fluxo sanguíneo para uma determinada área do cérebro. Tal dano é agravado quando as células agonizantes liberam TNF. Uma série de experimentos buscava evitar isso injetando uma pequena dose de CNI-1493 diretamente no cérebro.

Um dia, porém, a CNI-1493 foi acidentalmente injetada no cérebro de ratos com uma outra doença. Eles sofriam de endotoxemia, em que toxinas bacterianas fazem com que uma grande quantidade de TNF seja liberada na corrente sanguínea, levando ao choque séptico. Para a surpresa de Tracey, aquela pequena dose da droga no cérebro dos ratos conseguiu desligar a produção de TNF em todo o organismo.[22] E isso foi trezentas mil vezes mais eficaz do que injetar o medicamento em uma veia.

Um sinal deve ter sido enviado para o sistema imunológico, dizendo-lhe que parasse de produzir TNF. Longe de meramente responder às condições do corpo, como se supunha, a reação inflamatória foi muito bem orquestrada pelo cérebro dos ratos.

Como foi que a mensagem chegou? Tracey não encontrou qualquer vestígio de hormônios liberados na corrente sanguínea. Então teve uma ideia radical — talvez não fosse um sinal químico, e sim elétrico. Ele tinha visto o trabalho de outra pesquisadora, Linda Watkins, da Universidade do Colorado, em Boulder, no qual ela provocava febre em ratos por meio da injeção de uma citocina chamada IL-1. Ela descobriu que era possível bloquear o fenômeno cortando o nervo vago.[23]

Vimos no Capítulo 3 como Robert Ader e David Felten descobriram pela primeira vez que o cérebro e o sistema imunológico se comunicam através dos nervos. O experimento de Watkins era mais uma prova dessa conexão, embora dessa vez o sinal tenha sido transmitido não pelo sistema nervoso simpático, que Felten e Ader haviam estudado, mas pelo sistema parassimpático, e especificamente pelo nervo vago.

No experimento de Watkins, o sinal viajou do sistema imunológico para o cérebro; Tracey se perguntou se o nervo vago não poderia também levar mensagens na direção oposta. Talvez tenha sido assim que uma dose tão pequena da droga no cérebro foi capaz de bloquear a produção de TNF em todo o corpo. Em maio de 1998, ele desenvolveu uma forma de testar a ideia. Foi até a sala de cirurgia do hospital e tomou emprestado um neuroestimulador portátil movido a pilhas.

Mais uma vez, as cobaias de seu experimento seriam ratos com endotoxemia. Eles normalmente morrem de choque séptico, mas, quando Tracey estimulou o nervo vago dos animais com um pulso elétrico, houve uma redução expressiva na produção de TNF.[24] Seu tratamento improvisado interrompeu o curso do choque séptico.

Era a prova de que, além de desacelerar o coração, o nervo vago poderia atuar também como um poderoso freio contra inflamações. A isso Tracey deu o nome de "reflexo inflamatório".[25] Tal como o reflexo barorreceptor mantém a pressão arterial dentro dos limites de segurança, o reflexo inflamatório nos protege das armas letais do sistema imunológico. Em lugar de agir de forma autônoma, como os cientistas pensaram por tanto tempo, o sistema imunológico se comunica com o cérebro, que atua como um "controlador mestre". Quando o cérebro detecta um sinal do nervo vago de que uma inflamação foi ativada no organismo, ele logo emite um sinal em resposta para acalmá-lo novamente.

Enfim Tracey tinha um bom palpite sobre o que dera errado com Janice. Seu sistema nervoso deve ter falhado em decorrência de suas lesões — ou pela atividade insuficiente do próprio nervo vago, ou por algum outro problema no cérebro. No primeiro episódio de choque agudo da bebê, o nervo vago não retransmitiu os sinais necessários para impedir a liberação catastrófica de TNF. Na segunda crise, da sepse, o vago deixou de bloquear uma inundação de HMGB1. Apesar de cada aparente recuperação, os danos acumulados nos órgãos de Janice eram presumivelmente grandes demais para que ela pudesse sobreviver.

Parecia justo supor que a atividade insuficiente do vago também estivesse por trás de muitos outros problemas em que a inflamação atua de forma completamente inesperada. No horário do almoço, Tracey fez um desenho no verso de um guardanapo — mostrando uma pessoa com um marca-passo implantado, conectado a um eletrodo em seu nervo vago.[26] Um pulso elétrico tinha acabado de salvar seus ratos. Conseguiria fazer o mesmo pelas pessoas?

* * *

Mudar o ritmo da respiração pode não ser a única maneira espontânea de aprimorar o nosso tônus vagal. O biofeedback da VFC parece ter um efeito "ascendente" sobre o sistema nervoso parassimpático — alterando a frequência cardíaca de forma a estimular o nervo vago e, por sua vez, influenciar o cérebro. Mas experimentos realizados por psicólogos da Universidade da Carolina do Norte em Chapel Hill sugerem que também é possível aumentar o tônus vagal de modo descendente modificando o nosso padrão de pensamentos.

Em um estudo feito em 2010, Bethany Kok e Barbara Fredrickson pediram a 73 voluntários que escrevessem diariamente sobre quanto eram felizes e quão conectados à sociedade eles se sentiam.[27] Ao longo de nove semanas, o bem-estar emocional dos voluntários aumentou significativamente — assim como o seu tônus vagal.

A dupla voltaria a testar esse fenômeno em um estudo controlado randomizado publicado em 2013. Pedia-se que os participantes avaliassem suas emoções da mesma maneira, mas também que praticassem todos os dias a meditação da bondade amorosa (uma prática semelhante, mas não idêntica, à meditação da compaixão). Obteve-se o mesmo resultado — dois meses depois, o grupo de meditação se sentiu significativamente mais feliz e conectado à sociedade do que o grupo de controle.[28] Essa mudança emocional, por sua vez, expandiu o tônus vagal.

Em ambos os estudos, aqueles que já começaram com o maior tônus vagal foram os mais beneficiados. Kok (agora no Instituto Max Planck para Cognição Humana e Ciências do Cérebro, em Leipzig, na Alemanha) sugere que refletir sobre emoções positivas desencadeou uma "espiral ascendente" mediada pelo nervo vago, em que corpo e mente influenciam um ao outro em ambos os sentidos. As emoções positivas expandem o tônus vagal, que por sua vez melhora ainda mais o bem-estar dos voluntários. Em um terceiro estudo ainda não publicado, Kok concebeu um teste mais rigoroso, em que os voluntários simplesmente avaliavam a proximidade de suas três interações sociais mais significativas, a cada dia, durante doze semanas. Já os voluntários do grupo de controle deviam avaliar a utilidade das três atividades mais longas daquele mesmo dia.

O tônus vagal aumentou significativamente no grupo de proximidade social, em comparação com o grupo de controle. "O que eu continuo constatando", diz Kok, "é que não são apenas as emoções positivas que importam para o vago, são as emoções positivas *sociais*. Se as emoções positivas são não sociais, se não estão ligadas a sensações de amor e proximidade e gratidão e todas essas coisas, então você não entende esses relacionamentos."[29] Vimos no Capítulo 10 como os vínculos sociais podem neutralizar nossa resposta ao estresse — e pode ser que isso se deva, pelo menos em parte, aos efeitos sobre o tônus vagal.

Há alegações de que também o biofeedback funciona melhor quando se busca cultivar pensamentos carinhosos. Uma organização sem fins lucrativos chamada Instituto de HeartMath, com sede em Boulder Creek, Califórnia, promove técnicas de biofeedback da VFC baseadas (segundo alegam) em pesquisas científicas e utilizadas por hospitais, agências governamentais e empresas ao redor do mundo, bem como por centenas de milhares de indivíduos (Saintey inspirou grande parte de seus métodos nos princípios desenvolvidos pelo instituto). As técnicas do HeartMath diferem do biofeedback da VFC estudado por Lehrer — já que, além de respirar na velocidade apropriada para criar ressonância, é preciso também gerar um "estado emocional positivo e sincero". De acordo com a página do instituto na internet, "essa mudança emocional é um elemento-chave para a eficácia das técnicas".[30]

Outras afirmações feitas pelos especialistas do Instituto HeartMath são absolutamente sem sentido — como a de que a sua VFC está diretamente ligada ao campo magnético da terra e à atividade elétrica do sol, e a de que seu coração é capaz de captar telepaticamente informações sobre eventos que ainda não aconteceram[31] —, e com frequência seus métodos são criticados como suspeitos do ponto de vista científico.[32] Depois de conversar com Kok sobre a pesquisa, no entanto, fico me perguntando se eles estão certos sobre a importância das emoções positivas.

Sentada no consultório de Saintey em Somerset, decido testar a ideia. Durante minha sessão de biofeedback, penso primeiro em meus filhos. Eu me imagino com eles em um abraço bem apertado, até estar tão cheia de amor que sinto como se meu coração fosse explodir. Minha frequência cardíaca obedientemente forma uma bela e suave curva na tela do computador. Em seguida, procuro me colocar em um estado de pânico.

Mantendo a minha respiração lenta e no ritmo da barra azul na tela, imagino tarântulas subindo pelos meus braços, vermes rastejando sobre a minha pele, um assassino atrás da minha cadeira prestes a usar seu machado. Dirijo um ávido sentimento de ódio contra o assassino. Sinto uma súbita explosão de energia, com a consciência aguçada e a descarga de adrenalina fluindo em minhas veias. Mas parece que meu sistema nervoso parassimpático não é sequer afetado. A curva suave permanece a mesma, e minha VFC na verdade acaba subindo.

O especialista em biofeedback Paul Lehrer reconhece que cultivar emoções carinhosas pode, em teoria, ter um efeito de longo prazo sobre a VFC. "Mas a minha percepção mais prevalente é que, quaisquer que sejam as contribuições do seu estado emocional enquanto se está exercitando a técnica, elas são muito pequenas e quase impossíveis de detectar quando comparadas ao enorme efeito da respiração." Alguns estudos compararam o biofeedback da VFC com e sem a emoção sincera estimulada pelas técnicas do HeartMath. "E não encontraram absolutamente nenhuma diferença", conta Lehrer.

Tampouco Kok recomenda refletir sobre a proximidade social como uma forma de melhorar a saúde física. O efeito em seus estudos é estatisticamente significativo e importante do ponto de vista científico, diz ela, porque mostra que, em princípio, "é possível utilizar nossos pensamentos para influenciar a VFC. É provável, porém, que o impacto seja pequeno demais para ter qualquer efeito clinicamente significativo sobre a saúde. Ela espera que, no futuro, seja possível desenvolver formas eficazes de otimização da VFC aliadas a algum componente psicológico. Mas, por ora, se a ideia é aumentar o tônus vagal, ela recomenda métodos físicos como os exercícios aeróbicos, mostrados em vários estudos como potencializadores da VFC (assim como os suplementos de óleo de peixe).[33] "Isso fará com que você obtenha um efeito mais significativo e rápido."

* * *

Estou sentada a uma gigantesca mesa de jantar de madeira. Um cachorrinho preto agitado e jovem está tentando lutar com um gato nada impressionado, e Saintey está preparando o almoço em seu fogão AGA. Então, o que fez com que uma típica médica de família construísse uma clínica especializada em biofeedback?

Saintey trabalhou como médica do Exército durante dez anos, segundo me diz, servindo em países como a Irlanda do Norte. Até que caiu enquanto esquiava e rompeu os ligamentos do joelho. Ela foi dispensada com direito a uma pensão e se tornou uma médica de família em tempo integral em Somerset.

Trabalhando por longas horas e atendendo 35-40 pacientes diários por no máximo dez minutos cada, ela se sentia estressada e cada vez mais desiludida. Não conseguia cuidar dos pacientes como desejava e foi perdendo a confiança em si mesma como médica. Sentia que, muitas das vezes, ela simplesmente prescrevia remédios e mandava os pacientes de volta para casa, ignorando as questões subjacentes — o estresse, o vício — que os traziam ao consultório de novo e de novo.

No início, ignorou também o nódulo em sua mama. Saintey já tivera um nódulo antes desse que se revelara benigno, de modo que ela supôs que esse também o seria. Mas era maligno, e quando ela enfim o examinou já havia se espalhado para os nódulos linfáticos. Ela se submeteu a uma cirurgia, seguida por quimioterapia e radioterapia. Estava com 42 anos.

Amparada pela indenização de seu plano de saúde, Saintey pediu demissão do trabalho e tirou três anos de licença. A esmagadora emoção era de alívio, por não estar mais trabalhando. Ela recorda uma manhã depois do banho, em que escreveu uma mensagem no espelho do banheiro: *Estou feliz por estar viva*. Decidiu usar aquela pausa inesperada na carreira para investigar como poderia ajudar seus pacientes a viver de forma mais saudável, em vez de apenas combater os sintomas depois que eles aparecem. Então fez um curso de medicina alternativa e descobriu o biofeedback.

Quando os pagamentos do plano pararam de vir, ela voltou a trabalhar como médica de família de meio período. Agora atende apenas doze pacientes por dia, três vezes na semana, e fica até mais tarde para oferecer consultas de quinze minutos. "Tenho uma abordagem mais holística do que vários dos meus colegas de profissão", diz ela. "Falo sobre os aspectos do estilo de vida de se manter bem."

Passar mais tempo com seus pacientes é crucial, segundo ela. "Você não pode sair pedindo às pessoas que façam mudanças de vida que elas provavelmente já tentaram por anos. Não sem antes conhecê-las." E em 2012 ela começou a Heartfelt Consulting.

Uma de suas pacientes é uma avó de 65 anos chamada Carol, que trabalhou como patologista e enfermeira antes de se aposentar aos 55 e obter uma graduação em história. Carol afirma que sempre foi ativa e saudável, mas que, aos 60 anos, enquanto estudava para os exames, ela teve alguns ataques de pânico em que seu coração acelerava. Na época, vinha tomando "cerca de dez expressos por dia" e ficou imaginando se essa não poderia ser a causa, então telefonou para o consultório médico local para verificar as orientações básicas sobre o consumo saudável de cafeína.

"De uma hora para a outra, do telefone fui parar direto em uma esteira médica." Ela passou por uma bateria de testes cardíacos, incluindo um ECG (que envolveu usar um monitor cardíaco durante três dias), um ecocardiograma (em que seu coração foi examinado por meio de um ultrassom) e um teste de esforço. Tudo estava normal, exceto pelo fato de ela ter se saído bem no teste de esforço.

Carol sente que os médicos negligenciaram alguns fatores, como seu consumo de cafeína, bem como o fato de que aqueles testes a deixaram bastante ansiosa. Em vez disso, os episódios de taquicardia que ela havia experimentado foram diagnosticados como fibrilação atrial paroxística (episódios intermitentes de batimentos cardíacos irregulares), e lhe prescreveram uma poderosa substância chamada flecainida, capaz de retardar a transmissão de sinais elétricos no coração.

O diagnóstico teve um enorme impacto sobre Carol. "De repente, deixei de ser uma pessoa que estava passando muito bem e pensei: 'Estou doente, vou passar o resto da vida com essa medicação.'" Ela mal tinha começado a cuidar do novo neto, com a filha de volta ao trabalho. "Eu pensei: 'Puxa, vou ficar responsável por esse bebezinho. E eu com um problema de coração! E vivemos bem no interior.'"

Carol nunca veio a sofrer de quaisquer episódios de fibrilação atrial, de modo que, nos anos seguintes, conseguiu convencer os médicos a reduzirem sua dose de flecainida, até que finalmente foi autorizada a apenas levá-lo a tiracolo, em caso de necessidade. Mas sua ansiedade persistia. "Eu tinha perdido toda a confiança de estar bem e em forma", conta. Se passasse o fim de semana fora, ela verificava onde se encontrava o hospital mais próximo, para o caso de ter um ataque. Se saísse para caminhar, ela cuidaria para que seu celular estivesse sempre ligado.

Evitava ir ao teatro ou ao cinema, com medo passar mal e precisar ser carregada para fora.

Até que foi se consultar com Saintey. Por seis meses, Carol fez sessões quinzenais de biofeedback no Heartfelt Consulting, praticando diariamente em casa também. Considerando sua percepção de que a medicina convencional simplesmente contribuiu para sua ansiedade, ela agora aprecia a possibilidade de conversar com Saintey sobre suas preocupações. E o biofeedback foi "maravilhosamente reconfortante", segundo ela. "Eu via que meu coração estava trabalhando bem. Ganhei mais confiança e concluí que estava bem."

Desde que iniciou o curso, Carol diz que se livrou daqueles ataques de pânico. Agora, quando sente a ansiedade chegando — ao dirigir, ou em um lugar lotado, ou na sala de espera de algum consultório —, ela usa a técnica de respiração para se acalmar. E mais: sua pressão arterial, seu pulso normal em repouso e seu colesterol caíram — sem recorrer a qualquer medicação.

"A indústria farmacêutica vem tornando um monte de pacientes muito dependentes do sistema", comenta Saintey. "Devíamos estar fazendo o contrário." Dar às pessoas algumas ferramentas, explica ela, e fazê-las responsáveis pela própria saúde.

* * *

Monique Robroek é curvilínea e sorridente, em seus trinta e tantos anos, talvez, com o cabelo esvoaçante e uma blusa verde drapeada. Ela se senta na ponta de uma cama de hospital no Centro Médico Acadêmico de Amsterdã e puxa para baixo o decote de sua blusa para mostrar uma cicatriz rosa; uma linha horizontal de uns cinco centímetros de largura. Abaixo dela, explica Monique, encontra-se um implante como um marca-passo, com um fio que conduz a seu nervo vago.

Ela apanha um pequeno ímã preto — do tamanho e do formato de uma chave de carro — e o passa sobre o peito, como se estivesse escaneando um produto no caixa de um supermercado. O ímã aciona seu implante para atingir o nervo vago no pescoço com leves choques elétricos. Enquanto ela fala, sua voz começa a modular. "Chega uma vibração na minha garganta, você conseguiu ouvir? Às vezes me dá uma irritação e eu preciso tossir."[34] Caso contrário, diz ela, não sente absolutamente nada. Ela passa o ímã uma vez a cada manhã, não precisando tomar nenhum medicamento pelo resto do dia.

Monique faz parte de um estudo pioneiro que gira em torno da grande ideia de Tracey. A pesquisa está sendo conduzida por Paul-Peter Tak, um reumatologista do Centro Médico Acadêmico da Universidade de Amesterdã e da GlaxoSmithKline. Tak começou com um estudo-piloto envolvendo oito pacientes com uma artrite reumatoide de longa data, que vinha persistindo apesar de todos os tratamentos anteriores. Seus implantes disparavam rajadas de sessenta segundos de estimulação vagal, uma vez por dia durante 42 dias. Tak relatou em 2012 que seis dos pacientes se beneficiaram significativamente, com melhora dos sintomas e redução dos níveis de inflamação no sangue.[35]

Monique pertence a um segundo estudo com vinte pacientes, que foi parar nas manchetes de janeiro de 2015. Tak disse aos jornalistas que "mais da metade" desses pacientes melhoraram significativamente, incluindo Monique. Antes do estudo, mesmo com o melhor medicamento disponível, ela penava para atravessar a sala. Agora, sem qualquer tipo de medicação, conseguiu se livrar da dor. "Recuperei a minha vida normal", afirmou ela à Sky News.[36] "Em uma questão de seis semanas eu não sentia mais nenhuma dor. O inchaço desapareceu. Saio para andar de bicicleta, passear com o cachorro e dirigir o carro. É mágico."

Até o momento em que escrevo este livro, tais resultados ainda não foram publicados em uma revista científica, e sem um grupo placebo fica difícil saber em que medida a melhora dos pacientes se deve realmente à estimulação vagal. Mas Tracey (que agora é presidente do Instituto Feinstein para Pesquisa Médica de Manhasset) está otimista em relação ao seu potencial. Testes em humanos com a doença de Crohn também estão em andamento, e Tracey acredita que, em princípio, a estimulação vagal poderia funcionar com qualquer distúrbio que envolva uma inflamação prejudicial, como a psoríase, a esclerose múltipla — e ainda a sepse e o choque séptico. Substâncias anti-inflamatórias não funcionam para todos os pacientes e podem ter efeitos colaterais graves, em grande parte por suprimirem o sistema imunológico não apenas onde é necessário fazê-lo, mas em todo o organismo. Estimular nervos pode permitir um tratamento muito mais focado, diz Tracey, visando apenas as fibras nervosas direcionadas a determinadas áreas.[37]

Em teoria, a estimulação elétrica pode ser usada também para modular outros ramos do sistema imune — e, com efeito, qualquer aspecto da fisiologia que esteja sob o controle do sistema nervoso. Os pesquisadores já descobriram que, em um modelo animal de hemorragia, a estimulação vagal desencadeia a produção da trombina (uma enzima responsável pela coagulação do sangue) no local da lesão — sugerindo um possível uso na contenção de uma hemorragia fora de controle durante uma cirurgia ou após um traumatismo.[38] Enquanto isso, enviar uma corrente elétrica até os nervos que controlam os intestinos pode ajudar pacientes com SCI,[39] e alguns pesquisadores têm especulado que a manipulação de sinais nervosos poderia retardar o avanço de alguns tipos de câncer.[40]

A estimulação vagal também se mostra promissora para transtornos psiquiátricos. A técnica já é amplamente utilizada para tratar a epilepsia, e, de forma intrigante, as pessoas que a estão recebendo tendem a relatar uma melhora no humor (a despeito de quaisquer efeitos sobre as suas convulsões). Tak também viu uma melhora no humor de seus pacientes com artrite reumatoide. Esse fenômeno levou a estudos que avaliam se a estimulação vagal não poderia ajudar pessoas mais resistentes ao tratamento contra a depressão.[41] A evidência até agora é escassa, mas os ensaios sugerem que o tratamento de fato beneficia alguns pacientes, embora possa levar vários meses para se perceber alguma melhora.

Tracey chama esse novo campo de "bioeletrônica" e afirma que estamos testemunhando uma revolução na medicina, em que nos afastamos do tratamento de doenças com substâncias químicas e em seu lugar passamos a utilizar sinais elétricos. "Acho que essa será a indústria que substituirá a indústria farmacêutica", disse ele à revista *New York Times* em 2014.[42]

É uma ideia ousada, mas muitas outras pessoas parecem igualmente convencidas disso. Os cientistas com quem converso demonstram entusiasmo com o trabalho de Tracey. Publicações como a *Forbes* e a *Scientific American* já relataram a sua jornada.[43] E, enquanto o biofeedback tem dificuldade em conseguir financiamento, empresas e governos estão investindo pesado na ideia de implantes de dispositivos bioeletrônicos. Em 2013, a GSK anunciou um prêmio de inovação de um milhão de dólares (além dos cinquenta milhões já gastos em pesquisas), enquanto o NIH anunciou um programa de sete anos no valor de 248 milhões; em 2014, o presidente Obama anunciou uma nova iniciativa DARPA.[44]

Nesse meio-tempo, Tracey deu início à publicação de uma revista científica dedicada à bioeletrônica, bem como à criação de uma empresa, SetPoint, que visa desenvolver miniestimuladores de nervos injetáveis, talvez tão pequenos quanto um grão de arroz, que serão recarregados sem fio e controlados através de um iPad. A ideia é que, cedo ou tarde, esses dispositivos funcionem em tempo real, monitorando os sinais de entrada que viajam por nossos nervos e, quando necessário, modulando a sua saída para os nossos órgãos.

Mas e quanto à mente consciente? Seria possível aprendermos a utilizar o reflexo inflamatório por meio dos nossos pensamentos?

Tracey vem argumentando que, em teoria, seria possível, sim. Já em 2005, ele havia sugerido que alguns insights de seu trabalho poderiam ajudar a nortear a pesquisa sobre as terapias da mente e do corpo,[45] e isso está começando a acontecer. Por exemplo: vários cientistas vêm estudando se técnicas como o biofeedback e a meditação, que influenciam a atividade do nervo vago, poderiam reduzir as inflamações seguindo a mesma lógica.[46]

Para pacientes gravemente feridos ou situações mais severas, como a de um choque séptico, uma dose forte e breve de estimulação elétrica provavelmente vai funcionar melhor. Mas Tracey sugeriu que, no caso de doenças crônicas — como hipertensão, artrite reumatoide ou doença inflamatória intestinal —, talvez possamos partir para uma abordagem preventiva de longo prazo, utilizando técnicas como a meditação ou o biofeedback para melhorar o tônus vagal ao longo do tempo.

Não conheço a opinião de Tracey sobre o potencial das abordagens psicológicas — como recusou a entrevista para este livro, não pude indagá-lo a esse respeito. Ele não faz menção a terapias voltadas para a mente e o corpo em artigos mais recentes, e em vez disso sugere que os pequenos dispositivos injetáveis desenvolvidos por sua empresa um dia farão parte da rotina médica.

Pesquisar ambos os métodos faz sentido para mim. O potencial da bioeletrônica na medicina é realmente excitante, mas compreender como as técnicas envolvendo a mente e o corpo podem influenciar o sistema nervoso com o tempo pode ajudar em casos menos extremos, de modo a evitar a necessidade de estimuladores — uma solução altamente invasiva, afinal, que deixaria milhões de nós dependentes de implantes caros com riscos médicos significativos (para não mencionar as preocupações com a segurança: um artigo de 2014 do *New York Times* apontou que colocar o controle do nosso sistema nervoso em uma transmissão sem fio poderia deixá-lo à mercê de "hackers").[47]

De todo modo, graças ao trabalho de Tracey, o papel do cérebro e do sistema nervoso na saúde enfim está ganhando a notoriedade merecida. E, para ele, o potencial para transformar o tratamento de tantas doenças é algo capaz de dar algum sentido à morte de Janice. Ele pensa nela, segundo disse em 2005, "como um anjo".[48] Em sua pesquisa, bem como nos pacientes que assiste, ela vive.

12

Procurando Deus
O verdadeiro milagre de Lourdes

Nós a estamos levando na cama hospitalar com rodas. Ela tem uns noventa anos, pele enrugada e pálida, além de mãos e pés contorcidos. O rosto marcado por veias tem a boca desdentada. A cama quase preenche o cubículo, que tem uma cortina listrada azul e branca na parte de trás, através da qual a senhora entrou. As paredes de azulejos estão repletas de cadeiras plásticas e ganchos. À frente, além dos pés da idosa, está outra cortina.

Ela treme enquanto a despimos, revelando um abdômen volumoso ao desabotoar a blusa. "Ne vous inquiétez pas," instrui Madame, a espanhola atarracada. Não se preocupe.

Logo ela está nua, exceto por uma imensa fralda. Duas de nós ficam em pé de cada lado, trabalhando juntas com movimentos coreografados e ensaiados. Nós a rolamos para um lado e depois para o outro, enquanto colocamos um lençol embaixo daquele corpo pesado. Colocamos também um cobertor azul por cima, levantamos a idosa no lençol, deslizamos uma maca por baixo dela, tiramos rapidamente o cobertor e colocamos outro lençol por cima, como uma toalha de mesa, exceto pelo fato de estar frio e molhado.

Foram necessárias sete pessoas (três de cada lado e uma na cabeça) para carregar a maca, com os pés à frente, passando pela cortina interna rumo a um segundo aposento. Trata-se de um espaço pequeno e austero, forrado de pedras cinza. Quadrado, mas com teto alto e curvo, dá a impressão de ser uma capela em miniatura.

A CURA

O chão de ladrilhos está molhado e traiçoeiro, e no meio dele há uma cuba retangular de pedra, cheia de água azulada na altura do joelho. Uma pequena estátua azul e branca está no canto mais distante: a Virgem Maria. Descemos alguns degraus até a maca da mulher estar sobre a água, com a cabeça pousada no degrau de cima. Então nós contamos juntos *un, deux, trois* e a mergulhamos na água.

Estou fazendo isto o dia inteiro: colocando uma mulher após a outra nesses banhos gelados. O pequeno espaço é o último de uma fila de dez ou mais cubículos semelhantes forrados com cortinas, cada um tendo a própria equipe liderada por uma Madame. Todos aqui somos voluntários não pagos, e isso não é diferente dos outros trabalhos que já fiz. Começamos cada turno com 20 minutos ou mais de cantos e preces, vozes navegando por cima das paredes do cubículo.

Em seguida vêm as mulheres (há banhos separados para homens e outro para crianças). Eles estão aguardando na fila há várias horas para esse momento e viajaram do mundo inteiro, assim como os voluntários. São norte-americanos, italianos, indianos, irlandeses, jovens, velhos, sãos, doentes. Todos estão aqui acreditando que essas águas têm poderes de cura. Aqui é Lourdes.

Uma pequena cidade ao pé dos montes Pirineus na França, Lourdes era relativamente desconhecida até 1858, quando a garota de 14 anos chamada Bernadette alegou ter visto a Virgem Maria em uma gruta remota diversas vezes e, de acordo com a história, uma fonte começou a brotar no local. Lourdes agora é um dos maiores centros de peregrinação da Igreja Católica. Mais de cinco milhões de pessoas vêm aqui todo ano procurando a cura espiritual e física. Três igrejas agora se erguem na rocha acima e ao redor da gruta, e há uma série de fontes onde visitantes podem beber a água abençoada, mas para a maioria a experiência está centrada nos banhos.

Muitas religiões têm lugares sagrados, para onde os devotos viajam na esperança de cura e de expiar seus pecados. Milhões de muçulmanos se reúnem em Meca, na Arábia Saudita, para a peregrinação anual do Hajj, enquanto os hindus se reúnem a cada 12 anos no rio Ganges, na Índia. Entre os outros destinos católicos que surgiram devido a aparições da Virgem Maria estão Medjugorje, na Bósnia e Herzegovina, e Fátima, em Portugal, mas Lourdes é incomum, talvez singular, entre os locais de peregrinação religiosa, pois alega validar cientificamente todas as curas que acontecem aqui.

Se alguém afirma que teve uma recuperação dramática em Lourdes, um comitê de profissionais da saúde coleta os registros médicos relevantes e investiga se há alguma explicação científica possível. Caso não haja, um bispo decide se atribui à cura inexplicável o status de milagre. Desde 1848, mais de sete mil pessoas se disseram curadas ao comitê e 69 delas foram atestadas como milagres. Esses poucos sortudos aparentemente foram libertados de sofrimentos como tuberculose, cegueira, esclerose múltipla e câncer.

Tenho interesse nessas curas aparentes. Pessoalmente não acredito em milagres, pelo menos não do tipo que desafia as leis da natureza, mas esses casos levantam uma questão profunda: a experiência e a crença religiosas afetam o nosso cérebro e, por sua vez, o corpo? Lourdes parece um bom lugar para verificar isso.

Comecei pelos banhos. Trabalhamos em turnos de três horas, suados e amontoados nos cubículos, enquanto uma peregrina após a outra surge através da cortina. Pedimos às mulheres para se despirem e enrolarem um lençol no corpo. Fazemos o que podemos para nos comunicar através de gestos enquanto ajudamos com os botões da roupa, desamarramos os cadarços dos sapatos e desprendemos os sutiãs delas. Então, uma a uma, nós as conduzimos pela cortina interna. Em um conjunto organizado e mecânico de movimentos andamos com elas até o final do banho e as mergulhamos rapidamente. Algumas mulheres choram e outras gritam enquanto são mergulhadas na água fria. Há quem toque e beije a estátua de Maria. Algumas estão duras e tensas, resistindo à água, outras se jogam com tanta força que mal conseguimos ampará-las para que a cabeça não bata nos degraus ladrilhados.

Uma norte-americana fica em pé durante muito tempo, sussurrando para a estátua. Uma nigeriana chora e pede que eu reze pelo filho dela. Nós as viramos e fazemos orações enquanto encaminhamos as peregrinas para fora da água. Depois as vestimos e conduzimos pela cortina rumo ao sol da primavera.

* * *

Acreditar em Deus deixa você mais saudável? É justo dizer que esta pergunta não recebe exatamente prioridade máxima entre os cientistas. A palavra "espiritualidade" mal aparece no banco de dados PubMed (que reúne todas as revistas biomédicas do mundo) até os anos 1980. Cientistas de renome como Richard Dawkins e Stephen Hawking escreveram livros inteiros dedicados a erradicar a necessidade de Deus.[1] De acordo com um pesquisador que trabalha nessa área, investigar a relação entre religião e saúde era visto até pouco tempo como fator "antiemprego,"[2] caminho certo para mandar a carreira para o espaço.

Nos últimos anos, contudo, a situação mudou. Além de milhares de estudos sobre o assunto terem sido publicados em grandes revistas médicas e psiquiátricas, as faculdades de medicina dos EUA passaram a oferecer cursos sobre religião, espiritualidade e saúde.

Boa parte dessas pesquisas conclui que ser religioso resulta em melhora na saúde emocional ou psicológica, mas um número cada vez maior de estudos também alega benefícios físicos. Nos últimos anos, acreditar em Deus vem sendo associado a menores taxas de doenças cardíacas, derrames, distúrbios metabólicos e de pressão arterial, aumento no funcionamento imunológico, resultados melhores em infecções como HIV e meningite, além de menor risco de desenvolver câncer. Pessoas religiosas têm menor risco de distúrbios e deficiências cognitivas com a idade, recuperação mais rápida após cirurgias e taxas menores de utilização de serviços médicos.[3]

Com base nesses resultados, alguns pesquisadores argumentam que a religião deveria ser integrada ao sistema de saúde, com médicos perguntando sobre o assunto e dando apoio às crenças espirituais dos pacientes. Por outro lado, críticos como Richard Sloan, professor de medicina comportamental na Universidade de Columbia, em Nova York, e autor de *Blind Faith: The unholy alliance of religion and medicine*, argumenta que muitos desses estudos não separam adequadamente outros fatores que não estejam diretamente conectados à crença em Deus.[4] Pessoas religiosas tendem a levar uma vida mais saudável na qual bebem e fumam menos e fazem menos sexo desprotegido, por exemplo.

Além do mais, grandes pesquisas costumam usar a ida à igreja para medir quanto alguém é religioso. Em geral, a frequência religiosa está associada a um ganho de 7-14 anos a mais de vida,[5] mas é preciso ter determinado nível de saúde para ir à igreja, para começo de conversa, então talvez não seja tão surpreendente que esse grupo viva mais. Quem frequenta a igreja também pode ter laços sociais mais fortes e, como destaca Sloan, "Há várias outras formas de melhorar a conexão social."[6]

Por outro lado, uma meta-análise recente de 91 estudos concluiu que, mesmo levando em conta esses fatores, a "religiosidade/espiritualidade" pode ter um efeito protetor em pessoas inicialmente saudáveis, levando quem frequenta regularmente a igreja a ter uma probabilidade em torno de 20% menor de morrer (quando acompanhados por períodos de cinco anos ou mais) em relação a quem não o faz.[7]

Se houver mesmo um efeito, pode ser em parte devido à resposta ao placebo, gerando melhoras na saúde ativadas pela crença de que Deus vai nos curar. Uma pesquisa de 2011 feita com mais de 900 adultos norte-americanos descobriu que 77% deles acreditam que a prece pode ajudar a curar pessoas de uma lesão ou doença.[8] A crença em tratamentos falsos acabou com os sintomas da síndrome do intestino irritável de Linda Buonanno e da coluna fraturada de Bonnie Anderson. Caminhos biológicos semelhantes presumivelmente ajudaram muitas pessoas que rezam ou visitam um local de peregrinação como Lourdes.

Entretanto, eu logo descobri que há muito mais fatores envolvidos nessa questão.

* * *

Sheri Kaplan se descreve como uma "boa garota judia". Ela é bonita, de olhos azuis e cabelo ruivo cacheado. Cresceu na Flórida, mas viveu durante a segunda metade dos vinte anos em Manhattan, onde foi a muitas festas, namorou e trabalhou para uma revista. Depois, voltou à Miami, abriu uma empresa de bufê com a irmã e arrumou um namorado fixo. Até que em 1994, quando tinha 29 anos, tudo mudou. Sheri foi diagnosticada com HIV.

"Fiquei paralisada", disse ela em uma entrevista de 2005. "É como ser atropelada por um trem: há confusão, medo, raiva, luto, tristeza."[9] O namorado foi embora e, como estava convencida de que iria morrer, ela abandonou a empresa de bufê e estourou os cartões de crédito em uma viagem de dois meses pela Europa. Sheri achou que seria seu último salto e acabou sendo um novo começo: ela voltou à Miami determinada a aproveitar o máximo do tempo que lhe restava. Procurou um grupo de apoio a pacientes, mas não conseguiu achar um que atendesse heterossexuais com HIV, pois eram todos voltados para homens gays ou viciados em drogas. Por isso, decidiu fundar um.

O Centro para Conexões Positivas começou como um pequeno grupo de mulheres que Sheri achou por meio de clínicas locais. Elas se encontravam toda semana para conversar e tomar café. Alguns anos depois, o grupo tinha um orçamento de meio milhão de dólares e mais de 1.500 integrantes, que têm à disposição atividades sociais, grupos de apoio, canais de comunicação nacionais, classificados e um cruzeiro anual para o Caribe. Sheri viajou pelo mundo com seu trabalho, pelo qual ganhou prêmios, e conheceu celebridades como Richard Gere.

Através do grupo ela também encontrou um novo sentido na vida, interpretando a doença como parte do plano de Deus. "Contraí o HIV porque é meu propósito de ser", explica ela. "Precisei entender como é para poder auxiliar a comunidade em outro nível e criar mudanças sociais."[10] Surpreendentemente, Sheri ficou bem e acreditou que a fé religiosa ajudou a manter o vírus sob controle. Ela não estava sozinha: um estudo de 2006 descobriu que 50% dos pacientes com HIV pensavam que a religião/espiritualidade os ajudava a viver mais.[11] Mas será que ela estava certa?

Parece loucura. O HIV infecta as células CD4 do sistema imunológico, usando-as para fazer milhares de cópias de si mesmo e matando-as durante o processo. A quantidade de células CD4 no corpo fica tão baixa que o sistema imunológico para de funcionar, deixando os pacientes vulneráveis a doenças e com a vida em risco. Os tratamentos existentes hoje permitem que muitos infectados com HIV tenham uma vida longa e saudável, mas no meio da década de 1990, antes desses fármacos estarem disponíveis, a infecção era geralmente vista como uma sentença de morte.

Contudo, a psicóloga Gail Ironson da Universidade de Miami, na Flórida, notou que alguns dos pacientes atendidos por ela não ficavam doentes. Muitos deles falavam sobre a importância da espiritualidade na vida deles, e Ironson começou a questionar se isso realmente influenciava a saúde dessas pessoas.

A psicóloga entrevistou cerca de cem pacientes recém-diagnosticados com o HIV, incluindo Sheri, em relação à vida e às crenças dessas pessoas e depois acompanhou o progresso delas durante quatro anos. Ironson descobriu que 45% dos pacientes ficaram mais religiosos após o diagnóstico, enquanto 42% não mudaram significativamente suas crenças e 13% ficaram menos religiosos. O palpite dela estava certo. Esses pacientes que se tornaram mais religiosos perderam células CD4 muito mais lentamente ao longo dos quatro anos e tinham contagens mais baixas do vírus no sangue.[12] Vejamos o caso de Sheri, por exemplo. Em 2005, 11 anos após o diagnóstico, ela não apresentava sintomas e tinha uma quantidade suficiente de células CD4, a ponto de não precisar tomar medicamentos para o HIV.

A mudança nas crenças religiosas provavelmente altera fatores comportamentais, que por sua vez podem influenciar a progressão da doença, como ter uma vida saudável ou tomar remédios regularmente. Porém Ironson alega que seu resultado foi significativamente igual após levar em conta as diferenças no estilo de vida, os medicamentos tomados e outros fatores psicológicos como otimismo e depressão.

Esse estudo não é conclusivo por si e, até onde eu sei, ninguém tentou replicar o resultado de Ironson. Contudo, se ela estiver certa, não é preciso invocar a intervenção divina para explicar por que os pacientes que se voltaram para Deus tiveram resultados melhores. Ironson na verdade acredita que isso diminuiu o nível de estresse deles.

Há provas substanciais de que o estresse acelera a proporção em que a infecção assintomática pelo HIV progride para a AIDS. Mais especificamente, o hormônio do estresse noradrenalina ajuda o vírus a entrar nas células CD4 e a se replicar mais rápido quando estiver lá dentro.[13] Em um estudo famoso[14] que acompanhou homens HIV positivos por nove anos, cada evento estressante (moderadamente grave) a mais aumentou em 50% o risco de progredir para a AIDS naquele período. Alguns estudos sugerem que reduzir o nível de estresse através de meditação ou terapia cognitivo-comportamental ajuda a reduzir a progressão da doença.[15] Acreditar em Deus pode funcionar pelo mesmo caminho.

Na verdade, os aparentes benefícios para a saúde causados pela religião, incluindo o risco reduzido de doenças crônicas como diabetes, demência e derrame, parecem bem semelhantes aos que se obtém reduzindo o estresse. Segundo o neurocientista Andrew Newberg, da Universidade e Hospital Thomas Jefferson, na Filadélfia, que estuda os efeitos da religião no cérebro, a prece diminui a frequência cardíaca e a pressão arterial do mesmo modo que a meditação e ajuda a regular nossas respostas emocionais a situações estressantes. A religião ajuda os crentes a "se entenderem e também ajuda a entender o mundo e a lidar com as situações", explica.[16]

Acreditar em Deus também pode fornecer o apoio social definitivo para enfrentar a adversidade. "Há uma sensação de ter alguém atrás de você que vai aparar a sua queda", conta Michael Moran, médico católico de Belfast, na Irlanda, que faz parte do Comitê Médico Internacional de Lourdes e atua regularmente como voluntário. "Às vezes parece que você está sendo levado para os braços de outra pessoa, que o ampara."

Contudo, avisa Newberg, assim como ocorre no efeito placebo, a crença religiosa tem um lado sombrio, por exemplo, se você estiver em uma igreja ou grupo religioso que defende o ódio e a raiva em relação aos outros. "Essas geralmente são emoções muito negativas que podem ser prejudiciais para o cérebro e o corpo." Reduzir o estresse e beneficiar a saúde, argumenta Newberg, exige "ser religioso de um jeito que promova emoções positivas de amor, compaixão, conexão e dê uma ideia de união com outras pessoas. Não só as pessoas do seu grupo, como fora dele".

Mesmo nas religiões predominantes, passar por um questionamento espiritual, acreditar em um Deus raivoso ou que julga parece deixar as pessoas mais estressadas, tendo consequências para a saúde. Em um estudo de 2001, o psicólogo Kenneth Pargament, da Universidade Bowling Green, em Ohio, acompanhou durante dois anos quase seiscentos pacientes hospitalares com idade acima de 55 anos.[17] Os que vivenciaram questionamentos espirituais relacionados à doença (perguntando se tinham sido abandonados por Deus, questionando o amor divino ou decidindo que o diabo era o culpado pela doença) tinham maior probabilidade de morrer nesse período, mesmo após controlar os outros fatores.

Enquanto isso, Gail Ironson perguntou aos pacientes de HIV que atendia como eles viam Deus. (Ela não abordou os ateus na amostra porque eram poucos, apenas 6,3%). Ela mediu as respostas em duas escalas separadas: se eles viam Deus como "positivo" (benevolente, clemente e misericordioso) ou "negativo" (um juiz implacável que os castigaria pelos pecados). Os que viam

Deus de maneira positiva, como Sheri, tiveram uma progressão significativamente mais lenta da doença, preservando cinco vezes mais células CD4 do que os pacientes com visão negativa.[18] Já os que viam Deus como uma entidade implacável e que castiga perderam células CD4 mais de duas vezes mais rápido do que os com a visão positiva. Os efeitos foram significativos e, após levar em consideração outros aspectos do estilo de vida, saúde e estado de espírito, a visão que o paciente tinha em relação a Deus previa a progressão da doença melhor do que qualquer outro fator psicológico medido por Ironson.

Um dos participantes que se sentiram abandonados por Deus foi Carlos, homem de criação católica que havia acabado de se mudar para Nova York com o objetivo de fazer faculdade quando foi diagnosticado com HIV. "Eu não tinha amigos na cidade, então precisei enfrentar tudo sozinho", relembrou ele a Ironson. "A crença que eu tinha em um ser superior ou em uma presença espiritual foi totalmente extinta. Eu sentia que estava sendo castigado. Achei que iria morrer pelos meus pecados."[19] Ao contrário de Sheri, que ficou sem sintomas ao longo de todo o estudo, a infecção de Carlos progrediu rapidamente para a AIDS após o diagnóstico.

* * *

Falta pouco para anoitecer e estou em pé do outro lado do rio onde fica a gruta em Lourdes. Estou em frente ao Accueil Notre Dame, um dos hospitais responsáveis por atender os peregrinos doentes que aguardam o início da Procissão do Santíssimo Sacramento. Um grupo de sacerdotes aparece, carregando de modo cerimonioso a hóstia branca em seu ostensório, protegida por uma cobertura decorada em dourado e creme.

O local está movimentado. Os sacerdotes reúnem os fiéis em uma área aberta na frente do hospital, junto com um grupo de pessoas em cadeiras de rodas e em macas. Uma multidão de peregrinos e turistas forma um círculo em torno deles, enquanto vários outros sentam-se no muro em frente ao rio, em uma fila que se estende até as margens. Após uma breve cerimônia, todos começam a andar na direção da ponte mais próxima. A hóstia vai primeiro, seguida pelas macas que levam os pacientes com soro e máscaras de oxigênio, depois as cadeiras de rodas empurradas por enfermeiras de toucas brancas e capas pretas com uma cruz vermelha característica.

Após a passagem dos mais doentes, os outros peregrinos entram na fila puxada por algumas "carruagens" azuis. Há uma menina de uns 12 anos vestindo casaco verde com capuz e calça jeans cor-de-rosa, com o cabelo preso em um rabo de cavalo. Ela anda encurvada e balança violentamente para frente e para trás, mas avança segurando a mão da mãe de modo triunfante. Logo atrás dela, um garotinho de 2 ou 3 anos e cabelos cacheados louros morde a manga do cardigã azul que vestia.

Quem pode andar acompanha. Há centenas de nós em uma procissão que se move lentamente pela ponte e serpenteia na frente da grande igreja com várias torres que marca o local da gruta. Música de coral ressoa em alto falantes pelo caminho. Uma senhora robusta perto de mim canta "Amém! Amém! Aleluia!" e usa o guarda-chuva como bengala durante a caminhada.

Em vez de entrar na igreja, seguimos pelo que parece ser uma passagem subterrânea, e eu me pergunto para onde raios estamos indo. Uma vez no subsolo, contudo, viramos uma esquina, e o corredor se abre para uma enorme basílica subterrânea, do tamanho de um campo de futebol (depois eu li que ela pode receber até vinte mil pessoas), feita de concreto, com várias filas de refletores quadrados e ótimas vigas diagonais.

As paredes são decoradas por faixas vermelhas contendo imagens dos santos. Centenas de bancos de madeira se alinham em colunas organizadas em frente à plataforma central elevada com degraus em todos os quatro lados, lembrando uma pirâmide. Os holofotes iluminam bem essa plataforma, que serve de base para um altar grande e branco. Há ainda uma escultura prateada de Cristo na cruz e uma bola dourada cheia de incenso cuja fumaça cinza faz movimentos circulares na direção do teto.

Bem na frente da plataforma estão colunas das carruagens azuis, com os doentes em lugar de destaque. E agora vejo o coral de um lado, acompanhado por trompetes e um órgão de tubos. Enquanto a cerimônia começa, telões pendurados no teto exibem os sacerdotes em volta do altar, mostrando a ação de perto em imagens que também são transmitidas para os fiéis do mundo inteiro através da TV Lourdes.

Cantamos e recitamos em vários idiomas (latim, francês, alemão, espanhol), guiados por legendas nas telas. Muitas pessoas em pé e sentadas se juntam a nós. A certa altura, os sacerdotes vestindo túnicas brancas andam com a hóstia, levantando o ostensório na frente de cada um dos grupos da congregação enquanto tocam um sino. Quando eles chegam à nossa parte do saguão, as pessoas ao meu redor se ajoelham e fazem o sinal da cruz.

Eu me sinto deslocada no meio de toda essa cantoria. Nunca fui a uma missa católica e costumo fazer de tudo para evitar cerimônias religiosas. Fico incomodada com a ideia de substituir a razão e o raciocínio por sortilégios, túnicas e forças superiores misteriosas. Ao mesmo tempo, o ritual é lindo, um imenso ataque aos sentidos. As filas de luzes, as cores do dourado, vermelho, branco, prateado. O cheiro doce porém defumado do incenso, a imensa multidão. O esforço físico sincronizado de sentar e levantar.

Inesperadamente eu tive um forte sentimento de conexão, como se estivesse no centro de algo muito, muito maior. Entendo que aquele é um saguão grandioso, estamos unidos por fios que se estendem pelo mundo inteiro, e também para a frente e para trás no tempo. Ao meu redor, milhares de pessoas que não tinham se encontrado antes de hoje estão falando e cantando em diferentes idiomas com perfeita sincronia e harmonia. E as imagens deles estão também sendo transmitidas pelo mundo de modo que esse momento possa ser compartilhado por outros milhões. Esses cantos e movimentos formam um ritual do qual as pessoas participam há muitos séculos e que provavelmente vai viver por outros tantos.

O neurocientista Andrew Newberg argumenta que rituais como esse são um componente importantíssimo na forma como a religião e a espiritualidade nos afetam em termos físicos e mentais. Segundo ele, esse efeito é tão poderoso por ter raízes profundamente fincadas na história evolucionária da humanidade. No mundo animal, tudo começou com ritos de acasalamento. À medida que o cérebro humano ficou mais complexo, diz ele, nós também adotamos rituais para outros fins, do chá de bebê à cerimônia de abertura das olimpíadas. "Em última instância, os rituais nos conectam uns com os outros", define Newberg. Considerando que rituais de acasalamento conectam dois indivíduos, em contextos culturais, religiosos ou outros, eles ajudam a unir uma sociedade ou comunidade em um conjunto comum de ações e crenças.

Quando se trata de religião, os rituais nos unem de modo tão vigoroso porque deixam mais concretas as crenças abstratas que compartilhamos. "Quando você tem uma crença específica, pode senti-la muito intensamente, mas, se ela for incorporada a um ritual, isso faz com que a experiência seja muito mais poderosa, pois é algo que você não só pensa no cérebro como sente no corpo", explica.

Isso pode ser tão simples quanto recitar o terço, que associa um conjunto de crenças religiosas com o ato físico de contar e mover as contas do rosário entre os dedos. Contudo, os rituais provavelmente ganham mais força quando envolvem grupos de pessoas fazendo algo em conjunto, como acontece nesse gigantesco salão no subsolo.

Lourdes não me transformou em crente, mas depois de ver essa imensa cerimônia religiosa realizada no subsolo fiquei impressionada com a força física que a crença religiosa pode ter. Aqui nessa basílica, uma visão compartilhada é traduzida em algo que todos podemos ver, ouvir, cheirar (e, para os que recebem a comunhão, degustar). A crença religiosa pode ser intangível, porém esse ritual a transformou em algo sólido no mundo. Agora já não acho tão difícil aceitar que essa crença também pode ter um efeito potente no corpo.

* * *

Se o efeito fisiológico da crença religiosa pode ser explicado por mecanismos como o estresse e os rituais, Deus precisa realmente entrar na história? Já vimos alguns dos benefícios físicos gerados por programas de meditação secularizada como CBCT e MBSR, mas será que algo se perde na tradução?

Quase ninguém estudou isso, no entanto o psicólogo Kenneth Pargament acredita que o aspecto espiritual faz mesmo diferença. Ele e a colega Amy Wachholtz pediram a voluntários para meditar com uma frase específica. Um grupo escolheu frases espirituais, como "Deus é paz" ou "Deus é amor", enquanto os voluntários do outro grupo foram solicitados a escolher uma frase não religiosa, como "a grama é verde" ou "eu estou feliz". Os voluntários meditaram vinte minutos por dia ao longo de duas semanas. Depois Pargament e Wachholtz avaliaram a tolerância deles à dor. Os que estavam no grupo da meditação espiritual conseguiram manter as mãos em água gelada quase o dobro do tempo (92 segundos) em relação ao grupo da meditação secular e às pessoas que passaram a mesma quantidade de tempo aprendendo uma técnica de relaxamento.[20]

Em um segundo estudo, feito com 83 pessoas que sofriam de enxaqueca, quem praticou a meditação espiritual por um mês teve menos dores de cabeça e maior tolerância à dor do que os grupos da meditação secular e do relaxamento.[21] (Eles também se sentiram menos ansiosos e mais felizes no geral). "O conteúdo importa", conta Pargament. "A frase espiritual parece amplificar o impacto da meditação."[22] Esses são estudos pequenos que precisam ser repetidos, mas se os resultados se sustentarem, Pargament pensa que uma perspectiva espiritual pode ajudar a reduzir o impacto emocional da dor, colocando-a em um contexto maior e mais benevolente. "Ela afasta a mente de preocupações físicas e mundanas e coloca o foco no universo maior e no lugar que o indivíduo ocupa nele", afirma o pesquisador.[23]

Em uma discussão animada, Pargament alega que a espiritualidade não precisa significar a crença em um criador distinto e que você não precisa ser religioso para se beneficiar de seus efeitos. Nos estudos feitos por ele, os voluntários que não desejavam meditar com um mantra religioso podiam escolher uma alternativa, como substituir Deus por "Mãe Terra" (embora apenas uma pessoa tenha feito isso). O processo deve funcionar para qualquer elemento a que atribuímos caráter e significado divinos, considerando-o destacado ou especial. Segundo ele, nos Estados Unidos isso geralmente é associado a algum tipo de figura divina, como Deus, Jesus ou algo que transcende, mas não precisa ser necessariamente isso.

Na Suécia, por exemplo, a natureza costuma ser vista como sagrada. As pessoas vivenciam a natureza e reagem a ela da mesma forma que uma pessoa religiosa pode vivenciar Deus através da prece. "As pessoas escrevem sobre a experiência de estar ao ar livre, unir-se à natureza e sentir nela um pulso que nunca acaba", explica Pargament.

Alguém pode considerar como sagrado o trabalho, a ideia de um mundo mais justo e amoroso ou a própria família. Pargament cita uma mulher que é mãe de duas crianças: "Ver meus filhos é perceber que eles são, digamos, divinos (...). Não porque sejam crianças particularmente incomuns, e sim porque eu não poderia ter criado com as minhas próprias mãos algo tão maravilhoso ou incrível (...). Só o fato de fazer cócegas nos pés deles e ouvir as risadas, isso é cósmico, é divino."[24]

As ideias de Pargament concatenam-se a outras pesquisas sugerindo que nos ver como parte de algo maior ou ter um significado ou objetivo além de nós ajuda a nos deixar fisicamente melhores. Por exemplo, vimos no Capítulo 9 como as pesquisadoras sobre o estresse Elizabeth Blackburn e Elissa Epel fizeram um estudo realizado por três meses em um retiro de meditação nas montanhas do Colorado e descobriram que os praticantes de meditação tinham níveis mais altos da enzima telomerase (que diminui o envelhecimento celular e protege os telômeros) do que o grupo de controle. Quando os pesquisadores olharam para as mudanças psicológicas que poderiam contribuir para isso, descobriram que o efeito na telomerase era mais forte em pessoas que relataram uma sensação maior de controle e um aumento na sensação de propósito na vida.[25]

O principal pesquisador desse estudo, o neurocientista Clifford Saron, da Universidade da Califórnia em Davis, argumenta que a mudança psicológica rumo ao propósito e controle pode ter sido mais importante que a meditação em si. Os participantes já praticavam meditação com afinco, destaca ele, então o estudo lhes deu três meses para fazer algo que amavam.[26] O simples fato de passar um tempo fazendo o que é importante para você, seja jardinagem ou trabalho voluntário, pode afetar a saúde de modo similar. De acordo com Saron, o estudo realmente mostra "o impacto profundo de ter a oportunidade de viver a vida do jeito que você acha significativo",[27] independentemente do envolvimento de Deus nela.

Enquanto isso, o pesquisador da UCLA Steve Cole, autor do trabalho sobre solidão e expressão genética do qual falamos no capítulo 10, também investigou a felicidade. Ele descobriu em um estudo que as pessoas com pontuação alta no bem-estar eudaimônico (a satisfação obtida ao se envolver em atividades com significado ou propósito maior) têm expressão mais baixa dos genes relacionados à inflamação do que os movidos por prazeres mais mundanos, como fazer compras ou sexo.[28] Cole argumenta que ter um propósito maior pode nos deixar menos estressados em relação a ameaças ao bem-estar pessoal. Se morrermos, aquilo com o que nos importamos continuará vivendo.

Em outras palavras, sentir-se parte de algo maior não só pode ajudar a lidar com os problemas cotidianos como desativar a nossa fonte mais profunda de angústia: o conhecimento da nossa mortalidade. John Cacioppo argumenta no livro *Solidão* de 2008, que temos uma necessidade biológica inata dessa conexão. "Assim como encontrar conexão social é bom para nós, descobrir algo transcendente parece ser muito bom para nós, seja a crença em uma deidade ou na comunidade da ciência", explica ele. "Só através de alguma sensação de conexão fundamental é que podemos enfrentar a nossa mortalidade sem desespero."[29]

A sociedade ocidental tende a valorizar a maximização do controle e o rompimento de limites, conta Pargament. "Tentamos resolver problemas, como aumentar a longevidade", mas, em algum ponto, todos enfrentamos eventos e experiências que não podemos controlar e, embora a medicina ocidental tenha avançado imensamente em termos de saúde e expectativa de vida, ela não é muito boa para ajudar a lidar com essas barreiras quando elas aparecem. "A descrição clássica é a dos médicos quando percebem que não podem fazer mais nada pelos pacientes", explica Pargament. "Infelizmente, em alguns casos eles vão embora. Às vezes até com raiva porque enfrentam os limites do próprio controle e não sabem o que fazer com isso."

Segundo o argumento dele, a espiritualidade preenche a lacuna, ajudando a aceitar que somos pessoas frágeis e finitas. Não importa o quanto a medicina evolua, "todos nós vamos enfrentar problemas de alguma forma intratáveis, incluindo a dor física", diz ele. "E, no fim das contas, todos nós vamos morrer."

*   *   *

Quero saber dos milagres.

"Se há um lugar no mundo ocidental onde existe uma ligação entre ciência, religião e saúde, é Lourdes." O chefe do Departamento Médico de Lourdes, Alessandro de Franciscis, está reclinado com as pernas cruzadas e o braço direito curvado sobre o encosto da cadeira. O escritório dele, pertinho da entrada da basílica subterrânea, é espaçoso e elegante, com sofá e poltronas feitos de nogueira e acolchoados cor de café dispostos ao redor de um tapete persa. Logo atrás, uma enorme escrivaninha de madeira exibe um crucifixo em posição vertical e uma antiquada luminária de mesa verde. Na estante, *Deus, um delírio*, de Richard Dawkins, e *O grande projeto* de Stephen Hawking, estão em lugar de destaque embaixo de quatro fotos emolduradas nas quais De Franciscis está com o Papa.

O próprio De Franciscis tem ar de erudito, com testa proeminente e cabelos escuros e grisalhos. Ex-pediatra de Nápoles, na Itália, ele também tem diploma em epidemiologia em Harvard. Encantador, porém combativo, dispara nomes de estudiosos para ver se estou familiarizada com o trabalho deles e se recusa a ser interrompido enquanto conta longas histórias, como um trem divagante e impossível de parar.

Se alguém relata uma cura em Lourdes, De Franciscis supervisiona o processo de verificação. O departamento foi criado em 1883, "como defesa contra a alegação de que Lourdes era um lugar onde havia um excesso de superstições e milagres", explica ele. "Na França eles sentiam muito orgulho de ser o país que inventou a modernidade, com o racionalismo, cartesianismo, tudo isso. O fato de haver um lugar aonde as pessoas vinham em quantidades cada vez maiores para vivenciar a prece e, em alguns casos, a cura era perturbador."[30]

Médicos associados a Lourdes começaram a examinar e documentar todas as curas que aconteciam. O objetivo, conta De Franciscis, era nada menos que "provar a existência de Deus através do poder da explicação científica". O Papa Pio X sancionou a empreitada em 1905, quando decretou que as alegações de curas em Lourdes deveriam ser submetidas a "um processo adequado".

Liderado por De Franciscis, esse processo continua até hoje. Se uma cura for relatada, ele convoca uma reunião dos médicos associados presentes em Lourdes no momento para obter informações sobre o caso. A pessoa estava definitivamente doente? Está definitivamente melhor? Alguém testemunhou o momento da cura? Eles também pedem o histórico médico e exames feitos no país natal do requerente antes e depois da visita a Lourdes, verificam se a pessoa recebeu algum tratamento que poderia explicar a recuperação, reúnem opiniões médicas e esperam (às vezes décadas) para assegurar que a cura é duradoura.

Se os médicos do departamento ficarem satisfeitos, mandam suas anotações ao Comitê Médico Internacional de Lourdes (CMIL), que faz uma votação para decidir se o evento é definitivamente uma cura inexplicável e depois produz um relatório formal. Como médicos, é o mais longe que eles podem ir, explica de Franciscis. O relatório é enviado para o bispo da região onde o requerente vive, que decide se a cura representa um milagre divino.

De Franciscis argumenta que esse processo dá a Lourdes "uma seriedade, uma prestação de contas no relacionamento entre fé e medicina" que não se encontra em outro local de peregrinação no mundo. Eu me pergunto se ele poderia estar na defensiva sobre as provas médicas que confirmam os 69 milagres anunciados até agora, mas ele está claramente orgulhoso dos relatórios e me dá cópias do tudo o que peço.

Os documentos que ele me entrega incluem relatórios sobre curas de doenças como câncer, cegueira e paralisia ao longo de todo o século XX. Fico impressionada, pois vários dos diagnósticos originais, incluindo o de um francês que supostamente tinha esclerose múltipla, são baseados na experiência e nos sintomas dos pacientes em vez de exames físicos. Essas pessoas foram desenganadas pelos médicos e as curas foram claramente milagrosas para todos os envolvidos, mas, em vez de fornecer provas de intervenção paranormal ou divina, eu me pergunto se o que essas descobertas de fato demonstram é o poder que a mente tem de impor sintomas devastadores de doenças em nós e o poder que a crença religiosa tem de levar esse fardo.

Contudo, um dos relatórios que vi é diferente. Trata-se do caso de um jovem soldado italiano chamado Vittorio Micheli, o 63º milagre, reconhecido em 1976. Vittorio deu entrada no hospital em abril de 1962, quando tinha 22 anos, com dores no quadril e foi diagnosticado com um tumor maligno, osteosarcoma, na bacia. Nos meses seguintes, o tumor destruiu os ossos do lado esquerdo do quadril e invadiu o músculo ao redor. Segundo o relatório, Vittorio não recebeu tratamento para o câncer: nada de cirurgia, quimioterapia ou radioterapia. Como os músculos estavam frágeis e a perna dele era quase incapaz de se prender ao corpo, os médicos o engessaram dos pés à cabeça e disseram que não havia mais o que fazer.

Após a insistência da mãe, Vittorio foi a Lourdes em maio de 1963. Fraco e desesperadamente doente, ele não comia, tomava doses altas de analgésicos e estava confinado à maca. "Enquanto estava em Lourdes, não senti nada de extraordinário", recordou ele em 2014. "Mas no trem de volta para casa não precisei mais de analgésicos, comecei a sentir fome e voltei a comer."[31] Ele retornou ao hospital na Itália, porém os médicos não deram muita atenção à história até alguns meses depois, quando Vittorio começou a sentir que a perna estava novamente ligada ao corpo. Em fevereiro de 1964, os médicos retiraram o gesso e ele conseguiu andar. Vittorio voltou a Lourdes várias vezes desde então, em muitas ocasiões como voluntário, e até se casou lá. Hoje, com setenta e poucos anos, ele ainda consegue andar perfeitamente bem.

Esse foi o caso que escolhi investigar mais a fundo. Quando voltei ao Reino Unido, mostrei o relato de Vittorio a Tim Briggs, cirurgião ortopédico e especialista em osteosarcoma do Royal National Orthopaedic Hospital em Stanmore, Middlesex. A radiografia tirada antes de Vittorio ir a Lourdes mostrava a imensa massa de tumor que cobria o lado esquerdo do quadril, destruindo por completo a cabeça do fêmur e o acetábulo. Amostras de histologia (lâminas contendo células do tecido ao redor do tumor) mostram um câncer desenfreado e invasivo. Na outra página, havia a radiografia feita depois que Vittorio voltou de Lourdes e tirou o gesso. Não há mais qualquer sinal de câncer, e o osso se regenerou. Estava um pouco disforme, como se fosse tecido de cicatrização, mas a estrutura está lá: a cabeça do fêmur, o acetábulo, tudo perfeitamente funcional.

Briggs parece impressionado a princípio: "É espantoso." O médico levou o relatório para estudar com mais atenção e poucas semanas depois me chamou de volta ao escritório. "Tenho uma resposta para você!", disse, triunfante. Após estudar as amostras de histologia, ele confirmou que o tumor era realmente maligno, mas alega que em vez de osteosarcoma seria um linfoma, tipo de câncer mais comum que não afeta as células ósseas, e sim os linfócitos (um tipo de célula branca do sangue) dentro da medula óssea.

O linfoma é "uma malignidade completamente diferente", diz Briggs. O osteosarcoma é agressivo: mesmo sendo hoje tratado com quimioterapia, cirurgia para remover todo o tumor e depois mais quimioterapia, apenas 60% dos pacientes sobrevivem por cinco anos. Se o tumor de Micheli fosse osteosarcoma, "ele estaria morto".[32]

Por outro lado, pacientes com linfoma não costumam precisar de cirurgia e a doença pode reagir muito bem à quimioterapia. Além disso, Briggs e os colegas viram uma menção bem escondida no relatório de Lourdes alegando que Micheli pode ter recebido um medicamento chamado endoxan. Trata-se de outro nome para a ciclofosfamida, imunossupressor geralmente utilizado para tratar linfomas porque mata as células brancas do sangue. O relatório é ambíguo nesse ponto, pois em outro lugar diz que Micheli não recebeu tratamento para o câncer, mas para Briggs a única explicação plausível é que a menção ao endoxan estaria correta. Micheli "obviamente teve uma ótima reação" a ele, diz o médico.

Como o câncer sumiu, Briggs não se surpreendeu com melhora na articulação do quadril. "Após a quimioterapia, os ossos têm uma incrível capacidade de regeneração", explica, avaliando que no caso de Micheli isso deve ter levado entre seis e 12 meses. Considerando as informações limitadas do relatório médico, fica impossível saber ao certo o que aconteceu, mas, embora a recuperação de Micheli tenha parecido milagrosa para ele na época, ao que parece não há nada nessa história que a ciência seja categoricamente incapaz de explicar.

De volta a Lourdes, De Franciscis insiste que, mesmo se forem encontradas explicações médicas para alguns milagres, isso não mudará o status de intervenção divina para os que querem acreditar. "Um milagre é uma interpretação", contemporiza. "Um bispo acredita que a pessoa recebeu um presente de Deus."

Saí de lá bastante confusa sobre a questão de validar cientificamente as curas. Apesar de todo o trabalho meticuloso do comitê, tive a impressão de que a existência de milagres divinos continua sendo uma questão de fé em vez de ciência. Porém, De Franciscis e eu concordamos que a religião, com Lourdes sendo um belo exemplo, é uma mistura poderosa de todas as formas como a mente pode beneficiar a saúde, incluindo conexão social, redução do estresse e efeito placebo. E, embora isso possa muito bem ajudar pessoas a se sentir melhor como um todo, também prova que a mente não pode, em geral, produzir curas milagrosas. Os peregrinos de Lourdes não costumam voltar para casa fisicamente transformados, apesar de suas crenças. Afinal, entre centenas de milhões de peregrinos que visitaram o local, o número de curas relatadas está na casa dos milhares, com apenas 69 milagres reconhecidos oficialmente.

"Se Lourdes se considerasse uma clínica, teria fechado no dia seguinte, é um fracasso total!", compara De Franciscis. "Não, Lourdes não é uma clínica. É um lugar de adoração." Enumerar a quantidade de curas não é o objetivo, argumenta ele, pois Lourdes tem algo muito maior e mais transformador a oferecer. Segundo ele, o propósito original do departamento médico era documentar milagres e, portanto, provar a existência de Deus, mas agora De Franciscis tem outra missão.

* * *

Eu digo "Oi" e Christopher me olha com um grande sorriso no rosto. Ele tem 24 anos, mas aparenta bem menos: pequeno, encolhido e arqueado na cadeira de rodas, com braços e pernas frágeis. O jovem puxa a minha mão e aponta o próprio sorriso, sugerindo que eu tire uma foto dele com meu telefone. Eu faço isso e mostro o resultado a Christopher, que segura o aparelho a apenas três ou cinco centímetros dos olhos estrábicos para analisar a imagem antes de aquiescer com um movimento de cabeça, feliz com o resultado.

Christopher nasceu com uma doença genética rara chamada síndrome de Rubinstein-Taybi. A mutação em um determinado gene-chave causa uma série de problemas, incluindo retardo mental, atraso no crescimento, problemas cardíacos e dificuldade para respirar, alimentar-se, enxergar e conversar. Christopher não consegue andar ou falar, conta a mãe dele, Rose. Ele usa fraldas e precisa de atenção constante.

Ainda estou assimilando tudo isso quando Rose me apresenta à filha, Mary-Rose, três anos mais jovem que Christopher. Ela também nasceu com uma síndrome genética gravíssima, não relacionada à doença do irmão. O corpo de Mary-Rose está tomado por tumores benignos que danificam vários órgãos, dos olhos e cérebro ao coração e pulmão. Mais alta e pesada que Christopher, ela veste um conjunto de calça e casaco esportivos cor-de-rosa, e tem o cabelo louro enfeitado com flores laranja e cor-de-rosa. Mary-Rose também usa cadeira de rodas, fraldas, e não fala. Ela não consegue se alimentar, tem epilepsia e é cega. Seguro a mão da jovem e digo que amei as flores no cabelo dela, mas a expressão vazia em seu rosto não muda.

Rose e os filhos são de County Cork, na Irlanda. Eles estão em Lourdes como parte de uma caravana de 130 pessoas feita por uma pequena organização de caridade irlandesa chamada Casa. Nós nos encontramos no saguão do hotel logo após o jantar, no início da estadia deles, que duraria uma semana. Rose é inteligente e realista, mas suas olheiras gritam exaustão.

Ela conta que trouxe Christopher a Lourdes pela primeira vez quando ele tinha quatro meses. O menino nunca havia saído do hospital e os médicos diziam que ele tinha apenas mais um mês de vida. Acompanhada por uma equipe médica, ela o levou ao aeroporto e pegou o avião para Lourdes. "É o lugar mais perto do céu", diz Rose. "Eu queria que ele não sentisse dor quando morresse." Agora ela traz os filhos todo ano. Segundo ela, em Lourdes os dois podem ser aceitos: "Onde moramos, as pessoas não entendem que eles são indivíduos amorosos. Elas só veem as cadeiras de rodas. Aqui as pessoas os colocam no coração e os amam."

Desde a primeira visita, Christopher desafia todas as expectativas. De acordo com a mãe, ele já fez 17 rodadas de cirurgias "no coração, pulmões, pernas, ouvidos, olhos, em todas as partes do corpo", mas ela atribui boa parte do progresso dele à peregrinação anual. "Christopher não estaria vivo se não viesse a Lourdes", insiste ela. "Não era para ele comer ou interagir. Agora veja só ele aqui." O jovem realmente está se divertindo: percorrendo o saguão com a cadeira de rodas, é o queridinho dos outros hóspedes. Mary-Rose, por sua vez, "tinha quarenta convulsões por dia", conta Rose. "Agora, tem três. Ela deu o primeiro sorriso na gruta, aos nove meses de vida. Ali eu soube que ela iria ficar bem."

Contudo, minha impressão constata que Rose é quem mais precisa de Lourdes. Ela passa o tempo todo em casa tomando conta dos filhos e também do marido, que está gravemente doente. "Não posso ir a lugar algum", afirma. "Não consigo empurrar duas cadeiras de rodas." A peregrinação é a única folga que ela tem. "Não tenho outra vida", admite sem meias palavras. "Aqui eu posso ser Rose. Também sou alguém. Quando as crianças nasceram, as pessoas esqueceram que eu existia. Quando estou aqui, sei que existo. Nossa Senhora sabe que eu existo." Sem essa viagem anual, o apoio da equipe médica e dos outros peregrinos, ela não sabe se teria forças para continuar. "Tenho um peso enorme nos ombros, porém, quando chego em casa, ele foi embora", explica. "Não sei se são os banhos, a gruta, os abraços ou os olhares, mas acontece aqui. Volto para casa renovada."

Pelas minhas descobertas, o impressionante em relação a Lourdes é que, curados ou não, todos com quem converso aqui sentem que vivenciaram um milagre.

Do outro lado do rio, na Accueil Notre Dame, outra peregrinação irlandesa está se preparando para ir embora. Aqui eu conheci a professora Caroline Dempsey de Dungarvan, que tem 47 anos, cabelo louro curto, e calça sandálias crocs roxas. Ela divide um quarto de hospital com três mulheres na casa dos oitenta anos. Sentamos na cama dela para conversar e as enfermeiras trouxeram biscoitos e canecas de chá.

O parceiro de Caroline morreu de câncer, e agora ela tem um sarcoma, que apareceu há sete anos em uma das pernas, foi removido cirurgicamente e agora voltou no abdômen. Como ela não é profundamente religiosa, não queria vir a Lourdes e está aqui apenas por insistência da mãe, mas agora não quer voltar para casa.

"Tem algo diferente nas missas daqui", explica ela. "Onde eu moro tudo é apenas um ritual e ninguém realmente se importa, mas aqui elas são autênticas. Parece que milhares de pessoas estão rezando para que você fique bem." Ela não achou os banhos muito úteis, mas naquele mesmo dia foi a uma missa de unção aos enfermos e quando o sacerdote se aproximou com o óleo: "Eu não conseguia me mexer. Estava derretendo. Senti um imenso alívio." Quando o câncer de Caroline voltou, "fiquei com muito medo, mas hoje tive uma sensação de: tenha esperança, viva a vida, não tema."

Do outro lado do corredor está John Flynn, de 82 anos. Ele é careca e perde o fôlego enquanto fala. Espalhada pela cama, uma quantidade estonteante de pílulas e cápsulas cor-de-rosa, brancas, vermelhas e verdes embaladas em vidros amarelos, folhas metálicas e recipientes de plástico branco. John trabalhou em uma fundição por trinta anos até romper os tendões do ombro e ter que se aposentar. Foi quando ele veio a Lourdes a primeira vez, em 1988. "Adorei a experiência", elogia. "Fiquei viciado." Essa é a 17ª visita dele.

Flynn sofre com dores nos nervos, não mexe uma das mãos e puxa de uma perna após um derrame ocorrido há sete anos, além de ter artrite. Em casa, ele fica frustrado com o que não pode mais fazer, mas vir a Lourdes coloca tudo em perspectiva: "Você vê pessoas em um estado muito pior que o seu," constata. E isso ajuda a aceitar a situação em que ele se encontra.

Fora do hospital, mulheres estão reunidas na escuridão, fumando e conversando enquanto vislumbram a gruta iluminada pelos holofotes no outro lado do rio. Sou levada por Joan a sentar em uma cadeira de rodas que estava sobrando. Ela conta: "Tenho esclerose múltipla, câncer, diabetes e artrite. Estou com 56 anos." Também conheço Ann, que sofre de depressão recorrente e diz: "Meu irmão se afogou quando eu tinha quatro anos de idade, meu pai morreu quando eu estava com sete anos. Sofri abuso sexual quando criança. Eu me casei e meu marido foi embora com outra."

Para elas, o que Lourdes tem de especial é o apoio constante. Elas sentem que a oportunidade de falar sobre os próprios problemas não é oferecida pelos médicos ou pela sociedade nos locais onde moram. Essas duas mulheres se conheceram apenas essa semana, mas "compartilhamos a vida uma com a outra", conta Joan. "Quando estou em casa, é uma jornada solitária. Aqui, há uma grande união."

"Lá onde eu moro ninguém fala com ninguém", concorda Ann, segurando uma caneca de chá em uma das mãos e um cigarro na outra. "Se vamos ao psiquiatra, recebemos um remédio. O psiquiatra me disse: 'Não estou aqui para ouvir. Meu objetivo é diagnosticar e prescrever medicações.'" Apesar disso, ela diz não criticar a medicina. Os médicos não podem ouvir todas as histórias e, se não fossem os hospitais psiquiátricos, ela não estaria aqui hoje. "Porém, aqui há menos medo. As pessoas não têm medo de falar. O amor escorre pelas paredes." Todos os peregrinos também falam do cuidado e apoio que recebem dos voluntários, que vão de adolescentes a médicos idosos. "É fantástico", elogia Joan. "Eles tratam você com respeito."

Surpreendentemente, os voluntários têm sentimentos parecidos. Eles pagam a própria passagem e abrem mão de uma semana ou folga preciosa para vir a Lourdes todo verão. "Não venho aqui pelos peregrinos", conta um voluntário que está comigo na fila para o jantar na lanchonete reservada para a equipe. "Venho aqui por mim. Preciso disso na minha vida todo ano." Outro voluntário, um banqueiro londrino que não conta aos amigos sobre as viagens a Lourdes, diz que veio a primeira vez na adolescência para agradecer por ter se recuperado de uma doença. Décadas depois ele continua vindo porque sente "um barato incrível ao ajudar".

Voluntários e a equipe médica dizem que Lourdes coloca as preocupações deles em perspectiva e fornece um companheirismo que eles não conseguem encontrar na vida normal. É o tipo de lugar onde você faz melhores amigos imediatamente, dizem. Doentes ou sãos, todos aqui são iguais, não importa o que fazem ou aonde moram.

Vi isso na prática. Pessoas saudáveis, doentes, ricas e pobres realmente se misturam aqui de um jeito que nunca vi, e atos aleatórios de bondade são comuns. Nos banhos, voluntários amarram os cadarços dos sapatos dos peregrinos. Na basílica, os doentes são organizados em fila para entrar primeiro e ficar nos melhores lugares. Mesmo nas ruas mais distantes e cheias de lojas cafonas para turistas, há vias exclusivas para cadeiras de rodas em vez de ciclovias. Uma freira que nunca vi na vida pagou o meu almoço sem que eu soubesse. Quando fui à estação ajudar os peregrinos a sair dos trens, descobri que entre meus colegas voluntários estavam um CEO e um gari.

Esse, conta De Franciscis, é o verdadeiro milagre de Lourdes.

Segundo ele, na sociedade ocidental os doentes são deixados de lado e têm a humanidade arrancada. "Uma vez que você dá entrada em um hospital, passa a ser uma leucemia, uma hipercolesterolemia. Você vira um diagnóstico", constata. Já em Lourdes os doentes não são tratados como doenças, e sim como pessoas, iguais ao médico mais sênior. "Em Lourdes é normal cantar juntos, rezar juntos, conversar, dançar, beber cerveja."

Essa é a nova missão assumida por De Franciscis. Como chefe do departamento médico de Lourdes, documentar curas inexplicáveis ainda faz parte do trabalho, mas a prioridade agora é mostrar ao mundo os benefícios de uma abordagem na qual os doentes são respeitados, valorizados e cuidados por todos. Basicamente, ele espera transformar o modo como os doentes são tratados não só em hospitais e clínicas mas na vida diária, inspirando uma forma diferente de viver que não necessariamente envolva a crença religiosa. "Isso está acima da igreja", diz ele. "É um modelo diferente de sociedade."

Trata-se de um modelo no qual o estado biológico está ligado à saúde psicológica, emocional e espiritual. Isso parece resultar em um tipo diferente de cura, que vai além de células e moléculas para englobar também a nossa humanidade. Vimos alguns exemplos disso ao longo deste livro, nos quais pesquisadores constataram repetidamente que as pessoas tratadas de modo mais holístico melhoram em termos físicos e emocionais. Aqui em Lourdes, essa abordagem está sendo aplicada em grande escala, e milhões de pacientes, voluntários e integrantes da equipe médica voltam todo ano só para sentir um gostinho disso.

* * *

Os banhos são quentes e estou pingando suor quando chego ao fim do turno. Passamos a tarde inteira carregando macas. É um trabalho árduo, em termos tanto físicos quanto mentais. Tentar entender as instruções gritadas em francês, não escorregar nos ladrilhos molhados, lidar com roupas íntimas de todas as formas, tamanhos e feitios. Até chegar à idosa de estômago gigantesco.

Os olhos dela se arregalam quando a mergulhamos na água. "Ohhhhh!", exclama, formando um círculo perfeito com a boca desdentada. Após deixá-la na água por apenas um segundo, nós a levantamos e inclinamos a maca. Ela fixa o olhar na estátua de Maria enquanto a água escorre do corpo. Todos falamos juntos: "Notre-Dame de Lourdes, priez pour nous! Sainte Bernadette, priez pour nous!" Em seguida, retiramos o lençol molhado que a protegia e trocamos pelo cobertor.

Quando a carregamos de volta para a cama hospitalar com rodas, ela está calma, não treme mais e segura meu braço com força enquanto as outras a vestem. "Merci!", agradece sorrindo e me puxando para perto. "Merci!" Os olhos da idosa são de um cinza pálido. Antes eu via apenas a feiura da idade: rugas, gordura, músculos gastos, pernas e braços definhando. Agora eu vejo bondade, amor, sorrisos e estou impressionada com a beleza dela. Eu me pergunto quem é essa mulher, o que fez da vida, quem conheceu e como é estar tão perto da morte.

Não sei o que dizer. Meu conhecimento de francês e da fé dela é limitado. "C'était parfait", eu sussurro. Foi perfeito.

CONCLUSÃO

"Está vendo agora?" Mary Lee McRoberts se acomoda junto à parede. "Relaxe as pálpebras e enfraqueça a vista", aconselha ela. "Não precisa se esforçar." Estamos em um pequeno quarto escuro da casa de McRoberts em Mill Creek, uma comunidade exclusiva no estado de Washington. O espaço é forrado por estantes e tomado por uma mesa alta de massagem sobre a qual estou deitada, amparada por almofadas e coberta por uma manta de veludo macia. McRoberts é mestra em reiki e está tentando me mostrar sua aura.

Há pouco tempo o noticiário de tevê local mostrou McRoberts (supostamente) curando um paciente com fibromialgia.[1] A matéria descrevia o seu modo de trabalhar os campos de energia das pessoas para desobstruir os bloqueios e curar o corpo. A paciente, uma executiva loura chamada Sue, diz que sua dor diminuiu após apenas poucas sessões com McRoberts. Sue também perdeu peso após a terapia reiki e diz que seus exames de sangue mostram níveis mais baixos de colesterol e de açúcar.

Preciso admitir que sou cética em relação à existência de auras e campos de energia capazes de curar. Não há qualquer evidência científica a esse respeito, e em ensaios clínicos o reiki não se mostra mais eficaz do que a terapia falsa[2] (o mesmo vale para a homeopatia),[3] por isso acho difícil acreditar que tal tratamento tenha algum efeito físico direto. Contudo, muitas pessoas — como Sue — sentem claramente os benefícios do reiki e de outras terapias alternativas e gastam milhões de dólares com isso, apesar dos resultados negativos dos estudos. Algo está ajudando esses pacientes, e quero descobrir se esse algo é a mente. Por isso estou aqui para ver o que o reiki pode fazer por mim.

Minha sessão não começa muito bem. Nosso campo de energia irradia para além de nossos corpos, diz McRoberts, e podemos vê-lo se olharmos com atenção suficiente. Tudo o que enxergo, porém, é McRoberts e a parede. Ela ajusta as persianas, e eu olho até minha vista embaçar. "Não sei dizer", respondo hesitante, sem querer ofender logo tão cedo. Minha terapeuta não se deixa perturbar. As crianças são melhores nisso, admite ela, e nós começamos a trabalhar.

McRoberts é calorosa e sorridente, com um rosto liso e bronzeado e lenços esvoaçantes. Hoje, segundo me informa, vai aliar o reiki à cura psíquica. Ela convoca seus guias e ajudantes espirituais para se juntar a nós e em seguida convoca os meus também. Não importa se você acredita ou não, diz ela baixinho. Eles virão assim mesmo. McRoberts repousa uma das mãos sobre o meu abdômen e ergue a outra, seus dedos fazendo gestos rápidos de estalos no ar acima de mim.

Minha energia está fechada, afirma ela, está dura e lisa como a parte inferior de um barco de fibra de vidro. Para amaciá-la, a temperatura me pede que respire bem fundo e relaxe. Sua voz é suave, estou confortável debaixo das cobertas, e de algum lugar posso ouvir o som suave da água em movimento. Começo a me sentir dormente, com os membros formigando, como se eu estivesse flutuando. Então McRoberts capta uma visão de mim quando criança, "bem magricela", gritando algo sobre não me darem atenção. Ela pergunta se isso faz algum sentido, e, embora sem dúvida tenha passado por momentos de frustração enquanto crescia, eu era uma criança baixinha e atarracada, nunca uma varapau, e tenho certeza de que sempre fiz com que me dessem atenção.

McRoberts pergunta se alguém próximo de mim "fez a passagem", e eu respondo o meu avô. Já podia adivinhar o que ia acontecer; de fato, ela me diz que ele está ali, naquele quarto conosco. Ele costumava dizer algo sobre uma matraca?, pergunta ela. "Quebre a matraca... Não, não é bem isso." Fico me perguntando se devia corrigir com a expressão mais óbvia, "Feche a matraca", mas não me lembro de o meu avô já ter dito isso, então permaneço calada.

CONCLUSÃO

E quanto ao meu pai?, ela quer saber, e eu digo que não, ele está vivo. Ela afirma que pode vê-lo também, está captando uma visão das pernas de um homem: uma cruzada por cima da outra, calças vincadas, balançando um dos pés. Ela reproduz a imagem — de alguém severo, crítico e implacável. Talvez seja assim que ela imagina o típico pai britânico, mas não é o meu caso — e a essa altura começo a me sentir mal por desapontá-la uma vez mais.

McRoberts se posiciona ao lado da minha cabeça, os dedos pressionando a minha testa e a base do meu crânio, massageando atrás das orelhas. Não possuo nenhum problema físico grave, mas McRoberts diagnostica medo. Está borbulhando em seu peito, me revela ela. Você teme que, se relaxar por um segundo, tudo vai desmoronar. Isso faz algum sentido; enquanto mãe e trabalhadora, sinto como se tivesse muito com que lidar. Eu chamaria isso de estresse, porém McRoberts diz que é medo, decorrente de não ter recebido amor incondicional quando criança.

Ela pergunta se sou casada. Não, respondo, mas vivo com meu companheiro. Não menciono as crianças, pois ela não chega a perguntar; e, se McRoberts realmente pode ver a minha aura, esta parece não lhe informar nada sobre essa parte crucial da minha identidade (ela me diz mais tarde que não esperaria ver os filhos de ninguém, a menos que fosse onde a cura precisaria ocorrer). Há sérios problemas no meu relacionamento também, avisa ela, e uma decisão a tomar. Parece que estou repetindo os mesmos erros do passado e mereço estar com alguém que me ame, acima de tudo. Em vez de uma bem-resolvida "mãe de duas crianças", eu me pergunto se ela me vê como aquela que espera até que o namorado inútil enfim me peça a mão.

É hora da cura. McRoberts move vigorosamente as mãos de um lado para o outro, acima do meu corpo, dizendo que está abrindo um canal de energia na minha coluna para liberar o medo e a dor que eu tenho reprimido. Então ela me avisa para esperar "uma profunda mudança na consciência". Não importa se você acredita ou não, segundo diz. Seu corpo vai fazer todo o trabalho.

* * *

Comecei este livro num parque, num dia de verão, imaginando se, ao utilizarem o poder da mente, tratamentos alternativos poderiam oferecer algo que a medicina tradicional tem negligenciado.

Doze capítulos depois, aprendi que o cérebro controla muitos aspectos da nossa fisiologia, entre eles as ferramentas à disposição do organismo — como hormônios e analgésicos naturais, ou as armas do sistema imunológico — para aliviar sintomas e combater doenças. Em vez de reagir apenas a circunstâncias físicas, vi como o cérebro utiliza a nossa percepção do que nos rodeia, incluindo as memórias do passado e as previsões sobre o futuro, a fim de escolher a melhor forma de alocar seus recursos. Esses processos podem surtir efeito em questão de segundos, ou podem influenciar nossa fisiologia por anos a fio.

Nós raramente podemos empregar essas ferramentas a nosso bel-prazer; apenas no máximo "desejar" o nosso melhor. Todavia, conforme foi descrito nestas páginas, existem maneiras de usar nossa mente consciente a fim de influenciá-las, por exemplo, acreditando que tomamos uma pílula, ou nos concentrando no momento presente, ou buscando o apoio de alguém que amamos.

No centro de quase todos os caminhos que aprendi encontra-se um princípio fundamental: se nos sentirmos seguros, amparados e no controle da situação — seja em um momento crítico em meio a uma lesão ou doença, ou de modo geral, durante toda a vida —, nos saímos melhor. Sentimos menos dor, menos fadiga, menos náusea. Nosso sistema imunológico trabalha a nosso favor, e não contra nós. Nosso organismo relaxa suas defesas de emergência e pode se concentrar na recuperação e no crescimento.

O que isso significa para a medicina alternativa? Minha sessão de reiki não me convenceu do poder de cura dos campos de energia (para não mencionar aqueles fantasmas amigos). Mas, depois de aprender sobre todas as diferentes maneiras como a mente pode afetar o corpo, vejo que, ainda que os seus tratamentos não funcionem exatamente da forma que eles afirmam, terapeutas como McRoberts podem, ainda assim, oferecer uma poderosa mistura dos elementos curativos descritos neste livro.

Por exemplo: além de proporcionar uma consulta atenciosa e baseada na troca e de contar com uma boa dose de efeito placebo, McRoberts me induziu a um estado relaxado muito semelhante ao da hipnose, incluindo sugestões positivas e imaginário visual dramático. Minha prometida mudança na consciência não ocorreu, mas, para alguém mais hipnotizável ou com maior confiança em sua técnica, acredito que essa abordagem pode

CONCLUSÃO

muito bem reduzir o estresse e aliviar a dor ou a fadiga com mais eficiência do que os medicamentos convencionais.

Também em ensaios clínicos, os tratamentos alternativos podem se mostrar muito eficientes, mesmo não se saindo melhor do que o placebo. Em 2001, por exemplo, Edzard Ernst, da Universidade de Exeter, na Inglaterra, realizou um ensaio rigoroso de cura pela fé — uma técnica semelhante à do reiki — para tratar a dor crônica.[4] Ele comparou terapeutas de verdade e atores (que não tinham formação como curandeiros e que, silenciosamente, contaram de trás para a frente durante a sessão para evitar inadvertidamente dirigir qualquer pensamento de cura ao paciente). Não houve diferença entre a terapia real e a falsa, mas os pacientes de ambos os grupos melhoraram de forma significativa, com alguns "praticamente saindo de sua cadeira de rodas durante o estudo", relatou Ernst.[5]

Assim sendo, devíamos abraçar a medicina alternativa? E deveríamos nos importar com seu funcionamento, uma vez que funciona?

Um problema, claro, é que os pacientes que se submetem a terapias alternativas nem sempre obtêm resultados positivos. Durante a minha pesquisa para este livro, por exemplo, conheci Tunde Balogh, de 37 anos. Originária da Hungria, ela vive na Irlanda com o marido e o jovem filho. Ela é bonita, de feições delicadas e expressivas e brilhosos cabelos castanhos; por dentro, porém, seu corpo está mergulhado em dor e maculado pela doença. Um ano antes, fora diagnosticada com câncer na mama direita. Ela recusou o tratamento médico convencional. "Eu era muito avessa a médicos, hospitais, enfermeiras", explicou. "Eles me ofereceram radiação. Me dariam quimioterapia. Ou tirariam meus seios. Eu não queria isso."

Como alternativa, ela tentou o reiki, em seguida a reflexologia. "Eu sabia, bem no fundo — se eu causei isso, posso corrigir também." Então, ela descobriu a nova medicina germânica, que ensina que o câncer é causado por um conflito emocional; se resolver o conflito, o câncer será curado. O fundador Ryke Hamer afirma que as mulheres desenvolvem câncer de mama quando estão em conflito com algum de seus entes queridos, ou com o seu papel de mãe.[6] Tunde diz ter se identificado com isso, uma vez que inseguranças sobre seu corpo tinham feito com que ela se distanciasse do marido. "Por que você fez isso? Agora você tem câncer!", comenta ela. "Levei quase seis meses para me perdoar."

Contudo seu câncer não foi curado. Em janeiro de 2014, ela começou a sofrer de dores lancinantes nas articulações; a doença havia chegado aos ossos. "Câncer nos ossos é quando você não se sente valorizada." Ela ficava na frente do espelho do quarto a cada dia, repetindo: "Eu sou importante. Eu me amo."

Cinco meses depois, Tunde não conseguia mais caminhar direito e sentia dores severas. Mas estava mais convencida mais do que nunca de que a resposta estava dentro dela, e continuava à procura de uma cura. Eu a conheci em Lourdes; ela estava na mesma peregrinação que Rose e seus filhos com deficiência. Ela havia lavado o seio na água benta e visitado a gruta em uma cadeira de rodas, mas ainda pretendia ir aos banhos. Por que vir a Lourdes, perguntei, se você acredita que a cura está no seu interior? Talvez como uma confissão, foi a sua resposta, por ter causado o próprio câncer. "Talvez para lavar o meu pecado."

É importante lembrar que, só porque a mente desempenha um papel na saúde, não significa que ela pode curar tudo, ou que qualquer terapia capaz de trabalhar a nossa mente possa ser validada assim, sem mais nem menos. O câncer de mama em geral tem um bom prognóstico quando tratado precocemente, mas não é curável uma vez que tenha se espalhado para os ossos — como no caso de Tunde. Quando as pessoas rejeitam os tratamentos convencionais em favor de outros que ainda nem foram testados, elas podem morrer no final.

Talvez a situação de Tunde seja extrema, porém não faltam registros de casos de pessoas que morreram depois de rejeitar o tratamento convencional em favor de terapias alternativas.[7] E mesmo exemplos menos dramáticos podem arriscar vidas. Em 2002, pesquisadores britânicos conversaram com 168 homeopatas e descobriram que quase metade deles aconselhava os pacientes a não darem a seus filhos a vacina contra o sarampo, a caxumba e a rubéola (a tríplice viral).[8] Da mesma forma, uma investigação conduzida em 2006 pelo programa da BBC *Newsnight* relatou que quase todos os homeopatas entrevistados aconselhavam os viajantes a evitarem as drogas convencionais para se protegerem da malária, recomendando em seu lugar o uso de remédios homeopáticos ineficazes.[9] O homeopata de uma farmácia bem localizada disse ao entrevistador da *Newsnight*: "Sua fabricação garante que a energia do usuário não apresente buracos no for-

CONCLUSÃO

mato da malária; assim, os mosquitos não têm como vir preenchê-los." Ao ler esse conselho tão disparatado — e potencialmente fatal —, tenho dificuldade em afastar o sentimento de raiva.

Complicações físicas resultantes de terapias alternativas são raras, mas existem. Agulhas de acupuntura têm causado infecções indesejáveis, por exemplo,[10] e medicamentos à base de plantas sem licença podem gerar graves efeitos colaterais. Outra preocupação é o dano psicológico que os terapeutas podem causar em pacientes mais vulneráveis. A deterioração física de Tunde é de partir o coração, porém ainda pior é a culpa que ela sente por acreditar que causou o próprio câncer. Hipnoterapeutas maltreinados podem inadvertidamente plantar falsas memórias, como uma de maus-tratos, por exemplo. Durante a minha sessão de reiki, quando McRoberts disse que eu estava com dor porque não estava recebendo amor o bastante, suas palavras não fizeram sentido para mim. Mas e se eu estivesse com uma doença séria e desesperada atrás de uma cura? Será que o seu tratamento não faria com que eu me voltasse contra os meus entes queridos, culpando-os por minha condição justamente quando eu mais precisava do seu apoio?[11]

Existem cada vez mais esforços para integrar tratamentos convencionais e alternativos, partindo de médicos de família como Patricia Saintey — que oferece terapias como a homeopatia em sua clínica particular — a grandes hospitais. O Centro de Assistência Integrativa de Glasgow, na Escócia, financiado pelo NHS, oferece intervenções holísticas como a homeopatia e a terapia de visco, por exemplo, enquanto no Centro de Medicina Integrativa de Stanford, nos Estados Unidos, pacientes com câncer podem receber acupuntura tradicional concomitante à quimioterapia. Isso garante a regulamentação de todos os tratamentos indicados, assim como a possibilidade de os pacientes receberem qualquer atendimento convencional necessário.

Quando visitei o centro localizado em Stanford, o terapeuta Deming Huang explicou como suas agulhas "ajustam a função energética" do corpo e me instruiu sobre os doze canais principais de energia — ou meridianos — com os quais a acupuntura trabalha. Os cientistas ocidentais não foram capazes de encontrar qualquer evidência desses canais,[12] e as informações sobre os benefícios da terapia são discutíveis. Em ensaios clínicos, a acupuntura falsa — em que as agulhas não penetram a pele, ou são aplicadas nos lugares errados — costuma ter resultados muito semelhantes aos do procedimento verdadeiro (mas ambas são significativamente melhores do que nenhum tratamento), sugerindo que, na maioria dos casos, qualquer benefício proporcionado pela acupuntura provém de um poderoso efeito placebo. Análises rigorosas, no entanto, sugerem que ela é ligeiramente mais eficaz do que o placebo quando utilizada para tratar a náusea e algumas dores crônicas.[13]

Huang realiza acupuntura em pacientes com câncer no intuito de reduzir os efeitos colaterais do tratamento. "A maioria dos nossos pacientes desenvolve apenas sintomas leves", diz ele. "Eles conseguem chegar ao fim do tratamento com mais tranquilidade." Isso, segundo afirma, aumenta a taxa de sobrevivência, já que mais pacientes conseguem completar o tratamento. E ainda reduz os custos, pois, quando sofrem efeitos colaterais, os pacientes vêm se consultar com ele, e não com o oncologista. "Eles podem nos ver quatro ou cinco vezes pelo valor de uma única consulta no oncologista."[14]

Trata-se de uma abordagem controversa. Steven Salzberg, biólogo computacional da Universidade de Maryland, College Park, nos Estados Unidos, e um proeminente crítico das terapias alternativas, descreveu a medicina integrativa como uma "charlatanice comercializada de forma inteligente e perigosa" e alega que tratamentos como a acupuntura não deviam ser oferecidos em centros financiados com verbas públicas.[15] Jeremy Howick, filósofo da ciência e epidemiologista do Centro de Medicina Baseada em Evidências, em Oxford, discorda. Ele argumenta que não devíamos nos preocupar tanto tentando entender se as terapias alternativas funcionam por meio de um mecanismo físico ou psicológico (ou ambos) e que, em vez disso, devíamos nos concentrar em como elas se comparam, em ensaios clínicos, às terapias tradicionais. "Acho mais importante saber que *algo* funciona do que o *modo* como funciona", afirma. "Se eu tivesse câncer, nem iria me importar com a explicação do terapeuta. Eu ia querer que ele curasse a minha dor. Você não?"[16]

Eu provavelmente pensaria assim, também. Mas ainda fico um pouco desconfortável ao ver que, ao oferecerem tratamentos alternativos, os médicos tradicionais parecem endossar explicações desprovidas de qualquer base científica. Para mim, é como admitir uma derrota; uma confissão de que tais explicações exóticas detêm algum tipo de poder que a ciência é in-

CONCLUSÃO

capaz de decifrar. Seria então de estranhar que as pessoas passassem a acreditar em campos de energia e auras que, segundo afirmam os terapeutas, são responsáveis pelos benefícios que estão sentindo (para não mencionar os espíritos de cura, a nova medicina germânica ou qualquer coisa que o valha)? Ou que elas deixassem de acreditar nos medicamentos e vacinas que de fato poderiam salvar suas vidas?

* * *

Individualmente, em lugar de colocar nossa fé em práticas e rituais místicos, a ciência descrita neste livro mostra que, em muitas situações, temos a capacidade de influenciar nossa própria saúde utilizando o poder da mente (consciente e inconsciente). Se você percebe que os remédios alternativos estão funcionando para você, não vejo qualquer razão para abandoná-los, sobretudo quando a medicina convencional não oferece ainda esses mesmos elementos. Mas seja crítico em relação ao que os terapeutas alternativos lhe oferecem. E confie mais na sua mente e no seu corpo. Não são necessariamente poções ou agulhas ou movimentos de mãos que fazem você se sentir melhor. Considere a possibilidade de essas serem apenas maneiras inteligentes de testar suas reações, algo que lhe permite influenciar a própria fisiologia a fim de aliviar sintomas e protegê-lo de doenças.

E, no campo da medicina tradicional, em vez de simplesmente importar terapias alternativas, muitos dos cientistas e médicos vistos aqui vêm tentando uma abordagem diferente. Eles buscam identificar os verdadeiros ingredientes ativos desses tratamentos (tais como empatia, apoio social, esperança) e como incorporá-los de modo a aprimorar o atendimento ao paciente.

Precisamos desenvolver nossas bases de investigação; mal começamos a entender a complexidade das conexões entre a mente e o corpo. Uma área intrigante para a pesquisa, por exemplo, é se homens e mulheres respondem de forma distinta ao estresse. Estudos até o momento sugerem que os homens são mais sensíveis a desafios de execução como fazer contas de cabeça ou falar em público, enquanto as mulheres são mais vulneráveis a problemas interpessoais como a rejeição social.[17] "Somos animais muito diferentes", conclui a especialista em estresse da Elissa Epel,[18] da Universidade da Califórnia em São Francisco. Ela suspeita que isso ajudaria a explicar por que homens e mulheres sofrem de diferentes padrões de doenças decorrentes do estresse, com os homens mais suscetíveis a doença cardiovascular e diabetes, e as mulheres com maiores riscos de desenvolver transtornos de ansiedade e depressão.

Precisamos também de mais ensaios clínicos para descobrir o que de fato ajuda os pacientes no mundo real. Mesmo no caso de uma das técnicas mais estudadas — a da atenção plena —, os pesquisadores ainda precisam testar, por exemplo, se ela funciona melhor em algumas populações do que em outras; como ela se compara aos melhores medicamentos disponíveis para vários problemas de saúde; e se é capaz de oferecer mais do que benefícios psicológicos, reduzindo o impacto biológico do estresse sobre o organismo e o risco de doenças a longo prazo.

Contudo, já vimos uma série de exemplos de pesquisadores que utilizaram alguns dos princípios descritos neste livro para mudar a forma como os enfermos são tratados, e com resultados impressionantes. Entre eles estão Vicki Jackson, conversando com pacientes terminais sobre o significado de uma vida proveitosa; Ted Kaptchuk, empregando placebos "abertos"; Elvira Lang, mudando o modo como os radiologistas falam com seus pacientes; e Hunter Hoffman, projetando mundos virtuais capazes de fazer a dor desaparecer. Todos eles vêm aliando o cuidado holístico a uma abordagem rigorosa em suas evidências. Todos vêm reduzindo a dependência aos remédios e a outras intervenções físicas, e ao mesmo tempo propiciando melhores efeitos aos pacientes.

É claro que existem inúmeros outros exemplos que não pude descrever em detalhes aqui. Jeff Sloan, pesquisador de ciências da saúde da Clínica Mayo, em Rochester, Minnesota, busca ajudar os médicos a registrar como os pacientes se *sentem*, em vez de depender exclusivamente de exames físicos. Isso é difícil de fazer no intervalo de uma rápida consulta. "Na medicina moderna, os médicos têm apenas de um a três minutos não contabilizados da consulta com o paciente", explica ele. "O resto do tempo deve ser dedicado à parte física, ou a analisar os testes de laboratório e discutir os resultados."[19]

Assim, a cada paciente da ala de oncologia da Clínica Mayo são feitas três perguntas simples no momento do check-in — eles devem classificar sua dor, sua fadiga e sua qualidade de vida em uma escala de um a dez.

CONCLUSÃO

Sloan diz que mesmo essa intervenção básica vem ajudando os médicos a atuar em problemas que, de outro modo, não teriam percebido. A qualidade de vida, por exemplo, pode soar como uma vaga medida psicológica, mas na verdade é de uma importância crucial para a sobrevivência física. "Sabemos que, se o paciente marca cinco ou menos nessa pergunta, o risco de esse câncer matá-lo duplica", relata Sloan.[20]

Uma rede britânica de estabelecimentos chamada Maggie's Centres oferece uma abordagem bem diferente, mas ainda guiada pela importância da experiência do paciente. Idealizados como locais onde pacientes com câncer podem obter apoio prático, emocional e social, esses centros visam sobretudo "levantar o espírito". Foram concebidos por eminentes arquitetos (incluindo Frank Gehry e Zaha Hadid) para serem acolhedores, aconchegantes, intimistas e belos — o oposto de muitos hospitais convencionais. Os visitantes podem conversar com outros pacientes, consultar um enfermeiro especialista em oncologia ou um psicólogo, receber aconselhamento sobre nutrição ou despesas ou simplesmente sentar no jardim com uma xícara de chá.

Não tenho conhecimento de quaisquer ensaios clínicos randomizados que tenham comparado pacientes que visitam os Maggie's Centres em relação aos demais. Mas, como argumenta um de seus defensores no *BMJ*, "se algum desses estabelecimentos contribui para um agradável momento de atenção ou de reflexão a qualquer um de seus usuários, um momento com os amigos ou familiares ou um momento de esperança e calma que de outra forma não poderiam ter, nesse caso, já proporcionaram algo maravilhoso."[21]

* * *

Queria poder dizer aqui que, graças a estudos e projetos como os acima descritos, estamos testemunhando uma revolução na medicina e que muito em breve compreenderemos por completo o papel da mente em nossa saúde e veremos o lado humano dos tratamentos não como um luxo opcional, mas como um princípio central e exemplar, visando melhores resultados a todos os pacientes. Infelizmente, as chances não estão a favor disso.

Um dos obstáculos é a forma como as pesquisas são financiadas: mais de três quartos dos ensaios clínicos realizados nos Estados Unidos são custeados pelas companhias farmacêuticas,[22] as quais, compreensivelmente, não têm interesse em comprovar o benefício de qualquer abordagem terapêutica que possa reduzir a necessidade dos seus produtos. Comprimidos e aparelhos médicos sem dúvida são uma proposta de negócio mais atraente do que a hipnoterapia ou o biofeedback. Mas o entusiasmo por intervenções físicas vai além das forças do mercado: quase todo o dinheiro público é destinado à pesquisa de medicamentos convencionais. O orçamento anual dos Institutos Nacionais de Saúde (NIH), por exemplo, é de cerca de trinta bilhões de dólares, dos quais menos de 0,2% seguem para testes com terapias de trabalho entre o corpo e a mente.[23]

O maior problema, eu diria, é um preconceito mais amplo e profundo contra a ideia de que a mente possa de fato curar ou nos manter sadios. A visão de mundo materialista descrita na introdução deste livro — que prioriza resultados de exames e intervenções físicas, além de enxergar a experiência subjetiva como uma distração — ainda reina suprema na ciência. (Sloan lembra que, ao conduzir um estudo mostrando que alguns pacientes com câncer terminal sob cuidados paliativos classificaram a sua qualidade de vida com uma pontuação tão alta quanto a de pessoas saudáveis, a primeira reação dos críticos foi a de que "o paciente deve ter se enganado".) Ignorar a experiência subjetiva é ótimo quando você está tentando eliminar um viés tendencioso dos seus experimentos científicos, mas nem sempre é útil no atendimento aos pacientes, quando o bem-estar psicológico e o físico estão intimamente interligados.

A medicina ocidental se sustenta (acertadamente) por evidências científicas e clínicas, e para muitos agentes políticos e financiadores as intervenções físicas "soam" mais científicas do que as abordagens envolvendo a mente e o corpo. O especialista em bioeletrônica Kevin Tracey pode hoje desfrutar de milhões de dólares de financiamento público e privado para prosseguir com a sua ideia de estimular eletricamente o sistema nervoso, muito embora, no momento em que escrevo isto, seu estudo humano de maior escala já publicado envolva apenas oito pessoas. O gastroenterologista Peter Whorwell, por outro lado, não consegue convencer as agências de financiamento locais a pagar por uma hipnoterapia com foco nos intestinos para seus pacientes com SCI, apesar de décadas de testes positivos em centenas de indivíduos.

CONCLUSÃO

"São dois pesos e duas medidas", analisa Howick, do Centro de Medicina Baseada em Evidências. "Um típico pressuposto usado para desacreditar os ensaios não convencionais é o de que eles são de qualidade inferior. E a verdade não é essa." A atenção plena foi submetida a centenas de ensaios bem formulados, segundo relata. Em 2005, uma análise de 110 ensaios homeopáticos revelou que eles eram de melhor qualidade do que os estudos equivalentes envolvendo medicamentos convencionais.[24]

Essa contínua resistência a intervenções com a integração entre a mente e o corpo é algo que ouvi durante toda a pesquisa para este livro. Mesmo quando os cientistas têm os recursos necessários, muitas vezes precisam vencer a cultura dominante, em hospitais e universidades, só para conduzir um estudo.

Elvira Lang me contou como o comitê de ética local da Harvard respondeu a seus planos de estudar pacientes submetidos à cirurgia laparoscópica. "Lembro-me de uma vez em que tive dois ensaios pendentes com o comitê. Um dos estudos envolvia a leitura de um roteiro para que os pacientes pudessem relaxar durante o procedimento. O outro era a inserção de um stent ainda em fase experimental na artéria carótida, sendo que o estudo fora concebido de tal forma que havia uma boa chance de matar algumas pessoas. O estudo da carótida foi aprovado num piscar de olhos! Já o da hipnose se arrastou por um bom tempo."[25]

Enquanto isso, a especialista em enfermagem perinatal Ellen Hodnett encontrou resistência quando tentou testar se as mulheres sofriam menos complicações ao darem à luz em uma atmosfera mais "ambiental" — com pouca iluminação, imagens da natureza projetadas nas paredes e um colchão no chão — em comparação com um típico quarto de hospital, cheio de equipamentos e uma cama. A maioria dos hospitais abordados se recusou a fazer as alterações solicitadas, recorda ela, mesmo com a garantia de que os aparelhos médicos continuariam ali, à disposição. "Qualquer um que decida trabalhar nessa área precisa superar muitas crenças e atitudes dos apoiadores para sequer liberarem o andamento de um ensaio clínico."[26]

No contexto de um sistema médico baseado em evidências de resultados de estudos, a medicina à nossa disposição é moldada pelos estudos que conduzimos. Por isso, talvez não surpreenda que, na medicina ocidental, seja pouca a iniciativa para nutrir e utilizar os recursos psicológicos dos pacientes. Apesar de suas melhores intenções, os profissionais da área trabalham dentro de um sistema que prioriza o acesso à tecnologia médica e oferece cada vez menos espaço para o aspecto humano do tratamento.

Nos Estados Unidos, "os médicos foram integrados a uma linha de montagem de atendimento", diz Bill Eley, reitor associado da Faculdade de Medicina da Universidade Emory, em Atlanta, Geórgia. "Nos vemos cada vez mais forçados a atender mais pacientes em menos tempo."[27] É uma tendência que, segundo ele teme, está contribuindo para a perda de empatia dos profissionais médicos (e, por sua vez, para taxas assustadoras de depressão e esgotamento profissional).[28] Abrevia-se o tempo de cada consulta para reduzir custos, mesmo com o país gastando cerca de três *trilhões* de dólares por ano em planos de saúde; isso é superior a 17% do PIB, maior do que em qualquer outro lugar do mundo.[29] Enquanto isso, a prescrição de remédios está vertiginosamente alta. Quase metade de todos os americanos estão sob algum tipo de medicação,[30] sendo os mais comuns aqueles contra a doença cardiovascular e o colesterol alto (ambos influenciados pelo estresse), com quase 60% dos adultos com idade acima dos 65 anos tomando cinco ou mais medicamentos diferentes ao mesmo tempo (18% tomam pelo menos dez).[31]

Claro, as intervenções físicas — de remédios a cirurgia cardíaca — são importantíssimas. Quando meu filho teve pneumonia ainda bebê, os antibióticos que recebeu muito provavelmente lhe salvaram a vida, e eu não poderia me importar menos com os modos do médico que o assistiu. A capacidade particular de curar e prevenir infecções na infância é algo que nós, habitantes dos países desenvolvidos, temos a sorte de considerar como um bem garantido nos dias de hoje.

As principais ameaças que enfrentamos agora não são infecções agudas, facilmente curáveis com um comprimido, mas doenças crônicas decorrentes do estresse, contra as quais os remédios não são assim tão eficazes. Já vimos que, em muitos casos, analgésicos e antidepressivos podem não funcionar muito melhor do que o placebo. As dez drogas de maior vendagem nos Estados Unidos ajudam apenas entre uma em cada 25 e uma em cada quatro pessoas que as tomam; estatinas podem beneficiar ainda menos — uma em cada cinquenta pessoas.[32]

Enquanto isso, as intervenções médicas vêm causando danos que superam qualquer estrago causado pelos tratamentos alternativos. Em 2015,

CONCLUSÃO

uma análise de testes de drogas psiquiátricas publicada no *BMJ* concluiu que tais substâncias são responsáveis por mais de meio milhão de mortes no mundo ocidental a cada ano, a troco de míseros benefícios.[33] Estima-se que erros médicos em hospitais causem mais de quatrocentas mil mortes por ano só nos Estados Unidos — tornando-os a terceira maior causa de mortes depois das doenças cardiovasculares e do câncer — com mais 4-6 milhões de casos resultando em danos sérios.[34] De acordo com a Food and Drug Administration americana, existem outros dois milhões de casos graves de reações adversas a medicamentos nos Estados Unidos todo ano, incluindo cem mil mortes.[35]

Tais estatísticas não incluem efeitos colaterais esperados e complicações de medicamentos e intervenções (muitos dos quais, conforme vimos no Capítulo 7, as pessoas talvez nem precisassem se tivessem recebido um modelo diferente de assistência) ou os enormes problemas causados pela prescrição exagerada de remédios, por exemplo, ou o aumento da nossa resistência aos antibióticos. Os Estados Unidos são o país mais rico do mundo, e no entanto, mesmo com trilhões de dólares para gastar, não conseguem equiparar sua expectativa de vida à de um país de renda média como a Costa Rica.

Não estou advogando para nos basearmos de forma única e exclusiva na mente para nos curar; mas negar seu papel na medicina sem dúvida não é a resposta. Minha esperança, na verdade, é que este livro possa ajudar a superar alguns dos preconceitos contra abordagens que trabalham com o corpo e a mente em parceria, e a aumentar a consciência de que investigar o papel da mente na área da saúde é com efeito uma abordagem *mais* científica e comprovada do que depender cada vez mais de intervenções e medicamentos físicos.

Talvez um dia essa percepção possa conduzir a um modo de se fazer medicina que combine o melhor dos dois mundos: um que usa drogas e tecnologias que salvam vidas quando são necessárias, mas também nos ampara de maneira a reduzir nossos riscos de adoecer e a lidar com nossos próprios sintomas quando estamos doentes; e, quando não houver cura, que cuide de nós e nos permita morrer com dignidade. Espero que tal modo de se fazer medicina respeite os pacientes enquanto indivíduos iguais e participativos, cujas crenças, experiências e preferências possuam relevância no seu tratamento; que não mais estigmatize pacientes com sintomas inexplicáveis; e que reconheça que a grande maioria dos problemas de saúde que enfrentamos é de ordem física ou psicológica — são ambas.

Os problemas com a medicina moderna são profundos; claramente não serão resolvidos por meio de alguma terapia conjunta entre corpo e mente. Mas tentar melhorar os resultados médicos tratando pacientes como os seres humanos complexos que somos, em vez de simplesmente como corpos físicos, parece não ser para mim um mau lugar para começar.

* * *

As implicações de abraçar o papel da mente na saúde vão além da medicina, é claro. Para mim, uma das mais surpreendentes — e chocantes — revelações da pesquisa descrita neste livro foi a de que os estresses decorrentes da pobreza e da desigualdade vão sentenciar grandes parcelas da população a doenças crônicas de longo prazo antes mesmo que elas saiam das fraldas. É difícil discordar dos pesquisadores que defendem políticas sociais que reduzam essas desigualdades e, em particular, apoiem as mulheres desfavorecidas em idade reprodutiva. Enquanto isso, no extremo oposto da vida, projetos como o da Experience Corps revelam o potencial por trás da noção de envelhecimento como uma ferramenta, e não como um fardo.

Entretanto há mais um insight a ser obtido a partir do entendimento das conexões entre a mente e o corpo. Guardei isso para o fim porque não diz respeito a saúde, medicina ou sociedade, mas a algo ainda mais fundamental. Algo que nos ensina o que significa ser humano.

Basicamente, essa ciência está nos dizendo que, em vez de experimentarmos o mundo que nos rodeia de forma passiva, como a maioria imagina que acontece, nós construímos e controlamos uma grande parte dessa experiência. "Nossos corpos não são meros receptores de informação", esclarece o especialista em placebo Ted Kaptchuk. "Nós criamos a informação." É algo que os psicólogos e neurocientistas já estão descobrindo em outras áreas, como a da memória e a da visão. Memórias não são gravações fiéis, mas antes produções dinâmicas, adaptadas e reescritas toda vez que as acessamos, enquanto a nossa percepção das cores e das formas é altamente dependente da experiência anterior e das expectativas futuras.

CONCLUSÃO

É claro que o princípio vale também para a saúde: nossos pensamentos, crenças, níveis de estresse e visão de mundo influenciam quão doentes ou sadios nos sentimos. Conforme o especialista em fadiga Tim Noakes disse no Capítulo 4: "Você não tem que acreditar no que seu cérebro está lhe dizendo."

A ideia realmente inovadora aqui, porém, é a de que, no que diz respeito à nossa saúde, a mente é capaz de determinar muito mais do que a experiência subjetiva do mundo físico à nossa volta. Por meio de alterações na expressão genética, por exemplo, e dependendo de como nosso cérebro estiver "cabeado", a forma como vemos o mundo ajuda a moldar também o nosso organismo. Portanto, nós desempenhamos um papel na construção não apenas da nossa experiência, mas da nossa própria *realidade física*. Por sua vez, a saúde de nosso corpo físico influencia o estado de nossa mente. Inflamações provocam fadiga e depressão. Baixos níveis de açúcar no sangue nos tornam irritadiços.[36] Acalmar o nosso organismo — com a ajuda da respiração controlada, por exemplo — melhora o nosso estado de espírito.

Quase quatrocentos anos após a separação entre a mente e o corpo efetuada por Descartes, ainda tendemos a pensar em nós mesmos como seres lógicos, racionais, com a mente altamente desenvolvida, capaz de transcender nossa natureza biológica e animal. As evidências mostram algo um tanto diferente: que nossos corpos e mentes evoluíram em primorosa harmonia, de modo tão perfeitamente integrado que é impossível considerar um sem o outro. Com frequência, termos como "mente e corpo" e "holística" são caracterizados como excêntricos e sem rigor científico — quando, na verdade, é a ideia de uma mente distinta do corpo, como uma entidade efêmera flutuando em algum lugar do crânio feito um espírito ou uma alma, que não faz o menor sentido do ponto de vista científico.

Essa integração significa que nem sempre somos tão objetivos e razoáveis quanto gostaríamos de acreditar. Com a nossa mente e o nosso organismo moldados pela evolução, nos desenvolvemos e mantivemos crenças que auxiliam em nossa saúde e sobrevivência, sem serem necessariamente verdadeiras. Existem poderosas forças evolutivas que nos levam a crer em Deus, ou nos remédios de amigáveis curandeiros, ou a acreditar que nossas chances de sucesso são melhores do que de fato são. A ironia é que, embora tais crenças talvez sejam falsas, elas por vezes funcionam: elas nos deixam melhores.

Ao compreendermos como a nossa mente influencia e reflete a nossa fisiologia, talvez possamos enfim solucionar esse paradoxo — e viver em sintonia com nosso corpo de uma forma que seja baseada em evidências, e não em uma ilusão.

NOTAS

Introdução

1. Nahin, R.L. et al. *National Health Statistics Reports*, n. 18, jul. 2009. Disponível em: https://nccih.nih.gov/sites/nccam.nih.gov/files/nhsrn18.pdf O relatório fornece os números de uso da medicina complementar e alternativa (MCA) em 2007, não incluindo números relativos à prática de orações. O relatório anterior, de 2002, chegou a perguntar sobre a oração especificamente por motivos de saúde — e revelou que, de um modo geral, 62% dos adultos utilizaram algum tipo de MCA (36% se desconsiderarmos a prática de orações).
Barnes, P.M. et al. *National Health Statistics Reports*, n. 343, maio 2004. Disponível em: http://www.cdc.gov/nchs/data/ad/ad343.pdf
Um relatório fornecendo estimativas de 2012 foi divulgado em 2015, mas não incluía informações de custos. Utilizando uma definição mais limitada em comparação às pesquisas anteriores, ele revelou que 34% dos adultos usaram MCA em 2012.
Clarke, T.C. et al. *National Health Statistics Reports*, n. 79, 10 fev. 2015. Disponível em: http://www.cdc.gov/nchs/data/nhsr/nhsr079.pdf
2. *National Ambulatory Medical Care Survey: 2010 Summary Tables*. Disponível em: http://www.cdc.gov/nchs/data/ahcd/namcs_summary/2010_namcs_web_tables.pdf

A estimativa é de 2010.
3. Silberman, S. *The Journal of Mind-Body Regulation* 2011; 1: 44-52
Até o momento em que escrevo este livro, a homeopatia continua sendo disponibilizada pelo NHS em algumas partes do Reino Unido; ver: http://www.nhs.uk/Conditions/homeopathy/Pages/Introduction.aspx #available [acesso em 30 abr. 2015]
4. Dunn, P.M. *Archives of Disease in Childhood — Fetal and Neonatal Edition* 2003; 88: 441-3

Capítulo 1

1. Horvath, K. et al. *Journal of the Association for Academic Minority Physicians* 1998; 9: 9-15
Entre outras fontes dessa mesma história temos "Secretin Trials: A drug that might help, or hurt, autistic children is widely prescribed but is just now being tested", de Steve Bunk (*The Scientist*, 21 jun. 1999), e uma carta aberta de Victoria Beck, disponível em: https://groups.google.com/forum/#!topic/alt.support.autism/lnDCRgEwbJ4
2. Uma transcrição do programa *Dateline* sobre a secretina encontra-se disponível em: http://psydoc-fr.broca.inserm.fr/fora/aut_for1.html
3. Entrevista telefônica com Adrian Sandler, 7 fev. 2014.
4. Sandler, A.D. et al. *New England Journal of Medicine* 1999; 341: 1.801-6
5. As crianças no grupo da secretina foram de 59 para 50 pontos; estatisticamente, não houve diferença entre os dois grupos.
6. Entrevista telefônica com Bonnie Anderson, 20 maio 2014. Agora na casa dos oitenta anos de idade, Bonnie não consegue lembrar a data exata, mas acha que foi em 2005.
7. Entrevista com Jerry Jarvik, da Universidade de Washington, Seattle, 7 maio 2014.
8. Entrevista telefônica com David Kallmes, 16 maio 2014.
9. Kallmes, D.F. et al. *New England Journal of Medicine* 2009; 361: 569-79
10. Anon. *The Lancet* 1954; ii: 321

11. Sandler, A.D. et al. *New England Journal of Medicine* 1999; 341: 1.801-6
12. Huedo-Medina, T.B. et al. *BMJ* 2012; 345: e8343
13. Hardy, J. et al. *Journal of Clinical Oncology* 2012; 30: 3.611-7
14. Wartolowska, K. et al. *BMJ* 2014; 348: g3253
15. Rosanna falou comigo em italiano; suas palavras foram traduzidas para o inglês por Elisa Frisaldi.
16. De la Fuente-Fernandez, R. et al. *Science* 2001; 293: 1.164-6
17. "The Power of the Placebo", *Horizon* BBC2, fev. 2014
18. Benedetti, F. et al. *Nature Neuroscience* 2004; 7: 587-8
19. Ver: http://www.redbullstratos.com/the-team/felix-baumgartner/
20. Entrevistas com Fabrizio Benedetti, em Breuil-Cervina, 21 mar. 2014, e no platô Rosà, 22 mar. 2014.
21. Levine, J.D., Gordon, N.C. & Fields, H.L. *The Lancet* 1978; 312: 654-7
22. Kirsch, I. *Epidemiologia e psichiatria sociale* 2009; 18: 318-22
    Kirsch, I. *The Emperor's New Drugs: Exploding the Antidepressant Myth* (Basic Books, 2011)
23. Benedetti, F., Carlino, E. & Pollo, A. *Clinical Pharmacology & Therapeutics* 2011; 90: 651-61
24. Wechsler, M.E. et al. *New England Journal of Medicine* 2011; 365:119-26
25. Chvetzoff, G. & Tannock, I.F. *Journal of the National Cancer Institute* 2003; 95: 19-29
26. Freed, C.R. et al. *New England Journal of Medicine* 2001; 344: 710-9
27. McRae, E. et al. *Archives of General Psychiatry* 2004; 6: 412-20

Capítulo 2

1. Entrevista com Ted Kaptchuk, Cambridge, Massachusetts, 28 maio 2014.
2. Kaptchuk, T.J. et al. *BMJ* 2006; 332: 391
3. Moerman, D.J. *Medical Anthropology Quarterly* 2000; 14: 51-72
   Segundo Moerman, um dos principais argumentos em favor do significado como a fonte do efeito placebo parte das evidências para essas

diferenças culturais. Moerman vem conduzindo uma extensa pesquisa sobre o assunto, com muitos de seus achados resumidos no sexto capítulo de seu livro *Meaning, Medicine and the Placebo Effect* (2002).
4. Amanzio, M., Pollo, A., Maggi, G. & Benedetti, F. *Pain* 2001; 90: 205-15
5. Entrevista telefônica com Dan Moerman, 20 abr. 2011, confirmada por e-mail em maio de 2015.
6. Walsh, B.T., Seidman, S.N., Sysko, R. & Gould, M. *Journal of the American Medical Association* 2002; 287: 1.840-7
7. Kaptchuk, T.J. et al. *PLoS ONE* 2010; 5: e15591
8. Kelley, J.M. et al. *Psychotherapy & Psychosomatics* 2012; 81: 312-4
9. Kam-Hansen, S. et al. *Science Translational Medicine* 2014; 6: 218ra5
10. Ver: http://www.aplacebo.com/
11. Moerman, D. *Pain Practice* 2006; 6: 233-6
12. Entrevistas por e-mail com Edzard Ernst, 4 fev. 2014 e 13 abr. 2015.
13. Ver: http://edition.cnn.com/2012/05/29/world/asia/afghanistan-girls-poisoned/
14. *World Health Organization Weekly Epidemiological Monitor* v. 5, n. 22: domingo, 27 maio 2012
15. Lorber, W., Mazzoni, G. & Kirsch, I. *Annals of Behavioral Medicine* 2007; 33: 112-6
    Witthöft, M. & Rubin, G.J. *Journal of Psychosomatic Research* 2013; 74: 206-12
16. Reeves, R.R., Ladner, M.E., Hart, R.H. & Burke, R.S. *General Hospital Psychiatry* 2007; 29: 275-7
17. Silvestri, A. et al. *European Heart Journal* 2003; 24: 1.928-32
18. Humphrey postula a existência de um "governador central" no cérebro, que atua tal qual um administrador de hospital, prevendo as futuras necessidades do corpo e empregando recursos dispendiosos (de reações imunológicas a sintomas espontâneos, como a dor ou a febre) da maneira mais apropriada.
    Essas ideias são discutidas em "Great Expectations: The evolutionary psychology of faith healing and the placebo effect", um artigo do livro de Humphrey *The Mind Made Flesh* (2002, p. 255-85). Uma abordagem mais recente encontra-se em Humphrey, N. & Skoyles, J. *Current Biology* 2012; 22: R1-R4.

19. Benedetti, F., Durando, J. & Vighetti, S. *Pain* 2014; 155: 921-8
20. Essa citação apareceu primeiro no artigo "Heal Thyself", de Jo Marchant, *New Scientist*, 27 ago. 2011, p. 30-4.
21. Walach defende o uso da medicina alternativa, um posicionamento que em 2012 lhe rendeu um prêmio dos céticos alemães para a pseudociência, conhecido como "Goldene Brett".
22. Walach, H. & Jonas, W.B. *Journal of Alternative and Complementary Medicine* 2004; 10: S103-S112
23. Entrevista telefônica com Irving Kirsch, 20 abr. 2011, confirmada por e-mail em maio de 2015.
24. Kaptchuk, T.J. et al. *BMJ* 2008; 336: 999
25. Gracely, R.H. et al. *The Lancet* 1985; 1: 43
26. McMillan, F.D. *Journal of the American Veterinary Medical Association* 1999; 215: 992-9
27. Jensen, K.B. et al. *Proceedings of the National Academy of Sciences* 2012; 109: 15.959-64

Capítulo 3

1. Alguém com um rim transplantado possui o dobro ou o triplo de chances de desenvolver um câncer comparado a uma pessoa da mesma faixa etária e gênero da população geral, sobretudo porque as medicações que impedem que seu corpo rejeite o órgão implantado também inibem as reações imunológicas que normalmente o protegeriam do câncer.
Wong, G. et al. *Kidney International* 2014; 85: 1.262-4
2. Entrevista com Fabrizio Benedetti, Breuil-Cervina, 21 mar. 2014, e entrevista por e-mail, 13 fev. 2014.
3. Entrevista telefônica com Adrian Sandler, 7 fev. 2014.
4. Sandler, A.D. et al. *Journal of Developmental & Behavioral Pediatrics* 2010; 31: 369-75
5. Ader, R. & Cohen, N. *Psychosomatic Medicine* 1975; 37: 333-40
6. Entrevista com Manfred Schedlowski, Universidade de Essen, 27 mar. 2014.

7. Vitello, P. *New York Times*, 29 dez. 2011, p. B8
8. *Healing and the Mind with Bill Moyers* 1993, Ambrose Video Publishing, v. 2: The Mind Body Connection
9. Williams, J.M. et al. *Brain Research Bulletin* 1981; 6: 83-94
10. *The Rochester Review*, 1997; v. 59, n. 3. Disponível em: http://www.rochester.edu/pr/Review/V59N3/feature2.html
11. *Healing and the Mind with Bill Moyers* 1993, Ambrose Video Publishing, v. 2: The Mind Body Connection
12. Ader, R. & Cohen, N. *Science* 1982; 215: 1.534-6
13. *Healing and the Mind with Bill Moyers* 1993, Ambrose Video Publishing, v. 2: The Mind Body Connection
14. Olness, K. & Ader, R. *Developmental and Behavioral Pediatrics* 1992; 13: 124-5
15. Giang, G.W. et al. *The Journal of Psychiatry & Clinical Neurosciences* 1996; 8: 194-201
16. Entrevista telefônica com Karen Olness, 27 fev. 2014.
17. Exton, M.S. et al. *Transplantation Proceedings* 1998; 30: 2.033
18. Exton, M.S. et al. *American Journal of Physiology — Regulatory, Integrative and Comparative Physiology* 1999; 276: 710-7
19. Vits, S. et al. *Brain, Behavior & Immunity* 2013; 29: S17
20. Goebel, M.U. et al. *Psychotherapy & Psychosomatics* 2008; 77: 227-34
21. Essa estatística foi fornecida por Witzke. Para estatísticas mais detalhadas, ver: http://srtr.transplant.hrsa.gov/annual_reports/2012/
22. Entrevista com Oliver Witzke, Universidade de Essen, 27 mar. 2014.
23. Ghanta, V.K. et al. *Annals of the New York Academy of Sciences* 1987; 496: 637-46

    Ghanta, V.K. et al. *Annals of the New York Academy of Sciences* 1988; 521: 29-42

    Ghanta, V.K. et al. *Cancer Research* 1990; 50: 4.295-9

    Ghanta, V.K. et al. *International Journal of Neuroscience* 1993; 71: 251-65
24. Ader, R. et al. *Psychosomatic Medicine* 2010; 72: 192-7
25. Doering, B.K. & Rief, W. *Trends in Pharmacological Sciences* 2012; 33: 165-72

NOTAS

Capítulo 4

1. West, J.B. *High Life: A History of High-Altitude Physiology and Medicine* (1998), Oxford University Press, p. 281
2. West, J.B. *High Life: A History of High-Altitude Physiology and Medicine* (1998), Oxford University Press, p. 282
3. Grocott, M.P.W. et al. *New England Journal of Medicine* 2009; 360: 140-9
4. O oxigênio contido no ar que respiramos decresce conforme escalamos, é claro, mas até os 7.100 metros — pelo menos no caso desses alpinistas experientes e aclimatados — o organismo foi capaz de compensar isso aumentando a quantidade de hemoglobina (a molécula que transporta o oxigênio) no sangue.
5. Entrevista por e-mail com Dan Martin, 11 maio 2015.
6. Noakes, T.D. *Journal of Applied Physiology* 2009; 106: 737-8
7. Isso é conhecido no meio como "paradoxo do lactato". Para uma discussão sobre as evidências desse efeito, ver:
   West, J.B. *Journal of Applied Physiology* 2007; 102: 2.398-9
   Van Hall, G. *Journal of Applied Physiology* 2007; 102: 2.399-401
   West, J.B. *Journal of Applied Physiology* 2007; 102: 2.401
8. Cobertura pela BBC de Londres em 2012; clipe disponível em: http://www.bbc.co.uk/sport/0/olympics/18912882
9. Cobertura pela BBC de Londres em 2012; artigo disponível em: http://www.bbc.co.uk/sport/0/athletics/19230671
10. Nathan, M. et al. *South African Medical Journal* 1983; 64: 132-7
    Kew, T. et al. *South African Medical Journal* 1991; 80: 127-33
    Noakes, T. et al. *BMJ* 1995; 310: 1.345-6
11. Noakes, T.D. *South African Medical Journal* 2012; 102: 430-2
12. Entrevista por e-mail com Tim Noakes, 22 abr. 2014.
13. St. Clair Gibson, A. et al. *American Journal of Physiology — Regulatory, Integrative and Comparative Physiology* 2001; 281: R187-R196
    Kay, D. et al. *European Journal of Applied Physiology* 2001; 84: 115-21
    Para mais discussões sobre as evidências do governador central de Noakes, ver o artigo "Running on Empty", de Rick Lovett, *New Scientist*, 20 mar. 2004, p. 42-5.

14. Noakes, T.D. et al. *The Journal of Experimental Biology* 2001; 204: 3.225-34
    Noakes, T.D. *Applied Physiology, Nutrition and Metabolism* 2011; 36: 23-35
15. Entrevista por e-mail com Dan Martin, 18 maio 2015.
16. Swart, J. et al. *British Journal of Sports Medicine* 2009; 43: 782-8
17. Okano, A.H. et al. *British Journal of Sports Medicine* 2013; doi:10.1136/bjsports-2012-091658
18. Beedie, C.J. & Foad, A. *Sports Medicine* 2009; 39; 313-29
19. Entrevista com Chris Beedie, Londres, 10 abr. 2014.
20. Pollo, A. et al. *European Journal of Neuroscience* 2008; 28: 379-88
21. Cairns, R. & Hotopf, M. *Occupational Medicine* 2005; 55: 20-31
22. Isso, porém, pode estar prestes a mudar. Um estudo de 2015 analisou amostras de sangue de quase 650 pessoas e descobriu que aquelas que estiveram doentes por menos de três anos apresentaram níveis mais altos de substâncias químicas inflamatórias, em comparação com o saudável grupo de controle, enquanto aquelas que estiveram doentes por mais tempo que isso apresentaram níveis abaixo do normal.
    Hornig, M. et al. *Science Advances* 2015; 1: e1400121
23. White, P.D. et al. *The British Journal of Psychiatry* 1998; 173: 475-81
24. Para mais informações sobre os estudos, ver:
    Edmonds, M. et al. *Cochrane Database of Systematic Reviews* 2004; 3: CD003200
    Bagnall, A.-M. et al. "The Treatment and Management of Chronic Fatigue Syndrome (CFS)/Myalgic Encephalomyelitis (ME) in Adults and Children: Update of CRD Report 22". Disponível em: http://www.york.ac.uk/media/crd/crdreport35.pdf
    Malouff, J.M. et al. *Clinical Psychology Review* 2008; 28: 736-45
    Price, J.R. et al. *Cochrane Database of Systematic Reviews* 2008; 3: CD001027
25. Entrevista telefônica com Peter White, 2 maio 2014.
26. White, P.D. et al. *The Lancet* 2011; 377: 823-36
27. *The Lancet* 2011; 377: 1.808
28. Collings, A.D. & Newton, D. Resposta a White, P.D. *BMJ* 2004; 329: 928. Disponível em: http://www.bmj.com/content/329/7472/928/rr/702549

29. Blackmore, S.J. Resposta a White, P.D. *BMJ* 2004; 329: 928. Disponível em: http://www.bmj.com/content/329/7472/928/rr/759419
30. Para mais informações sobre o trabalho de Samantha, favor ver: http://www.samantha-miller.co.uk/

Capítulo 5

1. Entrevista com Peter Whorwell, Hospital Comunitário Withington, Manchester, 14-15 maio 2014.
2. Herr, H.W. *Urologic Oncology: Seminars and Original Investigations* 2005; 23: 346-51
3. Entrevista com David Spiegel, Instituto Curie, Paris, 23 out. 2013.
4. Nossa hipnotizabilidade varia de um indivíduo para o outro. O parâmetro clássico envolve testar uma série de sugestões, nas quais as pessoas são bem-sucedidas ou não — por exemplo, se seu braço vai se erguer sozinho, ou se vão enxergar o melhor amigo ali, na mesma sala. Costuma-se dizer que cerca de 80% da população encontra-se na média, com 10% das pessoas altamente hipnotizáveis e outros 10% nada hipotizáveis (como exemplo, ver hypnosis.tools/measurement-of-hypnosis.html). O modo como as pessoas pontuam nesse teste, porém, varia ligeiramente de um estudo para o outro e também entre as populações analisadas (como exemplo, ver Bongartz, W. *International Journal of Clinical and Experimental Hypnosis* 1985; 33: 131-9).
5. Kosslyn, S.M. et al. *The American Journal of Psychiatry* 2000; 157: 1.279-84
6. Dikel, W. & Olness, K. *Pediatrics* 1980; 66: 335-40
7. Entrevista por telefone com Karen Olness, 27 fev. 2014.
8. Casiglia, E. et al. *American Journal of Clinical Hypnosis* 1997; 40: 368-75
9. Casiglia, E. et al. *International Journal of Psychophysiology* 2006; 62: 60-5
10. Casiglia, E. et al. *American Journal of Clinical Hypnosis* 2007; 49: 255-66
11. Entrevista por e-mail com Edoardo Casiglia, 4 mar. 2014.

12. A título de exemplo:
    Kiecolt-Glaser, J.K. et al. *Journal of Consulting and Clinical Psychology* 2001; 69: 674-82
    Naito, A. et al. *Brain Research Bulletin* 2003; 62: 241-53
13. A título de exemplo:
    Hewson-Bower, B. & Drummond, P.D. *Journal of Psychosomatic Research* 2000; 51: 369-77 (infecções do trato respiratório superior)
    Spanos, N.P. et al. *Psychosomatic Medicine* 1990; 52: 109-14 (verrugas)
    Os resultados, porém, são conflitantes. Karen Olness conduziu um estudo envolvendo 61 crianças com verrugas, passando por hipnoterapia, tratamento convencional ou nenhum tratamento. Não houve diferença significativa entre os resultados dos três grupos.
    Felt, B.T. et al. *American Journal of Clinical Hypnosis* 1998; 41: 130-7
14. Whorwell, P.J. et al. *The Lancet* 1984; 324: 1.232-4
15. Miller, V. & Whorwell, P.W. *International Journal of Clinical and Experimental Hypnosis* 2009; 57: 279-92
16. Calvert, E.L. et al. *Gastroenterology* 2002; 123: 1.778-85
    Miller, V. & Whorwell, P.W. *International Journal of Clinical and Experimental Hypnosis* 2009; 57: 279-92
17. Miller, V. & Whorwell, P.J. *International Journal of Clinical and Experimental Hypnosis* 2008; 56: 306-17
    Mawdsley, J.E. et al. *The American Journal of Gastroenterology* 2008; 103: 1.460-9
    Keefer, L. et al. *Alimentary Pharmacological Therapy* 2013; 38: 761-71
18. Gonsalkorale, W.M. et al. *Gut* 2003; 52: 1.623-9
19. Lea, R. et al. *Alimentary Pharmacology & Therapeutics* 2003; 17: 635-42
20. Chiarioni, G., Vantini, I., de Iorio, F. & Benini, L. *Alimentary Pharmacology & Therapeutics* 2006; 23: 1.241-9
21. Whorwell, P.J. et al. *The Lancet* 1992; 340: 69-72
22. Como exemplo, ver:
    Lindfors, P. et al. *American Journal of Gastroenterology* 2012; 107: 276-85
    Moser, G. et al. *American Journal of Gastroenterology* 2013; 108: 602-9
23. Peters, S.L. et al. *Alimentary Pharmacology & Therapeutics* 2015; doi: 10.1111/apt.13202
24. Ver: http://www.nhs.uk/conditions/hypnotherapy/Pages/Introduction.aspx [acesso 24 mar. 2015]

25. Entrevista com Jeremy Howick, Oxford, 20 abr. 2015.
26. Segundo a ferramenta de busca virtual dos NIH, projectreporter.nih.gov, os NIH estão atualmente financiando cinco projetos de pesquisa com "hipnose" ou "hipnoterapia" no título (comparados aos 35 resultados com "atenção plena", por exemplo).
27. Miller, V. et al. *Alimentary Pharmacology & Therapeutics* 2015; doi: 10.1111/apt.13145

Capítulo 6

1. A história de Sam Brown é contada em "Burning Man", de Jay Kirk, revista *GQ*, fev. 2012. Disponível em: http://www.gq.com/news-politics/newsmakers/201202/burning-man-sam-brown-jay-kirk-gq-february-2012
2. Hoffman, H.G. et al. *Annals of Behavioral Medicine* 2011; 41: 183-91
3. Pilkington, E. "Painkiller Addiction: The plague that is sweeping the US", *The Guardian*, 28 nov. 2012. Disponível em: http://www.theguardian.com/society/2012/nov/28/painkiller-addiction-plague-united-states
4. Ficha técnica da Sociedade Americana de Médicos Intervencionistas da Dor (ASIPP). Disponível em: https://www.asipp.org/documents/ASIPPFactSheet101111.pdf
5. "Opioids Drive Continued Increase in Overdose Deaths", *CDC Press Release*, 20 fev. 2013. Disponível em: http://www.cdc.gov/media/releases/2013/p0220_drug_overdose_deaths.html
   Ver também "Vital Signs: Overdoses of opioid prescription pain relievers — United States, 1999-2008", *Centers for Disease Control and Prevention Morbidity and Mortality Weekly Report* 2011; 60: 1.487-92. Disponível em: http://www.cdc.gov/mmwr/preview/mmwrhtml/mm6043a4.htm
6. Ahmed, A. "Painkiller Addictions Worst Drug Epidemic in US History", *Al Jazeera America*, 30 ago. 2013. Disponível em: http://america.aljazeera.com/articles/2013/8/29/painkiller-kill-morepeoplethanmarijuanause.html

7. "Aron Ralston Shares His Incredible Story of Survival". Disponível em: https://www.youtube.com/watch?v=83nk6zmu5_o
8. Entrevista telefônica com Hunter Hoffman, 7 maio 2014.
9. Dados obtidos em entrevista com Sam Sharar, Centro Médico da Universidade de Washington, 8-9 maio 2014. Ver também Hoffman, H. et al. *Annals of Behavioral Medicine* 2011; 41: 183-91
10. Revisto em Hoffman, H. et al. *Annals of Behavioral Medicine* 2011; 41: 183-91
11. Maani, C.V. et al. *Journal of Trauma and Acute Care Surgery* 2011; 71: S125-130
12. Essa fala aparece em "Burning Man", de Jay Kirk, revista *GQ*, fev. 2012. Disponível em: http://www.gq.com/news-politics/newsmakers/201202/burning-man-sam-brown-jay-kirk-gq-february-2012
13. O tratamento empregado por Esdaile em Gooroochuan Shah é descrito em *Hidden Depths: The Story of Hypnosis* (2002), de Robin Waterfield, p. 196-7.
14. Entrevista com David Patterson, Seattle, Washington, 10 maio 2014.
15. Patterson, D.R. et al. *The International Journal of Clinical & Experimental Hypnosis* 2004; 52: 27-38
16. Patterson, D.R. et al. *The International Journal of Clinical & Experimental Hypnosis* 2010; 58: 288-300
17. Barnsley, N. et al. *Current Biology* 2011; 21: R945-946
18. Moseley, G.L. *Neuroscience & Biobehavioral Reviews* 2012; 36: 34-46
19. Entrevista telefônica com Candy McCabe, 19 dez. 2014.
20. McCabe, C. *Journal of Hand Therapy* 2011; 24: 170-9
   Preston, C. & Newport, R. *Rheumatology* 2011; 50: 2.314-5
21. Rothgangel, A.S. et al. *International Journal of Rehabilitation Research* 2011; 34: 1-13
22. Entrevista com David Spiegel, Instituto Curie, Paris, 23 out. 2013.

Capítulo 7

1. "Childhood, Infant and Perinatal Mortality in England and Wales", *Office for National Statistics Bulletin* 2012. Disponível em: http://www.ons.gov.uk/ons/dcp171778_350853.pdf

NOTAS

2. Waldenstrom, U. et al. *Journal of Psychosomatic Obstetrics & Gynecology* 1996; 17: 215-28
3. Olde, E. et al. *Clinical Psychology Review* 2006; 26: 1-16
4. Em 2013/14, a taxa de "partos não assistidos" (sem indução, cesariana, uso de instrumentos ou episiotomia, mas incluindo alívio para a dor, como, por exemplo, uma epidural) na Inglaterra era de 44,5%. http://www.birthchoiceuk.com/Professionals/index.html
5. Hodnett, E.D. et al. *Cochrane Database of Systematic Reviews* 2012; n. 10, art. CD003766
6. Entrevista telefônica com Ellen Hodnett, 10 mar. 2014.
7. Gibbons, L. et al. "The Global Numbers and Costs of Additionally Needed and Unnecessary Caesarean Sections Performed Per Year: Overuse as a barrier to universal coverage", Relatório de Saúde Mundial de 2010. Documento de referência n. 30. Disponível em: http://www.who.int/healthsystems/topics/financing/healthreport/30C-sectioncosts.pdf
8. Estatísticas inglesas: http://www.birthchoiceuk.com/Professionals/index.html
   Estatísticas americanas: http://www.cdc.gov/nchs/fastats/delivery.htm
9. Isso já está bem estabelecido no caso dos animais. Há bem pouca pesquisa a esse respeito em humanos, mas, a título de exemplo, ver:
   Lederman, R.P. *American Journal of Obstetrics & Gynecology* 1978; 132: 495-500
   Lederman, R.P. *American Journal of Obstetrics & Gynecology* 1985; 153: 870-7
10. Hodnett, E.D. et al. *Journal of the American Medical Association* 2002; 288: 1.373-81
11. Brocklehurst, P. et al. *BMJ* 2011; 343: d7400
12. Symon, A. et al. *BMJ* 2009; 338: b2060
    Os bebês do grupo assistido pelas parteiras independentes apresentaram uma maior propensão a morrerem, mas os autores concluíram que isso se devia ao fato de que naquele grupo havia mais mulheres de "alto risco", com condições e complicações médicas preexistentes. Quando os pesquisadores desconsideraram esses casos de sua análise, a taxa de mortalidade de ambos os grupos passou a ser a mesma.
13. Olsen, O. & Clausen, J.A. *Cochrane Database of Systematic Reviews* 2012, n. 9, art. CD000352

14. "New Advice Encourages More Home Births", *NHS Choices*, 13 maio 2014. Disponível em: http://www.nhs.uk/news /2014/05 May/Pages/ New-advice-encourages-more-home-births.aspx
15. Meu filho nasceu na manhã de 18 de outubro de 2012. Minhas parteiras, Jacqui Tomkins e Elke Heckel, são da Casa de Parto de Londres (www.londonbirthpractice.co.uk). Tomkins é diretora das Parteiras Independentes Britânicas (IMUK) desde 2013, e em 2014 foi escolhida a parteira do ano pelo prêmio do British Journal of Midwifery, por seu empenho em garantir um seguro para as parteiras independentes.
16. Como no passado havia feito uma cesariana, minha segunda gravidez era considerada oficialmente como de "alto risco", uma vez que a cicatriz daquela cirurgia poderia se romper durante o parto, com sérias consequências para o bebê e para mim. De acordo com as diretrizes do NHS, eu não devia ter tentado dar à luz em casa. No entanto, meu companheiro e eu reunidos as evidências sobre a ruptura uterina e concluímos que, no nosso caso, esse risco a mais era muito pequeno. Decidimos — com o apoio da chefe da unidade de parteiras do meu hospital local — que para nós o risco era mais do que compensado pelos benefícios da assistência contínua domiciliar.
17. "NICE Confirms Midwife-led Care During Labour is Safest for Straightforward Pregnancies", *NICE Press Release*, 3 dez. 2014. Disponível em: https://www.nice.org.uk/news/press-and-media/midwife-care-during-labour-safest-women-straightforward-pregnancies
18. Hodnett, E.D. et al. *Journal of the American Medical Association* 2002; 288: 1.373-81
19. "The Cost of Having a Baby in the United States", *Truven Health Analytics Marketscan Study*, jan. 2013. Disponível em: http://transform.childbirthconnection.org/wp-content/uploads/2013/01/Cost--of-Having-a-Baby1.pdf
20. Entrevista por vídeo no Skype com Elvira Lang, 24 abr. 2014.
21. Lang, E.V. et al. *The Lancet* 2000; 355: 1.486-90
    Lang, E.V. et al. *Pain* 2006; 126: 155-64
    Lang, E.V. et al. *Journal of Vascular and Interventional Radiology* 2008; 19: 897-905
22. Lang, E.V. & Rosen, M.P. *Radiology* 2002; 222: 375-82

NOTAS

23. A empresa de Lang se chama Hypnalgesics (ver www.hypnalgesics. com). Lang também publicou dois livros sobre a conversa para confortar — *Patient Sedation Without Medication* (2011), voltado para os profissionais da medicina, e *Managing Your Medical Experience* (2014), escrito para os pacientes.
24. Lang, E.V. *Journal of Radiology Nursing* 2012; 31: 114-9
25. Lang, E.V. et al. *Pain* 2005; 114: 303-9
26. Oferecer ferramentas que os pacientes podem utilizar para ajudar a si mesmos, em vez de simplesmente bater um papo para tranquilizá-los, parece fazer toda a diferença. Em um estudo envolvendo 201 pacientes cujos tumores foram destruídos com a ajuda de substâncias químicas ou correntes elétricas, Lang incluiu um grupo de controle para receber uma "assistência empática", em que o uso de linguagem negativa era evitado e atendia-se rapidamente qualquer solicitação (Lang, E.V. et al. *Journal of Vascular and Interventional Radiology* 2008; 19: 897-905). Esses pacientes acabaram muito mais ansiosos do que aqueles que receberam apenas a assistência-padrão. Eles demandaram mais medicamentos e sofreram de tantas complicações — coisas como queda dos níveis de oxigênio, ou perigosos picos de pressão arterial — que Lang se viu forçada a interromper o estudo antes da hora (os pacientes do grupo da conversa para confortar, que ouviram também um roteiro de relaxamento, se saíram muito melhor do que o grupo da assistência-padrão). Lang diz que os enfermeiros do grupo da assistência empática tentaram confortar seus pacientes — falando de suas próprias experiências com enfermidades, por exemplo, ou acariciando a testa dos pacientes — e acha que isso interferiu no esforço dos próprios pacientes para se recuperarem. Isso não fazia parte da intervenção planejada, mas, "De uma hora para a outra, todos na sala queriam se mostrar supersimpáticos", conta ela, "e a verdade é que às vezes tudo o que um paciente quer é ficar sozinho".
27. Lang, E.V. et al. *Academic Radiology* 2010; 17: 18-23
28. Temel, J.S. et al. *The New England Journal of Medicine* 2010; 363: 733-42
29. Entrevista telefônica com Vicki Jackson, 16 dez. 2014.
30. Temel, J.S. et al. *The New England Journal of Medicine* 2010; 363: 733-42

Capítulo 8

1. Entrevista telefônica com Robert Kloner, 23 abr. 2013.
2. Kloner, R.A. et al. *Journal of the American College of Cardiology* 1997; 30: 1.174-80
3. Meisel, S.R. et al. *The Lancet* 1991; 338: 660-1
   Trichopoulos, D. et al. *The Lancet* 1983; 1: 441-4
   Suzuki, S. et al. *The Lancet* 1995; 345: 981
4. Ao procurar por um pico de mortes cardíacas em Nova York após os ataques terroristas de 11 de setembro de 2001, por exemplo, Kloner não encontrou nada. Ele supõe que isso se deva ao fato de que a maioria dos que estavam em perigo direto e, portanto, poderiam ter sofrido esse efeito — aqueles dentro das Torres Gêmeas — pereceram de um modo ou de outro quando os edifícios vieram abaixo.
5. Mais informações sobre os estudos de Whitehall estão disponíveis aqui: https://www.ucl.ac.uk/whitehallII
6. Bobak, M. & Marmot, M. *BMJ* 1996; 312: 421-5
7. Dhabhar, F.S. et al. *Psychoneuroendocrinology* 2012; 37: 1.345-68
8. Glaser, R. & Kiecolt-Glaser, J.K. *Nature Reviews Immunology* 2005; 5: 243-51
   Cohen, S. et al. *Journal of the American Medical Association* 2007; 298: 1.685-7
9. Cohen, S. et al. *Proceedings of the National Academy of Sciences* 2012; 109: 5.995-9
10. Christian, L.M. et al. *Neuroimmunomodulation* 2006; 13: 337-46
    Godbout, J.P. & Glaser, R. *Journal of Neuroimmune Pharmacology* 2006; 1: 421-7
11. McDade, T.W. *Proceedings of the National Academy of Sciences* 2012; 109, supl. 2: 17.281-8
12. Chung, H.Y. et al. *Ageing Research* 2009; 8: 18-30
13. Chida, Y. et al. *Nature Clinical Practice Oncology* 2008; 5: 466-75
    Heikkilä, K. et al. *BMJ* 2013; 346: f165
14. Jenkins, F.J. et al. *Journal of Applied Biobehavioral Research* 2014; 19: 3-23
15. Sloan, E.K. et al. *Cancer Research* 2010; 70: 7.042-52 (câncer de mama)

Lamkin, D.M. et al. *Brain, Behavior & Immunity* 2012; 26: 635-41 (leucemia linfoblástica aguda)
Kim-Fuchs, C. et al. *Brain, Behavior & Immunity* 2014; 40: 40-7 (câncer de pâncreas)
16. Lemeshow, S. et al. *Cancer Epidemiology, Biomarkers & Prevention* 2011; 20: 2.273-9
17. O papel de Blackburn na descoberta da função dos telômeros lhe rendeu uma parcela do Prêmio Nobel de Fisiologia ou Medicina em 2009.
18. Epel, E.S. et al. *Proceedings of the National Academy of Sciences* 2004; 101: 17.312-5
19. Sapolsky, R. *Proceedings of the National Academy of Sciences* 2004; 101: 17.323-4
20. Para uma revisão do assunto, ver: Lin, J. et al. *Mutation Research* 2012; 730: 85-9

    Há ainda pistas de como o estresse influencia os telômeros; em estudos conduzidos em laboratório, o hormônio do estresse cortisol reduz a atividade da telomerase, enquanto moléculas ligadas a inflamações erodem os telômeros diretamente. Tal processo parece funcionar numa via de mão dupla — quando os telômeros das células imunológicas ficam curtos demais, eles liberam substâncias químicas que aumentam as inflamações; ver: Rodier, F. & Campisi, J. *Journal of Cell Biology* 2011; 192: 547-56.
21. Essa declaração apareceu primeiro em "Can Meditation Really Slow Ageing?", de Jo Marchant, publicado pela Mosaic, 1° jul. 2014. Disponível em: http://mosaicscience.com/story/can-meditation-really-slow-ageing
22. Cawthon, R.M. et al. *The Lancet* 2003; 361: 393-5
23. Armanios, M. & Blackburn, E.H. *Nature Reviews Genetics* 2012; 13: 693-704
24. Codd, V. et al. *Nature Genetics* 2013; 45: 422-7
25. Epel, E.S. et al. *Aging* 2009; 1: 81-8

    Zhao, J. et al. *Diabetes* 2014; 63: 354-62
26. Classifica-se como "pobre" de acordo com a linha da pobreza estabelecida pelo governo federal — para uma família de quatro pessoas (com duas crianças), por exemplo, a definição em 2014 era de uma renda

anual inferior a 24.008 dólares. Para mais informações sobre os desafios econômicos enfrentados pelas comunidades rurais dos condados do cinturão negro, ver: Brody, G.H., Kogan, S.M. & Grange, C.M. (2012). "Translating Longitudinal, Developmental Research with Rural African American Families into Prevention Programs for Rural African American Youth". In V. Maholmes & R.B. King (Ed.), *Oxford Handbook of Poverty and Child Development*. Londres: Oxford University Press.

27. Entrevista telefônica com Gene Brody, 8 jan. 2015, e entrevista, Universidade Emory, Atlanta, 4 fev. 2014.
28. Brody, G.H., Kogan, S.M. & Grange, C.M. (2012). "Translating Longitudinal, Developmental Research with Rural African American Families into Prevention Programs for Rural African American Youth". In V. Maholmes & R.B. King (Ed.), *Oxford Handbook of Poverty and Child Development*. Londres: Oxford University Press.
29. Miller, G.E. et al. *Psychological Bulletin* 2011; 137: 959-97
30. A título de exemplo, ver: http://www.ted.com/talks/richard_wilkinson?language=en
31. Entrevista telefônica com Greg Miller, 4 dez. 2014.
    É possível encontrar um resumo dessa pesquisa em Marmot, M. *The Status Syndrome: How Social Standing Affects Our Health and Longevity* (2005), Holt Paperbacks.
32. Miller, G.E. et al. *Proceedings of the National Academy of Sciences* 2009; 106: 14.716-21
33. Osler, M. et al. *International Journal of Epidemiology* 2006; 35: 1.272-7
34. Kittleson, M.M. et al. *Archives of Internal Medicine* 2006; 166: 2.356-61
35. Lin, J. et al. *Mutation Research* 2012; 730: 85-9
36. Como exemplo, ver:
    Szanton, S.L. et al. *International Journal of Behavioral Medicine* 2012; 19: 489-95
    Chae, D.H. et al. *American Journal of Preventive Medicine* 2014; 46: 103-11
    Brody, G.H. et al. *Child Development* 2014; 85: 989-1.002
37. Blackburn, E.H. & Epel, E.S. *Nature* 2012; 490: 169-71
38. Essa declaração (bem como a que vem no parágrafo seguinte) apareceu primeiro em "Can Meditation Really Slow Ageing?", de Jo Mar-

chant, publicado pela Mosaic, 1° jul. 2014. Disponível em: http://mosaicscience.com/story/can-meditation-really-slow-ageing
39. Entrevista telefônica com Elissa Epel, 24 fev. 2014.
40. Esse conceito (assim como o exemplo com a esquiadora) é descrito em detalhes em: Jamieson, J.P. et al. *Current Directions in Psychological Science* 2013; 22: 51-6.
41. Entrevista telefônica com Wendy Mendes, 17 set. 2014.
42. Jamieson, J.P. et al. *Current Directions in Psychological Science* 2013; 22: 51-6
43. Jamieson, J.P. et al. *Journal of Experimental Social Psychology* 2010; 46: 208-12
44. Chen, E. et al. *Child Development* 2004; 75: 1.039-52
45. Miller, G.E. et al. *Psychological Bulletin* 2011; 137: 959-97
46. McEwen, B.S. & Gianaros, P.J. *Annals of the New York Academy of Sciences* 2010; 1186: 190-222
McEwen, B.S. & Morrison, J.H. *Neuron* 2013; 79: 16-29
47. Ganzel, B.L. et al. *NeuroImage* 2008; 40: 788-95
48. Miller, G.E. et al. *Psychological Bulletin* 2011; 137: 959-97
49. Sweitzer, M.M. et al. *Nicotine & Tobacco Research* 2008; 10: 1.571-5
50. Gianaros, P.J. et al. *Cerebral Cortex* 2011; 21: 896-910

Capítulo 9

1. Os parágrafos 1-2 e 18-19 deste capítulo foram adaptados de "Can Meditation Really Slow Ageing?", de Jo Marchant, publicado pela Mosaic, 1° jul. 2014. Disponível em: http://mosaicscience.com/story/can-meditation-really-slow-ageing
2. Entrevista telefônica com Mark Williams, 9 fev. 2009, confirmada por e-mail abr. 2015.
3. Pagnoni, G. et al. *PLoS One* 2008; 3: e3083
4. Declaração extraída do vídeo postado por Gareth Walker em: http://www.everyday-mindfulness.org/gareths-video-testimonial/ [acesso 2 abr. 2015]. As demais declarações de Walker são da minha entrevista, Barnsley, 23 jan. 2015.

5. Entrevista com Trudy Goodman, Santa Monica, 22 nov. 2013.
6. *National Health Statistics Reports*, n. 79, 10 fev. 2015. Disponível em: http://www.cdc.gov/nchs/data/nhsr/nhsr079.pdf
7. Ver Pickert, K. "The Mindful Revolution", revista *TIME*, 23 jan. 2014. Disponível em: http://time.com/1556/the-mindful-revolution/
8. Como exemplo, ver:
   Lauche, R. et al. *Journal of Psychosomatic Research* 2013; 75: 500-10
   Lerner, R. et al. *Cancer and Clinical Oncology* 2013; 2: 62-72
   Veehof, M.M. et al. *Pain* 2011; 152: 533-42
   Piet, J. et al. *Journal of Consulting and Clinical Psychology* 2012; 80: 1.007-20
   Hofmann, S.G. *Journal of Consulting and Clinical Psychology* 2010; 78: 169-83
   Chiesa, A. & Serretti, A. *The Journal of Alternative and Complementary Medicine* 2011; 17: 83-93
   Cramer, H. et al. *Current Oncology* 2012; 19: e343-51
9. For discussions of this see, for example:
   Blomfield, V. "Buddhism and the Mindfulness Movement: Friends or foes?", postagem em blog, 6 abr. 2012. Disponível em: http://www.wiseattention.org/blog/2012/04/06/buddhism-the-mindfulness-movement-friends-or-foes/
   "Mindfulness: Panacea or fad?", BBC Radio 4, 11 jan. 2015. Apresentado por Emma Barnett. Produzido por Phil Pegum. Disponível em: http://www.bbc.co.uk/programmes/b04xmqdd
10. Szalavitz, M. *Scientific American*, jul. 2014: 30-31
11. Barker, K. *Social Science & Medicine* 2014; 106: 168-76
12. Entrevista com Gareth Walker, Barnsley, Reino Unido, 23 jan. 2015.
13. Ver: http://www.everyday-mindfulness.org/
14. Entrevista com Willem Kuyken, Universidade de Exeter, 23 fev. Desde o nosso último encontro, Kuyken se mudou para Oxford e é atualmente diretor do Centro de Atenção Plena de Oxford.
15. Teasdale, J.D. et al. *Journal of Consulting and Clinical Psychology* 2000; 68: 615-23
    Ma, S.H. & Teasdale, J.D. *Journal of Consulting and Clinical Psychology* 2004; 72: 31-40

NOTAS

Ambos os estudos randomizados controlados compararam a MBCT à assistência-padrão, embora tenham desconsiderado pacientes tomando antidepressivos. Os estudos posteriores de Kuyken com a terapia compararam a MBCT ao tratamento com medicamentos.

16. Kuyken, W. et al. *Journal of Consulting and Clinical Psychology* 2008; 76: 966-78
17. Kuyken, W. et al. *The Lancet* 2015; doi: 10.1016/S0140-6736(14) 62222-4
18. Entrevista com Sara Lazar, Universidade Harvard, Boston, 27 maio 2014.
19. Essa declaração apareceu primeiro em "Can Meditation Really Slow Ageing?", de Jo Marchant, publicado pela Mosaic, 1° jul. 2014. Disponível em: http://mosaicscience.com/story/can-meditation-really--slow-ageing
20. Lutz, A. *Proceedings of the National Academy of Sciences* 2004; 101: 16.369-73
21. Lazar, S.W. et al. *NeuroReport* 2005; 16: 1.893-7
22. Eriksson, P.S. et al. *Nature Medicine* 1998; 4: 1.313-7
23. Hölzel, B.K. et al. *SCAN* 2010; 5: 11-7
    Hölzel, B.K. et al. *Psychiatry Research: Neuroimaging* 2011; 191: 36-43
24. Luders, E. *Annals of the New York Academy of Sciences* 2014; 1.307: 82-8
25. Gard, T. et al. *Frontiers in Aging Neuroscience* 2014; 6: 76
26. Mohr, D.C. et al. *BMJ* 2004; doi:10.1136/bmj.38041.724421.55
27. Buljevac, D. et al. *BMJ* 2003; 327: 646
28. Mohr, D.C. et al. *Neurology* 2012; 79: 412-9
29. Os resultados do retiro de meditação de três meses estudado por Blackburn e Epel estão relatados aqui: Jacobs, T.L. et al. *Psychoneuroendocrinology* 2011; 36: 664-81
    Outros exemplos de estudos sugerindo que a meditação pode intensificar a telomerase ou alongar os telômeros:
    Ornish, D. et al. *The Lancet Oncology* 2013; 14: 1.112-20
    Lavretsky, H. et al. *International Journal of Geriatric Psychiatry* 2013; 28: 57-65
30. Essa declaração (bem como a de Elizabeth Blackburn, no parágrafo seguinte) apareceu primeiro em "Can Meditation Really Slow Ageing?",

de Jo Marchant, publicado pela Mosaic, 1º jul. 2014. Disponível em: http://mosaicscience.com/story/can-meditation-really-slow-ageing
31. Entrevista com Elizabeth Blackburn, Paris, 23 out. 2013.
32. Kabat-Zinn, J. et al. *Psychosomatic Medicine* 1998; 60: 625-32
33. Davidson, R.J. et al. *Psychosomatic Medicine* 2003; 65: 564-70
34. Barrett, B. et al. *Annals of Family Medicine* 2012; 10: 337-46
35. Simpson, R. et al. *BMC Neurology* 2014; 14: 15
36. Entrevista telefônica com Robert Simpson, 7 jan. 2015.

Capítulo 10

1. Rosero-Bixby, L. "Costa Rican Nonagenarians: Are they the longest living male humans?" Trabalho apresentado na V Conferência Internacional de População da IUSSP, Tours, França, 2005.
2. Rosero-Bixby, L. et al. *Vienna Yearb. Popul. Res.* 2013; 11: 109-36
3. Dan Buettner relatou essa viagem em seu livro *Blue Zones: Lessons for Living Longer From the People Who've Lived the Longest*, publicado em 2010 pela National Geographic Society.
4. Rehkopf, D.H. et al. *Experimental Gerontology* 2013; 48: 1.266-73
5. Entrevista telefônica com Michel Poulain, 2 set. 2013.
6. House, J.S. et al. *American Journal of Epidemiology* 1982; 116: 123-40
7. House, J.S. et al. *Science* 1988; 241: 540-5
8. Holt-Lunstad, J. et al. *PLoS Medicine* 2010; 7: e1000316
9. Entrevista telefônica com Charles Raison, 30 mar. 2011, confirmada por e-mail em maio 2015. Essa declaração apareceu primeiro no artigo "Heal Thyself", de Jo Marchant, *New Scientist*, 27 ago. 2011, p. 30-4. Na época da entrevista, Raison era um professor da Universidade Emory em Atlanta, Geórgia. Hoje ele está na Universidade de Wisconsin-Madison.
10. Vespa, J. et al. *America's Families & Living Arrangements*: 2012. www.census.gov/prod/2013pubs/p20-570.pdf
11. McPherson, M. et al. *American Sociological Review* 2006; 71: 353-75
12. Eisenberger, N.I. et al. *Science* 2003; 302: 290-2
Eisenberger, N.I. & Cole, S.W. *Nature Neuroscience* 2012; 15: 1-6

13. Cacioppo, J.T. et al. *Annals of the New York Academy of Sciences* 2011; 1231: 17-22 Hawkley, L.C. & Cacioppo, J.T. *Annals of Behavioral Medicine* 2010; 40: 218-27
14. Entrevista telefônica com John Cacioppo, 21 abr. 2011.
15. Essa declaração apareceu primeiro no artigo "Heal Thyself", de Jo Marchant, *New Scientist*, 27 ago. 2011, p. 30-4.
16. Luo, Y. et al. *Social Science & Medicine* 2012; 74: 907-14
17. Cole, S.W. et al. *Genome Biology* 2007; 8: R189
18. Entrevista com Steve Cole, Universidade da Califórnia em Los Angeles (UCLA), 21 nov. 2013.
19. Cole, S.W. et al. *Proceedings of the National Academy of Sciences* 2011; 108: 3.080-5
20. Cole, S.W. *PLoS Genetics* 2014; 10: e1004601
21. Antoni, M.H. et al. *Biological Psychiatry* 2012; 71: 366-72
22. Entrevistas telefônicas com Michael Antoni, 18 set. 2013 e 6 mar. 2014.
23. Essa declaração apareceu primeiro em "The Pursuit of Happiness", de Jo Marchant, *Nature* 2013; 503: 458-60.
24. Spiegel, D. et al. *The Lancet* 1989; 334: 888-91
25. Essa foi a contagem de David Spiegel quando o entrevistei no Instituto Curie, Paris, 23 out. 2013. Entre os estudos negativos havia um de grande porte, realizado no Canadá, com 235 mulheres com câncer de mama metastático e publicado em 2011 (Goodwin, P.J. et al. *New England Journal of Medicine* 2001; 345: 1.719-26), além da tentativa do próprio Spiegel de repetir seu estudo de 1989, contando com 125 mulheres com essa doença e publicado em 2007 (Spiegel, D. et al. *Cancer* 2007; 110: 1.130-7). Segundo Spiegel, existem problemas em alguns desses estudos — por exemplo, que a intervenção em análise não provocou quaisquer mudanças psicológicas, de modo que tampouco se poderia esperar qualquer efeito físico.

O mais proeminente dos estudos positivos foi publicado em 2008 e conduzido por Barbara Andersen, da Universidade do Estado de Ohio, envolvendo 227 mulheres com câncer de mama não metastático (Andersen, B.L. et al. *Cancer* 2008; 113: 3.450-8). Elas passaram por um programa que visava proporcionar apoio social e ajudar a lidar com o estresse no dia a dia. Andersen acompanhou essas mulheres por onze anos. Foi identificada uma melhora no seu estado de espírito e em suas reações imunitárias, e a média de expectativa de vida aumentou em seis meses, de 2,2 anos no grupo de controle para 2,8 no grupo da terapia. O cético James Coyne criticou a análise estatística empregada nesse estudo, argumentando que as informações não mostravam resultado positivo algum (Stefanek, M.E. et al. *Cancer* 2009; 115: 5.612-6).

26. Aizer, A.A. et al. *Journal of Clinical Oncology* 2013; 31: 3.869-76
    No caso dos cânceres de próstata, de mama, colorretal, de esôfago e de cabeça/pescoço, os autores concluíram que o benefício do casamento para a sobrevivência era maior do que aquele publicado em relação à quimioterapia.
27. Entrevista com David Spiegel, Instituto Curie, Paris, 23 out. 2013.
28. Entrevista telefônica com James Coyne, 19 set. 2013.
29. Buchen, L. *Nature* 2010; 467: 146-8
30. McGowan, P.O. et al. *Nature Neuroscience* 2009; 12: 342-8
31. Lam, L.L. et al. *Proceedings of the National Academy of Sciences* 2012; 109: 17.253-60
    Romans, S.E. et al. *Child Development* 2014; 86: 303-9
    Naumova, O.Y. et al. *Development & Psychopathology* 2012; 24: 143-55
    Fraga, M.F. et al. *Proceedings of the National Academy of Sciences* 2005; 102: 10.604-9
32. Um dos primeiros a publicar essa ideia foi o biólogo Bruce Lipton, em seu livro de 2005 *The Biology of Belief: Unleashing the Power of Consciousness, Matter & Miracles*. É atualmente um argumento muito comum em sites sobre Nova Era e saúde em geral — por exemplo, ver:
    http://www.abundance-and-happiness.com/epigenetics.html
    http://healthscamsexposed.com/2014/06/epigenetics-proves-cancer-is-not-mysterious-or-inevitable/
    http://healingthecause.blogspot.co.uk/2014/03/ancestral-healing-epigenetics.html
33. Tais ideias são discutidas em maior profundidade em:
    Cole, S.W. *Current Directions in Psychological Science* 2009; 18: 132-7
    Cole, S.W. *PLoS Genetics* 2014; 10: e1004601

34. Brody, G.H., Kogan, S.M. & Grange, C.M. (2012). "Translating Longitudinal, Developmental Research with Rural African American Families into Prevention Programs for Rural African American Youth". In V. Maholmes & R.B. King (Ed.), *Oxford Handbook of Poverty and Child Development*. Londres: Oxford University Press.

    Vários outros estudos, como, por exemplo, o de Greg Miller, da Universidade Northwestern, também revelaram que uma criação amorosa ou educadora protege as pessoas contra os efeitos biológicos do estresse ao longo da vida.

    Miller, G.E. & Chen, E. *Child Development Perspectives* 2013; 7: 67-73
35. Brody, G.H. et al. *Journal of Adolescent Health* 2008; 43: 474-81
36. Miller, G.E. et al. *Proceedings of the National Academy of Sciences* 2014; 111: 11.287-92
37. Entrevista telefônica com Greg Miller, 4 dez. 2014.
38. Acredita-se que tanto a solidão quanto o estresse crônico aumentam o risco de demência. Para exemplos, ver:

    Holwerda, T.J. et al. *Journal of Neurology, Neurosurgery and Psychiatry* 2014; 85:135-42

    Greenberg, M.S. et al. *Alzheimer's & Dementia* 2014; 10: S155-S165
39. Entrevista telefônica com Michelle Carlson, 24 fev. 2015.
40. Fried, L.P. et al. *Journal of Urban Health* 2004; 81: 64-78

    Carlson, M.C. et al. *Journal of Gerontology: Medical Sciences* 2009; 64: 1.275-82
41. Carlson, M.C. et al. *Alzheimers & Dementia*. No prelo.
42. Entrevista telefônica com Lobsang Negi, 10 dez. 2014, e entrevista, Universidade Emory em Atlanta, Geórgia, 3 fev. 2015.
43. Para mais informações sobre o CBCT, ver: http://tibet.emory.edu/cognitively-based-compassion-training/index.html
44. Pace, T.W.W. et al. *Psychoneuroendocrinology* 2009; 34: 87-98
45. Pace, T.W.W. et al. *Psychoneuroendocrinology* 2013; 38: 294-9
46. Mascaro, J.S. et al. *SCAN* 2013; 8: 48-55
47. Entrevista com Brendan Ozawa-de Silva, Atlanta, 4 e 5 fev. 2015.

Capítulo 11

1. Novella, S. "Energy Medicine: Noise-based pseudoscience", blog científico de medicina, 12 dez. 2012. Disponível em: https://www.sciencebasedmedicine.org/energy-medicine-noise-based-pseudoscience/
2. Os detalhes da história de Janice (esse não é o seu nome verdadeiro) aqui relatados foram extraídos da versão digital do livro de Kevin Tracey *Fatal Sequence: The Killer Within*, publicado pela Dana Press em 2005. Tracey observa na introdução do livro que não foram feitas gravações ou anotações durante a internação de Janice, de modo que ele precisou reconstituir os fatos utilizando a memória.
3. Levinson, A.T. et al. *Seminars in Respiratory and Critical Care Medicine* 2011; 32: 195-205
4. Tracey, K. *Fatal Sequence*, cap. 5, posição 1.294
5. Tracey, K. *Fatal Sequence*, introdução, posição 70
6. Lehrer, P. *Biofeedback* 2013; 41: 88-97
7. Vaschillo, E. et al. *Applied Psychophysiology & Biofeedback* 2002; 27: 1-27
8. Lehrer, P. *Biofeedback* 2013; 41: 26-31
9. Thayer, J.F. & Lane, R.D. *Biological Psychology* 2007; 74: 224-42
10. Entrevista telefônica com Paul Lehrer, 26 jan. 2015.
11. Del Pozo, J.M. et al. *American Heart Journal* 2004; 147: E11
    Lin, G. et al. *Journal of Alternative & Complementary Medicine* 2012; 18: 143-52
12. Gevirtz, R. *Biofeedback* 2013; 41: 110-20
13. Benson, H. *The Relaxation Response*, Avon Books, 1976, p. 83
14. Como exemplo, ver:
    Benson, H. et al. *The Lancet* 1974; i: 289-91
    Benson, H. et al. *Journal of Chronic Diseases* 1974; 27: 163-9
15. Benson descreve os resultados de seus primeiros estudos em seu livro de 1976, *The Relaxation Response* (p. 87-95). Por exemplo: o consumo de oxigênio caiu de forma abrupta em 10-20% durante a meditação (comparado a cerca de 8% durante o sono). Ondas cerebrais lentas chamadas ondas alfa aumentaram em intensidade. Os níveis de ácido lático no sangue (um produto de excreção do metabolismo)

caíram em quase 40%. A frequência cardíaca desacelerou numa média de cerca de três batidas por minuto.
16. Park, G. & Thayer, J.F. *Frontiers in Psychology* 2014; 5: 278
Porges, S.W. *Biological Psychology* 2007; 74: 116-43
17. Thayer, J.F. et al. *Neuroscience and Biobehavioral Reviews* 2012; 36: 747-56
18. Lehrer, P. *Psychosomatic Medicine* 1999; 61: 812-21
19. Gevirtz, R. *Biofeedback* 2013; 41: 110-20
20. Tracey, K. *Fatal Sequence*, cap. 7, posição 1.885
21. Tracey, K. *Fatal Sequence*, cap. 8, posição 2.307
22. Tracey, K. *Fatal Sequence*, cap. 9, posição 2.467
23. Watkins, L.R. et al. *Neuroscience Letters* 1995; 183: 27-31
24. Borovikova, L. et al. *Nature* 2000; 405: 458-62
25. Tracey, K.J. *Nature* 2002; 420: 853-9
26. Tracey conta essa história em Tracey, K. "Shock Medicine", *Scientific American* mar. 2015, p. 28-35.
27. Kok, B.E. & Fredrickson, B.L. *Biological Psychology* 2010; 85: 432-6
28. Kok, B.E. et al. *Psychological Science* 2013; 24: 1.123-32
29. Entrevista telefônica com Bethany Kok, 8 dez. 2014.
30. Ver: http://www.heartmath.com/science-behind-emwave/
31. Tais ideias são discutidas nessa mesma entrevista com Rollin McCraty, diretor de pesquisas da HeartMath, em "Sufism: An inquiry" (v. 16, n. 2, p. 33-58). Disponível em: http://issuu.com/iasufism/docs/sufism.vol16.2
Ver também:
McCraty, R. et al. *The Journal of Alternative & Complementary Medicine* 2004; 10: 133-43
McCraty, R. et al. *The Journal of Alternative & Complementary Medicine* 2004; 10: 325-36
McCraty, R. & Childre, D. *Alternative Therapies in Health and Medicine* 2010; 16: 10-24
32. Por exemplo:
Farkas, B. "Is Heartmath's emWave Personal Stress Reliever Scientific?", blog James Randi Educational Foundation, 31 jan. 2011. Disponível em: http://archive.randi.org/site/index.php/swift-blog/1202--is-heartmaths-emwave-personal-stress-reliever-scientific-.html

Novella, S. "Energy Medicine: Noise-based pseudoscience", blog científico de medicina, 12 dez. 2012. Disponível em: https://www.sciencebasedmedicine.org/energy-medicine-noise-based-pseudoscience/
33. Xin, W. et al. *American Journal of Clinical Nutrition* 2013; 97: 926-35
34. Entrevista em vídeo para a Sky News. Disponível em: http://news.sky.com/story/1396464/nerve-hack-offers-arthritis-sufferers-hope
35. Koopman, F. A. et al. *Arthritis & Rheumatism* 2012; 64, supl. 10: 581
36. Moore, T. "'Nerve hack' Offers Arthritis Sufferers Hope", Sky News, 23 dez. 2014. Disponível em: http://news.sky.com/story/1396464/nerve-hack-offers-arthritis-sufferers-hope
37. Tracey, K. "Shock Medicine", *Scientific American* mar. 2015, p. 28-35
38. Fritz, J.R. & Huston, J.M. *Bioelectronic Medicine* 2014; 1: 25-9
39. Miller, L. & Vegesna, A. *Bioelectronic Medicine* 2014; 1: 19-24
40. Behar, M. "Can the Nervous System Be Hacked?", *New York Times*, 23 maio 2014. Disponível em: http://www.nytimes.com/2014/05/25/magazine/can-the-nervous-system-be-hacked.html
41. Martin, J.L.R. & Martín-Sánchez. E. *European Psychiatry* 2012; 27: 147-55
42. Behar, M. "Can the Nervous System Be Hacked?", *New York Times*, 23 maio 2014. Disponível em: http://www.nytimes.com/2014/05/25/magazine/can-the-nervous-system-be-hacked.html
43. Weintraub, A. "Brain-altering Devices May Supplant Drugs — and Pharma is OK With That", Forbes.com, 24 fev. 2015. Disponível em: http://www.forbes.com/sites/arleneweintraub/2015/02/24/brain-altering-devices-may-supplant-drugs-and-pharma-is-ok-with-that/
Tracey, K. "Shock Medicine", *Scientific American* mar. 2015, p. 28-35
44. Guerrini, F. "DARPA's ElectRx Project: Self-Healing Bodies through Targeted Stimulation of the Nerves", Forbes.com, 29 ago. 2014. Disponível em: http://www.forbes.com/sites/federicoguerrini/2014/08/29/darpas-electrx-project-self-healing-bodies-through-targeted-stimulation-of-the-nerves/
45. Tracey, K. *Fatal Sequence*, cap. 10, posição 2.820
46. Ver, por exemplo:
Nolan, R.P. et al. *Journal of Internal Medicine* 2012; 272: 161-9
Lehrer, P. et al. *Applied Psychophysiology and Biofeedback* 2010; 35: 303-15

Kox, M. et al. *Psychosomatic Medicine* 2012; 74: 489-94
Olex, S. et al. *International Journal of Cardiology* 2013; 18: 1.805-10
47. Behar, M. "Can the Nervous System Be Hacked?", *New York Times*, 23 maio 2014. Disponível em: http://www.nytimes.com/2014/05/25/magazine/can-the-nervous-system-be-hacked.html
48. Tracey, K. *Fatal Sequence*, cap. 10, posição 2.908

Capítulo 12

1. Dawkins, R. *The God Delusion* (2006), Bantam Press. Publicado no Brasil como *Deus, um delírio*, pela Companhia das Letras, em 2007. Hawking, S. & Mlodinow, L. *The Grand Design* (2010), Bantam Press. Publicado no Brasil como *O grande projeto*, pela Nova Fronteira, em 2011.
2. "Religion, Spirituality and Public Health: Research, applications and recommendations". Depoimento de Harold G. Koenig para o Subcomitê de Pesquisa e Educação Científica da Câmara dos Deputados dos Estados Unidos, 18 set. 2008. Disponível em: https://science.house.gov/sites/republicans.science.house.gov/files/documents/hearings/091808_koenig.pdf
3. Por exemplo: um estudo realizado em 2011 com 36 mil adultos da Noruega descobriu que, quanto maior a sua frequência na igreja, mais baixa a sua pressão arterial: Sorensen, T. et al. *The International Journal of Psychiatry in Medicine* 2011; 42: 13-28.
   Um outro estudo, envolvendo quase quarenta mil pessoas de 22 países, revelou que aquelas que iam mais à igreja relatavam estados de saúde mais positivos: Nicholson, A. et al. *Social Science & Medicine* 2009; 69: 519-28.
   Para uma revisão, ver Koenig, H.G. et al. *Handbook of Religion and Health* (2012), Oxford University Press.
4. A título de exemplo, ver Sloan, R.P. et al. *The Lancet* 1999; 353: 664-7.
5. "Religion, Spirituality and Public Health: Research, applications and recommendations". Depoimento de Harold G. Koenig para o Subcomitê de Pesquisa e Educação Científica da Câmara dos Deputados dos Estados Unidos, 18 set. 2008. Disponível em: https://science.

house.gov/sites/republicans.science.house.gov/files/documents/hearings/091808_koenig.pdf
6. Entrevista telefônica com Richard Sloan, 28 fev. 2015.
7. Chida, Y. et al. *Psychotherapy & Psychosomatics* 2009; 78: 81-90
8. Pesquisa de opinião pública da Fox News, 2011, questão 29. Disponível em: http://www.foxnews.com/politics/2011/09/07/fox-news-poll-most-believe-prayer-heals-45-believe-in-creationism.html
9. Essa declaração, bem como a do parágrafo anterior, foi extraída de uma entrevista realizada em 2005 com Sheri Kaplan e publicada na página TheBody.com, disponível em: http://www.thebody.com/hivawards/winners/skaplan.html
   A informação biográfica fornecida nessa seção provém desse mesmo artigo, bem como de dois outros: Cheakalos, C. "Positive Approach: Sheri Kaplan gives heterosexuals with HIV a place to celebrate the joys of life", *People*, 4 mar. 2002. Disponível em: http://www.people.com/people/archive/article/0,,20136502,00.html
   Bradley Hagerty, B. "Can Positive Thoughts Help Heal Another Person?", *NPR*, 21 maio 2009. Disponível em: http://www.npr.org/templates/story/story.php?storyId=104351710
   Não consegui contatar Sheri para saber como ela está atualmente.
10. *Spiritual Transformation and Healing: Anthropological, Theological, Neuroscientific and Clinical Perspectives*. Koss-Chioino, J. & Hefner, P. J. (Ed.), AltaMira Press (2006), p. 245.
    (Nessa obra, Sheri recebeu o nome de "Susan".)
11. Cotton, S. et al. *Journal of General Internal Medicine* 2006; 21: S5-13
12. Ironson, G. et al. *Journal of General Internal Medicine* 2006; 21: S62-68
13. Sloan, E. et al. 2007. "Psychobiology of HIV infection". In Ader, R. (ed.), *Psychoneuroimmunology*. Academic Press, San Diego, p. 869-95
    Cole, S.W. *Psychosomatic Medicine* 2008; 70: 562-8
14. Leserman, J. et al. *Psychological Medicine* 2002; 32: 1.059-73
15. Carrico, A.W. & Antoni, M.H. *Psychosomatic Medicine* 2008; 70: 575-84
    Creswell, J.D. et al. *Brain, Behavior and Immunity* 2009; 23: 184-8
16. Entrevista telefônica com Andrew Newberg, 10 mar. 2014.
17. Pargament, K.I. et al. *Archives of Internal Medicine* 2001; 161: 1.881-5

18. Ironson, G. et al. *Journal of Behavioral Medicine* 2011; 34: 414-25
19. Ironson, G. et al. *Journal of Behavioral Medicine* 2011; 34: 414-25
20. Wachholtz, A.B. & Pargament, K.I. *Journal of Behavioral Medicine* 2005; 28: 369-84
21. Wachholtz, A.B. & Pargament, K.I. *Journal of Behavioral Medicine* 2008; 31: 351-66
22. Entrevista telefônica com Kenneth Pargament, 12 mar. 2014.
23. Wachholtz, A.B. & Pargament, K.I. *Journal of Behavioral Medicine* 2005; 28: 369-84
24. Pargament, K.I. & Mahoney, A. *The International Journal for the Psychology of Religion* 2005; 15: 179-98
25. Jacobs, T.L. et al. *Psychoneuroendocrinology* 2011; 36: 664-81
26. Entrevista telefônica com Clifford Saron, 4 abr. 2014.
27. Essa declaração apareceu primeiro em "How Meditation Might Ward Off the Effects of Ageing", de Jo Marchant, *Observer*, 24 abr. 2011. Disponível em: http://www.theguardian.com/lifeandstyle/2011/apr/24/meditation-ageing-shamatha-project
28. Fredrickson, B.L. et al. *Proceedings of the National Academy of Sciences* 2013; 110: 13.684-9
    Marchant, J. "The Pursuit of Happiness", *Nature* 2013; 503: 458-60
29. Cacioppo, J. & Patrick, W. *Loneliness: Human Nature and the Need for Social Connection* (2008), p. 262.
30. Entrevista com Alessandro de Franciscis, Departamento Médico de Lourdes, 12 jun. 2015.
31. Esse relato foi extraído de uma palestra da qual Vittorio Micheli participou na Igreja de Nossa Senhora de Lourdes, Dublin, 23 maio 2014.
32. Entrevista com Tim Briggs, Hospital Real Nacional de Ortopedia, Stanmore, Middlesex, 16 jan. e 20 fev. 2015.

Conclusão

1. "Lending a hand that heals", King5, 16 set. 2014. Disponível em: http://www.king5.com/story/entertainment/television/programs/evening-magazine/2014/09/16/lending-a-hand-that-heals/15740091/

Para mais informações sobre Mary Lee McRoberts e seu trabalho, favor ver: http://www.maryleemcroberts.com/

2. Enquanto estudos mal estruturados por vezes mostram pacientes se beneficiando do reiki, uma vez analisados estudos de alta qualidade — em que se comparam o reiki e uma terapia falsa — os benefícios desaparecem. Edzard Ernst e seus colegas empreenderam uma revisão sistemática dos estudos randomizados controlados em 2008 (Lee, M.S. et al. *The International Journal of Clinical Practice* 2008; 62: 947-54). Em geral, esses ensaios clínicos mostravam que o reiki verdadeiro funcionava tanto quanto o falso. Houve alguns resultados positivos para o reiki, mas tratava-se de casos isolados, em que um determinado benefício poderia aparecer em um ensaio e não se repetir nos demais. A maioria desses estudos possuía falhas, como ser de pequeno porte, mal estruturado ou apresentar informações de forma inadequada. Os autores concluíram que "o valor do reiki permanece sem comprovação".

3. Uma das análises mais rigorosas dessa terapia foi publicada em 2005 (Shang, A. et al. *The Lancet* 2005; 366: 726-32). Ela agrupava 110 estudos randomizados controlados sobre a homeopatia e os comparava a 110 ensaios clínicos equivalentes utilizando medicamentos convencionais. Quando os autores limitaram a análise a estudos de "alta qualidade", os medicamentos convencionais se saíram perceptivelmente melhor do que o placebo, enquanto os remédios homeopáticos demonstraram benefícios ínfimos, consistindo em nenhuma diferença em relação ao placebo (sobretudo quando se leva em conta que ensaios positivos têm mais chances de serem publicados que os negativos).
Houve outras metanálises e revisões sistemáticas de ensaios clínicos, mas nenhum jamais mostrou evidências convincentes de que a homeopatia funciona melhor que o placebo. Tampouco os cientistas sequer conseguiram encontrar qualquer diferença mensurável entre os remédios homeopáticos e líquidos ou comprimidos inertes.

4. Abbot, N.C. et al. *Pain* 2001; 91: 79-89
Ernst já se aposentou, mas trabalha como professor emérito de medicina complementar na Universidade de Exeter. Para mais informações sobre o seu trabalho, ver: http://edzardernst.com

NOTAS

5. Ernst, E. "Running on faith", *The Guardian*, 15 fev. 2005. Disponível em: http://www.theguardian.com/society/2005/feb/15/health.medicineandhealth1
6. Ver, por exemplo, a página da nova medicina germânica a respeito do câncer de mama: http://www.newmedicine.ca/breast.php
7. Várias famílias afirmam que seus parentes morreram após recusar tratamentos convencionais por orientação de Ryke Hamer; como exemplo, ver: http://www.ariplex.com/ama/amamiche.htm
Entre as mortes resultantes de assistência alternativa aconselhada por outros médicos estão incluídas:
Sheldon T. "Dutch Doctor Struck Off for Alternative Care of Actor Dying of Cancer", *BMJ* 2007; 335: 13
"Alternative Cure Doctor Suspended", BBC News, 29 jun. 2007. Disponível em: http://news.bbc.co.uk/1/hi/england/london/6255356.stm
8. Schmidt, K. & Ernst, E. *BMJ* 2002; 325: 597
9. Jones, M. "Malaria Advice 'risks lives'", *Newsnight*, BBC2, 13 jul. 2006.
10. A título de exemplo, ver:
Kent, G.P. *American Journal of Epidemiology* 1988; 127: 591-8
Ernst, G. et al. *Complementary Therapies in Medicine* 2003; 11: 93-7
11. McRoberts afirma não ter dúvida de que os espíritos com os quais ela se comunica não lhe mostrariam algo que pudesse causar algum tipo de mal a um paciente. "Minhas informações vêm diretamente do outro plano", diz ela, "e confio plenamente que elas sejam bem como deviam ser. Se eu estivesse usando minha mente para pensar no que fazer com o cliente, isso seria uma outra história. Mas eu desligo a minha mente quando me conecto e permito a comunicação direta." E-mail de Mary Lee McRoberts, 29 ago. 2015.
12. Para uma discussão sobre a história e o mecanismo por trás da acupuntura, ver: Singh, S. & Ernst, E. *Trick or Treatment*, 2008, cap. 2, p. 39-88.
13. Para a maior parte dos casos, não há evidência em estudos de alta qualidade de que a acupuntura funcione melhor do que o placebo. No entanto, para alguns tipos de dores crônicas e náuseas, ela pode despertar um efeito físico bem como um de tipo psicológico. Uma

revisão sistemática realizada em 2012 de 29 ensaios clínicos envolvendo dores crônicas e contando com 17.922 pacientes (Vickers, A.J. et al. *Archives of Internal Medicine* 2012; 172: 1.444-53) revelou que a acupuntura de verdade funciona um pouco melhor do que a de mentira (e ambas funcionam melhor do que nenhuma acupuntura — foi o caso do grupo de controle). Os autores concluíram que, embora a maior parte do benefício da acupuntura se deva ao efeito placebo, as agulhas talvez tenham um efeito modesto, também.
14. Entrevista com Deming Huang, Centro de Medicina Integrativa de Stanford (SCIM), Stanford, Califórnia, 26 nov. 2013.
15. Freedman, D.H. "The Triumph of New-age Medicine", *The Atlantic*, jul./ago. 2011. Disponível em: http://www.theatlantic.com/magazine/archive/2011/07/the-triumph-of-new-age-medicine/308554/
16. Entrevista com Jeremy Howick, Oxford, 20 abr. 2015.
17. Stroud, L.R. et al. *Biological Psychiatry* 2002; 52: 318-27
    Kudielka, B.M. et al. *Biological Psychology* 2005; 69: 113-32
18. Entrevista por e-mail com Elissa Epel, 9 abr. 2015.
19. Entrevista telefônica com Jeff Sloan, 25 fev. 2015.
20. Ver também o trabalho de Sloan com as medições da qualidade de vida:
    Frost, M.H. & Sloan, J.A. *The American Journal of Managed Care* 2002; 8: 5.574-9
    Sloan, J.A. et al. *Journal of Clinical Oncology* 2012; 30: 1.498-504
21. Heathcote, E. *BMJ* 2006; 333: 1.304-5
22. Thomas Bodenheimer, da UCSF, estimou esse número em 70% em 2000 (Bodenheimer, T. *New England Journal of Medicine* 2000; 342: 1.539-44). John Abramson, da Harvard, autor do livro *Overdosed America* (2004), diz que em 2009 essa estimativa havia alcançado os 85%. Ver: http://www.ourbodiesourselves.org/health-info/who-paid-for-that-study/
23. O orçamento anual do Centro Nacional de Saúde Complementar e Integrativa em 2015 era de 124,1 milhões de dólares (0,4% do orçamento anual dos NIH, de trinta bilhões). Não consegui obter os números exatos de quanto disso é gasto em estudos com terapias de trabalho com a mente e o corpo, mas, de acordo com o terceiro plano estratégico do centro (2011-2015), o dinheiro é dividido entre duas

áreas principais de pesquisa — a das terapias de trabalho com a mente e o corpo e a de produtos naturais. Parte do dinheiro também vai para coisas como estudar quantas pessoas utilizam a medicina complementar e alternativa (MCA) e disseminar informações sobre intervenções da MCA com base em evidências.
Ver: https://nccih.nih.gov/sites/nccam.nih.gov/files/about/plans/2011/NCCAM_SP_508.pdf

24. Shang, A. et al. *The Lancet* 2005; 366: 726-32
O autores reuniram 110 estudos randomizados controlados e os compararam a 110 ensaios clínicos equivalentes utilizando medicamentos convencionais. Dos estudos com a homeopatia, 21 foram considerados de "alta qualidade", comparados a apenas nove dos ensaios com medicamentos.

25. Entrevista por vídeo no Skype com Elvira Lang, 24 abr. 2014.

26. Entrevista telefônica com Ellen Hodnett, 10 mar. 2014.

27. Entrevista com Bill Eley, Universidade Emory em Atlanta, Geórgia, 5 fev. 2015.

28. Pelo menos quatrocentos médicos americanos cometem suicídio todo ano (o equivalente a perder uma faculdade de medicina inteira); o dobro do risco enfrentado pela população geral.
Andrew, L.B. et al. "Physician Suicide", *Medscape* 2014. Disponível em: http://emedicine.medscape.com/article/806779-overview
Médicos jovens são particularmente vulneráveis, com os problemas começando na instituição de ensino. Em um estudo realizado em 2009, quase 10% dos alunos de medicina e internos do quarto ano admitiram ter pensado em suicídio nas últimas duas semanas.
Goebert, D. et al. *Academic Medicine* 2009; 84: 236-41
Estima-se que o esgotamento profissional (*burnout*) — uma síndrome psicológica que inclui exaustão emocional e despersonalização — afete cerca de metade dos estudantes de medicina, e mais de um terço dos médicos.
Hojat, M. et al. *International Journal of Medical Education* 2015; 6: 12-6
Pesquisas recentes sugerem que a perda de empatia pelos pacientes possa ser um fator contribuinte para o esgotamento profissional. Em

estudos com varreduras do cérebro, os médicos em geral apresentam atividade cerebral de empatia menor do que os outros ao verem fotos de pessoas sofrendo, e há uma relação entre os níveis mais baixos de atividade cerebral de empatia e um esgotamento profissional mais severo.
Tei, S. et al. *Translational Psychiatry* 2014; 4: e393
29. Em 2013, os Estados Unidos gastaram 2,9 trilhões de dólares em planos de saúde, ou 17,4% do PIB, ver: http://www.cms.gov/Research-Statistics-Data-and-Systems/Statistics-Trends-and-Reports/NationalHealth- ExpendData/downloads/highlights.pdf
Para uma comparação com outros países, ver: http://data.worldbank.org/indicator/SH.XPD.TOTL.ZS
30. Ver: http://www.cdc.gov/nchs/fastats/drug-use-therapeutic.htm
Ver também Thompson, D. "Prescription Drug Use Continues to Climb in US", WebMD News, 14 maio 2014. Disponível em: http://www.webmd.com/news/20140514/prescription-drug-use-continues-to-climb-in-us
31. Budnitz, D.S. et al. *New England Journal of Medicine* 2011; 365: 2.002-12
32. Schork, N.J. *Nature* 2015; 520: 609-11
33. Gøtzsche, P.C. *BMJ* 2015; 350: h2435
34. James, J.T. *Journal of Patient Safety* 2013; 9: 122-8
Para mais estatísticas sobre as principais causas de morte, ver: http://www.cdc.gov/nchs/fastats/leading-causes-of-death.htm
35. http://www.fda.gov/Drugs/DevelopmentApprovalProcess/DevelopmentResources/DrugInteractionsLabeling/ucm-114848.htm
Os números datam do ano 2000; atualmente devem ser ainda maiores.
36. Ver Young, E. *SANE: How I Shaped Up My Mind, Improved My Mental Strength and Found Calm* (2015) para uma fascinante exploração científica de como fatores físicos — como dieta, exercícios físicos e sono — podem influenciar a mente.

AGRADECIMENTOS

Ao trabalhar neste livro, fiquei impressionada e maravilhada com a generosidade daqueles que passaram seu tempo respondendo às minhas perguntas e compartilhando comigo suas ideias e experiências. O resultado final, *Cura*, não existiria sem o conhecimento, a paciência e o apoio de inúmeros indivíduos, e espero que ele faça jus à confiança que depositaram em mim.

Em primeiro lugar, obrigada aos cientistas e profissionais médicos que tiraram um tempo de suas agendas ocupadas para me explicar seu trabalho e me convidaram para entrar em seus laboratórios e consultórios. Sou particularmente grata a Fabrizio Benedetti por me acolher no platô Rosà; a Elisa Frisaldi e Elisa Carlino por me permitirem assistir a seus experimentos no Hospital Molinette, em Turim; a Ted Kaptchuk e Nicholas Humphrey por partilharem seus pontos de vista sobre os placebos em Cambridge, Massachusetts, e Cambridge, Reino Unido, respectivamente; a Manfred Schedlowski e sua equipe da Universidade de Essen por me deixarem provar sua famosa bebida verde; e a Peter Whorwell e Pamela Cruickshanks por me apresentarem a seus pacientes em Manchester.

Estou em semelhante dívida com David Patterson, Sam Sharar, Christine Hoffer, Hunter Hoffman e todos do Harborview por me mostrarem o potencial dos mundos virtuais; Elvira Lang, da Hypnalgesics, além de Kelly Bergeron e Pamela Kuzia, no Centro Médico de Boston, por me deixarem testemunhar o uso da conversa para confortar; Patricia Saintey, do Heartfelt Consulting, por demonstrar o biofeedback da variabilidade da frequência cardíaca; Steve Cole por se colocar à disposição para as nossas várias entrevistas e pelo passeio pela UCLA; Lobsang Negi, Bill Eley, Brendan Ozawa-de Silva, Samuel Fernandez-Carriba, Jennifer Mascaro e, especialmente, Timothy Harrison por me apresentarem o CBCT. Muitíssimo obrigada também a Michael Moran e seus colegas por me permitirem o privilégio de visitar e servir como voluntária em Lourdes. Fiquei deslumbrada com a sua compaixão e devoção.

Muitos outros ofereceram seu tempo e experiência enquanto eu trabalhava no livro, bem como artigos que alimentaram estas histórias. Aqui se incluem Jerry Jarvik, David Kallmes, David Spiegel, Sara Lazar, Alessandro de Franciscis, Jon Stoessl, Dan Moerman, Irving Kirsch, Edzard Ernst, Adrian Sandler, Karen Olness, Oliver Witzke, Tim Noakes, Chris Beedie, Peter White, Elizabeth Blackburn, Elissa Epel, Jue Lin, Edoardo Casiglia, Enrico Facco, Candy McCabe, Ellen Hodnett, Vicki Jackson, Jennifer Temel, Robert Kloner, Mary Armanios, Gene Brody, Greg Miller, Wendy Mendes, Paul Lehrer, Barbara Fredrickson, Bethany Kok, Richard Sloan, Andrew Newberg, Kenneth Pargament, Clifford Saron, Olive Conyers, Tim Briggs, Mark Williams, Giuseppe Pagnoni, Trudy Goodman, Christiane Wolf, Willem Kuyken, David Gorski, Robert Simpson, David Rehkopf, Michel Poulain, John Cacioppo, Michelle Carlson, Charles Raison, James Coyne, Michael Antoni, Simon Norburn, Bonnie McGregor, Mary Lee McRoberts, Catherine Mayer, Jeremy Howick, Ben Goldacre, Jeff Sloan, Tom Stannard, Kavita Vedhara, Gaëlle Desbordes, Jacqui Tomkins, Dan Martin, Michael Irwin, Helen Lavretsky, Clare Stevinson e Marc Schoen.

Comecei este livro fascinada pela ciência de como nossa mente pode influenciar nosso organismo, mas falar com os pacientes e com os voluntários dos estudos me ajudou a perceber que, para além da sua importância intelectual, esse tema possui profundas consequências práticas para a nossa saúde e para o modo como todos nós conduzimos nossa existência. Para mim, suas histórias encheram o livro de vida. Aqui se incluem Bonnie Anderson, Rosanna Consonni, Linda Buonanno, Simon Bolingbroke, Karl-Heinz Wilbers, Samantha Miller, Gareth Walker, Lupita Quereda, Rose Wise, Caroline Dempsey, John Flynn e Tunde Balogh. Há pessoas que eu não nomeei aqui para proteger sua privacidade, e muitas outras cujas palavras não foram incluídas nestas páginas — todas elas ajudaram a moldar este livro, e tenho uma grande dívida para com cada uma delas.

Cura começou como um artigo na revista *New Scientist*. Obrigada a Michael Le Page, que estava lá não só para aceitar a minha ideia, mas ainda estampá-la na capa, e a todos os editores que trabalharam comigo em artigos relacionados desde então, incluindo Mun-Keat Looi da Mosaic e todos da *Nature*. Sou grata a Kevin Fong, Mark Henderson e Niki Jakeways por disponibilizarem seu tempo para ler o esboço original e oferecer comentários inteligentes e úteis. E obrigada a Gaia Vince e Emma Young por manterem meus níveis de estresse bem baixos com amizade, conselhos e aventuras, incluindo a descoberta do melhor spa do mundo.

Minha agente brilhante, Karolina Sutton, acreditou neste livro desde o começo e ofereceu valiosos comentários ao meu projeto e durante todo o processo de escrita. Agradeço também à minha adorável revisora, Octavia Reeve, e às minhas editoras Amanda Cook, da Crown, e Katy Follain, da Canongate, por enxergarem o que este livro poderia ser e me estimularem a alcançar esse potencial. Sou muito grata pela oportunidade de trabalhar com pessoas tão pacientes e talentosas.

Por fim, agradeço à minha família: a Ian Sample, meu companheiro e melhor amigo, pelo encorajamento e apoio inabaláveis; à Poppy e ao Rufus, meus lindos filhos, pela alegria, pelos abraços e pela inspiração inesgotável que me dão.

Este livro foi composto na tipografia
Adobe Garamond Pro, em corpo 11,5/15, e impresso
em papel off-set no Sistema Digital Instant Duplex
da Divisão Gráfica da Distribuidora Record.